Tara Bennett-Goleman
Emotionale Alchemie

Tara Bennett-Goleman

Emotionale Alchemie

Aus dem Amerikanischen
von Gabriele Herbst

Krüger Verlag
Frankfurt am Main

Für das Licht der Weisheit in jedem Menschen

Die amerikanische Originalausgabe erschien 2001
unter dem Titel
›Emotional Alchemy. How the Mind Can Heal the Heart‹
bei Harmony Books, New York

This translation published by arrangement with Harmony Books,
a division of Random House, Inc., New York
Satz: Pinkuin Satz und Datentechnik, Berlin
Druck und Einband: Clausen & Bosse, Leck
Printed in Germany 2002
ISBN 3-8105-0248-0

Inhalt

IV Spirituelle Alchemie

Vorwort des Dalai Lama

Wir alle streben nach Glück und Freiheit von Leiden. Weil der Sinn des Lebens eben darin besteht, glücklich zu sein, ist es wichtig zu ergründen, was das höchstmögliche Maß an Glück herbeiführt. Ob wir nun Angenehmes oder Leidvolles erleben, immer handelt es sich entweder um eine geistige oder um eine körperliche Erfahrung. Im Allgemeinen ist es der Geist, der auf die meisten von uns den größten Einfluss ausübt. Daher ist es überaus lohnend, nach Seelenfrieden zu streben.

Zwar ist materieller Fortschritt für das Vorwärtskommen der Menschheit wichtig, doch wenn wir äußerlichen Dingen zu viel Aufmerksamkeit widmen und der inneren Entwicklung zu wenig Bedeutung beimessen, wird dieses Ungleichgewicht Probleme aufwerfen.

Der Schlüssel liegt im inneren Frieden: Wenn wir ihn besitzen, sind wir imstande, alle möglichen Situationen mit Ruhe und Bedacht zu bewältigen. Ohne inneren Frieden, wie komfortabel in materieller Hinsicht unser Leben auch sein mag, können uns die Umstände dennoch in Sorge, Unruhe oder Kummer stürzen.

Wenn wir inneren Frieden haben, können wir mit allen Menschen um uns herum friedlich auskommen. Wenn in unserer Gemeinschaft Friede herrscht, kann sie diesen Frieden mit benachbarten Gemeinschaften teilen und so weiter. Wenn wir einander mit Liebe und Freundlichkeit begegnen, fühlen sich nicht nur andere geliebt und geachtet, sondern auch wir selbst können inneres Glück und inneren Frieden entwickeln. Als Buddhist habe ich gelernt, dass das, was unseren inneren Frieden stört, im Wesentlichen so genannte beunruhigende Emotionen sind.

All diese Gedanken und Gefühle, die einen negativen oder mitleidlosen Zustand unseres Geistes widerspiegeln, stören unausweichlich unseren inneren Frieden. All diese negativen Gedanken und Gefühle wie Hass, Wut, Stolz, Wollust, Gier, Neid und so weiter stören unser inneres Gleichgewicht. Sie belasten zudem unsere körperliche Gesundheit. In der tibetischen Medizin gelten psychische und emotionale Beschwerden seit jeher als Ursachen vieler körperlicher Erkrankungen, darunter auch Krebs. Unter den westlichen Gesundheitsexperten in Forschung und Praxis findet diese Ansicht ebenfalls zunehmend Anhänger.

Beunruhigende Emotionen sind der Ursprung unethischen Verhaltens. Sie bewirken auch Angst, Depression, Verwirrung und Stress, die unserem Leben heutzutage ihren Stempel aufdrücken. Und weil wir ihr destruktives Potenzial so häufig nicht zu erkennen vermögen, sehen wir auch keine Notwendigkeit, gegen sie vorzugehen.

In ihrem Buch *Emotionale Alchemie* stellt Tara Bennett-Goleman eine Methode vor, die den Geist beruhigen und ihn von verstörenden Gefühlen befreien kann: die praktische Anwendung von Achtsamkeit im Reich der Emotion. Auf der Grundlage persönlicher Erfahrung vereint sie Erkenntnisse und Methoden aus den Kognitionswissenschaften und der Hirnforschung, aus der Psychotherapie und der buddhistischen Psychologie und Achtsamkeitspraxis. Sie weist den Menschen den Weg, um sich mit Hilfe von Achtsamkeit aus dem Griff der geistigen und emotionalen Gewohnheiten zu befreien, die sie am Glücklichsein hindern.

Ein großer geistiger Lehrer aus Tibet bemerkte einmal, dass eine der wunderbarsten Eigenschaften des Geistes darin liege, dass er sich verwandeln lasse. Ich bete dafür, dass die Leser dieses Buches, die seine Ratschläge in die Praxis umsetzen, fähig sein mögen, sich geistig zu verwandeln, ihre bedrückenden Gefühle zu überwinden und inneren Frieden zu erlangen. Sie werden dann nicht nur innerlich glücklicher sein, sondern zweifelsohne zu mehr Frieden und Glück auf der Welt insgesamt beitragen.

3. Juni 2000

I
Emotionale Alchemie

1
Eine innere Alchemie

Vom Fenster meines Hotelzimmers in London aus zeigt sich stolz Big Ben, eine elegante Silhouette, die aus dem Panorama aus Fluss, dahinziehenden Wolken und Zickzacklinie der Skyline heraussticht. Big Ben glänzt in all seiner architektonischen Pracht, doch meine Blicke zieht es mehr zu der offenen Weite von Himmel und Fluss. ● Das Panorama ober- und unterhalb der vollendeten Gleichgültigkeit von Big Ben umfasst eine glänzende Fülle von Kirchtürmen und Brücken im Zentrum der Aussicht aus meinem Fenster. Ich merke, wie mein Geist auf den ersten Blick die Weite des wolkenverhangenen Himmels über mir und die beruhigende Breite des Flusses unter mir in sich aufnimmt wie ein prächtiges Ölgemälde von einem Landschaftsmaler der Jahrhundertwende oder wie einen postkartenreifen Schnappschuss. ● Doch bei näherem, aufmerksamerem Hinsehen entdecke ich, dass diese unbewegte, schnappschussartige Szenerie sich in einen Strudel unaufhörlicher Bewegung auflöst, eine ununterbrochene Folge winziger Bewegungen, die sich zu einem völlig veränderten Bild zusammenfügen. Da sind kaum merkliche, kontinuierliche Veränderungen in der Form der Wolken, während sie über den Himmel gleiten; zuweilen reißen sie auf und lassen blaue Löcher sehen, durch die Sonnenstrahlen auf die Landschaft fallen und die Schatten zu Lichtflecken aufhellen. Da ist der durchscheinende Glanz von Gebäuden und Straßen und leuchtend roten Bussen, die für einen Augenblick in der Lichtfülle baden. Die Szenerie vor mir sprüht vor kinetischer

Energie. ● Genauso verhält es sich mit unserer inneren Landschaft. Dieser Wandel meiner Wahrnehmung spiegelt die Arbeitsweise des Geistes wider: die Neigung zu der Annahme, er habe auf den ersten Blick das ganze Bild erfasst, der Drang zum Weitereilen, ohne genauer hinzuschauen, und das manchmal überraschende Phänomen, dass sich hinter diesen ursprünglichen Annahmen stets mehr entdecken lässt, wenn man genauer und länger hinschaut. Allzu oft nehmen wir unseren ersten Eindruck, die Schlussfolgerungen aus einem ersten, hastigen Blick für die dauerhafte Wahrheit des Augenblicks. Wenn wir jedoch genauer hinschauen und intensiver beobachten, werden uns weitere Details und Nuancen, Veränderungen und Vielschichtigkeiten und vieles mehr bewusst. Wir vermögen die Dinge eher so zu sehen, wie sie sind, statt wie sie erscheinen. Wir können den Augenblick wahrhaftiger verstehen. ● Wenn wir unseren Blick nach innen richten, stoßen wir bei längerem Hinsehen möglicherweise hinter der Maske, die wir tragen, auf Schmerz. Schauen wir jedoch unentwegt weiter hin, können wir entdecken, dass die Muster des Schmerzes eben jene Maske an Ort und Stelle halten. Und wenn wir unsere Erkundung noch länger fortsetzen, können wir sogar gewahr werden, wie diese Muster sich verändern und neu ordnen. Wir erkennen, dass unsere Reaktionen auf unsere eigenen Emotionen uns von uns selbst entfernen können. Und wenn wir unseren Blick nun weiter nach innen gerichtet halten und uns einen ehrlicheren Blick auf uns selbst gestatten, dringt unser Bewusstsein immer tiefer, entwirrt und löst auf, schält immer weitere Schichten ab. Wir kommen allmählich an die wahren Seiten unseres Selbst heran, anfangs nur flüchtig und ahnungsweise. Dann, wenn wir weiter unbeirrt nach innen schauen, treffen wir auf eine Quelle, die jede Schicht unseres Seins mit diesem Gewahrsein tränkt.

Dieses Buch handelt davon, wie wir uns selbst so sehen können, wie wir wirklich sind und nicht wie wir auf den ersten Blick – gefiltert durch unsere eingefleischten Annahmen und Gefühlsmuster – erscheinen. Wir werden erfahren, wie wir durch das Praktizieren von Achtsamkeit über unsere eingeschränkte Selbstsicht hinausgelangen können. Diese Methode der Schulung unseres Geistes erweitert das Gewahrsein und schärft es zugleich. Wir werden sehen, wie wir uns von emotionalen Gewohnheiten, die unser Leben und unsere Beziehungen beeinträchtigen, lösen können. Wir werden erkennen, dass wir diese emotionalen Gewohnheiten mit einer präzisen Achtsamkeit untersuchen und Einsicht und Wissensklarheit gewinnen können, um zwischen Schein und Sein zu unterscheiden.

Die Kraft der Achtsamkeit ● Ich habe erlebt, welch nachhaltigen Einfluss diese Unterscheidung auf das Leben meiner Klienten ausüben kann. Eine Klientin quälte sich mit zwanghaften Selbstbeschuldigungen, alle möglichen Dinge nicht gut genug gemacht zu haben. Obwohl sie im Beruf überaus erfolgreich war, war sie selbst ihre schärfste Kritikerin. So berichtete sie mir Folgendes: »Letzte Woche hatte ich eine sehr wichtige Präsentation – es sollten jede Menge Leute teilnehmen, an deren Meinung mir sehr gelegen ist. Also bereitete ich mich gründlicher vor als üblich und glaubte, meine Sache ganz gut gemacht zu haben. Danach machten mir mehrere Teilnehmer Komplimente. Doch einer sagte: ›Sie haben einen tollen Vortrag geboten. Er hätte nur ein bisschen kürzer sein können.‹ Das war's dann. In den vergangenen Tagen konnte ich an nichts anderes mehr denken, als dass ich zu lange geredet habe. Ich wache mitten in der Nacht auf und grüble darüber nach.«

Das war jedoch kein Einzelfall. Das Gefühl, nie gut genug zu sein, verfolgte sie – im Beruf, in der Ehe, bei der Erziehung ihrer Kinder, sogar beim Kochen. Es war wie eine fixe Idee, die ihren engsten Beziehungen schadete und selbst die kleinste Herausforderung zu einem Anlass für Selbstzweifel oder Selbstkritik werden ließ.

Bei systematischerem Nachdenken erkannte sie, dass der Kern dieser Grübeleien ein verborgenes Gefühlsmuster war: die tief sitzende Überzeugung, dass sie, gleichgültig wie gut sie etwas machte, niemals ihren eigenen, unerreichbar hohen Ansprüchen genügen würde. Diese irrige Überzeugung verzerrte ihre Wahrnehmungen, sodass sie übersah, welch gute Leistungen sie in Wahrheit erbrachte. Und sie trieb sie dazu, sich viel zu sehr anzustrengen und sich so um die wahren Freuden des Lebens zu bringen. Achtsamkeit hilft uns, solche verborgenen emotionalen Muster aufzuspüren und sie ans Licht des Bewusstseins zu bringen, damit wir uns aus ihrem Würgegriff befreien können.

Ein Paar hatte beziehungsgefährdende Auseinandersetzungen. Durch wechselseitige Achtsamkeit kamen die beiden den verborgenen Mustern auf die Spur, die sie in den immer wieder gleichen Streit trieben. Immer wenn sie sich seiner Zuneigung unsicher fühlte, begann sie sich abhängig zu verhalten. Er empfand das als Kontrollversuch und zog sich wütend zurück. Das Ergebnis: ein heftiger Streit. Wenn sie sich wieder beruhigt hatten und genauer betrachteten, was passiert war, vermochten sie zu erkennen, dass sowohl sein wütender Rückzug als auch ihr ängstliches Klammern emotionale Reaktionen auf eine dahinter stehende symbolische Realität waren.

Ihre ständigen Gefechte hatten bei näherem Hinsehen wenig mit der jeweiligen Situation, aber viel mit der symbolischen Bedeutung der Geschehnisse zu tun: mit seiner Angst, kontrolliert zu werden, und mit ihrer Überempfindlichkeit für Zeichen der Ablehnung aufgrund eines tief sitzenden Gefühls, emotional zu kurz gekommen zu sein. Als das Paar lernte, diese eingefahrenen emotionalen Reaktionen in dem Augenblick zu erkennen, in dem sie durchbrachen, konnte es Streitereien vermeiden und besser miteinander kommunizieren.

Eine Frau, die hingebungsvoll meditierte und ihr lebenslanges quälendes Gefühl der Isolation durch längere Aufenthalte in Meditationszentren zu lindern suchte, stellte fest, dass sie noch zwanghafter über eben dieses Gefühl nachgrübelte, wenn sie in einem Meditationszentrum meditierte. Sie brachte das auf die

Formel: »Deine Macke folgt dir auf deinen spirituellen Pfad.« Doch als sie lernte, diese scheinbar unüberwindlichen emotionalen Reaktionen als durchschaubar und vorübergehend zu sehen, konnte sie sie als Energiequelle für ihre Meditation nutzen, und ihr Mitgefühl mit sich selbst wie mit anderen vertiefte sich.
Diese Verwandlung beginnt mit einer Neujustierung der Linsen, die unsere Lebensgeschichte zurechtgeschliffen hat, damit wir die Dinge klarer, das heißt so, wie sie wirklich sind, sehen können. Vielleicht fragen Sie nun: Wer bin ich denn, wenn nicht mein übliches Muster aus Annahmen und Selbstdefinitionen? Diese Frage lässt sich sowohl aus psychologischer als auch spiritueller Perspektive stellen – auf einer inneren Entdeckungsreise, zu der Sie dieses Buch, wie ich hoffe, anregen wird.

Die Metapher der Alchemie ● In seinem Roman *Der Alchemist* schreibt Paulo Coelho, dass jedes Ding sich in ein besseres verwandeln und eine neue Bestimmung gewinnen müsse. In Coelhos Augen ist die Welt der bloß sichtbare Ausdruck Gottes, in der unsichtbare, uns weitgehend unbekannte spirituelle Kräfte am Werk sind. Alchemie geschieht dann, wenn die spirituelle Ebene mit der materiellen in Berührung kommt.
Ich erhielt Coelhos Buch von einer Klientin, die dazu sagte: »Das erinnert mich an unsere gemeinsame Arbeit.« In der Tat, die Alchemie bietet eine geeignete Metapher für den Prozess, den ich beschreiben möchte.
Der Überlieferung zufolge suchten die Alchemisten nach einem magischen Stein der Weisen, um damit Blei in Gold zu verwandeln. Doch Blei und Gold waren in der alchemistischen Geheimlehre auch Metaphern für innere Zustände: Bei dem, was der Alchemist tat, ging es um eine psychische und spirituelle Verwandlung. Die Alchemisten erkannten, dass das Rätsel, das sie zu lösen suchten, nicht in der Außenwelt, sondern in der Psyche lag. Manche alchemistischen Schulen verglichen den gewöhnlichen geistigen Zustand der Menschen mit einem Stück Kohle und das

klare Bewusstsein mit einem Diamanten. Man möchte meinen, in der materiellen Welt gebe es keinen größeren Gegensatz als den zwischen Kohle und Diamant, und dennoch sind beide nichts anderes als zwei unterschiedliche Anordnungen der gleichen Kohlenstoffatome. Genau wie ein Diamant verwandelte Kohle ist, so kann aus unserer Verwirrung klares Bewusstsein hervorgehen.

Was mich an der Alchemie-Metapher fasziniert, ist nicht das Gold – ein größenwahnsinniges Ziel –, sondern vielmehr die Bedeutung, die sie dem *Prozess* der Verwandlung zuschreibt. Eine Klientin, die Akupunktur praktizierte und chinesische Medizin studiert hatte, erklärte mir, dass das Wort »Alchemie« besser als jedes andere den Prozess der Integration von Achtsamkeit und emotionaler Arbeit beschreibt: »Alchemie akzeptiert alles, was da ist, ohne es zurückzuweisen oder zu korrigieren – sie sieht, dass auch das Negative Teil des Lern- und Heilprozesses ist.«

Achtsamkeit bedeutet, die Dinge so zu sehen, wie sie sind, ohne sie verändern zu wollen. Es kommt darauf an, unsere *Reaktionen* auf störende Emotionen aufzulösen, aber keinesfalls die Emotion selbst abzulehnen. Achtsamkeit kann unseren Bezug zu unseren Gefühlszuständen und unsere Wahrnehmung dieser Zustände verändern; aber sie beseitigt sie nicht unbedingt.

Die Wärme des Sonnenlichts, das die Wolken auflöst, entspricht dem heißen Feuer der Achtsamkeit; es lässt die emotionalen Wolken, die unser inneres Wesen verdunkeln, zergehen. Die Auswirkungen solcher Phasen der Wissensklarheit mögen flüchtig und vergänglich sein und nur so lange anhalten, bis sich die nächsten emotionalen Wolken zusammenbrauen. Doch diese Bewusstheit wieder und wieder zu beleben, sie gegen diese inneren Wolken angehen zu lassen, den Nebel in unserem Geist durchdringen und auflösen zu lassen – das bildet den Kern des meditativen Übens, eines Praktizierens, das wir stetig fortzuführen lernen können. Ich bin überzeugt, dass wir alle – mit den richtigen Achtsamkeitswerkzeugen – das Zeug zu Alchemisten des Inneren haben, dass wir von Natur aus die Fähigkeit besitzen, unsere verworrenen Momente in Wissensklarheit zu verwandeln. Wenn wir damit systematisch an unsere belastenden Gefühle herangehen, können wir nach und nach Einsicht in ihre Ursachen gewinnen. Zum überwiegenden Teil sind diese Einsichten psychologischer Natur, insbesondere am Anfang. Doch wenn wir diesen Prozess fortsetzen, werden Einsichten in die Funktionsweise des Geistes selbst möglich, die spirituell befreiend wirken können. Es ist, als ob es zwei Realitätsebenen in unserem Leben gäbe: eine, die von diesen tief eingeschliffenen Mustern beherrscht wird, und eine andere, die frei von solchen erlernten Mustern ist. Achtsamkeit hilft uns aus diesen Konditionierungen heraus, verschafft uns Raum zum Atmen.

Emotionale Alchemie schafft die Möglichkeit, dass aus unserer Desorientierung und unserem inneren Aufruhr Wissensklarheit erwächst. »In fast jeder schlimmen Lage«, sagt der buddhistische Mönch Nyanaponika Thera, »liegt die Möglichkeit einer Transformation, durch die sich das Unerwünschte in das Erwünschte verwandeln kann.«

In der emotionalen Alchemie steckt ein einfaches, aber geniales Judo: alle Erfahrungen als Teil eines Weges der Verwandlung zu erfassen, indem man sie in den Brennpunkt der Achtsamkeit stellt. Statt Unruhe und Erregung als Ablenkungen zu sehen, sollten wir erkennen, dass auch sie zum Ziel einer geschärften Aufmerksamkeit werden können. »Auf diese Weise«, so Nyanaponika, »verwandeln sich Feinde in Freunde, weil aus all diesen Störungen und Gegenkräften für uns Lehrer geworden sind.«[1]

Das Gewahrsein schulen ● Die Physiker erklären uns, was geschieht, wenn Feuchtigkeit zu so dicken Wolken kondensiert, dass das Sonnenlicht diese nicht zu durchdringen und die Feuchtigkeit zu verdampfen vermag. Zuerst wird das Licht von den Wassertröpfchen, die wie kleine, kugelförmige Spiegel wirken und das Licht in alle Richtungen streuen, buchstäblich zurückgeworfen. Wenn jedoch die einfallenden Sonnenstrahlen die Wassertröpfchen der Wolke erwärmen, beginnt die Feuchtigkeit allmählich zu verdampfen. Schließlich lösen sich die Wolken auf.

Dies gleicht emotionaler Alchemie – Verwandlung eines verwirrenden, verdunkelten Gefühlszustandes in Klarheit und Leichtigkeit des Seins. Achtsamkeit, ein verfeinertes Gewahrsein, ist das Feuer dieser inneren Alchemie. Noch einmal: Dies bedeutet nicht, dass der geistige Nebel sich jedes Mal lichtet, wenn wir ihn mit Achtsamkeit betrachten. Was sich jedoch verändern *kann*, ist unsere Wahrnehmung und Interpretation der verschiedenen erlebten psychischen Verfassungen.

Achtsamkeit ist ein meditatives Gewahrsein, das die Fähigkeit verfeinert, die Dinge so zu sehen, wie sie von Augenblick zu Augenblick sind. Meistens wechselt unsere Aufmerksamkeit sprunghaft hierhin und dorthin, gelenkt von zufälligen Einfällen, flüchtigen Erinnerungen, fesselnden Phantasien, Fetzen von Gesehenem, Gehörtem oder sonst wie Wahrgenommenem. Im Gegensatz dazu ist Achtsamkeit eine ablenkungsresistente, durchgängig auf die Bewegungen des Geistes selbst gerichtete Aufmerksamkeit. Statt sich von einem Gedanken oder Gefühl einfangen und mitreißen zu lassen, beobachtet Achtsamkeit stetig, wie diese Gedanken und Gefühle kommen und gehen.

Im Wesentlichen verlangt Achtsamkeit eine neue Art von Aufmerksamkeit, eine Methode, die Reichweite des Gewahrseins auszudehnen und zugleich seine Genauigkeit zu schärfen. Bei diesem geistigen Training lernen wir, die Gedanken und Gefühle loszulassen, die uns vom gegenwärtigen Augenblick wegziehen, und mit unserem Gewahrsein stets bei unserer unmittelbaren Erfahrung zu bleiben. Wenn Zerstreutheit emotionale Unruhe hervorruft, dann kann die Fähigkeit, unseren Blick konstant auf etwas ruhen zu lassen, unausgesetzt hinzuschauen, größere Klarheit und Einsicht schaffen.

Achtsamkeit wurzelt in einem alten, im Westen wenig bekannten System der buddhistischen Psychologie, das auch heute noch ein differenziertes Verständnis der schmerzlichen, Glück verhindernden Emotionen vermittelt. Diese Psychologie bietet einen wissenschaftlichen Zugang zur inneren Arbeit, eine Theorie des Geistes, aus der jedermann, ob Buddhist oder nicht, Einsichten gewinnen und Nutzen ziehen kann. In der praktischen Anwendung dieses Ansatzes legen wir weniger Gewicht auf die Probleme in unserem Leben, sondern suchen vielmehr Zugang zu der Klarheit und Gesundheit des Geistes selbst zu finden. Wenn uns das gelingt, können wir unsere Probleme leichter bearbeiten; sie werden zu Lernchancen statt zu Bedrohungen, die es zu vermeiden gilt.

Die buddhistische Psychologie vertritt eine erfrischend positive Sicht der menschlichen Natur: Unsere emotionalen Probleme gelten ihr als vorübergehend und äußerlich. Sie legt den Schwerpunkt auf das, was an uns *richtig* ist – ein Gegenmittel gegen die Fixierung der westlichen Psychologie auf unsere Fehler. Die buddhistische Psychologie erkennt unsere beunruhigenden Emotionen an, sieht in ihnen jedoch Verhüllungen unseres von Natur aus guten Wesens, so wie Wolken die Sonne verdunkeln. In diesem Sinn sind unsere dunklen Momente und schlimmsten Gefühle eine Gelegenheit, unserer natürlichen Weisheit zum Durchbruch zu verhelfen, wenn wir uns entschließen, sie in dieser Weise zu nutzen.

Achtsame Aufmerksamkeit erlaubt uns, tiefer in den Augenblick einzutauchen, feiner wahrzunehmen, als es die gewöhnliche Aufmerksamkeit tut. In diesem Sinn schafft Achtsamkeit eine »weise« Aufmerksamkeit, einen Raum der Klarheit, der sich dann öffnet, wenn in unserem Geist Stille einkehrt. Sie macht uns empfänglicher für das Flüstern unserer angeborenen, intuitiven Weisheit.

Die Synthese der emotionalen Alchemie ● Durch meine eigene Arbeit an mir selbst sowie als Psychotherapeutin und Workshop-Leiterin habe ich erfahren, dass sich durch die Kombination eines achtsamen Gewahrseins mit der psychologischen Analyse ein machtvolles Mittel zur Durchdringung düsterer Gefühle formen lässt. Dieses meditative Gewahrsein kann uns nach meiner Erfahrung zu einem bemerkenswert differenzierten Verständnis unserer emotionalen Muster und zur Enträtselung tief sitzender Fixierungen und destruktiver Gewohnheiten verhelfen.

Diese Synthese nutzt zahlreiche Quellen: die buddhistische Psychologie und die Tradition der Achtsamkeitsmeditation, den tibetischen Buddhismus, die Kognitionswissenschaften und die kognitive Therapie sowie die Hirnforschung. Zentral unter den wissenschaftlichen Erkenntnissen hinter der emotionalen Alchemie ist, dass Achtsamkeit das Gehirn von störenden zu positiven Emotionen führt und dass das Gehirn das ganze Leben lang formbar bleibt; es verändert sich, wenn wir lernen, alte Gewohnheiten zu durchbrechen. Die Hirnforschung belegt zudem, dass uns ein ganz wichtiger Augenblick der Entscheidung bleibt – eine magische Viertelsekunde –, in dem wir einen kontraproduktiven emotionalen Impuls zurückzuweisen vermögen. Ich werde zeigen, wie sich all diese Erkenntnisse praktisch umsetzen lassen.

In meiner Arbeit erwiesen sich zwei Methoden als besonders wirksam beim Aufspüren und Umwandeln emotionaler Muster: Achtsamkeitsmeditation und eine neu entwickelte Abwandlung der kognitiven Therapie, genannt Schema-Therapie, die auf die Korrektur fehlangepasster emotionaler Gewohnheiten abzielt. Beide Methoden – eine uralte und eine moderne – wenden Achtsamkeit auf destruktive emotionale Gewohnheiten an, und das ist der erste Schritt zur Heilung.

Dieser emotionalen Gewohnheiten gewahr zu werden ist deshalb der erste Schritt, weil sie uns vorschreiben, wie wir sie wahrnehmen und auf sie reagieren – sofern wir sie nicht in dem Augenblick, in dem sie durch die Ereignisse in unserem Leben ausgelöst werden, dingfest machen und durchbrechen können. Und je mehr Macht sie über uns gewinnen, desto mehr setzen sie sich fest, stören unsere Beziehungen, unsere Arbeit und den Kern unserer Selbstsicht.

Zu Beginn meiner Arbeit als Psychotherapeutin machte ich eine Fortbildung bei Dr. Jeffrey Young, dem Begründer des Zentrums für Kognitive Therapie in New York. Er entwickelte damals gerade die Schema-Therapie, die auf die Befreiung von fehlangepassten Mustern oder Schemata zielt, etwa von dem Gefühl emotionaler Entbehrung oder gnadenlosem Perfektionismus. In der Arbeit mit meinen eigenen Klienten begann ich Achtsamkeit mit Schema-Therapie zu verbinden, weil sich beide so natürlich und wirksam ergänzten.

Die Schema-Therapie gibt uns eine eindeutige Landkarte zerstörerischer Gewohnheiten an die Hand. Diese verzeichnet die emotionalen Konturen beispielsweise der Angst vor dem Verlassenwerden mit ihrer ständigen Sorge, der Partner könnte uns allein lassen, oder die von Gefühlen der Verwundbarkeit wie der irrationalen Angst, ein kleiner Misserfolg im Beruf führe unausweichlich zu Arbeits- und Obdachlosigkeit.

Es gibt zehn solcher Grundschemata (und zahllose Variationen); die meisten von uns weisen nur eines oder zwei davon auf, viele jedoch zusätzliche andere in einer gewissen Ausprägung. Weitere verbreitete Schemata sind: das Gefühl, nicht liebenswert zu sein; die Angst, andere würden uns ablehnen, wenn sie uns wirklich kennen würden; Misstrauen – der unausgesetzte Verdacht, Nahestehende würden uns hintergehen; sozialer Ausschluss – das Gefühl, nicht dazuzugehören; Versagensangst – das Gefühl, in unserem Tun nie Erfolge erzielen zu können; Unterwerfung – stets den Wünschen und Forderungen anderer nachzugeben; und das Gefühl des Bevorzugtseins – das Gefühl, etwas Besonderes zu sein und daher jenseits gewöhnlicher Regeln und Grenzen zu stehen.

Schon die erste Berührung mit Achtsamkeit lehrt uns, eines oder mehrere dieser Muster in uns selbst erkennen – es ist hilfreich, wenn man leicht durchschaut, wie diese Muster unser Leben beeinflussen. Bereits der Akt des Achtsamseins als solcher lockert ihren Würgegriff. Dann ist der Weg frei für die Nutzung der Werkzeuge der Schema-Therapie, um diese destruktiven Fixierungen weiter abzubauen.

Angewandte Achtsamkeit ● Ich möchte Ihnen anhand eines Beispiels illustrieren, dass Achtsamkeit in der emotionalen Alchemie als Katalysator wirkt. Zu Anfang meiner praktischen Tätigkeit suchte eine Klientin, die ich Maya nennen möchte, bei mir Beistand in ihrem Kampf gegen chronische *Colitis ulcerosa,* einer entzündlichen Darmerkrankung. Im Rahmen der Therapie machte ich Maya mit Achtsamkeit bekannt, die bereits ihr Interesse geweckt hatte, und sie begann nun regelmäßig zu üben. Ich selbst praktiziere Achtsamkeit seit 1974 und setze sie in der Sterbebegleitung ein. Ich hatte an einem Intensivtraining für Krankenhauspersonal der Medizinischen Fakultät der Universität von Massachusetts mit Jon Kabat-Zinn teilgenommen; er hat eine faszinierende Anwendungsform von Achtsamkeit entwickelt, um Patienten mit stressbedingten Störungen zu helfen.

Meine Arbeit mit Maya erweiterte sich bald über die Grenzen ihrer gesundheitlichen Schwierigkeiten hinaus auf den Schauplatz tiefer sitzender emotionaler Probleme. Als sie ihre Reaktionen mit Achtsamkeit beobachtete, fiel ihr auf, dass ihre Krankheitsschübe mit einem bestimmen Gefühlsmuster verknüpft waren: einem gnadenlosen Perfektionismus, dem Eindruck, dass nichts, was sie tat, jemals gut genug war – es musste perfekt sein. Wir dehnten unsere gemeinsame Arbeit noch weiter aus, und sie wandte ihre Achtsamkeit auch diesen Mustern zu. Nach einigen Monaten verschwanden die Symptome der *Colitis*.

Zu diesem Zeitpunkt hatte Maya es sich zur Regel gemacht, auf belastende Augenblicke im Alltag mit Achtsamkeit zu reagieren. So setzte sie Achtsamkeit unter anderem in ihrem Kampf gegen Heißhungerattacken ein; ihre Fressanfälle waren der Heilung ihrer *Colitis* nicht gerade förderlich. Also beschloss Maya, ihren

Drang zu essen zum zentralen Gegenstand ihrer Achtsamkeit zu machen. Jedes Mal, wenn sie zu Essbarem greifen wollte, hielt sie sich zurück und machte sich stattdessen alle Empfindungen, Gedanken und Gefühle in Geist und Körper bewusst. Sie achtete ganz genau bewusst auf die Spannung in ihrem Körper, die den starken Wunsch nach Befriedigung ihrer Esslust begleitete.

Eine Gewohnheit wie übermäßiges Essen kann dahinter liegende emotionale Probleme verschleiern. Eines Tages, als Maya ihre Gier gerade achtsam analysierte, erkannte sie auf deren Höhepunkt schlagartig, dass ihr Heißhunger eigentlich ein Bedürfnis nach emotionaler Nahrung verbarg. Als sie ihre achtsame Analyse eingehender fortsetzte, erkannte sie, dass die Gefühle im Grunde gar nichts mit Essen zu tun hatten. Sie entsprangen vielmehr einer tiefer liegenden Sehnsucht, eine innere emotionale Leere zu füllen. Ihr Gefühl von *emotionalem* Mangel – dass sie niemals genug Liebe oder Fürsorge bekam – war für sie das eigentliche Problem. Und trieb sie dazu, Essen in sich hineinzustopfen.

Diese Einsicht allein wirkte schon durchgreifend. Doch Maya setzte ihre Bemühungen fort. Als sie diese Gedanken und Gefühle wirklich bewusst erlebte – sie beobachtete, ohne sich damit zu identifizieren oder sich dafür zu verurteilen –, sah sie sie schwinden und sich schließlich auflösen. Als diese Impulse sich legten, verschwand schließlich auch ihr Heißhunger. Und als sie weiter konsequent übte, entdeckte sie, wenn sie den Drang zu übermäßigem Essen verspürte, neue Stärke in sich, da ihr Gewahrsein stärker wurde als ihr Essdrang. Das verschaffte ihr die Freiheit für gesündere Möglichkeiten, sich mit der emotionalen Nahrung zu versorgen, nach der sie sich in Wahrheit sehnte.

Die tief verwurzelte Überzeugung hinter Mayas Problem war, dass sie niemals ausreichend Fürsorge oder emotionale Nahrung bekommen würde, dass sie immer emotionalen Mangel würde leiden müssen. Solche kontraproduktiven Annahmen über sich selbst und die Welt sind hochexplosiv; immer wenn etwas sie auslöst, lodern unsere Gefühle auf und unsere Wahrnehmung verzerrt sich. Sie lösen emotionale Überreaktionen aus, etwa unbeherrschbare Wut, unbarmherzige Selbstkritik, emotionale Abschottung oder in Mayas Fall Fressanfälle. Solche tief sitzenden Gedanken-, Gefühls- und Verhaltensmuster werden fehlangepasste Schemata genannt; ich befasse mich in Kapitel 4 und 5 näher mit ihnen. Diese emotionalen Gewohnheiten wirken wie zu starke Brillengläser, die unseren Blick auf die Realität verzerren und uns den Schein mit der Wirklichkeit verwechseln lassen.

Der Weg zur Verwandlung von Emotionen ● Als ich Maya vorschlug, bei der Auseinandersetzung mit der *Colitis* und dem zwanghaften Essen achtsames Gewahrsein einzusetzen, erweiterte ich den Anwendungsbereich von Achtsamkeit über ihren herkömmlichen Einsatz in der Meditation unserer alltäglichen Erfahrungen hinaus; sie stand nun im Dienst einer gezielten Erforschung des Reiches der emotionalen Probleme und fehlangepassten Muster. Dieser und ähnliche Fälle markierten für mich einen Wendepunkt in meiner therapeutischen Arbeit: Sie erhellten, dass Achtsamkeit die Kraft hatte, die Klienten ihre ansonsten unsichtbaren Gefühlsmuster hinter ihrem Leiden sehen zu lassen.

Mir wurde klar, dass die Verbindung von Achtsamkeit und Psychotherapie deren Wirksamkeit beträchtlich steigern konnte. Der Therapieprozess beschleunigte sich verblüffend, wenn ein Klient Achtsamkeit praktizierte. Durch die Arbeit mit meinen Klienten habe ich festgestellt, dass die Kombination eines achtsamen Gewahrseins mit psychologischer Analyse ein machtvolles Werkzeug zur Kultivierung emotionaler Weisheit im ganz normalen Alltag schafft.

In der Psychotherapie wird viel Zeit darauf verwendet, die genaue Anatomie emotionaler Gewohnheiten ans Licht des Bewusstseins zu heben, damit sie untersucht, überdacht und verändert werden können. Achtsamkeit aber kann *jede* Psychotherapieform präziser und gezielter machen, kann unsere Lebenserfahrung und natürliche Weisheit in den psychologischen Prozess einfließen lassen. Statt in der Therapie oder sogar der Person des Therapeuten die Heilung zu suchen, können wir uns auf die heilenden Kräfte unserer eigenen intuitiven Weisheit konzentrieren. Dieses Erwachen braucht nicht getrennt von unserem Leben zu geschehen; es muss sich nicht ausschließlich während einsamer Stunden in einer Therapeutenpraxis vollziehen. Es kann Teil des alltäglichen Lebens in jedem Augenblick sein, wenn wir Achtsamkeit üben.

Achtsamkeit zeigt Synergieeffekte bei praktisch jedem psychotherapeutischen Verfahren, nicht nur der Schema-Therapie. Wenn Sie sich in Psychotherapie befinden, bietet Ihnen Achtsamkeit einen Weg, eine Fähigkeit zur Selbstbeobachtung zu kultivieren, die Sie auf alles, was Ihnen tagsüber widerfährt, anwenden können. Die Kombination von Achtsamkeit und Psychotherapie kann Ihnen helfen, die therapeutischen Möglichkeiten zur Erforschung Ihres Inneren besser auszuschöpfen.

Natürlich müssen Sie keine Psychotherapie machen, um Achtsamkeit auf Ihre emotionalen Reaktionsmuster anzuwenden. Mein Verfahren schult Sie, Achtsamkeit mit Emotionen zu verknüpfen, und ich bringe es seit mehr als einem Jahrzehnt Menschen in Workshops nahe. Meiner Erfahrung nach lernen Menschen, die diese Methoden praktizieren, bewusster, sensibler und geschickter mit belastenden emotionalen Reaktionen umzugehen.

In diesem Buch schlagen sich die vielfältigen Dimensionen und Anwendungsmöglichkeiten von Achtsamkeit nieder. Manche Leser mögen durch einen Perspektivenwechsel Auftrieb bekommen, der sie die Dinge in einem neuen Licht sehen lässt. Andere faszinieren vielleicht die Ansätze zur Integration von Kognitions- und Neurowissenschaften mit den uralten Prinzipien der buddhistischen Psychologie. Manche mag die psychologische Analyse eingeschliffener emotionaler Muster und die Arbeit an der Veränderung dieser Muster reizen. Wieder andere interessieren sich vielleicht für die Auslotung der zahlreichen Anwendungsmöglichkeiten von Achtsamkeit oder für die spirituelle Dimension der Arbeit an und mit Gefühlen.

Wir werden einen Weg erkunden, der jede dieser Dimensionen berührt, einen Weg, der zunehmende Freiheit von den Gefühlen bietet, die der Buddhismus »leidige Gefühle« nennt. In Bezug auf den in uns tobenden Sturm der Gefühle heißt das nicht, dass wir unsere verwirrenden Empfindungen in saubere, formelhafte Erklärungen packen könnten. Wir können aber durch fortgesetzte Innenschau kleine Erleuchtungen erreichen, Einsichten, die auf dem Weg zu größerer Klarheit eine aus der anderen erwachsen.

In gewissem Sinn sind unsere dunklen Momente und aufwühlendsten Gefühle eine Gelegenheit zu spirituellem Wachstum, zur Entdeckung unserer natürlichen Weisheit, zum Erwachen – wenn wir uns entschließen, sie in dieser Weise zu nutzen. Dann können aus der unmittelbaren Arbeit – in Achtsamkeit – mit unseren eigenen Schwierigkeiten unsere tiefsten Einsichten hervorgehen.

Eine starke emotionale Fixierung oder ein Muster erinnert an die Szene in *Der Zauberer von Oz*, in der Dorothee und ihre Gefährten endlich Oz erreichen. Der Zauberer ist ein mächtiges, drohendes Wesen, das ihnen Angst und Schrecken einjagt – bis der kleine Hund Toto an einen Wandschirm stößt und einen alten Mann enthüllt, der, über allerlei Hebel gebeugt, die Figur eines großen Zauberers bewegt. Emotionale Fixierungen sind so etwas Ähnliches: Wenn Sie sie klar, unerschrocken als das sehen, was sie sind, nehmen Sie ihnen ihre Macht. Dann beherrschen sie Sie nicht länger.

Aus Verwirrung steigt Klarheit auf.

Wenn Sie einen Eindruck von Achtsamkeit gewinnen wollen

Nehmen Sie sich jetzt in diesem Moment einige Augenblicke Zeit, um Ihre Aufmerksamkeit zu sammeln und einfach ganz bei Ihrem Atem zu bleiben, wie er aus Ihrem Körper ein- und ausströmt.

Achten Sie bei jedem Atemzug auf die leichte Bewegung Ihres Körpers. Beobachten Sie das Heben und Senken Ihrer Brust oder Ihrer Bauchdecke beim Ein- und Ausatmen.
Lassen Sie Ihre Aufmerksamkeit mehrere Atemzüge lang dort verweilen, seien Sie Ihres Atems ruhig und ohne Anstrengung gewahr, lassen Sie ihm seinem natürlichen Rhythmus und bleiben Sie in Ihrem Gewahrsein präsent.

Hinweis an die Leser

Sollten Sie selbständig oder mit einem Therapeuten arbeiten? • Ich habe dieses Buch so geschrieben, dass Sie überwiegend für sich alleine üben können. Es ist jedoch möglich, dass diese innere Arbeit Emotionen freisetzt, die zu aufwühlend sind, als dass Sie sie ohne Unterstützung bewältigen könnten. Das muss natürlich nicht in jedem Fall eintreten, doch wenn Ihnen starke Gefühle zu schaffen machen, von denen Sie sich nicht lösen können, und wenn Sie dadurch an der Erfüllung Ihrer täglichen Pflichten gehindert werden – mit anderen Worten, wenn diese Arbeit Sie zu sehr durcheinander bringt –, dann hören Sie entweder damit auf oder suchen Sie sich einen Psychotherapeuten. • Wenn Sie unter schwer wiegenden psychischen Problemen leiden, dann sollten Sie sich auf jeden Fall der Hilfe eines Psychologen oder Psychiaters versichern, bevor Sie sich an der emotionalen Alchemie versuchen. Dieser Prozess ist – wie dieses Buch – teils Selbsterforschung, teils therapeutischer Ansatz. Er eignet sich am besten für Menschen, die ihr Leben gut bewältigen, aber unter einigen kontraproduktiven emotionalen Gewohnheiten leiden. • Da diese innere Arbeit emotional stark belasten kann, empfehle ich im Allgemeinen allen, die sich auf diesen Prozess der emotionalen Alchemie einlassen wollen, einen hilfreichen Menschen zu bitten, ihnen sein Ohr zu leihen; zu diesem Menschen sollten Sie eine gute Beziehung und Vertrauen haben, zum Beispiel ein guter Freund oder eine Freundin. Wie wir in Kapitel 13 sehen werden, können Sie auch mit einem Partner, der damit einverstanden ist, an Ihren Schemata arbeiten. Auch die Unterstützung einer Gruppe von Menschen, mit denen Sie sich verbunden fühlen, kann hilfreich sein, wenn Ihnen das lieber ist. ● In jedem Fall aber können Sie mit einem Psychotherapeuten zusammenarbeiten. Psychotherapeuten jeglicher Fachrichtung können geeignet sein, Sie zu führen und zu leiten, sofern Sie eine gute Arbeitsbeziehung zu ihm haben – wenn er Sie also versteht und Ihnen helfen kann. Wenn Sie einen Psychotherapeuten suchen, der speziell in Schema-Therapie ausgebildet und für diese Art der Arbeit am Innersten besonders qualifiziert ist, so finden Sie nähere Informationen im Anhang dieses Buches. Wenn Sie diesen Weg beschreiten, steht es Ihnen frei, Achtsamkeit in den Therapieprozess einzubringen. ● Falls Sie sich zur Arbeit mit einem Therapeuten entschließen, dann denken Sie daran, dass Sie selbst die entscheidenden Lernschritte tun müssen. Statt in dem Therapeuten oder der Therapie die Quelle der Heilung zu sehen, rate ich Ihnen, mehr Vertrauen in Ihre eigenen Einsichten zu setzen, auch wenn Sie anfangs nichts von einsichtsvoller Klarheit spüren. Wir alle verfügen über die Fähigkeit zur Einsicht; wir müssen sie nur entwickeln und pflegen. Das Üben von Achtsamkeit stärkt diese Fähigkeit.

2
Weises Mitgefühl

In der Woche, bevor meine Großmutter starb, brachte ich ihr einen Strauß Lilien ins Krankenhaus mit. Sie bekam jedoch eine Lungenentzündung, und ihr mühsames Atmen zeigte deutlich, dass der schwere Duft der Lilien zu viel für sie war. Also nahm ich die Blumen mit nach Hause und stellte sie an einen besonderen Platz neben ihr Bild. ● Ich kenne den Lebenszyklus von Lilien gut, denn sie sind meine Lieblingsblumen. Diese Lilien jedoch überraschten mich, weil sie viel, viel länger hielten als gewöhnlich. Es war gewissermaßen, als wäre noch etwas vom Leben meiner Großmutter bei mir – das ihren Blumen noch Leben gab, selbst dann noch als ihr eigenes geendet hatte. ● Die Lilien bekamen einen Ehrenplatz im Wintergarten, wo ich jeden Morgen frühstückte. Nach und nach verwandelte sich jedes Blütenblatt von zartrosa in hellgelb, rollte seine Ränder ein, während sein Leben erlosch, und ich beobachtete, wie der Strauß dahinwelkte bis auf die dekorativen grünen Stängel, die ebenfalls mehrere Wochen länger hielten als ihre übliche Lebensspanne. Zwei Stängel standen noch nach fünf Wochen mit leuchtend grünen Blättern da. ● Als ich eines Morgens die Treppe herunterkam, schaute ich nach den letzten tapferen Überresten des Straußes meiner Großmutter – und die Vase war leer! Ein Übernachtungsgast, der nichts von meinem stillen Ritual wusste, hatte die beiden letzten Stängel beim Aufräumen weggeworfen, was verständlich war. ● Während ich weiter das Frühstück vorbereitete, spürte ich den Schock erst richtig. »Sie sind weg. Es ist Zeit loszulassen«, wies mich eine erwachsene Stimme in meinem Innern nüchtern an – während ich beinahe Kaffee in meine Eier schüttete. ● »Ich will die Blumen meiner Großmutter wiederhaben!«, begehrte eine weniger erwachsene Stimme auf. Ich war noch nicht bereit dafür, dass die Vase leer war, genauso wie ich nicht darauf vorbereitet war, dass meine Großmutter nicht mehr da war, obwohl sie 91 Jahre alt geworden war. ● »Wir hätten mehr Zeit miteinander verbringen sollen«, jammerte die Stimme. Ich hatte nicht erwartet, dass meine Großmutter so plötzlich aus meinem Leben verschwinden würde. Ich wusste, dass ich den Verlust akzeptieren musste, doch irgendetwas in mir konnte es einfach nicht. ● Ich konnte das innere Tauziehen spüren: zwischen der rationalen Stimme, die ihn zu akzeptieren riet, und der emotionalen, die dagegen aufbegehrte – die rationale, erwachsene Stimme der Vernunft befahl mir, jetzt loszulassen, und die Stimme der schwachen, verletzlichen Enkelin brauchte ihr stilles Ritual der welkenden Blumen, um mit diesem schweren Verlust fertig zu werden.

Als ich still über diesen jähen Verlust nachsann, spürte ich so etwas wie Mitgefühl mit meiner eigenen Leugnung. Wenn ein geliebter Mensch so rasch von uns genommen wird, scheint uns der Schock zu viel auf einmal, zu unerträglich. Zu oft lassen wir zu, dass unsere ungeduldigen, anklagenden, erwachsenen inneren Stimmen uns damit tyrannisieren, wie wir fühlen *sollen*. Das verletzliche Kind in uns versteht, dass es sich letztendlich damit abfinden muss – doch es braucht mehr Zeit.

Dass ich ein Blütenblatt nach dem anderen verwelken und absterben sah, machte mir den natürlichen Lebenszyklus einer Blume, eines menschlichen Lebens, meiner Großmutter bewusst. Die Beobachtung dieses Vorgangs verschaffte mir die Zeit, mich emotional an diesen plötzlichen schweren Verlust anzupassen. In mir wuchs ein Verständnis für den natürlichen Lauf der Dinge – die Wahrheit, dass nichts von Dauer ist, symbolisiert durch die fehlenden Blumen.

Die Trauer um eine verlorene Großmutter ist selbstredend ein natürlicher und gesunder Prozess. Doch bei Gefühlsmustern, die vielleicht weniger gesund sind, müssen wir genauso viel Mitgefühl mit uns selbst aufbringen. Wenn wir uns auf das Terrain unserer problematischsten emotionalen Gewohnheiten begeben, brauchen wir eine zartfühlende Empathie für uns selbst, sonst können wir diese alten, vertrauten Wesenszüge nicht loslassen. Bevor wir uns einer rationaleren Sicht zuwenden können, müssen wir uns in unsere eigenen emotionalen Bedürfnisse einfühlen – bevor wir uns ändern können, müssen wir uns selbst akzeptieren und liebevoll mit uns umgehen.

Die Entfaltung des Mitgefühls ● Wenn wir das mit unseren emotionalen Gewohnheiten verwobene Netz von Bedeutungen entwirren, kann ganz natürlich ein Mitgefühl mit uns selbst wachsen – zusammen mit den Einsichten, die diese Arbeit uns vermittelt. In einem meiner Workshops beispielsweise diskutierten wir über Schemata, die sie auslösenden Lebensereignisse und die damit verbundenen intensiven Gefühle wie Wut oder Trauer. Dann meditierten wir über diese Gefühle; wir dachten nicht über sie nach, sondern lauschten ihnen mit achtsamer Präsenz, offen für mögliche Einsichten oder Botschaften, die bereit waren, ins Bewusstsein zu treten.

Danach berichtete uns eine Frau, sie habe Einsicht in ein lebenslanges Muster gewonnen. »Immer wenn ich depressiv oder einfach nur traurig bin, bekomme ich eine ganz starke Angst, ich könnte sterben«, gestand sie. »Ich habe diese Gefühle schon, seit ich denken kann, und sie waren mir immer rätselhaft. Es ist nicht so, dass ich mir wünsche, mein Leben möge enden. Während der Meditation kamen mir diese Gefühle in den Sinn – Angst vermischt mit Traurigkeit. Als ich so mit diesen Gefühlen dasaß, hatte ich plötzlich eine erklärende Erinnerung: Ich sah mich als Kleinkind in meinem Bettchen, und ich weinte und weinte, ohne dass jemand kam, ich schluchzte so heftig, dass ich zu würgen begann, und immer noch kam niemand. Ich hatte entsetzliche

Angst zu sterben und war tieftraurig darüber, allein gelassen zu sein.«

Dann, nach einer nachdenklichen Pause, fuhr sie fort: »Ich erinnere mich, dass mir meine Mutter vor Jahren erzählte, dass sie mich als Kind nach einem damals weit verbreiteten Erziehungsratgeber großzog. Danach sollte ich nur alle vier Stunden gefüttert werden, streng nach Plan und keinesfalls mich zu trösten, egal, wie sehr ich weinte – das würde mich verderben, meinen Charakter ruinieren. Ich weiß jetzt, woher dieser Zusammenhang zwischen Traurigkeit und Todesangst bei mir kommt, und ich weiß, dass ich nicht an Traurigkeit sterben werde.«

Bei dieser Frau setzte das Aufdecken der verborgenen Bedeutungen hinter diesen wiederkehrenden Gefühlen starke Empathie für sich selbst frei. Einsicht und Mitgefühl lassen die Wahrheit ans Licht treten, da sie innere Barrieren auflösen und uns einen authentischeren Bezug zu uns selbst erlauben.

Diese Empathie kann zudem äußerst hilfreich sein, wenn wir solche wunden Punkte bei anderen berühren. Auch wenn wir rational nicht mit den emotionalen Reaktionen eines Menschen einverstanden sind, können wir mitfühlende Gedanken hegen, etwa: »Er scheint zwar überzureagieren, aber angesichts dessen, was ich über seine Vergangenheit weiß, kann ich verstehen, dass er die Lage vielleicht als bedrohlich wahrnimmt.«

Diese Haltung entschuldigt nicht, wie der Betreffende reagiert. Doch wenn wir andere durch diese Brille des Mitgefühls sehen, so gibt uns das mehr Aufschluss, lässt uns ein Verhalten, das uns sonst rätselhaft bliebe, eher verstehen und verschafft uns mehr Spielraum für unsere eigene Reaktion. Mitgefühl kann dafür sorgen, dass wir unsere Schwierigkeiten als bewältigbar empfinden.

Weisheit und Mitgefühl ● Auf diesem Weg arbeiten Weisheit und Mitgefühl Hand in Hand; die Einsicht in die wahre Natur der Dinge braucht ein Gegengewicht in der mitfühlenden Annahme der Dinge, wie sie sind. Mein Lehrer Tulku Urgyen Rinpoche fasste dies in das Bild der Flügel eines Vogels: Der Vogel kann nicht mit nur einem der beiden Flügel fliegen.

Wenn wir uns an diese emotionale Arbeit machen und je mehr Wahrheiten ans Licht kommen, sehen wir vielleicht vieles an uns selbst und anderen mit neuer Ehrlichkeit. Hierbei wird eine mitfühlende Haltung – der Wunsch, nicht nur uns selbst, sondern auch anderen zu helfen – unabdingbar. Ohne diese Einstellung sehen wir diese Wahrheiten vielleicht zu krass.

Ich erinnere mich noch an meine Rückkehr von einem mehrmonatigen intensiven Meditationstraining vor vielen Jahren. Das Üben hatte so viel Eigendynamik gewonnen, dass alles außer Meditation mir als Ablenkung erschien. Ich hatte das Gefühl, dass ich vieles an mir und anderen glasklar sah: insbesondere dass wir unser eigenes Leiden ständig selbst fortsetzen, getrieben von eingeschliffenen Impulsen und Mustern, ohne jedoch um ihre eigentlichen Ursachen zu wissen. Ich fand das sehr beunruhigend, vor allem, dass all dies so wenig bewusst wahrgenommen wurde.

Nach einiger Zeit merkte ich dann, dass mir ein Element fehlte: Mitgefühl. Als mir dies klar wurde, verspürte ich den tiefen Wunsch, diese eingefahrenen, gelernten Abläufe, die zu unserem Leiden beitragen, klarer – und mitfühlender – zu verstehen. Die innere Arbeit, sowohl die spirituelle als auch die psychologische, die ich mit diesem Vorsatz aufnahm, mündete schließlich in dieses Buch.

Das Wichtigste, das ich damals lernte, war die klare Einsicht in die entscheidende Rolle des Mitgefühls, sei es nun beim Erkennen psychischer Verhaltensmuster oder in dem Wunsch, dass jeder Mensch frei von Leiden sein möge.

Das verkörperte Mitgefühl ● Ich sitze in einem Taxi auf einer belebten Straße Neu-Delhis, das an einer scheinbar endlos roten Ampel wartet. Ein Bettler nutzt die Gelegenheit, um von den wartenden Autoinsassen Almosen zu erbitten. Ihm fehlen ein

Arm und ein Bein, doch irgendwie schafft er es, gewandt von Wagen zu Wagen zu schlüpfen.

An dem Bettler war etwas Ungewöhnliches: Er schien etwas von sich selbst zu geben, wenn er sich einem Auto näherte. Dieses Etwas ließ sich nicht materiell bemessen; in dieser Hinsicht besaß er nur Lumpen. Es war etwas Größeres: ein Geist der Leichtigkeit und Unverwüstlichkeit. Seine körperliche Behinderung schien ihm überhaupt nichts auszumachen. Er schien auch nicht den geringsten Groll gegen die Autoinsassen zu hegen, die ihm nichts gaben – er nickte anscheinend verständnisvoll und humpelte routiniert zum nächsten Wagen.

Als er mein Taxi erreichte, zog ich eine, wie sich zeigte, große Rupiennote aus meiner Handtasche und reichte sie ihm mit einem Lächeln. In Indien bekommen Bettler meistens nur ein paar Paisa, die fast wertlosen indischen Münzen, wenn überhaupt etwas.

Er glitt an die Straßenseite, offenbar ganz in Gedanken über sein Glück. In dem Augenblick, bevor die Ampel auf grün sprang, sandte er mir einen Blick von solcher Wärme und ein so strahlendes Lächeln zu, dass mir das Herz aufging.

Die besondere Eigenschaft dieses Bettlers war, wie ich erkannte, seine mitfühlende Präsenz und das Geschenk seines Lebensmutes, mit dem er die, denen er begegnete, großzügig bedachte – ob sie ihm etwas dafür gaben oder nicht.

Die besondere Wesensart dieses Mannes war sein Geschenk. Wenn wir frei sind von Sorge um uns selbst oder Selbstmitleid, frei von zwanghaften Gedanken, entsteht Mitgefühl als spontaner Ausdruck unseres Gewahrseins. Wie ich gelesen habe, ist der erste Gedanke des Dalai Lama nach dem allmorgendlichen Aufwachen ein Gebet der Liebe und des Mitgefühls. Er widmet alle Tätigkeiten des kommenden Tages dem Nutzen aller Lebewesen. Sich diese Absicht – anderen Lebewesen von Nutzen zu sein – stets vor Augen zu halten ist eine Gewohnheit, die sich als ständige Übung kultivieren lässt. Mit Geduld und Ausdauer kann sie zu einer so fest verwurzelten Gewohnheit werden, dass wir im Strom unserer Gedanken automatisch auf andere Bezug nehmen. Den Dalai Lama im Umgang mit Menschen zu erleben beweist es: Er scheint ein Gespür dafür zu haben, genau so auf Menschen zuzugehen, wie sie es in diesem Augenblick brauchen. Und er geht auf jeden zu, ohne sich durch willkürliche soziale Konventionen hindern zu lassen – immer wieder habe ich gesehen, wie er sich gerade den Menschen zuwandte, die häufig übersehen werden: Aufsichtspersonal am Bühneneingang eines Theaters, Behinderte im Rollstuhl, verborgen in der Menge.

Er scheint über eine Art Mitgefühlsradar für Menschen in Nöten zu verfügen, wendet sich den in der Menge Untergegangenen in den kurzen Momenten zu, in denen er durch das Gedränge schreitet. Er ist ein lebendes Beispiel für das verkörperte Mitgefühl – etwas, das jedem von uns möglich ist.

Wie der Dalai Lama lehrt, lässt sich die Fähigkeit zur Verkörperung von Mitgefühl durch eigens zu diesem Zweck bestimmte Praktiken entwickeln. In einer der Traditionen der Achtsamkeitsmeditation endet jede Sitzung mit einer kurzen *metta*-Übung; *metta* ist das Pali-Wort [Sprache der alten buddhistischen Texte, Anm. d. Übers.] für Liebe und Mitgefühl. Dieses Gebet formuliert den Wunsch nach Mitgefühl sowohl für sich selbst als auch für Nahestehende, für Menschen, mit denen man Schwierigkeiten hat, und schließlich für alle Menschen.

Dass Mitgefühl in alle Richtungen, auch auf einen selbst ausstrahlen sollte, ist ein Gedanke, der im Westen verloren gegangen ist; wir neigen zu der Auffassung, dass Mitgefühl nur anderen gelte. Der Dalai Lama betont, dass der Begiff des Mitgefühls im tibetischen Buddhismus explizit sowohl die eigene Person als auch andere einschließt – was in dem Wunsch des Bodhisattva, des künftigen Buddha, zum Ausdruck kommt: »Möge ich zum Nutzen aller Wesen befreit werden.« Dies ist ein Kernpunkt, auf den wir auf unserem Weg, die emotionalen Alchemie zu erkunden, immer wieder zurückkommen werden.

Gelassenheit ● Wenn zu emotionaler Alchemie Empathie mit unseren irrationalen, verzerrten Gedanken über uns selbst und andere gehört, dann ist das nicht gleichbedeutend mit Einverständnis. Es bedeutet vielmehr zu verstehen, wie wir wahrnehmen und inwiefern unsere Wahrnehmungen von verborgenen Bedeutungen gefärbt und beeinflusst werden.

Gelassenheit ist eine grundlegende Eigenschaft von Achtsamkeit, die die Fähigkeit loszulassen fördert. Mit Gelassenheit können wir anerkennen, dass die Dinge sind, wie sie sind, auch wenn wir sie vielleicht gern anders hätten. Sie lässt uns Dinge akzeptieren, über die wir keine Macht haben, und sie gibt uns die Beherztheit, angesichts von Widrigkeiten offen zu bleiben. Gelassenheit kann als solche geübt und praktiziert werden, um aufwühlende Gefühle wie Angst, Sorge und Furcht, Frustration und Wut geistig zu lindern.

Natürlich bedeutet Gelassenheit nicht Gleichgültigkeit oder schicksalsergebene Hinnahme das Gegebenen – Ungerechtigkeit, Benachteiligung und Leiden verlangen, alles uns Mögliche dagegen zu unternehmen. Doch selbst dabei lässt uns innere Gelassenheit mehr ausrichten. Und wenn es um die Lebensprobleme geht, die sich unserem Einfluss entziehen – und um unsere emotionalen Reaktionen –, öffnet Gelassenheit eine reiche Quelle innerer Stärke: das Gefühl, nicht reagieren zu müssen, Geduld und Annahme der Situation.

Beherztheit ● Meine Mutter erzählte mir einmal ein Erlebnis vor vielen Jahren in New York. Sie ging nachts alleine auf die Straße und hatte ihre Geldbörse zu Hause gelassen. Da kam ein abgerissener junger Mann auf sie zu. Meiner von Natur aus warmherzigen Mutter tat er Leid.

Wie erwartet bat er sie um Geld. Dabei bemerkte sie aus dem Augenwinkel eine Ausbuchtung in seiner Tasche, die auf sie gerichtet war – möglicherweise eine Waffe.

Es war eine potenziell gefährliche Situation, doch sie hielt an ihrem mitfühlenden Impuls fest und antwortete aus ganzem Herzen: »Es tut mir *furchtbar* Leid – ich wollte, ich könnte Ihnen helfen, aber ich habe kein Geld dabei.« Der junge Mann war sichtlich perplex, völlig entwaffnet von ihrer unerwartet herzlichen Reaktion. Er trat einen Schritt zurück, sagte: »Ist schon gut, Lady«, und ging weiter.

Natürlich können Begegnungen wie diese leicht ins Auge gehen; es wäre vielleicht klug gewesen, möglichst rasch aus dieser riskanten Situation zu flüchten, und ich bin immer noch sehr erleichtert, dass meiner Mutter nichts zugestoßen ist. Doch ich denke noch heute – viele Jahre später – darüber nach, was wohl so entwaffnend auf diesen Mann gewirkt haben mag. Vielleicht war es das authentische Mitgefühl meiner Mutter, das die entscheidende Rolle spielte. In der buddhistischen Psychologie gilt Mitgefühl als direktes Gegenmittel gegen Aggression. Vielleicht war es aber auch ihre ruhige Gelassenheit, mit der sie sich der potenziell bedrohlichen Situation stellte.

Ich werde es niemals endgültig in Erfahrung bringen, doch eine mögliche Erklärung könnte mit bestimmten Forschungsergebnissen zu tun haben: Wenn der Teil des Gehirns, der positive Emotionen erzeugt, aktiver wird, fahren die für negative Gefühle zuständigen Zentren ihre Aktivität herunter. Gefühle sind ansteckend: Ich frage mich, ob nicht das echte Mitgefühl meiner Mutter Einfluss auf die zentralnervöse Reaktion des Mannes genommen hat.

Etwas Ähnliches erlebte ich vor einigen Jahren bei einer Friedenskonferenz mit dem Dalai Lama und einigen sozial engagierten Aktivisten sowie jungen Leuten aus den innenstädtischen Slums. Die Jugendlichen stellten einige ganz praktische Fragen: Wie komme ich sicher von der Schule nach Hause? Was kann ich tun, um in gefährlichen Situationen selbstsicherer aufzutreten und besser mit harten Jungs zurechtzukommen?

Durch ihre Diskussionen mit dem Dalai Lama über die Anwendung von Meditation und Mitgefühl zur Bewältigung dieser Probleme kamen viele der Jugendlichen zu der Einsicht, dass eine

Möglichkeit, sich weniger hilflos zu fühlen, in der Beherrschung ihrer eigenen emotionalen Reaktionen lag. Das könnte in der Tat eine echte Hilfe sein, um mit brenzligen Situationen geschickter und gelassener umzugehen.

Freundschaft mit sich selbst schließen ● Gelassenheit und Mitgefühl sind unschätzbar wertvolle innere Kraftquellen, wenn wir unseren eingefahrenen Mustern auf die Spur kommen oder in schwierigen Alltagssituationen unsere Reaktionen in den Griff bekommen wollen.

Wenn wir nicht über die Identifikation mit unserer Seelenqual oder Verwirrung hinausgehen, versäumen wir möglicherweise eine Gelegenheit. Wir müssen offen sein für tiefere Einsichten, die unser begrenztes Bild von uns selbst oder von anderen erweitern können. Wenn wir uns zu sehr in den Kampf mit unseren Emotionen verstricken, verpassen wir vielleicht die Chance, uns wesentliche innere Stärken zu erschließen. Wir überhören vielleicht wichtige Botschaften, die uns eben der Schmerz, gegen den wir uns wehren, mitzuteilen hat. Oder wir identifizieren uns zu sehr mit unseren Mustern, statt sie loszulassen. Loslassen setzt Energie frei, die gebunden war, und macht uns kreativer, präsenter, zugänglicher – und von größerem Nutzen für andere.

Vorahnungen dieses Verwandelns und Öffnens auf unserem Weg erinnern uns immer daran, was noch möglich ist. Diese Vorahnungen können uns ermutigen oder anfeuern, dem Pfad der inneren Arbeit weiter zu folgen.

Es bedarf großen Mutes, sich diesem unbekannten Gebiet unserer emotionalen Gewohnheiten zu stellen. Manchmal verlieren wir ihn, möchten uns schmerzlichen Wahrheiten oder Gefühlen nicht aussetzen. Das Bedürfnis nach Ablenkung und Schutz ist menschlich, aber Mitgefühl und Gelassenheit bieten uns jederzeit eine bessere Zuflucht.

Wenn man sich einem längeren Meditationstraining in einem Meditationszentrum unterzieht, sind die ersten Tage oder Stunden oft eine unbehagliche Zeit. Wir fühlen uns körperlich unwohl, wir vermissen unsere gewohnten Annehmlichkeiten und Routinen, und wir werden so weit ruhiger, dass wir emotionale Konflikte wieder zu spüren beginnen, die lange unbemerkt geblieben sind, aber jetzt, in dieser Rückzugsphase, plötzlich wieder an die Oberfläche kommen. Dann versuchen wir, je nach dem, wie wir es bislang gehalten haben, zu fliehen oder den Schmerz mit Entspannungssübungen zuzudecken.

Doch mit dem Praktizieren von Achtsamkeit wird alles zum Gegenstand unserer Meditation – einschließlich Schmerz, Unbehagens, sogar Gefühle, die wir lieber in einem Winkel unserer Seele verborgen hätten. Und wir merken, dass nicht nur diese Emotionen da sind und auf uns warten, sondern auch andere Auslöser in der Nähe lauern, bereit, uns von neuem in denselben Teufelskreis zu treiben. Wir haben den inneren Hader nicht zu Hause gelassen; wir haben ihn mit uns hergebracht – in unserem Geist.

Wir brauchen uns nicht zu einer Meditationswoche zurückzuziehen, um diese Arbeit in Angriff zu nehmen, doch die Erfahrung, ungestört in unsere Seele hineinzuschauen, ist ein Konzentrat dessen, was geschehen kann, wenn wir unseren Geist beobachten.

Eine längere Phase intensiver Achtsamkeitsmeditation zeigt einen typischen Verlauf. Wenn wir Achtsamkeit praktizieren, kommen wir, wenn wir unseren Geist lange genug beobachten, an einen Punkt, an dem wir der ständig wiederholten Zyklen deutlicher gewahr werden: Immer wieder läuft dieselbe Leier in endlosen Variationen ab. Wir erfahren, was tatsächlich geschieht, und es zeichnen sich allmählich Muster ab. Zuweilen gewinnen wir psychologische Einsicht in die dahinter stehenden Ursachen oder einen anderen Aspekt der immer gleichen Handlung. Doch mit der Zeit verschiebt sich gewöhnlich der Schwerpunkt von der Geschichte, von den einzelnen geistigen Inhalten hin zu dem geistigen Prozess.

Nach einer Weile beginnen wir zu begreifen, dass zum Hineinwachsen in die Achtsamkeitsmeditation emotionale Konflikte dazugehören; wir schließen eine tiefere Freundschaft mit uns selbst, indem wir unseren Erfahrungen mit deutlichem Gewahrsein begegnen. Wenn sich die Achtsamkeit steigert und wir allen unseren Gefühlen, Beklemmungen und Reaktionen mehr Raum in uns selbst geben, verändert sich unsere Beziehung zu ihnen. Wir begegnen dem inneren Aufruhr annahmebereiter und offener.

Wenn wir üben, so lange bei einem Gefühl zu bleiben, bis es an sein natürliches Ende kommt – dies jedoch mit der Gelassenheit der Achtsamkeit –, sehen wir das Anschwellen und Abflachen des endlosen Stroms der Gedanken und Gefühle, die durch unseren Geist und unseren Körper fließen, allmählich immer klarer. Der Drang, diesen Reaktionen *gemäß* zu handeln oder *auf* unsere Reaktionen zu reagieren, wird schwächer; wir lassen sie einfach kommen und gehen. Weil sich unsere üblichen Identifikationen lockern, werden wir weniger durch unsere Reaktionen definiert; so erweitern sich die Grenzen unseres vermeintlichen Selbstbildes. Wir können mehr und mehr in unserem Gewahrsein verweilen, statt von unseren Erlebnissen und Erfahrungen hierhin und dorthin gerissen zu werden.

Wenn wir uns genauer mit unseren belastenden emotionalen Mustern befassen, gibt uns der hier vorliegende Überblick über den Weg der Verwandlung eine Orientierung für die Arbeit an uns selbst.

Wenn Sie Gelassenheit und Mitgefühl einüben möchten

Beginnen Sie die Meditation über Liebe und Mitgefühl mit einer Übung in Gelassenheit.

Es gibt zwei Verfahren, die beide kurze Besinnungsübungen verwenden. Eines beginnt mit einer Übung in Gelassenheit; die andere fasst die Gelassenheits- und die Liebe-und-Mitgefühl-Meditation zu einer Übung zusammen.

Die Gelassenheitsmeditation ist eine innere Kraftquelle, auf die Sie in allen schwierigen Augenblicken zurückgreifen können. Sie besteht darin, still für sich eine Reihe von Sätzen zu wiederholen und zugleich über ihre Bedeutung nachzusinnen. Wenn Ihr Geist abschweift, führen Sie ihn zu den Sätzen und dem darin widergespiegelten Gefühl von Gelassenheit zurück. Sie können dies einfach für einige Augenblicke oder mehrere Minuten lang machen. Die bei dieser Übung benutzten Sätze haben wirklich Kraft; alle tragen dazu bei, eine Haltung unvoreingenommener Gelassenheit gegenüber allen Wesen zu kultivieren. Es folgen einige Beispiele (Sie können diese Sätze so verändern und anpassen, dass Sie für Sie bedeutsamer werden):

Möge ich die Dinge akzeptieren, wie sie sind.

Ich wünsche dir Glück und Wohlergehen, doch ich kann dir deine Entscheidungen nicht abnehmen und ich habe keine Macht über die Dinge.

Liebe-und-Mitgefühl-Meditation

Bei dieser meditativen Übung wiederholen Sie Sätze, die diese Einstellung widerspiegeln. Immer wenn Ihr Geist abschweift, suchen Sie wieder Verbindung zu dem Gefühl von Zuneigung oder Wärme gegenüber Menschen.

Wie bei der Gelassenheitsmeditation bleibt es Ihnen überlassen, welchen Wortlaut Sie für Ihre Sätze wählen; formulieren Sie sie so, dass Sie etwas in Ihnen ansprechen oder Ihnen etwas bedeuten.

Bei dieser Übung wiederholen Sie denselben Satz, richten ihn jedoch zuerst an sich selbst, dann an bestimmte Menschen und schließlich an alle. Dazu können Menschen gehören, die Ihnen Gutes getan haben, die Ihnen nahe stehen, denen gegenüber Sie neutral eingestellt sind und mit denen Sie besondere Schwierigkeiten haben, sowie alle Wesen im ganzen Universum.

Die Liebe-und-Mitgefühl-Meditation kann in mehreren Formen erfolgen. Hier ein Beispiel:

Genau wie ich von Leiden frei sein möchte, mögen alle Wesen frei von Leiden sein.

Eine weitere klassische Form:

Möge ich frei von Leiden und den Ursachen von Leiden sein.
Möge ich Friede und Wohlbefinden haben.
Möge ich geborgen und sicher sein.
Möge ich glücklich sein.

Formulieren Sie dann denselben Wunsch für andere – liebe Menschen, schwierige Menschen, wen immer Sie wählen. Dehnen Sie schließlich diese wahrhaft empfundenen, mitfühlenden und liebevollen Wünsche auf alle Wesen allüberall aus:

Mögen alle Wesen frei sein von Leiden und den Ursachen von Leiden.
Mögen alle Wesen geborgen und sicher sein.
Mögen alle Wesen glücklich sein.

Es folgt eine Kurzform dieser Meditation, an alle Wesen gerichtet:

Mögen alle Wesen sicher, glücklich, gesund und frei von Leiden sein. Mögen alle Wesen befreit sein.

Wenn Sie es möchten, können Sie diese Wünsche zuerst für sich selbst aussprechen, dann für die anderen Gruppen und schließlich für alle.

Sie können die Gelassenheitsübung auch mit der Meditation über Liebe und Mitgefühl verbinden. Eine einfache Möglichkeit besteht darin, nach dem Aufsagen der Liebe-und-Mitgefühl-Sätze zu einem Gelassenheitssatz zurückzukehren. Gelassenheit ist ein Gegengewicht zu Mitgefühl und Liebe. Der Dalai Lama rät, Gelassenheit vor Liebe und Mitgefühl zu üben, um der Neigung, die Dinge in einer bestimmten Weise haben zu wollen, den Stachel zu nehmen. Dieses Gleichgewicht verschmilzt zu einem weisen Mitgefühl.

3
Die heilenden Eigenschaften der Achtsamkeit

Der Ausdruck »Tee-Geist« bezieht sich auf die Eigenschaften der Achtsamkeit, die in der japanischen Zen-Kunst des Tee-Weges gepflegt werden – Harmonie und Einfachheit, ein wacher, aber ruhiger Geist, klare, ganz auf den Augenblick gerichtete Aufmerksamkeit. Während der Tee-Zeremonie konzentriert sich die Aufmerksamkeit ganz auf die Gegenwart, kostet die subtilen Einzelheiten der Zeremonie aus: den Geschmack des Tees, den Duft des Räucherwerks, das Geräusch des Bambusquirls, mit dem der Gastgeber das grüne Teepulver zu einer schaumigen Flüssigkeit schlägt. ● Wir werden ruhig, um die Anmut der Bewegungen, die stumme Kommunikation, die Einfachheit des Raumes, die Schönheit des Tee-Geräts zu würdigen. Der Geist wird leer, und jede Bewegung wird voller. Eingebettet in Zeitlosigkeit schlingt sich die Aufmerksamkeit eng um jeden Augenblick. ● Im Tee-Raum trägt niemand eine Uhr. Man vergisst die Zeit, lässt sich ganz auf den gegenwärtigen Augenblick ein. Es gibt nichts zu besprechen außer dem, was direkt mit der gerade vor sich gehenden Tee-Zeremonie zu tun hat. Man braucht nirgendwo sonst zu sein als in der Gegenwart. ● Genauso ganz und gar im gegenwärtigen Augenblick anwesend sind Sie auch, wenn Sie sich außerhalb des Tee-Raums aufhalten, in der Tee-Küche, wo Sie Vorbereitungen treffen und anschließend aufräumen. Niemand sieht Sie dort, doch Sie verweilen im achtsamen Gewahrsein, als ob Sie gerade im Tee-Raum Ihren Gästen die Schale reichten. ● Wenn dieses zeitlose Anwesendsein über den Tee-Raum hinaus in das Leben hineinreicht, steigert es das Gewahrsein noch. Wir sind anwesender in unseren alltäglichen Erfahrungen: Wir sind mehr im jetzigen Augenblick, eilen nicht voraus zum nächsten oder hängen dem vergangenen nach, sondern sind einfach wach für die Gegenwart. ● Vor einigen Jahren erlebte ich als Tee-Schülerin, wie der Tee-Geist immer öfter aus dem Tee-Raum in meinen Alltag hinüberfloss, sogar in Manhattan, wo ich die Tee-Zeremonie lernte. Beim Verlassen des Zentrums, als ich achtsam die Straßen der Stadt entlangschritt, merkte ich, dass der Wirrwarr der städtischen Geräusche, Bilder und Gerüche meinen Geist nicht mehr in alle Richtungen gleichzeitig zerrte. All diese Reize beschäftigten meine Sinne nacheinander, ich sah jedes Objekt, wie es kam und ging, erfreute mich an ihm aus einer inneren Mitte heraus ... dann kam die Herausforderung: Stoßzeit in der U-Bahn!

Wir brauchen nicht die Tee-Zeremonie oder die japanischen Künste zu erlernen, um achtsam zu werden, doch diese meditativen Künste liefern uns ein Modell dafür, wie wir eine wachere und konzentriertere Empfänglichkeit in unsere Aktivitäten und unser Innenleben einbringen können. Wenn wir Achtsamkeitsmeditation praktizieren, können wir jede Tätigkeit durch eine aufmerksame Präsenz intensiver tun. Es ist ein gewaltiger Unterschied, ob man eine morgendliche Tasse Tee mit voller Aufmerksamkeit trinkt oder sie hinunterstürzt, in Gedanken schon mit der Planung des Tages beschäftigt.

Das gleiche Gewahrsein können wir in den Bezug zu unseren Emotionen einbringen. Unsere emotionalen Reaktionen lenken uns häufig von der Gegenwart ab, erfüllen den Geist mit anhaltenden Gedanken an eine andere Zeit und einen anderen Ort, erfüllen den Körper mit aufwühlenden Empfindungen. Das zeitlose Anwesendsein des Tee-Geistes – eine Form von Achtsamkeit – bietet ein direktes Gegenmittel gegen diesen inneren Aufruhr.

Hingabe an die Gegenwart • Die traditionellen japanischen Künste wie die Tee-Zeremonie und das Blumenstecken verschmelzen Kunst und Philosophie miteinander; sie verbinden Spiritualität, künstlerische Bereicherung und persönliche Erleuchtung. Angeregt von der Zen-Tradition hatten sie stets mehr als einen rein ästhetischen Sinn, obwohl dieser zuweilen mehr hervorgehoben wird als ihr spirituelles Ziel, nämlich Achtsamkeit zu verfeinern und zu kultivieren. Meine Meister verkörperten beide Richtungen.

Meine erste Tee-Meisterin war eine beeindruckende Frau Ende siebzig, die sich durch spielerische Spontaneität und Tiefe auszeichnete. Sie hatte in ihrem Leben viel durchgemacht und ihren Mann und ihre zwei Söhne, die beide unter tragischen Umständen starben, überlebt. Sie hatte sich der Zen-Meditation und der Tee-Zeremonie zugewandt, um eine Zuflucht und einen Ort für ihre stille Trauer zu finden und um ihren Schmerz in kreative und meditative Übungen umzusetzen. Sie war mir in dieser Hinsicht eine Lehrerin, ein lebendes Beispiel für die Verwandlung des Leidens. Obwohl sie niemals klagte, konnte ich manchmal ihre Traurigkeit spüren. Ihre Art des künstlerischen Ausdrucks schien ihre Verlustgefühle einzubeziehen, ein Gewebe aus Suche und Bedeutung, aus subtilen Anpassungen und Verständnis, aus Fragen ohne Notwendigkeit von Antworten. All dies brachte eine stille Tiefe in ihr Schweigen während der Tee-Zeremonie.

An einem ruhigen Nachmittag in ihrem Tee-Raum bot sie mir an, mir eine Schale Tee zu servieren. Als sie den staubfeinen grünen Tee schlug, fiel mir auf, dass ihre Hände die Risse und Furchen der antiken Teeschale widerspiegelten und ein neues Licht auf die verwitterte Schönheit des Alters warfen. Die blauen Venen und braunen Flecken ihrer porzellandünnen Haut gaben *wabi* zu erkennen: das durch Alter erworbene Sich-selbst-genug-sein.

Zum Abschluss der Zeremonie ergriff sie mit einer eleganten Bewegung den langen Bambusschöpfer und füllte den Kessel mit frischem, kaltem Wasser. Im Zuhören, wie das Wasser in das

Schweigen hineinplätscherte, vernahm ich, wie sie flüsterte: »Wir geben den Wassern des Lebens das zurück, was wir genommen haben.«

Diese Einstellung – auf die Gegenwart eingestimmt und ihr ganz hingegeben zu sein – ist unschätzbar wertvoll beim Umgang mit Emotionen. Manche Dinge im Leben lassen sich nicht ändern, doch wir können unsere innere Beziehung zu ihnen ändern. Ihr Vorhandensein achtsam zu akzeptieren hilft uns, sogar aufwühlende Gefühle mit geistiger Tiefe, seelenvoller Weisheit auszuhalten.

Ein Streit im Tee-Garten ● Auf unserem Weg zu einem der friedlich-heiteren Zen-Gärten Kyotos verstricken mein Mann und ich uns in eine Auseinandersetzung. Er meint, ich hätte überreagiert; ich finde, er war unsensibel. Noch uneins erreichen wir das Eingangstor, beide immer noch aufgebracht.

Wie konnte er nur so gedankenlos sein? Mein Geist ist immer noch in unserem Zwist gefangen, als wir das Tor oder *roji* durchschreiten. Dann fällt mir dessen Bedeutung ein: Das *roji* steht dafür, den Staub und die Probleme der Welt hinter sich zu lassen.

Während wir aus der gewöhnlichen in die außergewöhnliche Welt treten, wirkt die harmonische Platzierung der Trittsteine auf dem Pfad beruhigend auf meinen Geist ein: Na, vielleicht hat er gar nicht gemerkt, was er tat …

Mein Blick fällt auf eine Weide neben dem Pfad und bleibt an einem zart geschwungenen Ast hängen. Dessen anmutige Einfachheit lädt mich ein in den gegenwärtigen Augenblick und glättet die Wogen meines Geisteszustands. Ich bemerke dasselbe wunderbare Gefühl von Verwandlung in den Augen meines Mannes.

Der Staub des Geistes verweht mit dem sanften Wind. Ein Blatt fällt.

Dieser Augenblick im Zen-Garten erinnert mich immer daran, dass etwas Erfreuliches in der Gegenwart sogar die härteste emo-

tionale Haltung aufweichen kann, wie es auch die folgende Zeile aus einem Zen-Gedicht ausdrückt: »Sogar der Oberbefehlshaber nahm seine Rüstung ab, um die Pfingstrose zu bewundern.«
Die Verflechtung ästhetischer, philosophischer und emotionaler Stränge – kultiviert durch die meditativen Künste – illustriert, wie wir achtsame Präsenz in das alltägliche Getriebe unseres Gefühlslebens einbringen können.

Raum im Vollgestopften ● Beim japanischen Blumenstecken, einer anderen Kunst der Achtsamkeit, ist der Raum *um* die Blumen und Zweige genauso bedeutsam wie die Blumen selbst. Wenn es leeren Raum zwischen ihnen gibt, vermögen wir die Zartheit der Blüten klarer zu sehen, die natürliche Anmut eines geschwungenen Zweiges besser zu würdigen. Die zerbrechliche Schönheit der Blumen wird durch den leeren Raum, von dem sie sich abheben, verstärkt. Die sie umgebende Offenheit erhellt und definiert die Linien der Blumen klarer.
Genauso ist es mit unserem Geist. Wenn er mit Gedanken voll gestopft und ständig mit Reagieren beschäftigt ist, werden wir von der Gegenwart weggezogen, außerstande, die Offenheit unseres natürlichen Geisteszustandes zu sehen. Dieser natürliche Zustand ist ein offenes, klares und waches Gewahrsein, das alle unsere Erfahrungen wie ein Spiegel reflektiert. Und wie ein Spiegel vermag der Geist von den Bildern, die darin erscheinen, unberührt zu bleiben.
Dieses natürliche Gewahrsein ist wie der Raum – unsere Gedanken und Gefühle, unsere Wahrnehmungen und Erinnerungen steigen in der Offenheit dieses Raumes auf. Das Ziel des geistigen Trainings in der Meditation besteht darin, zu diesem natürlichen, weiten Gewahrsein zu erwachen.
Doch das Dickicht der Zweige und Blumen unserer mentalen und emotionalen Gewohnheiten füllt den Raum aus. Wenn wir versuchen, uns mehr Klarheit über ein Problem in unserem Leben zu verschaffen, kommt es manchmal vor, dass wir uns in

einem ausufernden, verwirrenden Gedankenknäuel darüber verstricken – Interpretationen, Reaktionen auf Interpretationen, Neuinterpretationen und so weiter und so weiter. Unser Geist füllt sich mit Vorstellungen über das, was wir erlebt haben, doch wir geraten nur immer mehr in Verwirrung.

Wenn unser Geist dann zu rasen aufhört und sich ein wenig beruhigt – ob durch eine Meditationsübung, eine längere Zeit innerer Einkehr oder einfach nur einen Spaziergang in der Natur –, können wir häufig alles klarer, aus einem neuen Blickwinkel sehen. Einsichten in das Problem können sich leichter einstellen, wenn wir den Kopf frei bekommen. Leere und Einfachheit können uns die natürliche Beschaffenheit des Gewahrseins zeigen.

Wiederum ist diese Klarheit nichts Fremdes für unseren Geist, nichts, das wir uns mühsam aufbauen müssten; sie entspricht unserem natürlichen Zustand. Das Vorübergehende ist das, was das Durcheinander verursacht – das stürmische Aufbrausen der Emotion. Der Raum der Klarheit, der sich auftut, wenn in unserem Geist Stille einkehrt, macht uns empfänglicher für das Flüstern einer angeborenen, intuitiven Weisheit.

Achtsamkeit bietet dazu eine breite Palette von Werkzeugen; sie machen sich jeweils die eine oder andere ihrer vielen Qualitäten zunutze. So wie das Werkzeug der Besänftigung unseres Gedankenaufruhrs eine Ordnung in unsere Gedanken bringt, so liefern andere Eigenschaften der Achtsamkeit wirksame Mittel zur Erforschung unseres Gefühlslebens. Dazu gehören Weite und Klarheit, Ruhe und Gelassenheit, Freiheit von Selbstbeurteilung, Zuversicht und Mut, Intuition und Vertrauen, Frische und Flexibilität. Vielleicht am wichtigsten für emotionale Alchemie ist ein anhaltendes, rein beobachtendes Gewahrsein, die Fähigkeit, eine Emotion offenen Geistes zu betrachten, bis ihre Bedeutung sich offenbart (auf diesen entscheidenden Aspekt werde ich noch ausführlicher eingehen). All diese Eigenschaften von Achtsamkeit bringen uns der Wahrheit eines Augenblicks, der Sicht der Dinge, wie sie wirklich sind, näher.

Ein Raum der Klarheit • Achtsames Gewahrsein steht in scharfem Kontrast zu der halbherzigen Aufmerksamkeit, die den Geist so häufig beherrscht. Ein genauerer Blick auf den Zustand unseres Bewusstseinsstroms enthüllt ein ziemliches Chaos. Dass sich dabei, abgesehen von den gelegentlichen zweckgerichteten Gedanken, ein beunruhigendes Bild ergibt, bestätigt der buddhistische Gelehrte Nyanaponika: Wir sind »überall konfrontiert mit einer verworrenen Masse aus Wahrnehmungen, Gedanken, Gefühlen, flüchtigen Bewegungen etc., die eine Unordnung und ein Durcheinander bilden, wie wir es beispielsweise in unserem Wohnzimmer nicht dulden würden ... Hunderte von Gegenströmungen schießen durch den Geist, und überall finden sich Bruchstücke unbeendeter Gedanken, erstickter Gefühle und vergänglicher Stimmungen.«

Dieses Gewirr aus Ablenkung, Verwirrung und Unordnung macht einen Großteil unserer geistigen Aktivität im Wachzustand aus. Diese alltägliche Zerstreutheit schafft, wie Nyanaponika sagt, eine Brutstätte für »unsere gefährlichsten Feinde – starke emotionale Kräfte wie frustrierte Bedürfnisse und unterdrückter Groll, aufwallende Leidenschaften wie Gier, Hass und Verblendung«.[2]

Das Gegenmittel gegen diese Zerstreutheit ist Achtsamkeit. Während die gewöhnliche Aufmerksamkeit ständig von einem Gegenstand zum nächsten springt, mal hierhin und mal dahin getragen von Ablenkungen – zufälligen Gedanken, flüchtigen Erinnerungen, fesselnden Phantasien, Anblicken, Geräuschen oder sonstigen Sinneswahrnehmungen –, ist Achtsamkeit im Gegensatz dazu gegen Ablenkungen gefeit. Als reine Aufmerksamkeit konzentriert sie sich stets voll auf den jetzigen Augenblick und überträgt diese Konzentration auf den nächsten Augenblick und auf den nächsten – und so fort. Wenn Ablenkung zu emotionalem Aufruhr führt, können wir die Fähigkeit nutzen, unseren Blick aufrechtzuerhalten, unverwandt hinzusehen. Diese Qualität von Achtsamkeit ist für die Arbeit an unseren Emotionen wesentlich. Achtsamkeit zeichnet sich besonders durch zwei Eigenschaften aus: gleichschwebende Aufmerksamkeit und Hartnäckigkeit. Diese Qualitäten lassen uns subtiler wahrnehmen als das gewöhnliche Bewusstsein. In diesem Sinne erzeugt Achtsamkeit eine reine Aufmerksamkeit, die durch erste Eindrücke und oberflächliche Annahmen hindurch zu einer umfassenderen, vielschichtigeren Wahrheit durchdringt.

Um beispielsweise emotionalen Schmerz zu vermeiden, lenken wir uns oft von unliebsamen Gefühlen und Gedanken ab, reißen unsere Aufmerksamkeit weg von dem Schmerz und ersticken so das Gefühl zu früh. Wenn wir jedoch nicht lange genug bei einem Gefühl verweilen, damit es seinen natürlichen Lauf nehmen kann, berauben wir uns dadurch vielleicht möglicher Erfahrungen und Erkenntnisse.

Wenn wir aber achtsam dabei verweilen, werden wir merken, dass es viele Veränderungen durchmacht und dass wir es in seine Elemente zerlegen können – Schmerz, Enge, Furcht, Anspannung, Gedanken- und Reaktionsketten –, und zwar in sowohl ins Auge springende als auch feinere Nuancen. Wenn wir mit unserer Aufmerksamkeit bei der sich verändernden Empfindung bleiben, können wir die Emotion analysieren und eine reiche Ernte von Einsichten in ihre Ursachen und Umrisse einfahren.

Neu sehen ● Im Garten seines Tee-Hauses zog Sen Rikyu, der Begründer der Tee-Zeremonie im späten 16. Jahrhundert, wunderbare Winden, damals eine Seltenheit in Japan. Toyotomi Hideyoshi, der grausame Beherrscher Japans in jenen Tagen, bemühte sich um eine Einladung von Rikyu, um einen Blick auf diese seltenen Blumen werfen zu können. Bei seiner Ankunft im Garten sah Hideyoshi nicht eine einzige Blüte; sie waren alle entfernt worden. Voller Wut stürmte er in das Tee-Haus – Fleisch gewordenes schlimmstmögliches Betragen eines Tee-Zeremonie-Gastes.

Im Tee-Haus jedoch wich Hideyoshis Wut stillem Entzücken. Denn dort, in der Bildnische, harrte eine einzige, vollkommene Windenblüte seiner Bewunderung.

Diese Blüte symbolisiert die Ästhetik der Tee-Zeremonie, deren Eigenart es ist, das Gewöhnliche in ein neues Licht zu stellen. Dic Japaner haben dafür das Wort *mitate*, was so viel wie »neu sehen« bedeutet. Diese Fähigkeit, die Dinge anders, wie zum ersten Mal zu sehen, ist das Herz der Achtsamkeit.

Achtsamkeit ist unbelastet von Erwartungen, Gewohnheiten oder dem Gewicht unserer Vergangenheit und lässt uns daher unser Tun so erscheinen, als sähen wir es zum ersten Mal. Im Zen wird dies Anfänger-Geist genannt – das Alte und Vertraute neu, sogar überraschend zu sehen. Anfänger-Geist hält das Gewahrsein frisch.

Dieses stets frische Gewahrsein hat eine neurologische Grundlage. Wenn wir etwas Altvertrautes sehen oder hören – etwa das Ticken einer Uhr in unserem Schlafzimmer oder der immer gleiche Anblick auf dem Weg zur Arbeit –, registriert das Gehirn dies normalerweise für einen Augenblick und blendet es dann aus, reagiert nicht mehr darauf. Für das Gehirn lohnt es sich einfach nicht, Energie in die Beobachtung derselben immer wiederkehrenden Dinge zu stecken.

Das Gehirn wird jedoch erregt, wenn es auf etwas Neues oder Ungewöhnliches trifft; das Aktivitätsniveau und der Energieumsatz steigen, es wird munter und aufmerksam – so wie ein gelangweilter Einjähriger plötzlich etwas Aufregendes wie ein anderes Baby oder einen Hund erblickt. Diese Beschleunigung der Gehirnaktivität tritt jedes Mal auf, wenn wir etwas zum ersten Mal registrieren. Man nennt das den Orientierungsreflex – das neuronale Äquivalent des Anfänger-Geistes. Dieses erwachte Interesse hält an, bis das Gehirn sich mit dem neuen Gegenstand vertraut gemacht hat. Wenn dieser dann in eine passende Kategorie eingeordnet ist, blendet ihn das Gehirn wieder aus.

Langeweile ist ein Symptom für ein niedriges Aufmerksamkeitsniveau. Wenn wir uns langweilen, wenn unser Interesse schwindet, nimmt unsere Gehirnaktivität entsprechend ab. Umgekehrt hat das Vergnügen an Veränderung und Neuheit etwas mit der

Steigerung der Aufmerksamkeit – und der Gehirnaktivität – zu tun, die damit einhergeht. In dieser neuronalen Erregung wurzelt unsere Freude am Neuen, ob das neue, modische Kleidung, eine Reise an einen exotischen Ort oder das Umstellen der Möbel im Wohnzimmer ist.

Doch wir müssen nicht unsere Umgebung verändern, um das Gehirn munter zu machen: Dasselbe geschieht, wenn wir unsere Aufmerksamkeit für das schärfen, was vorhanden ist. Volle Aufmerksamkeit ist das Gegenmittel gegen Langeweile. Achtsamkeit erregt das Gehirn, lässt den Orientierungsreflex anspringen. Dies stellte eine klassische Studie an geübten Zen-Meditierenden fest.[3] Die Versuchspersonen praktizierten alle eine Form von Achtsamkeit. Sie bekamen das Schlagen eines metronomartigen Geräts, also immer wieder dasselbe Geräusch, zu hören.

Wenn Personen, die nicht meditierten, das endlos wiederholte Geräusch vernahmen, »habituierte« ihr Gehirn bei ungefähr dem zehnten Ticken – der auditorische Cortex, die Hörrinde, die akustische Signale verarbeitet, sprach buchstäblich nicht mehr darauf an. Die Gehirne der Zen-Übenden jedoch registrierten das vierzigste Ticken noch genauso stark wie das erste! Mit anderen Worten, sie verweilten im Anfänger-Geist; sie waren imstande, jeden Augenblick neu aufzunehmen.

Achtsamkeitstraining schärft wie die meisten Meditationspraktiken die Wahrnehmung. Der Psychiater Robert Walsh fasst die Forschungsergebnisse über die Wirkung von Meditation auf die Wahrnehmung so zusammen: »Die Meditierenden berichten, dass die Wahrnehmung sensibler wird, Farben heller erscheinen und die Innenwelt zugänglicher wird … die Empfindlichkeit und Geschwindigkeit der perzeptuellen Verarbeitung, das Einfühlungsvermögen und die Introspektion und Intuition können sich steigern.«

Wenn wir zum ersten Mal auf etwas treffen, das uns fesselt, ist unsere Aufmerksamkeit von Natur aus offen für das Neue, unsere Konzentration total. Mit Achtsamkeit können wir *willentlich* unser Leben mit derselben wachen, reinen Aufmerksamkeit betrachten. Achtsamkeit gibt uns die Kraft, jeden Augenblick so zu erleben, als wäre es das erste Mal.

Ruhe im Sturm ● Der Albtraum jeder Mutter: Suzanna erwachte um zwei Uhr morgens durch Sirenengeheul und Rauch. Die Wohnung am anderen Ende des Flurs stand in Flammen. Sie holte ihre Kinder – drei, fünf und sieben Jahre alt – aus dem Bett und versuchte Ruhe zu bewahren, fühlte jedoch Panik in sich aufsteigen. Ein Feuerwehrmann schrie draußen etwas Unverständliches; Rauch quoll unter der Tür durch. Voller Angst, in der Wohnung eingeschlossen zu werden, kroch sie hinaus in den Flur zur Treppe – und blickte in ein Chaos aus Flammen und Rauch.
Obwohl sie gehört hatte, dass man das nicht tun sollte, rannte Suzanna zum Aufzug – der einzige Fluchtweg, der ihr einfiel – und brachte sich und ihre Kinder glücklich in Sicherheit. Ein Nachbar jedoch kam in den Flammen um.
Irgendwie schaffte es Suzanna, am nächsten Morgen zu meinem Workshop zu kommen – noch sichtlich unter Schock und den Tränen nahe. Verständlicherweise konnte sie an nichts anderes denken als an das traumatische Ereignis der vergangenen Nacht. Wie die meisten traumatisierten Menschen grübelte sie zwanghaft über das schreckliche Erlebnis nach und verstrickte sich in Selbstvorwürfe, dass sie ihre Kinder durch die Fahrt im Aufzug in Gefahr gebracht habe. Nachdem sie der Gruppe alles erzählt hatte, war sie so erschüttert, dass sie zur Toilette ging und weinte. Als sie in der Pause wieder zurückkehrte, kümmerten sich einige Gruppenmitglieder sehr einfühlsam und hilfsbereit um sie, und sie beruhigte sich ein wenig. Doch sie war immer noch mitgenommen und mit den Gedanken ganz bei der vergangenen Nacht. Dann begannen wir mit unserer ersten Meditation. Mutig wagte sie einen Versuch.
Sie war zappelig und nervös, als ich mit den Anweisungen begann, die Gedanken und Gefühle loszulassen und sich auf den

natürlichen Atemrhythmus zu konzentrieren, bei der Empfindung des Ein- und Ausatmens zu bleiben – eine klassische Übung zur Beruhigung, die die Grundlage der Achtsamkeit bildet. Mehrere Minuten lang rutschte sie weiter unruhig hin und her. Doch allmählich wurde ihr Körper friedlicher, und gegen Ende der zwanzigminütigen Übung saß sie vollkommen still.

Danach war sie eine andere Frau. Auf ihrem Gesicht lag jetzt ein friedvoller Ausdruck, und sie erklärte: »Ich glaube, ich bin jetzt wieder in Ordnung. Ich bin jetzt hier, nicht gefangen in dem, was letzte Nacht passiert ist.«

Dieser dramatische Wandel in Suzannas Bewusstsein legt Zeugnis ab von der beruhigenden Kraft der Achtsamkeit. Teilweise kommt die Ruhe mit der geistigen Sammlung, auf der die Achtsamkeit beruht. Achtsam zu bleiben erfordert, alle Gedanken, wie sie kommen und gehen, loszulassen. Das gilt auch für unsere dunkelsten: Statt uns darin festzubeißen und uns von ihnen jagen zu lassen und dadurch die mit ihnen verbundenen quälenden Empfindungen noch zu verstärken, lösen wir uns von diesen Gedanken – und den damit zusammenhängenden Gefühlen.

Ein Zustandswechsel im Gehirn ● Die Kraft der reinen Aufmerksamkeit liegt in ihrem Einfluss auf unsere Gedanken, Stimmungen und Gefühle. Wenn wir einem Mischmasch von Emotionen mit Achtsamkeit begegnen, beruhigt reine Aufmerksamkeit die innere Unordnung und Verwirrung; wenn Achtsamkeit die Oberhand gewinnt, legt sich der Tumult.

Dieser entscheidende Zustandswechsel von innerem Aufruhr zu innerer Ruhe entspricht bestimmten Vorgängen im Gehirn. Richard Davidson, Psychologe an der Universität von Wisconsin, erforscht die Wirkungen von Emotionen auf das Gehirn. In einigen seiner neueren Arbeiten hat er untersucht, wie Achtsamkeit das Gehirn in einen anderen Modus versetzt.[4]

Wie er erklärt, sind emotionale Reaktionen im normalen Bewusstseinszustand stärker als im Zustand der Achtsamkeit. In diesem geht auch das Gehirn in einen anderen Modus über: »In dem Augenblick, in dem wir einer beunruhigenden Emotion gewahr werden, beginnen wir sie zu regulieren.«

Davidson zeichnete die Gehirnaktivität von Menschen auf, die bei dem Lehrer Jon Kabat-Zinn Achtsamkeitsmeditation übten. Aktivitätsveränderungen waren am ausgeprägtesten im linken präfrontalen Cortex, dem Teil des Gehirns gleich hinter der Stirn, der positive Gefühle erzeugt und negative dämpft. Nach nur zwei Monaten Training waren diese Areale aktiver geworden, nicht nur, wenn die Personen meditierten, sondern auch dann, wenn sie einfach ruhig dasaßen.

Das ausführende Zentrum des Gehirns sitzt in der präfrontalen Region; die Entscheidungen, über die wir nachdenken, und die Handlungen, die wir auszuführen gedenken, entspringen zumeist in diesem Teil des Gehirns. Wenn wir ein sehr beunruhigendes Gefühl empfinden, sendet die Amygdala oder Mandelkern, die tief im emotionalen Gehirn sitzt und Impulse in die präfrontale Region sendet, einen Schwall Botschaften aus. Zumindest ist dies der Fall, wenn wir »gedankenlos« sind und ohne Überlegung und impulsiv handeln. Wenn wir jedoch einfach zulassen, dass die Emotion uns überwältigt, dann geben diese hemmenden Neuronen der Stärke des Impulses nach: Die emotionale Reaktion bricht sich mit voller Kraft Bahn.

Wenn wir jedoch genügend Geistesgegenwart besitzen, um genau in dem Augenblick, in dem beispielweise die Wut oder die Angst über uns zusammenzuschlagen drohen, Achtsamkeit walten zu lassen, dann geschieht im Gehirn etwas anderes: In der linken Präfrontalregion sitzt ein Nervenzellverband, der beunruhigende Impulse aus dem Mandelkern dämpft, etwa wie ein Damm den tobenden Fluss zu einem harmlosen Bächlein bändigt. Achtsamkeit stärkt diesen Damm, aktiviert die hemmenden Neuronen stärker, sodass sie eine unliebsame Emotion besser im Zaum halten können.

Diese hemmenden Nervenzellen verstärken ihre Aktivität genau in dem Maße, in dem wir unsere emotionalen Impulse und Reaktionen ans Licht des Bewusstseins holen und Vernunft ins Gefühl bringen. Je ausgeprägter wir dies tun, desto mehr scheinen sich diese Funktionskreise zu verstärken, genau wie wiederholtes Trainieren mit einem Gewicht einen Muskel kräftigt. Natürlich ist es am günstigsten, wenn sich diese neuronalen Verbindungen bereits in der Kindheit ausprägen, doch wir können sie in jedem Lebensalter durch Üben stärken. Das scheint hinter der Entdeckung zu stehen, dass das Achtsamkeitstraining bei den Meditierenden die Fähigkeit des Gehirns verbesserte, negative Emotionen zu kontrollieren.

Gelassenheit und Mut • Dies mag ein Grund sein, weshalb das Praktizieren von Achtsamkeit Gelassenheit fördert und kultiviert. Geistige Ausgeglichenheit überträgt die Ruhe der Meditation in unser tägliches Leben, über die Meditationssitzungen hinaus. Wenn wir achtsame Aufmerksamkeit pflegen, können wir durch den Tag gehen und alle Gedanken oder Gefühle zur Kenntnis nehmen – so beunruhigend sie zuerst auch sein mögen –, ohne uns davon übermäßig aus der Ruhe bringen zu lassen. Sie stärkt unsere Fähigkeit, uns belastenden Gefühlen wie Ängsten zu stellen, ohne dass sie uns überwältigen.

Wenn wir achtsam werden, können wir uns von dem Drang lösen, bedrückende Gedanken wegzuschieben, uns durch Grübeln aufzuregen oder die Dinge besser oder irgendwie anders machen zu wollen. Wir können das Leben nehmen, wie es kommt, beobachten, was geschieht, ohne es sofort verändern zu wollen. Dies ist kein Beobachten von einer höheren Warte aus, sondern ein enger Kontakt mit unserem inneren Erleben. Einfach sein ohne zu reagieren beruhigt schon als solches; mit dieser inneren Einstellung können wir allem begegnen, was uns im Leben widerfährt.

Natürlich sollten wir unseren Klarblick dazu nutzen zu entscheiden, welche Lebenslast wir uns erleichtern können und welche wir einfach tragen müssen. Doch die innere Haltung der Achtsamkeit lässt uns die unumgänglichen Krisen gelassener durchstehen. Diese Haltung heiteren Gleichmuts verkörperte eine alte Freundin, Mary McClelland, während sie an Magenkrebs starb. Eines Tages, wenige Wochen vor ihrem Tod, besuchte ich Mary, die als gläubige Quäkerin gelernt hatte, das Leben ohne lautes Aufbegehren hinzunehmen. Als ich eintrat, wechselte sie gerade den Verband auf einer offenen Wunde auf ihrem Bauch. Es war eine Herausforderung, so drastisch Zeuge ihres körperlichen Verfalls zu werden.

Als sie fertig war, begann sie mit mir über das Sterben zu sprechen. In ihren blauen Augen spiegelte sich eine tiefe Gelassenheit, als sie sagte: »Meine Liebe, an diesem Vorgang ist nichts, vor dem man sich fürchten müsste.«

Annahme, Geduld und Zuversicht ● Manche Menschen verwechseln das Loslassen eines schmerzlichen Gedankens oder Gefühls – das heißt merken, wie es im Bewusstsein aufsteigt, es aber nicht weiterverfolgen – mit dem Wegschieben durch Verdrängen. Doch Verdrängung ist keine Achtsamkeit. Achtsamkeit versteckt sich vor nichts. Sie erlaubt uns, die Betäubung zu durchstoßen und ehrlich zu uns selbst zu sein. Achtsame Aufmerksamkeit lässt uns die nackten Tatsachen sehen und hindert uns daran, auf unsere eigenen Sensationsgeschichten hereinzufallen.

Wenn wir starke oder schmerzliche Gefühle unverstellt betrachten, entwickeln wir so etwas wie Mut und die Fähigkeit zur Annahme der Dinge, wie wir sie erleben. In solchen Augenblicken sind wir nicht von Hoffnung oder Furcht getrieben, verdrängen den Schmerz nicht, lenken uns nicht ab, um ihn zu vermeiden, und hoffen auch nicht darauf, dass etwas geschehen möge, damit wir unsere Angst nicht spüren müssen. Wenn wir die Furcht direkt ins Visier nehmen, erkennen wir, dass wir uns wahrscheinlich mehr davor fürchten, wie schlimm wir uns unsere Angst vorgestellt haben, als vor der realen Empfindung selbst. Aus unerschrockenem, mutigem Gewahrsein erwachsen Zuversicht und Geduld.

Wenn wir unseren Urteilen über uns selbst und unserer selbstkritischen inneren Stimme mit Achtsamkeit zu lauschen vermögen, können wir sie leichter zurechtrücken. Achtsamkeit verurteilt, beschuldigt, verdammt uns nicht für die Emotionen, die in unserem Geist aufsteigen: Unsere Empfindungen kommen von allein, ungebeten. Und dazu gehören auch selbstkritische Empfindungen. Achtsamkeit hilft uns, die verzerrte Wahrnehmung klarer als das zu sehen, was sie ist – ein beunruhigendes Gefühl unter vielen, nicht die Stimme der Wahrheit.

Reine Aufmerksamkeit ● Ich erinnere mich noch, wie S. N. Goenka, einer meiner ersten Meditationslehrer in Bodh Gaya in Indien, uns am fünften Tag eines zehntägigen Kurses anwies, eine Stunde lang zu meditieren, ohne einen Muskel zu rühren. Wir sollten einfach ganz genau, mit reiner Aufmerksamkeit beobachten, welche körperlichen Empfindungen auftraten.

Es traten tatsächlich welche auf. Nach zwanzig oder dreißig Minuten war praktisch jeder in dem Raum fixiert auf einen heftigen Schmerz: im Rücken, im Nacken oder in einem Knie – irgendwo. Der Drang, die Unbequemlichkeit zu beseitigen und unseren Wünschen nachzugeben, ist unterschwellig alle paar Sekunden am Werk, gewöhnlich ohne dass wir uns dessen bewusst sind. Wenn wir still dasitzen, bewegt sich der Körper – weitgehend unbemerkt – unaufhörlich, um Unbequemlichkeiten auszugleichen, und vermeidet so, dass sich solche Schmerzen aufbauen. Wenn wir jedoch diesen Impuls zur Haltungsanpassung unterdrücken, dann baut sich die Muskelspannung unweigerlich bis zu einem Punkt auf, an dem sie die Schmerzschwelle überschreitet. Mein Schmerz saß in meinem rechten Knie, gleich oberhalb der Kniescheibe. Anfangs war er scharf umrissen, ein Knoten unerträglicher Pein, die von Minute zu Minute quälender wurde. Ich wünschte mir mehr als alles andere, mein Bein zu strecken und dem Schmerz ein Ende zu machen. Doch stattdessen festigte ich meinen Vorsatz und beobachtete weiter, was tatsächlich geschah, während der Schmerz immer heftiger bohrte. Ich widerstand der Versuchung der hartnäckigen Gedanken, die gelegentlich meinen Vorsatz durchbrechen wollten, deren flehentlichen oder bedrohlichen Vorhaltungen, beispielsweise dass mein Knie irreparablen Schaden davontragen würde, wenn ich mich nicht endlich bewegte.

Gerade als die Pein absolut unerträglich schien, veränderte sich etwas. Was ich als steinharten Block entsetzlichen Schmerzes erlebt hatte, zerschmolz zu flüssigeren Elementen: Wärme, Druck, Pochen.

Und dann geschah etwas Erstaunliches: Der Schmerz verschwand. Da waren nur noch die Wärme, der Druck, das Pochen. Kein Schmerz. Keine Gedankenflut, wie ihm ein Ende zu machen sei. Die Furcht vor dem Schmerz und die gedankliche Fixierung auf mögliche Gegenmaßnahmen lösten sich einfach auf, und an ihre Stelle trat die offene Neugier der Achtsamkeit. Statt vor dem Schmerz zu fliehen, fand ich mich jetzt in einer stillen Faszination seiner Bestandteile wieder.

Anhaltende Achtsamkeit erlaubte es mir, lange genug bei dem Schmerz zu bleiben, um diese Veränderungen zu beobachten. Bei Schmerz oder Lust – oder auch Gleichgültigkeit – zu verweilen, bis diese geistigen Haltungen sich ändern, gewährt uns Einsicht in die Vergänglichkeit und Wechselhaftigkeit unserer Erfahrungen, egal welcher.

Alles verändert sich – eine Einsicht, die uns von der Lockung der Lust und der Abneigung gegen Schmerz befreien kann. Und immer wenn wir den Augenblick der Absicht, der unserem Handeln vorausgeht, erfassen können – so wie beim Beobachten den Drang, sich zu bewegen –, gewinnen wir Einsicht in die Kette von Ursache und Wirkung, in der alle geistigen Gewohnheiten wurzeln.

Bei einer Emotion wie Wut kann uns das Aufrechterhalten unserer Aufmerksamkeit eine weitere entscheidende Einsicht verschaffen: Wenn wir lange genug bei der Wut verweilen, werden wir sehen, wie sie sich in etwas anderes verwandelt – Verletztsein, Traurigkeit, ein anderes Gefühl – oder sich sogar auflöst. Was so massiv wirkte, bricht zusammen, wird verwandelt. Der springende Punkt liegt darin, durch alle ihre Wandlungen hindurch bei dieser Erfahrung zu verweilen.

Darüber hinaus zeigt uns dieses anhaltende reine Beobachten, dass unsere Annahmen, dass die Dinge so und so seien, eben dieses sind: Annahmen. »Das Gegenteil von reinem Beobachten ist Annehmen – anzunehmen, dass wir bereits wüssten, wie die Dinge sind«, sagt Narayan Liebenson Grady, eine Achtsamkeits-Lehrerin. »Reines Beobachten bedeutet klar und deutlich und selbst wissen wollen. Wenn etwas schmerzt, ist es zweckmäßig, so lange bei dem Schmerz zu verweilen, bis wir ihn sich verändern sehen; so lange bei Lust zu verweilen, bis wir sie sich verändern sehen.«[5] Dadurch, so fügt sie hinzu, können wir »einsehen, dass etwas, dessen Natur wir genau zu kennen glaubten, nicht so ist«. Entscheidend dafür ist, die Achtsamkeit – unser Interesse daran, wie die Dinge wirklich sind – aufrechtzuerhalten, wodurch wir die Geschehnisse klarer erleben.

Eingestimmtsein auf die Gegenwart ● Wenn Menschen zu meditieren beginnen, staunen sie in der Regel, wie schwierig es ist, die Aufmerksamkeit auf das gerichtet zu halten, was im gegenwärtigen Augenblick vor sich geht. Der Körper mag in vollkommener Meditationshaltung dasitzen, völlig still. Doch der Geist ist auf und davon, irgendwo anders, rast durch ein Chaos aus Tagträumen, Träumereien, Schläfrigkeit, Erregung, wahllosen Gedanken und Plänen, Urteilen über diese Gedanken und Pläne, Reaktionen auf diese Urteile … und wenn uns zufällig auffällt, dass unser Geist abgeschweift ist, denken wir daran, wieder zum gegenwärtigen Augenblick zurückzukehren.

Achtsamkeit verdeutlicht eindrücklich den Unterschied zwischen Präsentsein und Abgelenktsein. Dieselbe Erkenntnis kann auch in unserem Alltag aufleuchten: Uns fällt vielleicht auf, dass wir nicht wirklich bei dem sind, was wir gerade tun, sondern wie ein Roboter nur so tun, als seien wir anwesend, während wir in Gedanken ganz woanders weilen. Wir merken manchmal, wie viel Distanz wir im Grunde zu unserem Leben haben, selbst in den Augenblicken, die wir am meisten schätzen, denn der Geist eilt schon weiter zu etwas anderem.

Ein Ziel der Achtsamkeit ist es, uns innerlich auf die Gegenwart eingestimmt zu halten. Achtsamkeit hat nichts damit zu tun, *über* unsere Erfahrungen nachzudenken, sondern besteht in einer unmittelbaren, reinen Aufmerksamkeit für die Erfahrung selbst. Zerstreutheit ist ein Anzeichen, dass wir die Wahrheit des Augenblicks meiden.

Achtsames Fragen – Was hält mich davon ab, in der Gegenwart zu sein? – kann dieses fein austarierte Eingestimmtsein unterstützen. Bisweilen offenbart sich in der Antwort der verborgene Einfluss unserer tief eingeschliffenen emotionalen Muster, wie wir im zweiten Teil dieses Buches sehen werden.

Oftmals ist genau das, was uns dem Erleben von Emotionen Widerstand entgegensetzen lässt, unsere gewohnheitsmäßige Reaktion auf sie. Aus Furcht oder Vermeidung sind wir außerstande, die Erfahrung so, wie sie ist, mit einem neutralen Gewahrsein aus der eigenen Mitte heraus zu machen. Das ist das geistige Gegenstück zur Veränderung unserer Körperhaltung, um auch das geringste Unbehagen zu vermeiden.

Die Kraft, unser Gewahrsein durchzuhalten, kann den Widerstand des Geistes gegen die Wirklichkeit des Augenblicks brechen. Stetiges Beobachten kann das Gefühl von Gelassenheit erzeugen, was immer auch geschieht. Wenn es angenehm ist, bleiben Sie dessen gewahr, ohne sich daran zu klammern. Wenn es unangenehm ist, bleiben Sie dessen gewahr, ohne sich dagegen zu wehren. Wenn Ihre Reaktion Gleichgültigkeit ist, kann reines Gewahrsein verhindern, dass Ihnen langweilig wird.

Diese Gelassenheit lässt das beobachtende Gewahrsein bei dem bleiben, was in diesem Augenblick gerade auftaucht. Wir fallen nicht in unsere übliche Zerstreutheit zurück, durch die wir Unangenehmes vermeiden, und wir hängen keinem noch so wunderbaren Lustgefühl nach.

Flexibilität, Heiterkeit und Anzweiflung vorgefasster Meinungen ● Einmal lud mich ein alter Zen-Meister zu einer Schale Tee in ein Kloster am Rande Kyotos ein. Ich hatte an einer der wichtigsten Schulen Japans für die Tee-Zeremonie Unterricht genommen, mich ganz in die korrekte Ausführung des Servierens von Tee versenkt. Jeder Schritt der Tee-Zeremonie folgt einer exakten Choreographie; es gibt eine richtige Form für jedes Detail, vom Falten der Seidenserviette bis zum Schlagen des Tees.
Als wackere Tee-Zeremonie-Schülerin war ich auf all die Formalitäten und die rituelle Ordnung des Servierens von Tee gefasst. Doch dieser alte Meister war ein Paradebeispiel für den zwanglosen Geist des Zen, der die Tee-Zeremonie ursprünglich geprägt hatte. Er folgte der allgemeinen Form des Teeservierens, improvisierte jedoch auf seine eigene Weise. In der Tee-Zeremonie-Schule hatten wir gelernt, wie wir das Seidentuch exakt und anmutig zu falten hatten, bevor wir damit den Löffel für das Teepulver abwischten. Dieser Meister besaß jedoch die vorgeschriebene Seidenserviette nicht, weshalb er einfach nach einer Kleenex-Schachtel griff und den Löffel beiläufig abwischte.
Zuerst war ich perplex; ich dachte: »Aber er hat das und das vergessen.« Dann, als ich ihm genauer zusah, bemerkte ich, dass er dem, was er tat, vollkommene Aufmerksamkeit widmete und die Regeln ganz natürlich und heiter brach. Es war ein derber Kontrast zu der verfeinerten Etikette der Tee-Zeremonie-Schule – eine Lektion im Anzweifeln vorgefasster Meinungen.
Wenn unser Geist auf Automatik eingestellt ist und unsere Gedanken dem vertrauten Fahrwasser folgen, ist unser Leben statisch und festgelegt. Flexibilität kann sich im Alltag als nützlich erweisen. Statt gewohnheitsmäßig zu reagieren, können wir ver-

suchen, etwas anders zu machen – ob wir die Kinder ins Bett bringen oder uns einige Momente der Ruhe gönnen, wenn wir nach Hause kommen, statt sofort die Post zu öffnen.
Wenn wir im Denken und Fühlen immer wieder im selben alten Trott bleiben, ändert sich wahrscheinlich nicht viel. Doch da Achtsamkeit uns die Dinge neu sehen lässt, kann sie Alternativen eröffnen und Veränderung möglich machen.

Sammlung und klare Einsicht ● Achtsamkeit kann wie alle Formen der Meditation als systematischer Versuch zum »Halten« der Aufmerksamkeit gelten. Zwei Hauptmethoden zur Schulung der meditativen Aufmerksamkeit sind Sammlung und Klarblick. Sammlung bezweckt, die geistige Fähigkeit zu stärken, die Aufmerksamkeit auf einen bestimmten Gegenstand wie den Atem gerichtet zu halten, ohne sich ablenken zu lassen. Immer wenn der Geist abschweift – zu einer Erinnerung, zu Gedanken an Dinge, die erledigt werden müssen, oder zu einer Sorge –, soll der Meditierende die Ablenkung loslassen und seine Aufmerksamkeit wieder seinem Atem zuwenden. Dies macht den Geist konzentrierter und ruhiger. Konzentration kultiviert die Geisteskraft, bei einem Objekt der Aufmerksamkeit zu verweilen, ohne sich durch Ablenkung davon abbringen zu lassen.
Einer meiner Lehrer, Sayadaw U Pandita, beschreibt das so: »Ohne die Brillengläser der Konzentration erscheint die Welt vernebelt, verschwommen und ungenau, doch wenn wir sie aufsetzen, wird alles hell und klar. Die Objekte haben sich dabei nicht geändert, nur unsere Sehschärfe ist besser geworden. Wenn man mit bloßem Auge einen Wassertropfen beobachtet, sieht man nicht viel. Legt man eine Probe jedoch unter das Mikroskop, so erkennt man, dass sich dort viele Dinge zutragen. Zahlreiche Lebewesen sind da und bewegen sich. Wenn man bei der Meditation die Brillengläser der Konzentration aufsetzt, wird man überrascht sein über das vielfältige Geschehen, das sich plötzlich abspielt.«[6]

Da dieser Strahl der Aufmerksamkeit »von Augenblick zu Augenblick in die Beobachtungsobjekte [eindringt], erwirbt der Geist die Fähigkeit, unbewegt und unabgelenkt, zufrieden zu bleiben«, fügt er hinzu. Dennoch weist U Pandita darauf hin, dass der Sammlung etwas fehlt: »Sie vermag einfach nicht das Verständnis der Wahrheit zu bringen.«

Dies erfordert Klarblick, eine andere Einstellung der Aufmerksamkeit. Der Meditierende betrachtet nicht etwa alles außer dem Objekt in ihrem Brennpunkt als Ablenkung, sondern kultiviert durch Klarblick vielmehr ein weiteres Element der Achtsamkeit: Er widmet dadurch jeder Erfahrung in allen ihren Aspekten ein gleichmäßiges, nichtreagierendes Gewahrsein. Der Klarblick ist ein neutraler Zeuge alles dessen, was vorüberkommt – etwa wie der Pförtner in einer Apartmentanlage, der jeden, der ein- und ausgeht, registriert.

Dieses Augenzeugen-Gewahrsein beobachtet genau, während es zugleich erfährt, was im Geist von einem Augenblick zum anderen vorgeht. Versuchen Sie, sich nicht in einem Gedanken oder einer Erinnerung oder einem sonstigen geistigen Gegenstand zu verlieren, sondern einfach sein Kommen und Gehen zu registrieren. Achtsamkeit erlaubt Ihnen, sich der Prozesse in Ihrem Geist – die wir häufig nicht wahrnehmen – deutlicher bewusst zu werden.

Konzentration und Achtsamkeit arbeiten als Methode der Geistesschulung Hand in Hand. Der tibetische Ausdruck für Konzentration lässt sich als »Geistesruhe« übersetzen. Diese Geistesruhe ist Tulku Thondup zufolge »Stabilisierung des Geistes, Mittel zum Einssein, Klärung trüber Gewässer zur Offenheit«. Achtsamkeit oder Klarblick erklärt er so: »Einsicht ist Gewahrsein und Einssein, Offenheit an sich.«[7] Wie er hinzufügt, erleichtert es das Üben von Geistesruhe, auch außerhalb der Meditation entspannte Achtsamkeit walten zu lassen.

Die am Ende des vorigen Kapitels vorgestellte Meditation über Liebe und Mitgefühl ist beruhigend, weil Mitgefühl unsere eigenen beunruhigenden Emotionen besänftigt. In dieser Hinsicht ist Mitgefühl ein großartiges Beruhigungsmittel.

Ajahn Nyanadhammo, ein Mönch in der thailändischen Waldmönchstradition, bezeichnet Sammlung als inneren Frieden, als »die Fähigkeit, alles Aufwühlende loszulassen und im Geist einen weniger beunruhigenden Ort aufzusuchen«.[8] Je mehr wir störende Gedanken loslassen, desto friedvoller und ruhiger wird der Geist. Ruhemeditation gibt dem Geist paradoxerweise mehr Energie, weil sie ihm einen Platz zum Ausruhen verschafft. »Wenn der Geist aus diesem Zustand herauskommt«, fügt Ajahn hinzu, »können wir ihn an die Arbeit gehen lassen.«

Die beiden Übungen der Entspannung des Geistes und der Achtsamkeit ergänzen und stärken sich gegenseitig. »Jeder Mensch«, sagt Ajahn, »findet sein eigenes Gleichgewicht zwischen der Notwendigkeit, dem Geist Ruhe zu verschaffen und ihm Arbeit zu geben, zu untersuchen und zu betrachten, um zu Klarblick und Verständnis zu gelangen.« Bei diesem Austarieren arbeiten die beiden zusammen. Kurzum, Ruhe des Geistes erleichtert in Verbindung mit Klarblick den Zugang zu Weisheit.

Schärfen der Wahrnehmung durch reines Beobachten ● Eine meiner Klientinnen quälte der Gedanke, dass leichtere Befindlichkeitsstörungen, unter denen sie litt – unklare Magenschmerzen zumeist –, Symptome einer schrecklichen Krankheit seien, möglicherweise Krebs. Das Gespenst dieser furchtbaren Krankheit verfolgte sie, und sie verstrickte sich immer wieder in Angst erregende Visionen: Sie würde ins Krankenhaus eingeliefert und ihre Familie hielte an ihrem Bett Wache, während sie dahinsiechte und starb.

Dann zog sie sich zu einer dreimonatigen intensiven Achtsamkeitsmeditation zurück. In dem Meditationszentrum praktizierte sie eine Form von Achtsamkeit, die als *Satipatthana* bezeichnet wird: sorgfältiges, genaues, achtsames Beobachten der Sinneswahrnehmungen wie Hören, Sehen, Fühlen und so weiter. Bei diesen Übungen lernte sie, ihre Aufmerksamkeit achtsam auszurichten, zu registrieren, was immer sie beobachtete, und das Objekt ihrer Aufmerksamkeit eingehend zu erkunden.

In der Woche nach ihrer Rückkehr suchte sie ihren Arzt zu einer Kontrolluntersuchung auf. Zuvor hatte sie sich nur undeutlich über ihre Symptome geäußert, dagegen ausführlich über ihre Ängste berichtet; diesmal jedoch war es anders. Meine Klientin schilderte ihre Symptome und ließ sich anschaulich über die Art jedes einzelnen aus – was genau sie gespürt hatte, wie es sich mit der Zeit verändert hatte, alle Nuancen ihrer Empfindungen. Doch sie tat das in aller Ruhe, ohne ihre alten Ängste auch nur zu erwähnen.

Ihr Arzt bemerkte erstaunt: »Sie beobachten Ihre Symptome aber sehr genau!«

In einer Therapiesitzung mit mir vermochte sie eine gleichermaßen detaillierte Beschreibung ihrer ängstlichen Reaktionen und deren Veränderung im Lauf der Zeit zu geben. Und jetzt sah sie klar, dass sie völlig unverhältnismäßig waren.

Diese Genauigkeit des Gewahrseins ist eine der Eigenschaften von Achtsamkeit, die bei der Arbeit mit emotionalen Gewohnheiten von höchstem Nutzen ist. Wie die reine Aufmerksamkeit hilft sie uns, zwischen den Gedanken vor einer Überreaktion, den Gefühlen auf dem Höhepunkt einer Emotion und unseren davon ausgelösten Reaktionen – etwa Gereiztheit, Ungeduld, Furcht oder Groll – zu unterscheiden. Diese Präzision bietet, wie wir noch sehen werden, eine äußerst wirksame Methode zum Aufspüren der psychologischen Gewohnheiten, die uns am häufigsten in emotionalen Aufruhr stürzen.

Unbeschwertheit und Verspieltheit • Wenn wir achtsam sind – frei von Vorurteilen und Urteilen –, sind wir automatisch erfüllt von Unbeschwertheit. Wir können weit genug von uns selbst zurücktreten, um Raum zu schaffen für Humor und Verspieltheit. Richard Davidsons Studien an Praktizierenden von Achtsamkeit

belegten Veränderungen der Gehirnaktivität, die eher positive, optimistische Stimmungslagen statt negativer begünstigen.
Ich erinnere mich an eine Geschichte, die einer meiner Tee-Zeremonie-Lehrer erzählte. Wie er zu sagen pflegte, bedeutete den Tee-Geist in die Welt zu bringen, in sich einen tiefen, von kleineren Unannehmlichkeiten nicht zu störenden Frieden zu haben und flexibel für die Leichtigkeit des Augenblicks zu sein.
Einmal winkte er mitten in Manhattan ein Taxi heran. Als es anhielt und er gerade hingehen und die Tür öffnen wollte, drängte sich rasch eine Frau vor ihn und schnappte sich das Taxi. Vielleicht hatte sie geglaubt, es halte für sie, vielleicht war sie aber auch einfach nur rüde.
Statt aber nun wütend zu werden und sie zu beschimpfen, öffnete er ihr einfach die Tür – ein galanter Japaner im Kimono – und verbeugte sich dramatisch und zeremoniell, als sie davonfuhr.

Ein rein beobachtendes Gewahrsein ● Da Achtsamkeit einfach nur bezeugt, was im Geist vorgeht, ohne darauf zu reagieren, lässt sie uns die Dinge ohne Beurteilen oder Deuten, ohne Festhalten oder Abwehren wahrnehmen. Diese Eigenschaft des rein beobachtenden Gewahrseins geht über einfaches Denken an die Geschehnisse hinaus und hinein in ein tiefes inneres Zuhören, das Gedanken und Gefühle betrachtet, wie sie kommen und gehen.
Wenn wir nur durch die Brille unserer Annahmen – unserer Gedanken und Überzeugungen – schauen, spüren wir nicht, dass diese Brille die Wirklichkeit des Augenblicks verzerrt. Uns mit unseren Annahmen zufrieden zu geben kann uns sogar den Zugang zu dieser achtsamen Betrachtung abschneiden. Wenn wir unsere Gedanken und Gefühle in den Wirkungsbereich eines beobachtenden Gewahrseins bringen, können wir die Dinge so sehen, wie sie sind, statt so, wie wir *glauben*, dass sie seien. Bei dieser achtsamen Betrachtung beobachten wir einfach unsere Reaktionen, ohne uns mit ihnen zu identifizieren.

Es gibt zwei verschiedene Realitätsebenen: die nackte Erfahrung als solche und die Schicht der mentalen Reaktionen darauf. Wenn wir die bloße Erfahrung von der mentalen Sicht, die wir darübergelegt haben, trennen, können wir einen geistigen Raum freimachen. Wir gewinnen Platz, um zu prüfen, ob wir schiefe Annahmen, unbegründete Überzeugungen oder verzerrte Wahrnehmungen hegen. Wir können sehen, wie uns unsere Gedanken und Gefühle definieren, wenn sie kommen und gehen – wir können unsere eigene Zerrbrille sehen.

Achtsamkeit lässt uns also unmittelbarer wahrnehmen, nicht durch die beschlagene Brille von Annahmen und Erwartungen, sondern mit forschendem Gewahrsein. Der investigative Charakter von Achtsamkeit ist eine ihrer wichtigsten Eigenschaften.

Eine Lehrerin fragte einmal ihre erste Klasse nach der Farbe von Äpfeln. Die meisten Kinder antworteten: »Rot«, einige sagten: »Grün.« Ein Kind jedoch streckte den Finger und wusste eine andere Antwort: »Weiß.«

Die Lehrerin erklärte geduldig, dass Äpfel rot oder grün und manchmal gelb sind, aber niemals weiß.

Doch der Kleine beharrte. Schließlich sagte er: »Schauen Sie mal rein.«

»Wahrnehmung ohne Achtsamkeit hält uns an der Oberfläche der Dinge«, sagt Joseph Goldstein, der diese Geschichte erzählte, »und oft übersehen wir andere Realitätsebenen.«

In der altertümlichen Sprache Pali, die Buddha sprach, ist der Ausdruck für dieses achtsame Beobachten *Vipassanā*, was wörtlich bedeutet »die Dinge sehen, wie sie wirklich sind«. Der erste Schritt dieses klaren Sehens findet statt, wenn wir innehalten und achtsam werden, den Strom unserer gewohnheitsmäßigen Gedanken, Gefühle und Reaktionen unterbrechen.

Wenn Sie Achtsamkeit lernen möchten

Sie können jetzt und ganz selbständig anfangen.
Dennoch lege ich Ihnen dringend nahe, irgendwann ein Meditationszentrum aufzusuchen, um alle Fragen, die Sie zur Meditationspraxis haben mögen, mit einem qualifizierten Lehrer zu besprechen. Einschlägige Hinweise finden Sie im Anhang.
Um Ihnen bei einem selbständigen Einstieg zu helfen, folgen einige grundlegende Anleitungen für die beiden wichtigsten Übungen, Entspannung des Geistes und Achtsamkeit.
Sie können anfangs nur für jeweils einige Minuten meditieren. Wenn Sie jedoch täglich meditieren, dann mindestens zehn bis zwanzig Minuten lang. Falls möglich, meditieren Sie bis zu einer halben Stunde – oder länger.
Sie können auf einem Stuhl sitzen oder, wenn Sie es gewohnt sind, auf einem Kissen auf dem Boden. Versuchen Sie Ihren Rücken in einer Stellung zu halten, die nicht zu steif, aber auch nicht so entspannt ist, dass Sie müde werden. Sie können mit geschlossenen oder geöffneten Augen meditieren; wenn Sie sie offen halten, schauen Sie nicht umher, sondern lassen Sie Ihren Blick etwa einen Meter vor sich auf dem Boden ruhen.
Lesen Sie zuvor die Anleitungen durch und probieren Sie die Übung dann allein.

Achtsamkeit der Atmung

Solange wir leben, atmen wir. Atem-Meditation bedeutet einfach, unsere Aufmerksamkeit auf dem natürlichen Vorgang des Atmens zu halten, ohne ihn in irgendeiner Weise zu verändern. Konzentrieren Sie Ihre Aufmerksamkeit auf die Stelle Ihres Körpers, wo Sie Ihren Atem am deutlichsten wahrnehmen. Das kann Bauch oder Brust sein, die Sie mit jedem Atemzug sich heben und senken spüren; es können auch die Nasenlöcher sein, wo Sie den Luftzug bei jedem Ein- und Ausatmen fühlen.

Wenn Ihre Aufmerksamkeit von Ihrem Atem abschweift, erinnern Sie sich daran, wieder zu dem natürlichen Rhythmus und der Existenz Ihres Atems zurückzukehren. Beginnen Sie mit jedem Atemzug neu, bleiben Sie ganz dessen gewahr, wie der Atem kommt und wahrgenommen wird.

Bleiben Sie der gesamten Abfolge von Einatmen, Ausatmen und Pausieren zwischen den Atemzügen gewahr. Halten Sie nach der ersten Beobachtung Ihr Gewahrsein aufrecht. Dieses »Halten« der Aufmerksamkeit stärkt die Achtsamkeit.

Bleiben Sie bei Ihrem Atem in seiner natürlichen Bewegung – dabei, wie jeder Atemzug seine jeweilige Besonderheit offenbart; spüren Sie klar und deutlich, wie sich jeder Atemzug anfühlt. Manchmal ist ein Atemzug länger, manchmal kürzer, manchmal flach, manchmal tief. Lassen Sie Ihre Aufmerksamkeit bei diesen natürlichen Veränderungen verweilen, registrieren Sie die feinen Veränderungen der aufsteigenden und vergehenden Empfindungen.

Entspannen Sie sich bei jedem Atemzug, bleiben Sie bei ihm, wie er ist, ohne ihn irgendwie zu beeinflussen, erneuern Sie Ihr Gewahrsein mit jedem Atemzug.

Konzentrieren Sie sich auf das Einsetzen des Atems und halten Sie Ihre Aufmerksamkeit auf diesen einen Atemzug in seinem ganzen Verlauf gerichtet, immer nur auf diesen einen. Richten Sie Ihre Aufmerksamkeit auf jeden neuen Atemzug, bleiben Sie seiner von Augenblick zu Augenblick gewahr, nehmen Sie Kontakt mit dem Beginn des Atemzugs auf, wenn Sie seiner gewahr werden. Halten Sie das Gewahrsein, bis der nächste Atemzug beginnt.

Nutzen Sie den Atem als Anker für Ihre Aufmerksamkeit, als Heimat, zu der Ihr Geist zurückkommen kann, wenn er wandert. Wenn Sie merken, dass Ihre Aufmerksamkeit abgeschweift ist, lenken Sie sie einfach wieder zurück auf Ihren Atem.

Klare Einsichts- oder Vipassanā-Meditation

Beginnen Sie, indem Sie Ihre Aufmerksamkeit auf Ihren Atem richten, wie in der vorigen Übung.

Erweitern Sie dann allmählich Ihr Gewahrsein auf andere Sinneswahrnehmungen und schließlich auf alles, was in Ihr Bewusstsein tritt.

Beim Erlernen dieser Übung ist es nützlich, die achtsame Aufmerksamkeit anfangs jedem unserer Sinne einzeln zuzuwenden. Später können Sie reine, nicht auswählende Achtsamkeit praktizieren, alles zur Kenntnis nehmen, was sich von selbst im offenen Raum des Gewahrseins zeigt.

Beginnen Sie mit Geräuschen. Dehnen Sie den Bereich Ihres Gewahrseins auf die Geräusche aus, die spontan Ihre Aufmerksamkeit auf sich und weg von Ihrem Atem lenken.

Erlauben Sie Ihrer Aufmerksamkeit, sich dem Hören der Geräusche zuzuwenden – sie einfach zu hören, ohne über ihre Quelle nachzudenken. Seien Sie sich der Geräusche bewusst, wie sie in diesem offenen Feld des Gewahrseins erscheinen und verschwinden.

Registrieren Sie die leisen Geräusche im Hintergrund, achten Sie genau auf die Feinheiten. Oder bleiben Sie einfach bei den auffälligeren Geräuschen im Vordergrund, wenn sie Ihr Hören erfüllen. Wenn Geräusche ins Bewusstsein treten, nehmen Sie sie einfach spontan zur Kenntnis.

So wie Sie der Geräusche gewahr werden, seien Sie auch Ihrer Reaktionen auf sie gewahr. Ob Sie sie nun als angenehm oder unangenehm registrieren – werden Sie Ihrer Reaktionen einfach gewahr, ohne sie zu beurteilen, sich an sie zu klammern oder sich dagegen zu wehren … ohne irgendein Geräusch zu bevorzugen.

Wie die Geräusche kommen und gehen, so seien Sie auch des präsenten Geistes gewahr, der der Geräusche in ihrem natürlichen Entstehen gewärtig ist.

Wenn ein Geräusch Ihre Aufmerksamkeit nicht länger festhält, dann kehren Sie zurück zum wichtigsten Objekt Ihres Gewahrseins, Ihrem Atem.

Achtsamkeit der Empfindungen

Dehnen Sie Ihr Gewahrsein auf die körperlichen Empfindungen aus, so wie sie sich natürlich einstellen. Wenn Empfindungen in den Vordergrund treten und Ihre Aufmerksamkeit von Ihrem Atem weglenken, dann konzentrieren Sie Ihre Aufmerksamkeit ganz auf die Empfindung, beobachten Sie jede Veränderung darin, während Sie ihrer gewahr bleiben.

Erweitern Sie Ihr Gewahrsein dann auf alle Empfindungen in Ihrem gesamten Körper. Konzentrieren Sie Ihre Aufmerksamkeit ganz auf die Qualität der jeweiligen Empfindung – Kribbeln, Spannung, Zittern – und auf das, was geschieht, während Sie sie beobachten.

Stellen Sie fest, wie genau Sie jede Empfindung bei ihrem Erscheinen im offenen Raum des Gewahrseins wahrnehmen können. Werden Sie aller Ihrer Reaktionen auf die Empfindung gewahr – ob Festhalten oder Widerstand –, einfach jeder angenehmen oder unangenehmen Reaktion.

Verweilen Sie bei der Empfindung, die Sie gerade spüren, registrieren Sie die Beschaffenheit der Empfindung, während sie auftaucht, sich wandelt und wieder verschwindet.

Was geschieht, während Sie die Empfindung haben? Verstärkt sie sich? Schwächt sie sich ab? Verschwindet sie?

Seien Sie einfach da, ohne die Empfindung ändern zu wollen, ohne zu bewerten oder zu unterscheiden; lassen Sie sie kommen und gehen, verfolgen Sie Ihre natürlichen Veränderungen mit Ihrem Gewahrsein.

Lassen Sie den wissenden Geist bei dem Körperteil verweilen, in dem die Empfindung auftritt. Wenn Sie Schmerzempfindungen haben, dann stimmen Sie Ihr Gewahrsein ganz auf die Beschaffenheit des Schmerzes ein, fühlen Sie, ob es ein brennender, pochender oder kribbelnder Schmerz ist.

Vergewärtigen Sie sich dabei auf jeden Fall insbesondere Reaktionen wie Abneigung oder Widerstand.
Wenn die Empfindungen verschwinden oder Ihre Aufmerksamkeit nicht länger binden, wenden Sie sich wieder der Empfindung des Atmens zu.

Gedanken und geistige Bilder

Wenn übermächtige Gedanken Ihre Aufmerksamkeit von Ihrem Atem ablenken, dann vergewärtigen Sie sich die in Ihrem Geist aufsteigenden Gedanken. Ohne ihnen nachzuhängen, sie weiterzuspinnen oder abzuwehren, registrieren Sie einfach, wie sie in Ihrem Bewusstsein aufsteigen.
Manchmal weisen die Gedanken oft wiederholte und vertraute Muster auf. Es ist wichtig, einfach des Auftretens eines Gedankens gewahr zu sein, ohne den Gedanken aktiv zu denken oder sich mit seinem Inhalt zu beschäftigen.
Wenn wir uns daran hindern, uns der Gedanken gewahr zu werden, verwandeln sie sich in eine Zerrbrille. Wir interpretieren unsere Erfahrung durch unsere Gedanken – durch die darin enthaltenen Vorstellungen, Bewertungen, Urteile –, statt nur bei der Erfahrung zu verweilen, wie sie ist, ungefärbt durch unsere Gedanken.
Die genaue Beobachtung unserer Gedanken lässt uns erkennen, an welcher Stelle sie uns packen und gefangen nehmen. Wenn wir Gedanken so zu beobachten vermögen wie ein Schafhirte seine Herde – aufmerksam, doch unbeteiligt –, halten sie nicht lange an, und mit der Zeit steigen weniger Gedanken auf.
Mit Achtsamkeit können wir ihren unpersönlichen Charakter klarer sehen; wir brauchen uns nicht mit dem Denker zu identifizieren und lassen die Gedanken sich wie Wellen wieder im Gewahrsein auflösen.
Lassen Sie Ihren Geist, wie er ist, in einem offenen Gewahrsein …

Gedanken sind wie Wolken, die über den leeren Himmel ziehen, sie erscheinen und verschwinden in der offenen Weite des Geistes. Lassen Sie sie kommen und gehen …

Wenn Sie ihnen achtsames Gewahrsein entgegenbringen, bilden sich die Gedanken und lösen sich wieder auf wie Blasen im Wasser. Gedanken haben keine Festigkeit, sondern nur den Anschein von Festigkeit – aufgrund der Macht, die wir ihnen verleihen.

Wenn Sie achtsam bleiben, während Gedanken in Ihr Bewusstsein treten, offenbaren diese ihre Leerheit und lösen sich schließlich auf. Lassen Sie sie von selbst schwinden, ohne in irgendeiner Weise einzugreifen. Wenn Sie sich zu sehr in das Denken der Gedanken verstricken, können Sie jederzeit zu Ihrem Atem zurückkehren.

Machen Sie dasselbe mit geistigen Bildern – behandeln Sie sie genauso wie Gedanken, lassen Sie sie im Bewusstsein erscheinen und von selbst wieder verschwinden …

Gefühle

Wenn Gefühle in Ihrem Bewusstsein aufsteigen, dann achten Sie auf deren Charakter, nehmen Sie sie klar zur Kenntnis und nehmen Sie sie an, wie sie sind, ohne Widerstand, Urteil oder Bevorzugung …

Wenn Sie Achtsamkeit für emotionale Zustände praktizieren, sollten Sie stets in einem Zustand der Aufnahmebereitschaft bleiben. Schauen Sie mit Offenheit, mit Interesse.

Versuchen Sie genau zu registrieren, welches Gefühl und welche möglichen dahinter stehenden Gefühle Sie empfinden; verlieren Sie sich aber nicht in der mit ihnen verbundenen Gedankenkette.

Bleiben Sie offen für die auftauchenden Emotionen und nehmen Sie ihr Vorhandensein an.

Bleiben Sie gelassen, während Sie die Emotion empfinden, damit sie nicht zu einem Filter Ihrer Wahrnehmung wird; vergewärtigen Sie sich vielmehr die Emotion voll und ganz. Lassen Sie sich dabei nicht in deren Realität hineinziehen.

Emotionen fügen den geistigen Wahrnehmungen die Qualität des Angenehmen oder Unangenehmen hinzu. Sie können den Geist so programmieren, dass er an angenehmen Erfahrungen klebt, unangenehmen Widerstand entgegensetzt oder sich bei neutralen langweilt. Lassen Sie sie in jedem Fall einfach in Ihrem Gewahrsein verweilen, ohne sie weiter zu verfolgen.

Bei hartnäckigeren Gefühlen können Sie sich einer achtsamen Prüfung öffnen, die Natur des Gefühls kontemplativ betrachten, ohne aktiv darüber nachzudenken oder sich hineinzuverstricken, jedoch mit offenem, reinem Gewahrsein.

Gibt es eine Körperstelle, an der Sie das Gefühl am stärksten oder deutlichsten wahrnehmen? Registrieren Sie die Wirkungen der Emotion im Geist.

Wenn wir ein Gefühl klar und offen erkennen können, verändert sich unsere Beziehung zu ihm. Wir brauchen ihm keinen Widerstand mehr entgegenzusetzen oder daran festzuhalten. Wir können stattdessen lernen, es mit klarem, nichtreagierendem Gewahrsein anzunehmen.

Wenn das Gefühl unangenehm ist, wenn Sie sich dagegen wehren oder es ablehnen, dann vergewärtigen Sie sich diese geistigen Zustände, entspannt in offenem Gewahrsein.

Nichtauswählende Achtsamkeit

Wenn Geräusche, Empfindungen, Gedanken, Bilder oder Gefühle im Hintergrund Ihres Gewahrseins aufsteigen, dann lassen Sie sie dort bleiben und konzentrieren Sie sich hauptsächlich auf die Empfindung des Atmens.

Wenn sie in den Bewusstseinsvordergrund drängen, lassen Sie, was immer sich da rührt – ein Gedanke, ein Gefühl, was immer Ihr Bewusstsein am stärksten beherrscht –, ins Zentrum Ihres Gewahrseins rücken; öffnen Sie den Raum Ihres Gewahrseins für die gesamte Palette der Wahrnehmungen: Atem, Geräusche, Empfindungen, Gedanken, Bilder, Emotionen …

Wenn Sie unsicher sind, wohin sich Ihre Aufmerksamkeit richten soll, können Sie jederzeit zu Ihrem Atem zurückkehren.

Wenn ein Gedanke oder eine Sinneswahrnehmung übermächtig hervortritt, lassen Sie sie in Ihrem Gewahrsein. Bleiben Sie achtsam bei ihr, lassen Sie sie von selbst schwächer werden und sich auflösen, und wenden Sie dann Ihre Aufmerksamkeit wieder Ihrem Atem zu oder was sonst im Vordergrund Ihres Gewahrseins steht.

Was auch erscheint, nehmen Sie es offen, voll und ganz wahr, lassen Sie Ihren Geist ohne Unschlüssigkeit wehen, wo er will …

Geistige Notizen

Bei einigen Formen der Achtsamkeit verwenden die Meditierenden »geistige Notizen«; sie machen sich im Geiste eine kurze Anmerkung oder denken sich ein Etikett für das aus, was sich am stärksten in ihr Gewahrsein gedrängt hat. Diese Etikettierung ist ein Hilfsmittel, um der in diesem Augenblick realen Erfahrung gewahr zu werden.

Wenn Sie beispielsweise über Ihren Atem meditieren und sich einer starken Traurigkeit bewusst werden, machen Sie sich eine kurze Notiz im Geiste: »Traurigkeit.« Die Notiz kann verdeutlichen, was Sie empfinden. Zugleich hält sie Sie davon ab, sich in die von der Traurigkeit geschaffene Realität hineinziehen zu lassen.

Manche Menschen empfinden dieses Notizenmachen als sehr wirksames Hilfsmittel beim Meditieren und verwenden es durchgängig wie eine Methode. Andere benutzen es nur gelegentlich, bei Bedarf. Besonders hilfreich kann es während übermächtiger Emotionen und Gedanken sein, insbesondere während eingeschliffener Gedanken und Gefühle, die Sie in ihre Realität hineinziehen können.

Geistige Notizen können Ihnen zudem während solcher Gefühle oder auch Reaktionen helfen, auf der Ebene der Erfahrung zu bleiben, vom Zug der Gedanken unberührt zu bleiben. So können Sie solcher Zustände gewahr bleiben, sie präsent und aufmerksam empfinden, ohne sich mit ihnen zu identifizieren oder in die dahinter stehende Geschichte hineinziehen zu lassen.

Geistige Notizen können auch dann eine Hilfe sein, wenn Sie Ihren abschweifenden, verwirrten oder erschütterten Geist sammeln müssen. Wenn es Ihnen beispielsweise schwer fällt, Ihre Aufmerksamkeit auf Ihrem Atem zu halten, können Sie mit Hilfe der geistigen Notiz »heben, senken« die Empfindungen beim Atmen, das Heben und Senken des Brustkorbs verfolgen. Oder Sie notieren »ein, aus«, wenn Sie den Luftstrom an den Nasenlöchern spüren.

Wenn Sie geistige Notizen verwenden, ist es wichtig, sie als Erinnerung an das, was Sie wahrnehmen, und als Anker für die Aufmerksamkeit zu betrachten – nicht als Möglichkeit, Ihren Geist von der Wahrnehmung loszulösen, sondern als Methode, bei der reinen Wahrnehmung zu bleiben, ohne andere Vorstellungen hinzuzufügen oder sich mit der Wahrnehmung zu identifizieren. Das Notieren sollte wie ein Flüstern im Geist sein, nicht wie ein Mantra oder Wort, auf das Sie sich konzentrieren. Machen Sie es ganz sanft und leicht.

Beim Üben kann es helfen, sich klar und deutlich vor Augen zu halten, was geschieht.

Achtsamkeit beim Essen

Sehr vieles von dem, was wir im Leben tun, wird von unbewussten Gewohnheiten des Agierens und Reagierens gesteuert. Solange wir uns ihrer nicht bewusst sind, kontrollieren sie uns weiter. Der erste Schritt zur Veränderung besteht darin, dessen gewahr zu werden, was tatsächlich geschieht.

Wir müssen uns anstrengen und bewusst nach Klarheit streben, um aus diesen tief verwurzelten Gewohnheiten zu erwachen, sie klarer zu sehen, unbehindert von eingefahrenen Wahrnehmungsweisen. Da diese Strategie sich auf emotionale Muster bezieht,

wenden wir das achtsame Gewahrsein in dieser Übung zunächst auf eine neutrale Aktivität an: das Essen.
Sie benötigen für diese Meditation eine Kleinigkeit zu essen. Einige Rosinen sind eine gute Wahl.

Halten Sie die Rosinen in einer Handfläche. Bevor Sie beginnen, stellen Sie fest, ob Sie vorgefasste Meinungen darüber hegen, wie sich eine Rosine isst. Lösen Sie sich dann von diesen Annahmen.

Wenden Sie Ihre Aufmerksamkeit den Rosinen auf Ihrer Handfläche zu, lassen Sie all Ihre Sinne lebendig und wach werden, registrieren Sie achtsam die Form, Größe und Beschaffenheit jeder Rosine, das Spiel von Licht und Schatten auf ihrer Oberfläche.

Geben Sie nun, in vollem Gewahrsein, eine Rosine in die andere Hand und entspannen die Hand, die die anderen Rosinen hält. Seien Sie all Ihrer Sinne gewahr. Berühren, drücken und spüren Sie die eine Rosine mit Ihren Fingerspitzen, seien Sie achtsam für die Empfindung des Berührens. Heben Sie dann die Rosine langsam an Ihre Lippen, registrieren Sie dabei die sich verändernden Empfindungen in den Muskeln Ihres Armes, während er sich Ihrem Mund nähert.

Lassen Sie die Rosine Ihren Mund berühren. Achten Sie auf den einsetzenden Speichelfluss, wenn Sie die Rosine zu essen beabsichtigen.

Nehmen Sie nun mit Lippen, Zähnen und Zunge – unter sorgfältigem Registrieren aller ablaufenden Vorgänge – die Rosine in den Mund und beginnen Sie zu kauen.

Werden Sie der Eruption des Geschmacks gewahr, der Herbheit und der Süße, des Aromas der Rosine, ihrer Beschaffenheit, während sie beim Kauen im Mund zerfällt, der Bewegungen Ihres Mundes und Ihrer Zunge, wenn sich die Rosine auf die Kehle zu- und hinunterbewegt. Registrieren Sie dann das Nichtmehrdasein der Rosine in Ihrem Mund.

Und registrieren Sie, ob Sie den Wunsch verspüren, gleich

nach einer zweiten Rosine zu greifen, nach einer weiteren Geschmacksexplosion … und so weiter mit den übrigen Rosinen.
Wenn Sie fertig sind, lassen Sie diese Art Rosinen zu essen auf sich wirken und vergleichen Sie sie mit Ihrer üblichen – und ob sich Ihre Wahrnehmung von der unterschied, die Sie erwartet hatten.
In aller Regel essen wir »automatisch«, in Gedanken verloren oder ins Gespräch vertieft, ohne dem Erleben des Essens viel Aufmerksamkeit zu schenken. Wenn Sie beschließen, einige Ihrer Mahlzeiten achtsam zu verzehren, merken Sie wahrscheinlich, dass Sie den Geschmack des Essens stärker wahrnehmen und sich der Signale Ihres Körpers, zum Beispiel dass er satt ist, deutlicher bewusst werden. Das bedeutet oft, dass Sie weniger essen, aber mit mehr Genuss.
Und als Modell, wie man mit Achtsamkeit an Automatismen herangeht, ist achtsames Essen ein Beispiel für die Kultivierung von reiner Aufmerksamkeit.

Achtsames Gehen

Obwohl uns Achtsamkeit leichter fallen mag, wenn wir meditierend still sitzen oder etwas wie Essen ganz konzentriert tun, lässt sie sich in den aktiven Fluss unseres Alltags integrieren.
Wenn wir genauso achtsam gehen, wie wir achtsam essen, üben wir, unter die Oberfläche der unbewussten Gewohnheit in unseren Aktivitäten zu dringen. Achtsames Gehen erteilt uns überdies die praktische Lektion, dass wir Gewahrsein in jede Tätigkeit hineinbringen können – wir brauchen nicht still zu sitzen, um achtsam zu sein. Wir können Achtsamkeit mitten im Leben praktizieren.
Ein weiterer Nutzen von achtsamem Gehen liegt darin, dass es unser Energieniveau anhebt. Aus diesem Grund legen manche Menschen gerne eine kurze Phase achtsamen Gehens ein, bevor sie sich zu ihrer täglichen Meditationsübung niedersetzen. Achtsames Gehen kann zudem ein wirksames Mittel sein, um innere Aufregung zu dämpfen.

Der springende Punkt am achtsamen Gehen ist nicht, irgendwohin zu kommen, sondern den Gehvorgang selbst zu vergewärtigen. Aus diesem Grund brauchen Sie nur eine kurze Strecke – etwa zehn Schritte genügen – in einem Zimmer oder im Freien, auf der Sie hin und her gehen können. Wenn Sie aber doch einen längeren Spaziergang machen, dann bleiben Sie achtsam für die Erfahrung des Gehens.

Zu Beginn erfolgt achtsames Gehen in langsamem Tempo, damit Sie sich die Prozesse beim Schreiten zu Bewusstsein bringen können. Wenn Ihnen die Übung jedoch vertrauter geworden ist, können Sie mit verschiedenen Geschwindigkeiten experimentieren.

Stehen Sie mit schulterbreit auseinander gestellten Füßen, werden Sie der Empfindungen gewahr, während Sie Ihren Körper im Geist abtasten; lassen Sie dabei Ihre Wahrnehmung immer feiner werden.

Spüren Sie, wie sich Ihre Füße und Beine anfühlen: wie sich der Druck Ihres Gewichts auf die Sohlen verteilt, wie sich die winzigen Anpassungen, um aufrecht stehen zu bleiben, in Ihren Beinen anfühlen.

Wenn Ihr Geist abschweift oder Sie sich ablenken lassen, führen Sie ihn einfach zurück zu den Empfindungen in Füßen und Beinen.

Verlagern Sie jetzt langsam Ihr Gewicht auf einen Fuß. Registrieren Sie die Empfindungen bei dieser Bewegung, die Leichte oder Schwere jedes Beins.

Versuchen Sie, die konkreten Empfindungen genau zu beobachten, wenn Sie jetzt Ihr Gewicht auf den anderen Fuß verlagern. Nehmen Sie einfach nur zur Kenntnis, was Sie dabei spüren, ob das Härte, Druck, Spannung oder Kribbeln ist.

Heben Sie jetzt den Fuß leicht an und setzen Sie ihn vor sich auf den Boden, verlagern Sie Ihr Gewicht darauf, spüren Sie die sich verändernden Empfindungen, den Bodenkontakt, die Muskelbewegungen, wenn sich das Bein bewegt.

Wenn Sie das Ende Ihres Weges erreichen oder die Wegrich-

tung ändern müssen, dann vergewärtigen Sie sich zuerst das Stehen und dann den Wendevorgang.
Bleiben Sie ganz bei sich, in das Erleben des Gehens und die Empfindungen in Ihren Beinen und Füßen vertieft, verankert in Ihrer konkreten Erfahrung. Wenn Ihr Geist abschweift, kehren Sie achtsam zu der Empfindung des Gehens zurück.
Gehen Sie in einem Tempo, bei dem Sie achtsam bleiben können. Wenn Ihr Geist aufgewühlt ist oder abschweift, dann versuchen Sie eine Zeit lang schneller zu gehen. Wenn sich Ihr Geist sammelt, werden Sie langsamer. Sie können unterschiedliche Geschwindigkeiten ausprobieren, bis Sie eine finden, bei der Sie am leichtesten achtsam bleiben und ganz natürlich, aber mit Achtsamkeit, gehen können.

4
Ein Modell des Geistes

Ein verbeultes Taxi fährt uns durch das chaotische indische Verkehrsgewühl auf einer völlig verstopften Hauptstraße. Der Verkehr, der sowieso nicht allzu schnell fließt, verlangsamt sich zu einem Kriechen: Vor uns hat sich ein Bus überschlagen. ● Als wir uns dem verbeulten Wrack nähern, erblicke ich einen Toten, der friedlich am Straßenrand liegt, um ihn herum Menschen, wahrscheinlich seine ganze Familie – Frau, Kinder, Eltern –, weinend und jammernd. Besonders berührte mich an dieser tragischen Szene, dass sie sich in aller Öffentlichkeit abspielte und wie sehr im Gegensatz dazu Tod und Trauer im Westen versteckt werden, wo man den Leichnam sofort wegbringt, aus den Augen schafft. In Indien war der Anblick einer Familie, die ihre Trauer nicht zurückhielt, völlig normal, der Tod als Tatsache offen sichtbar am Straßenrand. ● Ich erzählte diese Begebenheit einer meiner Klientinnen mit Namen Sara, die mich anrief, als sie mit ihren drei Kindern bei ihren gebrechlichen, alten Eltern zu Besuch war. Sie hatte Angst davor, ihre Mutter und ihren Vater zu verlieren, Angst, dass sie vielleicht nicht mehr lange da waren. Dennoch wollte sie diese Angst nicht spüren – schließlich war sie eine viel beschäftigte Mutter, die drei Kinder großzuziehen hatte. Sie musste zuallererst die Mutterrolle ausfüllen. Doch sie war den Tränen nahe und wollte ihre Kinder nicht beunruhigen. ● Sie beschloss, sich Zeit für ihre Gefühle zu nehmen. Vielleicht würde sie ein Bad nehmen, damit sie allein sein und sich ausweinen konnte. ● Sara bat also ihre Kinder, sich eine Weile selbst zu beschäftigen. Doch diese spürten, dass etwas nicht stimmte. Das Jüngste fragte: »Mami, warum badest du mitten am Tag?« ● Sara beschloss, ehrlich zu ihnen zu sein. Sie sagte: »Oma und Opa sind sehr alt, und ich habe Angst, dass sie bald sterben. Mir ist nach Weinen zumute.« ● Die Kinder verstanden, wie sie sich fühlte, und drängten sich in einer einzigen großen Umarmung zusammen. Sie alle spürten, wie bitter und traurig das Leben sein kann. Sie brauchten nicht davor beschützt zu werden – sie waren bereit, das zu tragen. Sara schmolz in den Armen ihrer Kinder dahin, fühlte sich getröstet von der Liebe und dem Vertrauen, die eine solche Ehrlichkeit in unsere Beziehungen einbringen kann.

Diese Episode verdeutlicht für mich, welche Kraft darin liegt, der Wahrheit ins Gesicht zu blicken, so hart sie auch sein mag. Allzu oft verstecken wir uns vor dem Toten auf der Straße – in welcher Form diese brutale Wahrheit in unserem Leben auch auftreten mag. Wir glauben, es sei unannehmbar, solche Gefühle zu haben. Wir tun so, als stünden wir darüber, oder wir versuchen, uns nahe stehende Menschen davor zu schützen – bis wir die Kraft erkennen, die darin steckt, wirklich ehrlich und natürlich zu sein und Tatsachen nicht zu verleugnen, wie jene Menschen an diesem indischen Straßenrand.

Ich erinnere mich, dass ich mich bei einem Aufenthalt auf den Jungferninseln einmal mit einem Taxifahrer über die Schwierigkeiten der Menschen miteinander unterhielt. Seine hinnehmende Haltung war ganz einfach: »Jeder hat doch *irgend*was.« Doch wir verbergen unser Irgendwas rasch, größtenteils weil wir uns offenbar verschworen haben, schmerzliche Wahrheiten zu verstecken, nicht nur vor anderen, sondern auch vor uns selbst. Wenn wir jedoch ans Tageslicht holen, was unter der Oberfläche lauert, wenn wir diese unangenehmen Wahrheiten aufdecken und ihnen nachgehen, dann kann das ein Weg zur Heilung sein.

Eine optische Täuschung des Geistes ● Der Grund für die Leichtigkeit, mit der der Geist unsere Aufmerksamkeit von verborgenen Wahrheiten ablenkt, liegt in seiner Beschaffenheit. Er ähnelt einem doppelbödigen, innen verspiegelten Schrank, der ein großes Fach enthält, in dem gefährliche Geheimnisse dem Blick neugieriger Augen entzogen werden. Es bleibt jedoch unentdeckt, weil das wesentlich flachere, sichtbare Fach davor das Auge mit der Illusion täuscht, es fülle den ganzen Schrank aus. Wenn wir einmal von diesem geistigen Geheimfach wissen, liegt der Schlüssel, der es aufschließt, in Reichweite.

Dieser Schlüssel ist Achtsamkeit. Ein Grund für ihre Schlüsselfunktion hat mit der Angst zu tun, ein solches Geheimfach zu öffnen. Achtsamkeit sorgt dafür, dass uns beunruhigende Wahrheiten weniger überwältigend vorkommen, schafft eine sichere innere Zuflucht und versetzt uns dadurch erst in die Lage, diese Wahrheiten aufzuspüren.

Zunächst jedoch einige Einzelheiten über die erwähnte geniale Konstruktion. Manches in diesem Kapitel mag ein wenig anspruchsvoll sein, doch wenn wir einige mentale Mechanismen verstanden haben, wird vieles klarer, wenn wir uns mit unseren lebensbeherrschenden emotionalen Gewohnheiten befassen.

Dann also mal los.

Der Geist nimmt eine Fülle von zusammenhängenden Informationen auf, die ihn parallel durchströmen. Während wir etwa einer Freundin, die mit uns spricht, zuhören, registrieren getrennte mentale Kanäle ihren Tonfall, ihren Gesichtsausdruck, ihre Gestik, ihren Gang und die Bedeutung des Gesagten – und destillieren aus all dem die Emotionen heraus, die hinter ihren Worten stehen. Sie sagt zu uns: »Es geht mir gut«, doch ihre zitternde Stimme und tränenumflorten Augen geben uns einen Hinweis, wie durcheinander sie in Wirklichkeit ist – eine Deutung, die der Geist aus der Gesamtsumme dieser getrennten Datenkanäle herauszieht.

Meist registrieren diese Kanäle die Vorgänge um uns herum in einem Teil des Geistes, der außerhalb unseres bewussten Gewahrseins liegt. Wir mögen eine verschwommene Ahnung haben, wie sich unsere Freundin fühlt, oder – falls ihre Gefühle auf der Hand liegen – wir erkennen deutlich, dass sie sehr traurig ist. Meist jedoch bleibt das, was diese Kanäle verzeichnen, außerhalb unseres Bewusstseins – wir registrieren ihre Traurigkeit in irgendeinem Winkel unseres Geistes, ohne dessen explizit gewahr zu werden.

Nicht einmal ein Prozent der gesamten Information, die wir aufnehmen, erreicht unser Bewusstsein. Ähnlich bleibt ein Großteil unserer *Reaktionen* auf diese Information unbewusst; unser mitleidiger Blick offenbart Sorge um unsere Freundin, selbst wenn wir uns im Augenblick dieses Ausdrucks nicht bewusst sind. Das meiste von dem, was wir von Augenblick zu Augenblick aufnehmen und wie wir darauf reagieren, wird von jenen unsichtbaren Teilen des Geistes gesteuert, die den überwiegenden Teil der Details des Lebens verarbeiten, ohne uns mit dem Kleinkram zu behelligen.

Doch durch eine regelrechte optische Täuschung des Geistes haben wir stets den Eindruck, wir *seien* all dessen gewahr, was wir aufnehmen und tun. Diese Illusion besteht trotz der – Kognitionswissenschaftlern wohl bekannten – Tatsache fort, dass uns nur ein winziger Bruchteil unserer Wahrnehmungen und Handlungen zu Bewusstsein kommt. In unseren Augen scheint jenes kleine Fach den ganzen Schrank unseres Geistes einzunehmen.

Eine riskante Einrichtung ● Diese Illusion ist nützlich – meistens. Wenn Sie Ihrer Freundin zuhören, wollen Sie sich bestimmt nicht damit abgeben, die Syntaxregeln zu registrieren, die sie befolgt, damit Sie verstehen, was sie sagt. Sie wollen auch nicht die winzigen Veränderungen ihres Tonfalls und ihrer Gesichtsmuskulatur analysieren, die ihre wahren Gefühle signalisieren. Zum Glück passiert all dies automatisch und im Augenblick des Geschehens in Ihrem Geist, sodass Sie es nicht bewusst verarbeiten müssen.

Wenn Sie beispielsweise Auto fahren, während Sie sich mit Ihrer Freundin unterhalten, bleibt Ihre Aufmerksamkeit überwiegend auf das Gespräch konzentriert und schweift nur gelegentlich davon ab, wenn etwa ein anderes Auto Sie schneidet oder ein Fußgänger die Straße überquert. Das Fahren und Entscheidungen, wie Gas zu geben und den Blinker zu betätigen, können Sie getrost der hinter einer geistigen Trennwand verborgenen Abteilung überlassen.

Diese Trennwände sind nötig, weil unsere Aufmerksamkeit, die darüber bestimmt, was wir bemerken, begrenzt ist. Der Geist wählt ununterbrochen Aspekte der Umwelt aus, um sie in den gebündelten Strahl unserer Aufmerksamkeit zu stellen, während er eine weitaus größere Bandbreite von Daten außerhalb dieses Strahls registriert. Diese wandern allesamt hinter die geistige Trennwand.

Diese geistigen Abteilungen sind zwar bequem, doch sie sorgen auch dafür, dass uns viel Bedeutsames entgeht. In diesem Zusammenhang machte ein Psychologe ein Experiment mit einem einminütigen Videofilm. Darauf waren drei Studenten zu sehen, die sich einen Basketball zuwarfen. An einer Stelle des Videos spazierte eine Frau, gekleidet in ein weißes viktorianisches Gewand und mit einem Sonnenschirm, durch das Spiel; die Sequenz dauerte ungefähr vier Sekunden.

Der Psychologe forderte seine Probanden auf, sich das Video anzusehen und mitzuzählen, wie oft der Ball hin und her geworfen wurde. Danach gaben sie ihre Schätzungen ab – 23, 24 … Dann fragte er sie, ob sie etwas Ungewöhnliches gesehen hätten. Die häufigste Antwort lautete: »Wie meinen Sie das?« Als er dann das Band nochmals laufen ließ, sahen die meisten völlig perplex zum ersten Mal, wie die Frau mitten durch das Spiel schritt.[9]

So ist uns die Selektivität der Aufmerksamkeit meistens von Nutzen, hat jedoch auch ihre Schattenseiten. Die Einschränkungen der Aufmerksamkeit können zur Folge haben, dass wir nichts merken – und nicht merken, dass wir nichts merken. Natürlich ist das in aller Regel in Ordnung so, weil wir uns mit dem Großteil dessen, was der Geist herausfiltert, ohnehin nicht befassen wollen. Doch wenn es um Emotionen geht, kann sich unsere selektive Aufmerksamkeit als weniger nützlich erweisen: Wir vermeiden möglicherweise etwas, nicht weil es irrelevant wäre, sondern weil es uns durcheinander bringen könnte.

Dies demonstrierte ein anderer Psychologe anhand der Augenbewegungen beim Fixieren. Mit einem speziellen Gerät untersuchte er Freiwillige,[10] die zuvor einen psychologischen Test absolviert hatten; es maß Angst im Zusammenhang mit Sexualität. Dann ließ er die Probanden Zeichnungen von uneindeutigen Szenen betrachten. Eine der Zeichnungen erinnerte an den nackten Torso einer Frau im Vordergrund und einen Zeitung lesenden Mann im Hintergrund.

Die Probanden, für die Sex am stärksten mit Angst besetzt war, zeigten eine bemerkenswerte Reaktion auf diese Zeichnung: Ihre Augen bewegten sich nicht einmal in die Nähe der Frau, sondern hafteten wie festgenagelt auf dem Mann im Hintergrund! Vermutlich ahnten sie die nackte Frau im Randbereich ihres Gesichtsfeldes und lenkten daher ihre Augen weg von ihrem Körper auf den neutralen Teil der Szene. Bei einer späteren Befragung gaben sie an, keine Erinnerung an diesen nackten Körper zu haben – vermutlich waren sie seiner nicht einmal gewahr geworden. Die nackte Frau war in dem Geheimfach im Geist verschwunden – sie war regelrecht mental weggezaubert worden. Dies erklärt, wie dieses Fach gefüllt wird, wie der Geist uns davon abhält, Beunruhigendes zu bemerken.

Verblüffend viel von dem, was wir im Laufe eines Tages tun und sehen, rutscht in das Geheimfach des Geistes. Diesem Verschwinden fallen unsere automatischen Reaktionen wie auch zahlreiche Gedanken und Gefühle anheim. Wenn diese geistigen Taschenspielertricks gut eingeübt sind, lullen sie uns mit ihren glatten Illusionen ein wie ein brillanter Zauberkünstler.

Merken, was wir ausgeblendet haben ● Wenn wir einen bestimmten Akt der Unaufmerksamkeit häufig wiederholen, automatisiert er sich wie jede andere erlernte Gewohnheit. Während dies für die alltäglichen Routineabläufe kaum eine Rolle spielt, sind die Konsequenzen weitaus größer, wenn diese Routinen des Verschwindens emotional aufgeladen sind.

Denken wir uns einen Menschen, der in seiner Kindheit durch zahllose, stets wiederholte Episoden in der Familie gelernt hat, dass Meinungsverschiedenheiten unausweichlich zu Brüllorgien oder stummem Eingeschnapptsein führten. Später kann sich dieselbe Abfolge wiederholen, wenn er mit seiner Frau uneins ist.

Obwohl diese gut gelernte Gewohnheit seine Handlungsweise bestimmt, sind entscheidende Tatsachen darüber – einschließlich ihrer Existenz – in jenem geistigen Geheimfach weggeschlossen. Und so erinnert er sich weder daran, dass er diese Gewohnheit in der Kindheit erworben hat, noch ist er sich bewusst, dass sie selbst jetzt noch, nach all den Jahren, seine Reaktionen steuert, auch wenn er ihrer Folgen durchaus gewahr sein mag: dass er nämlich ein Mensch ist, der auf Meinungsverschiedenheiten mit Schreien oder Schmollen reagiert. Warum, ist ihm jedoch selbst ein Rätsel.

Nehmen wir ein Beispiel, das nicht hypothetisch ist. Jake, einer meiner Klienten, jammerte oft darüber, seine Freundin habe kein Verständnis dafür, dass er Zeit mit seinen drei Töchtern verbringen wollte; er sah sie entsprechend seiner Scheidungsvereinbarungen nur am Wochenende. »Wenn meine Töchter bei mir zu Hause sind, ist sie einfach nur eingeschnappt«, klagte er.

Doch als er das Problem mit ihr besprach, merkte er, dass sie die Sache anders sah. »Natürlich verstehe ich, dass du Zeit mit deinen Töchtern verbringen möchtest, und ich bin durchaus dafür. Mein Problem ist, dass du mich beiseite schiebst, wenn du mit ihnen zusammen bist. Ich wäre gern einbezogen. Und wenn du Pläne mit ihnen machst, hätte ich gern, dass du auch meine Wünsche berücksichtigst, statt alles mitzumachen, was sie wollen.

Aber du läufst dann immer in so einer Art Trance herum, als ob ich gar nicht da wäre.«

Ich machte Jake Folgendes klar: Wenn er seine Reaktionen seinen Töchtern und seiner Freundin gegenüber ändern wollte, musste er sich zunächst vergewärtigen, *wie* er jetzt reagierte. Er musste der Auslöser gewahr werden, die seine gewohnte Reaktion herbeiführten, und er musste seine Aufmerksamkeit auf eine Kette von Gedanken, Gefühlen und Reaktionen richten, die ansonsten ohne seine bewusste Wahrnehmung ablief.

Für Jake bedeutete dies, Angst erregende Gedanken, die die von seiner Freundin beklagte Trance auslösten, bewusst zuzulassen. Als er sich in diesen geistesabwesenden Augenblicken genauer beobachtete, erkannte er, welcher Gedanke bei ihm im Hintergrund stand: »Wenn ich meinen Töchtern jetzt nicht alles recht mache, werde ich ihre Liebe verlieren.« In dieser irrationalen Angst lag der Grund dafür, dass er sich so sehr um seine Töchter bemühte und dabei seine Freundin vergaß. Als er jedoch dieser automatischen Reaktion gewahr wurde, konnte er sich einer neuen Herausforderung stellen: nicht in diese von Angst getriebene Trance zu verfallen.

Das Geheimfach aufschließen • An dieser Stelle setzt Achtsamkeit an. Genau wie unsere Aufmerksamkeitsgewohnheiten uns viele alltägliche Details ausblenden lassen, erlaubt uns Achtsamkeit das Gegenteil. Achtsame Aufmerksamkeit ist wach und frisch, anstatt automatisch zu funktionieren. Sie vermag vieles von dem, was der Geist gewöhnlich ausblendet, zur Kenntnis zu nehmen.

Achtsamkeit ist ein Gegenmittel gegen die bewusstseinsbetäubende Wirkung eines automatischen Lebens. Sie bündelt die Fähigkeit des Geistes zur Selbsterkenntnis, weil sie einen Lichtstrahl in die Region des Geistes sendet, die normalerweise jenseits des Bewusstseins liegt.

Mit Achtsamkeit braucht das, was jenes Geheimfach im Geist

enthält, nicht mehr im Dunkeln zu bleiben. Insbesondere können wir Hinweise auf Schwierigkeiten in unserem Gefühlsleben in ein helleres Licht rücken. Achtsames Gewahrsein schafft eine Art Werkraum, einen geistigen Ort, an dem wir uns mit unseren automatischen Gewohnheiten befassen können, so etwas wie ein gemütliches Zimmer nur für uns allein, in dem wir die persönlichsten Passagen unseres Tagebuchs lesen und überdenken können. Eine meiner Klientinnen drückte das so aus: »Achtsamkeit lässt mich in Berührung mit meiner Ehrlichkeit bleiben.«

Wie Wiederholung Gewohnheit schafft ● Wie wird dieses Geheimfach mit Gewohnheiten gefüllt? »Ein momentaner Impuls, ein gelegentliches Über-die-Stränge-schlagen, eine flüchtige Laune wird durch Wiederholung möglicherweise zu einer schwer auszurottenden Gewohnheit, einem schwer zu beherrschenden Drang und schließlich zu einer automatischen Abfolge, die nicht mehr infrage gestellt wird. Durch wiederholte Befriedigung eines Begehrens bildet sich eine Gewohnheit, und so kann sich gewohnheitsmäßige Konditionierung zu Zwang auswachsen.«[11] Diese grundlegende Beschreibung der Entstehung von Gewohnheiten stammt von dem buddhistischen Mönch Nyanaponika Thera.

Sie lässt sich gut mit der modernen, wissenschaftlichen Sicht der Gewohnheit vereinbaren, die Neurowissenschaftler wie der Nobelpreisträger Gerald Edelman vertreten.[12] Ihm zufolge bilden sich unsere Gewohnheiten – unsere vertrautesten Denk-, Empfindungs- und Reaktionsweisen – auf neuronaler Ebene durch den Einfluss simpler Wiederholung auf die Verbindungen zwischen Gehirnzellen. Je öfter ein bestimmter Schaltkreis im Gehirn benutzt wird, desto stärker werden die Verknüpfungen.

Wie Nyanaponika bemerkt, wird ein zunächst bloßer Einfall oder Impuls durch ständige Wiederholung zum ausgetretenen Pfad. Wenn wir dauernd mit der Gewohnheit fortfahren, verstärken sich die ihr zugrunde liegenden neuronalen Verknüpfungen, während sich diejenigen für Alternativen abschwächen. Die Nervenzellen des gewählten Schaltkreises entwickeln immer festere Verbindungen, diejenigen für Alternativreaktionen verkümmern. Das ähnelt der Verzweigung eines Feldweges: Wenn alle rechts abbiegen, entstehen auf diesem Abzweig tiefe Fahrspuren, die die Fahrzeugräder automatisch nach rechts lenken.

Dasselbe gilt für unsere emotionalen Reaktionen. Wenn wir die Wahl zwischen zwei Reaktionsweisen haben, setzt sich die stärker vernetzte durch, genau wie die viel befahrene Spur am Abzweig. In Entscheidungssituationen – ob wir etwa eine Kränkung mit einer wütenden Retourkutsche beantworten oder verletzt verstummen sollen – wird diejenige Reaktion, für die wir uns immer wieder entscheiden, wahrscheinlich zu unserer automatischen Reaktion. Die Alternative verkümmert mangels Benutzung ebenso wie ihre neuronalen Bahnen.

Die Abkürzungen des Geistes ● Der Fachausdruck für eine dieser gut gelernten geistigen Gewohnheiten lautet *Schema.* Ein Schema ist im weitesten Sinn ein Bündel von Verfahren, nach denen der Geist eine bestimmte Aufgabe organisiert, speichert und handelt. Schemata helfen uns, Ordnung in das Chaos um uns herum zu bringen. Sie sind am Werk, wenn der Geist die auf Auge und Ohr einstürzende Flut der physikalischen Signale aufnimmt und sich einen Reim darauf macht. Bedeutsam ist zudem, dass sie auch eine Vorauswahl für unsere Aufmerksamkeit treffen und entscheiden, was wichtig ist und was als irrelevant verworfen werden kann – mit anderen Worten, Schemata bestimmen, was in jenes unsichtbare Geheimfach kommt und was ins helle Licht unseres Gewahrseins gestellt wird.

Sie geben uns darüber hinaus einen Bezugsrahmen, der uns unsere Wahrnehmungen erklärt, sowie einen Aktionsplan für unsere Reaktionen darauf. Wir besitzen ein Schema beispielsweise für das Fahrradfahren oder Flügebuchen. Schemata sind mentale Modelle unserer Erfahrung. Wenn wir darüber nachdenken, wie wir an ein Flugticket kommen, stützen wir uns auf ein Modell, das zusammenfasst, was wir über Fluglinien und -pläne, Kreditkarten, Telefonbenutzung, Billigflüge und vieles mehr wissen. Diese mentale Landkarte sagt uns, was zu tun ist, damit all diese Elemente nahtlos ineinander greifen und wir am gewünschten Zielort landen.

Solche Modelle sind wesentliche geistige Hilfsmittel, um sich in einer komplexen Welt zurechtzufinden. Wenn wir eines von ihnen ein paar Mal eingeübt und angewandt haben, benutzen wir sie so oft – im Grunde üben wir sie damit immer wieder –, dass wir kaum noch oder gar nicht mehr darüber nachzudenken brauchen.

Wenn wir eine neue geistige Gewohnheit erlernen – etwa den Umgang mit einem neuen Computerprogramm –, sind die entsprechenden Areale im Gehirn sehr aktiv und benötigen viel Energie, während die neuronale Verknüpfung für diese Gewohnheit angebahnt und aufgebaut wird. Doch wenn wir sie dann beherrschen, verbraucht das Gehirn bei ihrer Ausführung nur noch wenig Energie – es sei denn, Ihnen fehlen wie mir offenbar die Schaltkreise, um Computer zu verstehen! Wenn eine mentale Gewohnheit automatisch wird, rattert unser Geist einfach das entsprechende Schema für unsere Aufgabe herunter, ohne dafür zusätzliche Energie aufzuwenden. Das neue Schema selbst wird in dem unsichtbaren Geheimfach gespeichert.

Schemata sind in ihrer Mehrheit effiziente geistige Abkürzungen. Ein Großteil ihrer Effektivität beruht darauf, dass wir keine Aufmerksamkeit auf ihre Ausführung verwenden müssen. Sie treten einfach in Aktion, helfen uns bei der Lebensführung wie eine Schar unsichtbarer, äußerst umsichtiger, unendlich einfallsreicher Heinzelmännchen; sie ahnen jede unserer Launen voraus und erledigen alles Nötige, ohne uns damit zu behelligen.

Doch bei einer besonderen Kategorie von Schemata kann es Probleme geben: bei denjenigen, die unsere emotionalen Gewohnheiten beherrschen. Im Reich der Gefühle sind zwar die meisten

Schemata zweckmäßig, manche jedoch können kontraproduktiv, sogar schädlich sein. In solchen Fällen wiederholen wir ein Muster, in dem wir später eine Sackgasse erkennen, das zu ändern wir uns jedoch im Augenblick außerstande fühlen. Aus irgendwelchen Gründen denken wir einfach nicht über Alternativen nach. Solche kontraproduktiven Schemata meint der Mönch Achan Amaro mit der »Schwungkraft der Gewohnheit, aufgrund deren wir wahrscheinlich wieder dasselbe tun, obwohl die Ergebnisse schmerzlich waren«.[13]

Von allen geistigen Gewohnheiten vielleicht am stärksten emotional aufgeladen sind die Modelle der Tatsachen, die unser Denken und Empfinden von uns selbst und den Menschen in unserem Leben bestimmen. Diese persönlichen Schemata färben und definieren den intimsten Bereich in unserem Leben. Wenn die Brille in unserem Kopf klar und scharf ist, dann ist es auch unsere Selbst- und Fremdwahrnehmung. Sind diese Modelle jedoch verzerrt, dann droht Ungemach.

Gewohnheiten des Herzens lernen ● Als Sie Fahrrad fahren lernten, hatte Ihr Rad anfangs vielleicht Stützräder. Später hat Sie dann jemand gehalten, bis Sie schließlich alleine fahren konnten. Wie das Ganze im Einzelnen abgelaufen ist, daran erinnern Sie sich jetzt aber wahrscheinlich nur noch dunkel. Einige besondere Augenblicke sind Ihnen noch gegenwärtig, doch der Rest ist völlig verschwommen, und Tag und Stunde wissen Sie überhaupt nicht mehr.

Dasselbe gilt für emotionale Gewohnheiten. Wir werden nicht mit solchen Gewohnheiten geboren; sie werden alle erlernt. Unsere haben wir so gut gelernt, dass die wiederholten Episoden ihres Erwerbs jetzt nur noch eine nebelhafte Erinnerung sind.

Ein Mensch, der in einer Familie aufgewachsen ist, in der Meinungsverschiedenheiten automatisch zu lautstarken Streitereien und persönlichen Angriffen führten, erlernt schon früh im Leben dieses Muster oder eine Reaktion darauf – beispielsweise missliebige Gefühle zu unterdrücken, um solche Streitereien zu vermeiden. Damit sind automatische Gedanken und Erwartungen bezüglich anderer verbunden, beispielsweise: »Die einzige Möglichkeit, dass meine Gefühle und Bedürfnisse beachtet werden, ist Schreien« oder: »Wenn es eine Meinungsverschiedenheit gibt, muss ich angreifen, bevor ich angegriffen werde.« Und weil wir uns vielleicht nicht mehr genau erinnern, wie wir unsere emotionalen Gewohnheiten gelernt haben, sind sie uns – genau wie Fahrrad fahren – so sehr in Fleisch und Blut übergegangen, dass sie uns ganz natürlich vorkommen.

Emotionale Gewohnheiten werden so gründlich erlernt, dass sie außerhalb unseres Bewusstseins wirken. Ein Großteil ihrer Macht über unser Leben wurzelt eben darin, dass sie weitgehend unbewusst sind. Genau wie wir ihre Entstehung nicht bemerken und uns nicht erinnern können, wie sie sich eingeschliffen haben, sind wir uns auch ihrer Macht über uns nicht bewusst.

Natürlich spielen viele verborgene Faktoren in unser Gefühlsleben hinein, einschließlich einiger genetisch bedingter, etwa das Temperament. Doch das Schwergewicht liegt in unserem Zusammenhang auf den Gewohnheiten, die wir gelernt haben – und die wir ändern können.

Verborgene Muster ausfindig machen • »Ich war gerade aus dem Urlaub zurück und fühlte mich erholt und entspannt, deshalb rief ich meine Mutter an«, berichtete mir eine Klientin. »Sie fragte mich, wie die Reise gewesen war, und ich begann zu erzählen. Doch sie schnitt mir gleich das Wort ab und begann über sich zu reden. Das löste etwas in mir aus. Ich dachte, ich sei ihr wohl völlig egal, und wurde erst traurig, dann sehr zornig. Binnen Minuten stritten wir uns wieder und machten uns lauthals Vorwürfe. Ich wurde so stinkwütend, dass ich auflegte. Ich weiß nicht, warum uns das immer wieder passiert.«

Wenn wir in einem Strudel von Wut oder Panik gefangen sind, kommt uns alles verwirrend, außer Kontrolle geraten, überwältigend und unvorhersagbar vor. Gelänge es uns jedoch, einen Schritt zurückzutreten und den Verlauf einer solchen Episode zu betrachten, dann sähen wir, dass sie sich mit einer Symmetrie entfaltet, die bemerkenswerte Parallelen zu vielen vergleichbaren Anlässen emotionalen Aufruhrs aufweist, und wir würden ein verborgenes Muster erkennen – die Merkmale des Schemas, das uns antreibt. Es gelänge uns, Ähnlichkeiten in den Auslösern der Reaktion, ihrem Ablauf und dem zugehörigen Gedanken- und Gefühlskomplex sowie in unserem Verhalten auf die Spur kommen.

Nach mehrmonatiger Erforschung der Muster in ihrem Leben ist meine Klientin jetzt in der Lage, Ähnlichkeiten zwischen ihren Gedanken, Gefühlen und Reaktionen bei Auseinandersetzungen mit ihrer Mutter und mit ihrem Mann zu erkennen. Es geschieht immer dasselbe, wenn sie sich nicht beachtet fühlt. In beiden Beziehungen läuft dasselbe Muster, dieselbe emotionale Gewohnheit ab, wenn sie das Gefühl hat, die andere Person beschäftige sich nur mit sich selbst und habe kein Ohr für ihre Bedürfnisse oder Gefühle. Ihr Verhaltensmuster, so weiß sie jetzt, folgt einem bestimmten Gedankengang, bestimmten emotionalen Reaktionen und aufkeimender Wut, die sie schließlich explodieren lässt.

Meistens wird uns emotionaler Aufruhr von unseren am tiefsten verwurzelten emotionalen Schemata aufgezwungen, eingefahrenen Mustern des Wahrnehmens und Reagierens, die uns auf ähnliche Auslöser mit den immer wieder gleichen, fehlangepassten Gedanken, Gefühlen und Reaktionen ansprechen lassen.

Wenn wir aber unseren emotionalen Gewohnheiten im Augenblick ihres Ablaufens mit achtsamer Aufmerksamkeit begegnen, können wir die Gründe unserer emotionalen Verwirrung neu sehen. Wie wir nach der Analyse unserer wichtigsten emotionalen Schemata sehen werden, können wir Empathie und Gewahrsein auf diese Muster anwenden.

Schemata zwingen uns ihre eigene Realität auf: wie die Dinge scheinen, wenn wir unter ihrem Bann stehen. Wenn wir jedoch diese verborgenen Muster aufdecken, können wir die Dinge eher so sehen, wie sie sind – nicht festgelegt durch unsere Lerngeschichte, sondern auf der Grundlage einer reicheren, genaueren Wahrnehmung. Dies lässt unser Leiden in neuem Licht erscheinen: Wenn wir das Organisationsprinzip dahinter erkennen, brauchen wir uns nicht mehr so hilflos, nicht mehr als Opfer der immer gleichen alten Reaktionen zu fühlen. Wir haben einen Dreh- und Angelpunkt, an dem wir den Hebel zur Verwandlung unserer inneren Landschaft ansetzen können.

II
Sein und Schein

5
Emotionale Gewohnheiten

Ein treffender Zen-Aphorismus lautet: *Für ihren Geliebten ist eine schöne Frau eine Freude / Für einen Mönch eine Ablenkung / Für eine Mücke eine gute Mahlzeit.* • Das trifft den Nagel auf den Kopf: Wie die Dinge scheinen, hängt von dem Filter oder der Brille ab, durch die wir sie betrachten. Manche Filter wirken nur vorübergehend, andere können ein Leben lang bestehen und ein anhaltendes Realitätsgefühl erzeugen. • Lange, lange vor den ersten modernen Psychologen – etwa im 5. Jahrhundert – analysierten die frühen Seelenforscher und Begründer der buddhistischen Psychologie die oftmals winzigen, aber realitätsformenden Veränderungen im Geist. Viele heutige Menschen überrascht die Entdeckung, dass der Buddhismus eine umfassende, systematische Psychologie – eine Geisteswissenschaft – enthält, die für jeden, ob Buddhist oder nicht, von Nutzen sein kann. • Die frühen Seelenforscher erkannten, dass unterschiedliche geistige Zustände miteinander um den Spitzenplatz in einer sich ständig verändernden Rangordnung kämpfen. Wenn ein Zustand an die Spitze gelangt, legt er die Grundstimmung unserer gesamten Psyche fest – sei es Wut, Gelassenheit oder Freude. Ein psychischer Zustand hält vielleicht nur einen Augenblick an, bis ein anderer sich an die Spitze der Hierarchie drängt; er kann aber auch zu einer gewohnheitsmäßigen Geistesverfassung werden. • Wenn ein geistiger Zustand nur einen oder zwei Momente anhält und dann vergeht – kein Problem. Wenn jedoch ein bestimmter Zustand zu einer fixierten geistigen Gewohnheit wird, kann er unsere Weltsicht grundlegend definieren. Die alten buddhistischen Psychologen erkannten, dass wir dazu neigen, ausgetretene geistige Pfade zu beschreiten, auf denen ein bevorzugter psychischer Zustand unsere geistige Hierarchie beherrscht. Wenn sich ein bestimmter Zustand als Gewohnheit festsetzt, beeinflusst er die gesamte Persönlichkeit eines Menschen. Und wenn dieser Zustand negativ ist – aufgeregt oder feindselig beispielsweise –, verfestigt sich eine Stimmung, die vielleicht hätte vorübergehen können, zu dauerhafter Unruhe. ● Ein buddhistischer Text aus dem 5. Jahrhundert weist darauf hin, dass von Ärger dominierte Menschen meistens typische Verhaltenweisen zeigen. Diese wiederum geben Hinweise auf ihren inneren Zustand. So erledigen sie vielleicht eine Tätigkeit wie Ausfegen hastig und ungeduldig, und sie neigen dazu, sich über das ihnen servierte Essen oder ihr unbequemes Bett zu beschweren. Dagegen fegen Menschen, bei denen Selbsttäuschung – Verblendung, wie der Buddhismus sagt – vorherrscht, den Boden nachlässig und akzeptieren gedankenlos fast alles – schlechtes Essen, ein unbequemes Bett –, weil sie nicht über genügend unterscheidendes Gewahrsein verfügen, mit dem sie Urteile fällen könnten.

In dem Maße, wie sich negative Emotionen wie Wut oder Verblendung in den Geist eines Menschen eingegraben haben, formen sie auch dessen psychische Realität. Der Dalai Lama bezeichnet solche Gewohnheiten als geistiges Leiden; er definiert es als »eine geistige Verzerrung, die das Gleichgewicht des Geistes stört«. Unsere geistigen Leiden, so bemerkt er, »rufen nicht nur Unruhe, Angst oder Unglücklichsein hervor, sondern erzeugen auf lange Sicht immer mehr Probleme«.

Fehlangepasste Geisteszustände ● Die alten buddhistischen Psychologen erkannten, dass einige Geisteszustände gesund und andere ungesund sind oder, moderner ausgedrückt, angepasst beziehungsweise fehlangepasst. Ihre Faustregel zur Unterscheidung war einfach, aber solide: Es hing davon ab, ob der Zustand zu innerem Frieden oder zu geistiger Unruhe führte. Die moderne psychologische Faustregel zur Klassifikation einer geistigen Gewohnheit oder eines Schemas als angepasst oder fehlangepasst sieht ganz ähnlich aus.

Ein Schema ist ein einflussreicher Komplex negativer Gedanken und Gefühle. Um diesen unliebsamen Geisteszuständen nicht zum Opfer zu fallen, erlernen wir Abwehrstrategien. Diese Strategien helfen uns, mit der Bedrohung durch eine heftige »Schema-Attacke« fertig zu werden – einen Schmerz, den wir verzweifelt zu vermeiden suchen.

Schema-Strategien nisten sich ein, weil sie uns irgendwann einmal bei irgendeiner Art von Anpassung geholfen haben. Wir entwickeln sie, weil sie zumindest Teillösungen für ein Problem in der Kindheit lieferten – wir strengten uns beispielsweise besonders an, um einen überkritischen Elternteil zufrieden zu stellen, oder wir gaben uns besonders fröhlich, um nicht von anderen Kindern geschnitten zu werden. Als wir sie erwarben, haben sie uns zwar geholfen, doch jetzt tun sie uns nicht mehr so gut.

Jedes Schema kann man als fehlgeschlagenen Versuch sehen, die grundlegenden menschlichen Bedürfnisse zu befriedigen: nach Sicherheit, Kontakt zu anderen, Autonomie, Kompetenz und so weiter. Wenn diese Bedürfnisse erfüllt werden, wächst und gedeiht ein Kind. Bleiben sie jedoch unbefriedigt, können sich Schemata festsetzen.

Jedes Schema hat sein spezielles emotionales Kennzeichen – ein charakteristisches Ziehen im Bauch, ein Gefühl, das über uns zusammenschlägt, wenn das Schema uns im Griff hat. Diese Gefühle wiederholen in aller Regel die Emotionen, die wir während einschlägiger traumatisierender Ereignisse in der Kindheit empfunden haben. Solche Schema-Episoden stürzen uns wieder in die Angst vor dem Abgelehntwerden oder in Rage oder in eine Depression.

Dennoch können diesen Strategien oder emotionalen Gewohnheiten auch wertvolle Eigenschaften innewohnen. So sind Menschen mit dem Schema unerbittlicher Maßstäbe im Beruf oft höchst diszipliniert und motiviert, sogar besessen von ihrer Arbeit. Das kann sie zu höchsten Erfolgen führen; Spitzenkräfte haben häufig dieses Schema. Das Muster wird jedoch fehlangepasst, wenn sich die Betroffenen so sehr unter Druck setzen, dass ihr Privatleben leidet oder dass sie dauernd am Rande der Erschöpfung entlangschrammen. Sie müssen ein Gleichgewicht finden – erkennen, dass sie keine 120 Prozent zu bringen brauchen. Manchmal genügt es, nur 70 oder 80 Prozent zu geben – und dafür ein Leben neben dem Beruf zu haben.

Andere zeigen das Muster der emotionalen Entbehrung oder Deprivation. Sie empfinden einen chronischen Mangel an Liebe, Aufmerksamkeit oder Fürsorge. Sie entwickeln vielleicht ausgeprägtes Einfühlungsvermögen und Fürsorge, die als solche bewundernswerte Gaben sind. Diese Merkmale werden jedoch fehlangepasst, wenn die Person in allen ihren Beziehungen die Helferrolle spielt und deshalb einen chronischen Hunger nach Empathie und Hilfe empfindet.

Schema-Strategien sind halbe Lösungen für die immer währenden Schwierigkeiten des Lebens, gewohnheitsmäßige, erlernte Umgangsweisen mit immer wiederkehrenden Problemen wie dem Bedürfnis nach Nähe oder Liebe. Als Teillösungen lindern solche Bewältigungsstrategien vielleicht ein wenig den Druck drängender Probleme, lösen jedoch niemals den Kernkonflikt.

Paradoxerweise kreisen Schemata um zwingend notwendige Bedürfnisse, lassen uns jedoch in einer Art und Weise denken und handeln, die die Befriedigung eben dieser Bedürfnisse verhindert. Schemata erhalten sich selbst in einem Teufelskreis. Beispielsweise gerät eine Frau mit einem Muster der emotionalen Deprivation und dem es begleitenden Bedürfnis nach Kontakt und Zuwendung immer wieder an Männer, die egoistisch und distanziert sind. Was steht hinter diesem kontraproduktiven Muster? Die falsche Hoffnung, dass es diesmal anders sein wird. Diesmal findet sie einen Partner, der eigensüchtig *scheint* (was ihr angenehm vertraut, wie

ein Zuhause vorkommt), der ihr aber endlich die Liebe und Fürsorge geben wird, die sie sich von einem solchen Mann ersehnt.
Fehlangepasste Schemata führen uns zu neurotischen Lösungen. Einerseits sind diese Schemata Strategien zur Befriedigung grundlegender menschlicher Bedürfnisse, etwa geliebt, verstanden oder angenommen zu werden. Andererseits sind sie kontraproduktiv, weil sie gerade die Bemühungen dazu sabotieren. Ihre Ziele sind zwingend, doch ihre Methoden sind falsch.

Fehlangepasste Reaktionen ● Bei dem Besuch eines Naturschutzgebiets am Meer sah ich sieben Entenküken im Gänsemarsch ohne ihre Mutter aus einem nahe gelegenen Teich auftauchen und in hektischem, panischem Tempo den Strand hinunterwatscheln. Sie waren erst ein paar Tage alt und folgten treu und brav dem größten Entlein, das genauso verloren und desorientiert wirkte wie alle anderen.
Sie mögen die Anteilnahme der Strandbesucher gespürt haben, die ihre missliche Lage wahrnahmen. Sie watschelten hinter mehreren Leuten her, die sie vielleicht als neue Mutter ansahen. Eine Zeit lang hefteten sie sich an die Fersen einer Frau, deren blond gefärbtes Haar mit den dunklen Ansätzen sie wie die Färbung ihres eigenen weichen Daunenkleids an ihre wahre Mutter erinnert haben mochte.
Als wir sie sanft in ein Badetuch scheuchten, um sie in den Teich im Wald, aus dem sie gekommen waren, zurückzubringen, spürte ich deutlich die Panik, die auf der verzweifelten Suche nach ihrer Mutter von ihnen Besitz ergriffen hatte.
Das erinnerte mich an die Wesenszüge von einigen meiner Klienten, die unter starker Angst vor dem Verlassenwerden litten. Hinter dem verzweifelten Bemühen, gerettet zu werden, das viele Menschen mit diesem Muster an den Tag legen, steckt eine so intensive Panik, als ob sie um ihr Leben kämpfen müssten, eine Art Angst, ausgelöscht zu werden.
Bei diesen armen Entchen war die Panik angebracht, eine ange-

messene Reaktion auf die Gefahr, in der sie, getrennt von ihrer Mutter, schwebten. Bei Menschen mit der Angst vor dem Verlassenwerden jedoch können einstmals adäquate Gefühle in einer objektiv unpassenden Situation übermächtig werden. Diese Unterscheidung sollte unbedingt festgehalten werden: Schema-Reaktionen sind Überreaktionen, keine adäquaten Reaktionen auf schwierige Situationen.

Wenn wir emotionalen Gewohnheiten nachgehen, sollten wir uns vor Augen halten, dass die meisten unserer gefühlsmäßigen Reaktionen wohl situationsangemessen sind. Nur wenn sie nicht mehr funktionieren, werden sie fehlangepasst.

Ich hatte beispielsweise einmal eine Klientin, die eine Beziehung zu einem Mann hatte, der sie misshandelte; als sie dann ausgezogen war, bedrohte er sie sogar mit einer Schusswaffe. Ihre Angst vor ihm gründete in der Realität. Ihre Reaktion – eine gerichtliche Verfügung gegen ihn zu erwirken – war völlig angemessen. Doch in dieser Beziehung wurden auch Schemata aktiviert, insbesondere Angst vor dem Verlassenwerden, die sie trotz der Misshandlung in der Beziehung ausharren ließen. Eben ihre Fehlangepasstheit unterscheidet solche Gewohnheiten vom übrigen emotionalen Repertoire.

Die Landkarte destruktiver Gewohnheiten ● Vergleichen Sie einmal ein angepasstes emotionales Schema mit einem fehlangepassten. Ein geliebtes und umsorgtes Kind wächst mit einem höchst angepassten Schema heran, das der Psychoanalytiker Erik Erikson als Urvertrauen bezeichnete. Sein ganzes Leben lang wird dieser Mensch intuitiv davon ausgehen, dass von anderen Menschen und der Welt keine Bedrohung für ihn ausgeht. Er wird Menschen als vertrauenswürdig betrachten, sofern sich nicht das Gegenteil erweist. Menschen mit Urvertrauen schließen leichter Freundschaft, weil sie gutwillig auf andere zugehen und ihnen nur das Beste unterstellen. Aus eben diesen Gründen sind ihre Beziehungen meist stabil.

Dagegen wächst ein Kind, das in frühen Jahren misshandelt wird, wahrscheinlich mit einem überaus fehlangepassten Schema heran: mit Misstrauen. Seine grundlegende Annahme bezüglich Menschen ist, dass es nicht darauf zählen kann, dass sie seine Bedürfnisse erfüllen. Zudem interpretiert es nur allzu leicht neutrale oder sogar positive Handlungen als Bedrohungen oder als Beweise für die Berechtigung seiner Annahme, dass Vertrauen unangebracht ist. Das war natürlich in der Kindheit ein angemessener Selbstschutz. Doch als Erwachsene begegnen Menschen mit grundlegendem Misstrauen anderen immer noch mit Argwohn, weshalb es ihnen schwerer fällt, Freundschaften zu knüpfen und intime Beziehungen zu pflegen. Weil sie im Verhalten anderer so leicht Feindseligkeit oder Negatives wahrnehmen, werden selbst ihre engsten Beziehungen zu Schlachtfeldern.

Dieses Misstrauen steht auch hinter der Einstellung von Kindern, die ihre Schulkameraden terrorisieren: Sie missdeuten neutrale Reize als Drohungen, und in der irrigen Annahme, bedroht zu werden, greifen sie an. Eine ähnliche Dynamik ist bei manchen Männern am Werk, die ihre Frau schlagen: Sie leiden oft unter intensiver Angst, von ihrer Frau verlassen zu werden. Deshalb entwickeln sie eine Art Argwohn-Radar, das auch in ihrem harmlosesten Verhalten – wenn sie etwa bei einem Streit den Raum verlässt – ein symbolisches Verlassenwerden wittert. Dieser einfache Akt – und seine Fehldeutung – löst bei ihnen Kränkung, Wut und unentschuldbare Gewalttätigkeit aus. So verzerrt das grundlegende Schema des Misstrauens alltägliche Beziehungen und verbannt Menschen in ein Reich der Feindseligkeit und der Gefahr.

Eine Landkarte destruktiver emotionaler Gewohnheiten zu erstellen ist eine moderne Fortführung der Aufgabe, der sich die alten Seelenforscher des frühen Buddhismus unterzogen. Sie sprachen von *anusayas*, latenten Tendenzen im Geist, die in Phasen geistiger und emotionaler Erregung zum Ausbruch kommen. Die buddhistische Psychologie ist sich im Klaren, dass diese Tendenzen unser Leben zwar vielleicht nicht aktuell dominieren; weil sie aber jederzeit in Aktion treten können, werden sie zu einer Art mentalem Minenfeld. Beim geringsten Fehltritt stürzen wir in emotionales Chaos und geistige Verwirrung.

Ganz ähnlich begreift die moderne Psychologie Schemata als Speichersysteme, die spezifische emotionale Lernerfahrungen bewahren – beispielsweise Verärgerung, wenn man sich ungerecht behandelt fühlt. Sie sind verbunden mit den entsprechenden Handlungen, für die wir sensibilisiert wurden, sowie mit den erlernten Reaktionsweisen auf das Gefühl einer ungerechten Behandlung. Diese Speichersysteme bewahren nicht nur das Gelernte, sondern sie werden das ganze Leben lang mit weiteren Erfahrungen aufgefüllt. Diese Muster bleiben dann latent und warten bis zu einem Moment, in dem irgendein Ereignis das Schema aktiviert. Dann laufen automatisch wieder die alten Gefühle und Reaktionen ab.

Ob aufgrund ihres Temperaments oder günstigerer Zeitumstände sind manche Kinder robuster als andere und gehen aus dem Gefühlschaos der Kindheit relativ frei von Schemata hervor, während ein Geschwister vielleicht mit der Last mehrerer solcher Muster heranwächst. Ein Grund dafür ist, dass jedes Geschwister psychologisch gesehen in einer anderen Familie aufwächst: Das älteste Kind kann beispielsweise bereits das Nest verlassen haben, während eine Scheidung der Eltern dem jüngsten den Verlust eines Elternteils zufügt.

Kernkonflikte ● In gewissem Maße verkörpern Schemata teilweise aufgegebene Seinsmöglichkeiten. Abraham Maslow hat das einprägsam ausgedrückt: »Wenn der einzige Weg zur Erhaltung des Selbst darin liegt, andere zu verlieren, dann wird das normale Kind eher das Selbst aufgeben.« Manche Schemata – und die gelernten Reaktionen darauf – stehen gewissermaßen symbolisch dafür, dass wir unsere Entfaltungsmöglichkeiten zugunsten des menschlichen Kontakts geopfert haben.

Die Kartierung der mentalen Modelle und Tendenzen, die unsere alltägliche Realität formen, war und ist eine stetige Herausforderung für die Psychologie; David Shapiro, ein Schüler Erik Eriksons, zeichnete eine weitere faszinierende Landkarte dieses intimen Terrains. Ausgehend von menschlichen Wahrnehmungsgewohnheiten identifizierte Shapiro neurotische Stile, das heißt charakteristische verzerrte Wahrnehmungs- und Handlungsweisen.

Shapiros Typologie von Stilen, von Wahrnehmungsschemata liest sich wie eine moderne Fassung jener buddhistischen Liste geistiger Typen und ihrer Tendenzen aus dem 5. Jahrhundert. Menschen, bei denen Shapiro beispielsweise den zwanghaften Stil ausmacht, sind rigide und detailversessen, unterwerfen sich pflichtbewusst dem *Sollen*, statt Spontaneität oder Unabhängigkeit zu zeigen; es ist, als ob sie stets mit dem Gesetzbuch des Lebens unter dem Arm herumliefen, um nur ja alles richtig zu machen. Dagegen reagieren Menschen mit hysterischem Stil impulsiv auf den ersten Eindruck, ignorieren Einzelheiten oder sogar Tatsachen; sie sehen eine Situation, als ob sie Schlagzeilen überflögen, ohne die zugehörigen erläuternden Artikel zur Kenntnis zu nehmen. Und Menschen mit paranoidem Stil betrachten die Welt mit Argwohn; sie verfechten eine Sicht des Lebens, die den Verschwörungstheorien in Revolverblättern ähnelt, und suchen stets wachsam und hellhörig nach bestätigenden Indizien.

Solche mentalen Zerrbrillen lassen die Dinge völlig anders aussehen, als sie eigentlich sind; sie beeinflussen Aufmerksamkeit, Gedächtnis und Wahrnehmung nach einschlägigen Vorurteilen. Wenn in den Kern unseres Selbstverständnisses und unserer Einstellung zu anderen eine solche Brille eingebaut ist, beeinflusst sie nicht nur unsere Sichtweise, sondern unser ganzes Leben.

Betrachten wir das Musterbeispiel eines fehlangepassten Schemas in Aktion: Ein Mann fürchtet insgeheim, jede Frau würde ihn ablehnen. Er fühlt sich wie ein kleiner Junge voller Schwächen und Fehler, nicht würdig der Liebe der Frau, die er begehrt und idealisiert.

Er verbirgt seine Furcht hinter einer Fassade: der eines starken Machos. In seiner Maske fühlt er sich selbstsicher genug, eine romantische Beziehung einzugehen, in der er die idealisierte Frau bezaubert.

Wenn die Beziehung Fortschritte macht, stellt die Frau jedoch in seinen Augen übertriebene Ansprüche – an seine Treue, Zeit und Aufmerksamkeit. Unterschwellig aber fühlt er sich schwach und unfähig, ihre Bedürfnisse zu erfüllen. Also bewertet er sie neu – vielleicht ist sie doch nicht so ideal. Er sieht ihre Mängel, beginnt grob mit ihr umzuspringen, will sie verlassen. Sie reagiert auf seine Zurückweisung mit Tränen, Verletztsein, Wut. Er fühlt sich noch unzulänglicher und verlässt sie schließlich.

Danach fühlt er sich einsam. Er will wieder eine Beziehung, doch insgeheim fürchtet er, keine Frau würde ihn akzeptieren. Wieder fühlt er sich wie ein mickriger kleiner Junge, nicht würdig der Liebe der Frau, die er begehrt …

Und so dreht sich das Schema dieses Mannes immer im Kreis. Diesen Teufelskreis deckte ein Forscherteam unter der Leitung des Psychiaters Mardi Horowitz an der Universität von Kalifornien auf. Dieses Schema stellt nur eines von den buchstäblich Hunderten dar, die seine mehrjährige Forschungsarbeit zu fehlangepassten interpersonellen Mustern, wie Horowitz sie bezeichnet, ans Licht brachte.[14] In seinen Augen sind diese Lebensmuster das Ergebnis verzerrter Vorstellungen von Menschen über sich selbst und ihre Mitmenschen – so auch des unglücklichen Mannes, der sich wie ein schwacher, unzulänglicher Junge fühlt.

Bei jedem von uns macht sich von Zeit zu Zeit ein Lieblingsschema in unseren Gedanken und Worten, sogar in unseren Träumen bemerkbar – nur zu oft ein fehlangepasstes. Manche dieser Fixierungen sind so grundlegend für die Lebenseinstellung und -geschichte eines Menschen, dass sie Drehbüchern gleichkommen, die dieser Mensch in einer Beziehung nach der anderen abzuspulen verdammt scheint. Diese Kernkonflikte kreisen um Themen, die in den wichtigsten Beziehungen einer Person eine Rolle spielen.

Die Anatomie eines Kernkonflikts ● Jeder Kernkonflikt besteht aus drei Teilen, sagt Lester Luborsky, dessen Forschungsgruppe an der Universität von Pennsylvania etwa dreißig der häufigsten Fixierungen ausfindig gemacht hat.[15] Jeder kreist um einen Wunsch oder ein Bedürfnis oder um eine typische Reaktion, die die Person vorwegnimmt, und die typische Reaktion der Person auf diese Reaktion. Zu den häufigsten Wünschen in diesen Kernkonflikten zählen die drei folgenden: Ich möchte, dass man mich versteht, sich in mich einfühlt und mich richtig sieht; ich möchte geachtet, geschätzt und gerecht behandelt werden; ich möchte zufrieden mit mir sein, selbstsicher sein.

Solche Wünsche gelten natürlich für jeden. Der Konflikt wurzelt in den früheren Erlebnissen der Person mit anderen Menschen und in ihren Erwartungen an Beziehungen allgemein. In einem fehlangepassten Schema durchkreuzt die andere Person in irgendeiner Weise den Wunsch oder das Bedürfnis. Dies führt zu einer recht unglücklichen Liste vorweggenommener Reaktionen, unter anderem etwa der Gewissheit, dass die andere Person unsensibel ist und keine Rücksicht auf meine Gefühle nimmt, dass sie mich ausnutzt oder mich herabsetzt.

Wie man sich denken kann, lösen solche Reaktionsweisen Empfindungen wie Ausgegrenztsein und Enttäuschung, Wut und Groll oder Unfähigkeit und Hilflosigkeit aus.

Diese Katastrophenrezepte für Beziehungen sind früh sichtbar und halten sich mit geringfügigen Abwandlungen das ganze Leben lang. Luborsky greift auf eine Analogie aus der Literatur zurück: »Der Handlungsablauf der Phantasie bleibt immer derselbe, auch wenn die Charaktere und Situationen variieren.« Dieser Handlungsablauf schlägt so stark durch, dass sich immer das Gleiche abspielt, ob mit Freunden, mit Geliebten und Lebensgefährten oder mit Kollegen. Er diktiert sogar die Form des subtilen Wechselspiels zwischen Patient und Therapeut, das in der Psychoanalyse Übertragung genannt wird; der Therapeut übernimmt symbolisch die Rolle der anderen Person in einer Wiederholung des alten vertrauten Melodrams.

Die Macht eines solchen fehlangepassten Schemas in einer Beziehung zeigt sich deutlich in einer Episode, die eine Teilnehmerin auf einem Workshop erzählte. Ihr Kernschema führte dazu, dass sie sich nach emotionaler Nähe sehnte, jedoch fürchtete, sie nie zu erhalten; infolgedessen reagierte sie äußerst empfindlich auf die kleinste Andeutung, nicht wahrgenommen zu werden. »Ich kam von der Arbeit nach Hause und freute mich sehr auf meinen Mann«, erzählte sie, »ich wollte einfach Zeit mit ihm verbringen, ihm nahe sein. Doch ich fand ihn im Wohnzimmer vor einem Fußballspiel im Fernseher, seine Bürounterlagen rings um sich verstreut. Er nahm kaum Notiz von mir. Ich setze immer voraus, dass er mich ignoriert, dass ich ihm einfach egal bin oder auch unsere Beziehung, und da hatte es sich wieder einmal bewahrheitet.«

Ihre eingeübte Reaktion war wütender Rückzug: »Also stürmte ich aus dem Haus und ging einkaufen. Ich blieb vier Stunden weg, weil ich wusste, dass ihn das ärgerte. Und als ich wieder nach Hause kam, hatten wir natürlich einen Riesenkrach. Das passiert immer wieder.«

Fehlangepasste Gewohnheiten im Allgemeinen • Unsere fehlangepassten Gewohnheiten erinnern mich immer an die Suchbilder in manchen Kinderbüchern, bei denen die Umrisse einer verborgenen Figur in einem größeren Bild versteckt sind. Die Herausforderung liegt darin, die verborgene Figur zu entdecken. Genauso sind unsere fehlangepassten emotionalen Gewohnheiten in die vielfältige und verwirrende Struktur unseres Lebens eingebettet.

Um an ihnen zu arbeiten, müssen wir sie zunächst einmal ausfindig machen. Aus diesem Grund ist es überaus nützlich, wenn man eine Karte hat, die Hinweise auf ihre zentralen Eigenschaften liefert. Ich möchte auf diese Muster hier nicht näher eingehen, doch mit Hilfe eines begrifflichen Rahmens lassen sie sich leichter vom Hintergrund einer manchmal form- und gestaltlosen Verwirrung unterscheiden. Diese Klärung ist ein entscheidender Schritt in dem Prozess, sie schließlich aus ihrer Macht über uns zu entlassen.

An der Universität studierte ich bei einem Psychologen, der ein beschreibendes System zur Klassifizierung dieser Gewohnheiten entwickelt hat. Dieses und andere Systeme haben mir verdeutlicht, welchen Wert eine Karte oder Methode beim Ausfindigmachen unserer fehlangepassten Gewohnheiten hat.

Mitte der 80er Jahre gehörte ich einer Fallbesprechungsgruppe an, die Vorschläge zur Weiterentwicklung von Jeffrey Youngs Modell fehlangepasster Schemata sammelte.[16] Damals schlug Young – ein Schüler von Aaron Beck, dem Begründer der kognitiven Therapie – eine neue Richtung ein. Er überschritt die Grenzen der herkömmlichen kognitiven Therapie und wagte sich auf das psychologische Gebiet vor, das gewöhnlich den langfristigen psychodynamischen Therapien vorbehalten ist: Menschen bei der Veränderung tief sitzender, destruktiver emotionaler Gewohnheiten zu helfen, die in prägenden Kindheitserfahrungen wurzeln und sich bis ins Erwachsenenleben erhalten haben.

Ein ehrlicher Blick auf uns selbst ● Young entwickelt und verfeinert sein geniales Modell dieser negativen Lebensmuster ständig weiter (wenn Sie sich für sein Schema-Modell interessieren, empfehle ich Ihnen sein Buch *Reinventing Your Life*). In meiner Arbeit als Psychotherapeutin habe ich festgestellt, dass die Beschreibungen auf der Grundlage seines Modells die Schemata umreißen, an denen ich mit meinen Klienten am häufigsten arbeite – sie sind so etwas wie eine generelle Liste unserer fehlangepassten geistigen Gewohnheiten.

Wenn Sie diese Beschreibungen durchlesen, fallen Ihnen vielleicht Muster aus Ihrem eigenen Leben auf. Dieses Wiedererkennen ist sehr nützlich, doch es muss sich mit dem umfassenderen Gefühl, im Großen und Ganzen gesund zu sein, die Waage halten. Viele von uns haben während ihres Lebens in gewissem Maß fehlangepasste emotionale Gewohnheiten erworben. Doch wie Jon Kabat-Zinn uns erinnert, ist »weitaus mehr an uns in Ordnung als das, was nicht stimmt«. Achtsamkeit gibt uns eine Möglichkeit, wieder an diese positive Haltung heranzukommen, auch wenn sich das, was »nicht stimmt«, manchmal wie ein Berg vor uns auftürmt.

Ein fehlangepasstes Schema kann man als eine Art geistigen Nebel oder emotionale Wolke betrachten. Es mag unseren Geist eine Zeit lang verdunkeln, doch es verdeckt die Klarheit und Weite unserer wahren Natur nur vorübergehend. Achtsamkeit hilft uns, diese umfassendere Perspektive zu bewahren, wenn wir unseren emotionalen Wolken auf den Grund gehen. Sie schenkt uns einen breiteren Blickwinkel, damit wir über den Wolken die Weite des Himmels sehen. Wir können unsere eigene Lerngeschichte erforschen, ohne zuzulassen, dass die einschränkenden Überzeugungen unserer geistigen Gewohnheiten allzu real werden, uns überwältigen oder uns noch länger definieren.

Wenn Sie sich selbst in einem der unten beschriebenen fehlangepassten Schemata wiederfinden, dann stehen Sie damit nicht allein: Viele, wenn nicht die meisten von uns, wurden in gewissem Ausmaß so geformt. Diese emotionalen Gewohnheiten kann man als Versuche betrachten, mit einem schmerzlichen Teil unseres Lebens zurechtzukommen und beunruhigende Emotionen durch die Entwicklung von Bewältigungsstrategien zu vermeiden. Wenn wir beispielsweise überkompensieren, praktizieren wir ein Verhalten, das das Schema auf die Spitze treibt; wir vergewissern uns damit selbst, dass es uns nicht überwältigt. Beim Vermeiden schleichen wir um das Schema herum, um es nicht zu aktivieren. Wenn solche Strategien erfolgreich sind, lindern sie zeitweise unseren emotionalen Schmerz.

Diese verschiedenen Strategien können bedeuten, dass dasselbe Schema im Verhalten zweier Menschen in ganz unterschiedlicher Weise auftreten kann. Sogar Geschwister, die in derselben emotionalen Umgebung aufwuchsen, können verschiedene Bewältigungsstile entwickeln, um etwa mit dem traumatischen Verlust eines Elternteils durch Scheidung, Verlassen oder Tod fertig zu werden.

Das eine Kind mag auf Überkompensation bauen; es klammert in späteren Beziehungen und sucht ständig Bestätigung. Das andere setzt vielleicht auf Vermeidung und weicht Bindungen aus, um sich nicht demselben Leid wie in der Kindheit auszusetzen. In beiden Fällen entwickeln sich die Strategien, um zu verhindern, dass das schreckliche Gefühl, im Stich gelassen zu werden, erneut erlebt wird.

Warum eine Person die eine Strategie wählt und die andere einen anderen Weg, ist nicht klar. In manchen Fällen mag es vom Temperament abhängen, in anderen davon, mit welchem Elternteil oder Geschwister ein Kind sich unbewusst identifiziert.

Ich lege Ihnen nahe, Ihre innere Erforschung mit Mitgefühl aufzunehmen. Es bedarf großen Mutes, einen ehrlichen Blick in das Geheimfach Ihres Geistes zu werfen. Gehen Sie nachsichtig mit sich um.

Halten Sie sich auch vor Augen, dass jede Bewältigungsstrategie eine in irgendeiner Hinsicht nützliche Lösung für ein Lebensproblem darstellt. Alle haben oder hatten sie ihren Zweck. Doch in der Regel sind diese Lösungen, die in der Kindheit hinlänglich funktionierten, erstarrt, wie eingefroren und werden jetzt immer wieder angewandt, obwohl sie keineswegs mehr gut funktionieren.

Aufgrund unterschiedlicher Bewältigungsstrategien kann sich ein bestimmtes Schema unterschiedlich darstellen, je nachdem, welche Methode die Betreffenden erlernt haben. In den Beschreibungen der Schema-Muster in diesem und im folgenden Kapitel werde ich auf die wichtigsten Formen dieser Strategien eingehen, damit Sie sie in Ihrem eigenen Verhalten leichter erkennen können. Doch halten Sie sich stets vor Augen, dass jeder von uns einzigartig ist; möglicherweise sind die Beschreibungen für Ihre Muster nicht ganz zutreffend.

Verborgene Muster ans helle Licht des Gewahrseins zu bringen lässt einen frischen Wind der Veränderung wehen, als ob Sie den Dachboden des Geistes entrümpeln würden. Doch wie bei den verstaubten Überbleibseln aus unserer Vergangenheit, die wir auf dem Dachboden aufstöbern, fällt es schwer, sich von manchen Dingen zu trennen, selbst wenn sie keinen sinnvollen Zweck mehr erfüllen. Manchmal schließen Sie vielleicht lieber die Speichertür und schlagen sich noch einen weiteren Tag mit dem Muster herum – oder Sie geben sich erst gar nicht damit ab. Wenn Sie es aber jetzt angehen wollen, dann kann Ihnen diese Expedition ins Innenleben den Weg zu einem authentischeren Dasein öffnen, als es Ihnen die Zerrbrille der emotionalen Gewohnheit zeigt.

Verlassenwerden ● Das erste Schema entspringt Reaktionen auf Verlusterlebnisse. »Ich war etwa drei oder vier Jahre alt, und mein Vater, der mich heiß und innig liebte, hatte gerade einen Herzinfarkt erlitten«, erinnert sich eine Klientin. »Mein siebenjähriger Bruder weinte, und als ich ihn fragte, was denn passiert sei, sagte er, dass unser Vater gestorben wäre. Von diesem Augenblick an fühlte ich mich allein. Meine Mutter war immerzu beschäftigt, hielt den Laden zusammen und ging auf Geschäftsreisen; ich fühlte mich auch von ihr im Stich gelassen. Von da an gierte ich immer nach der Bestätigung, dass die mir nahe stehenden Menschen mich nicht verlassen. Selbst jetzt noch, wenn sie etwas tun, das auch nur im Geringsten an ein Verlassen erinnert – wenn sie mich nicht sofort zurückrufen oder zu spät zu einer Verabredung kommen –, bin ich gleich verletzt und dann traurig. Manchmal möchte ich die Beziehung einfach abbrechen, obwohl wirklich gar nichts Schlimmes ist.«
Die anhaltende Angst, dass uns die anderen ganz allein lassen könnten, bildet den Kern des Verlassenwerdens. Das Muster kann in einer realen Kindheitserfahrung wurzeln – wenn beispielsweise ein Elternteil stirbt oder die Familie nach einer Scheidung verlässt.

Das Verlassenwerden muss jedoch nicht wirklich geschehen sein; ein symbolisches, etwa ständiges Umziehen oder ein instabiler, unzuverlässiger oder emotional unzugänglicher Elternteil kann dieselbe emotionale Auswirkung haben. Ein Elternteil, der nicht verlässlich für das Kind da ist, es nur unregelmäßig versorgt, sich unberechenbar verhält oder Alkoholiker ist, manchmal gut gelaunt ist und dann wieder fuchsteufelswild, kann ebenso Angst vor dem Verlassenwerden einflößen.

Bei Menschen mit diesem Schema löst die Aussicht auf ein Alleinsein tiefe Traurigkeit und Isolationsgefühle aus. Die darauf folgende Angst und Panik sind charakteristische Emotionen für das Muster des Verlassenwerdens.

Die automatische Reaktion eines kleinen Kindes auf diese Angst besteht ohne Frage in Anklammern. Dieser Drang ist bei einem Kind nur natürlich. Sich um des schieren Überlebens willen festzuhalten oder sich ständig zu vergewissern, dass eine Bezugsperson dableiben oder verlässlich sein wird, bietet, wie der Betroffene sich ausmalt, ein Gegenmittel gegen das so gefürchtete Verlassenwerden. Eine solche Gewohnheit bildet sich schon früh; das Klammern beginnt in aller Regel als eine positive Anpassung, eine Methode des Kindes, seine Ängste zu beschwichtigen, indem es die tröstliche Versicherung der Konstanz sucht.

Das Klammern ist jedoch nicht mehr angebracht, wenn in den engsten Beziehungen der Person immer wieder dieselbe Angst durchbricht. Die Überkompensationsstrategie kann zu einer angstgeprägten Bindung führen, in der die betroffene Person die ständige Versicherung braucht, dass die Beziehung stabil und sicher ist. Doch dieses Verhalten kann den Partner abstoßen. So mündet es in eine sich selbst erfüllende Prophezeiung.

Eine Frau mit dem Schema des Verlassenwerdens macht sich unaufhörlich Sorgen um die Beziehung, fürchtet, der geliebte Mann könnte sie um einer anderen willen verlassen, wenn sie auch nur den geringsten Fehler macht. Eine Vermeidungsstrategie kann sie so weit treiben, dass sie sich selbst gefährdet und eine ungute Beziehung hinnimmt – wiederum aus der Furcht heraus, ihr Partner könnte sie verlassen. Eine alternative Anpassung wäre, die Beziehung abzubrechen, bevor ihr Partner sie verlassen kann – eine andere Methode, dem gefürchteten Verlassenwerden zuvorzukommen.

Um Gefühle zu vermeiden, die das Alleinsein auslöst, ist die betreffende Frau unaufhörlich auf der Suche nach dem nächsten Menschen, an den sie sich klammern kann, versucht sich ständig vor dem bedrohlichen Alleinsein zu schützen. Aus dieser Verzweiflung heraus neigt sie dazu, in einer Beziehung zu früh zu viel Druck auszuüben; sie will möglichst jede freie Minute mit dem Mann verbringen oder mit ihm zusammenziehen, bevor er bereit ist, eine solche Verpflichtung einzugehen. Zugleich ist sie überempfindlich für jedes mögliche Anzeichen, dass er sie verlassen will, und immer zu einem eifersüchtigen Vorwurf bereit, er interessiere sich für eine andere.

Dieses Schema bringt die Betroffene dazu, sich auf solche Anzeichen zu fixieren und sie zu Anhaltspunkten dafür aufzubauschen, dass die Beziehung vor dem Ende steht. Ein Indiz für dieses irrige Denken ist übermäßige Angst selbst bei einer nur kurzen Trennung von dem geliebten Menschen, wenn etwa der Ehepartner geschäftlich über Nacht wegbleibt. Das Schema löst die Angst aus, er könnte nie wieder zurückkommen – eine Urangst, die so stark ist wie die eines kleinen Kindes.

Die Gefühle, die eine zeitweise Trennung oder ein tatsächlicher Verlust bei einem Menschen mit dem Schema des Verlassenwerdens auslösen können, sind weitaus stärker als bei den meisten anderen Menschen. Schon die Möglichkeit eines solchen Verlassenwerdens kann eine Panik heraufbeschwören, die der eines Kindes gleichkommt, das auf dem Rummelplatz von seinen Eltern getrennt wird.

Wenn Ihnen dieses Muster vertraut vorkommt, könnte es Ihnen helfen zu erkennen, dass Sie sehr wohl allein und zufrieden damit sein können, ohne sich gleich isoliert und am Rande der Verzweiflung zu wähnen. Menschen mit solchen Ängsten müssen lernen, dass es ihnen auch alleine gut gehen kann, dass sie die innere Stärke haben, ihre Bedürfnisse selbst zu befriedigen, und daher nicht zerbrechen werden, wenn jemand sie verlässt. Wenn Sie in diesem Heilungsprozess besonders achtsam für Gefühle bleiben, die schon ein symbolisches Verlassenwerden weckt – Überempfindlichkeit für Trennungserlebnisse, verzweifeltes Festklammern, Grauen vor dem Alleinsein –, können Sie diesem Schema zu Leibe rücken, sobald es Sie zu überwältigen droht. Auf Beziehungen vertrauen zu lernen ist ein Meilenstein auf diesem Weg.

Deprivation ● Eine meiner Klientinnen, Tochter alkoholabhängiger Eltern, fühlte sich als Kind grundlegend vernachlässigt. »Was ich in meiner Kindheit gelernt habe«, so resümierte sie, »war, dass niemand auf dich hört oder auch nur in deiner Nähe sein will, wenn du etwas für dich erbittest. Das macht es mir in meiner Ehe sehr schwer, um etwas zu bitten, das ich möchte. Ich fühle mich zutiefst verwundbar, wenn ich mit meinen emotionalen Bedürfnissen herausrücke.«

»Meine Bedürfnisse werden nicht erfüllt« – dieser eine Satz fasst die Kernüberzeugung des Deprivationsschemas zusammen. Dieses Problem wurzelt oft in einer Kindheit, in der ein oder beide Elternteile so sehr mit sich selbst – mit ihrem Beruf, ihrem eigenen Elend, einem Problem wie Alkoholismus oder einer ständigen Sorge – beschäftigt waren, dass sie die emotionalen Bedürfnisse ihres Kindes offenbar einfach nicht zur Kenntnis nehmen konnten oder wollten. Als Erwachsene macht das Deprivationsschema diese Menschen überempfindlich für – und wird häufig ausgelöst durch – Indizien, dass man ihnen keine Beachtung oder Fürsorge schenkt, insbesondere in ihren engsten Beziehungen.

Die Kernemotionen des Deprivationsschemas sind tiefe Traurigkeit und Hoffnungslosigkeit, die in der Überzeugung wurzeln, dass man niemals Verständnis oder Fürsorge erhalten wird. Wie vernachlässigte Kinder hegen die Betroffenen als Erwachsene häufig Wut über diese Zurücksetzung. Diese Wut wiederum verdeckt untergründige Einsamkeit und Traurigkeit. Die Wurzeln dieses Schemas in der Kindheit sind vielfältig. Bei einigen Betroffenen beruht die Deprivation auf einem Mangel an Fürsorge, Wärme oder Zuneigung. Anderen hat vielleicht Empathie gefehlt; niemand ist wirklich auf die Gefühle des Kindes eingegangen, hat sich seine Sorgen und Ängste angehört oder ihm einfach ungeteilte Aufmerksamkeit gewidmet. In manchen Fällen mangelte es einfach an der Führung und Leitung, die jedes Kind braucht.

Die Bewältigungsstrategien, die Menschen mit dem Deprivationsschema lernen, können unterschiedlich sein. Eine Klientin beispielsweise wurde immer sehr zornig und aufgebracht und ging auf jeden los, der ihr den Eindruck vermittelte, sie im Stich zu lassen. Dennoch machte es ihre fordernde Haltung ihrer Familie schwer, ihr Einfühlungsvermögen entgegenzubringen.

Ein anderer betroffener Klient war außergewöhnlich nett und riss sich anderen zu Gefallen schier ein Bein aus. Doch trotz seines großen Freundeskreises empfand er es stets als Kränkung, dass kaum jemand sich ebenso sehr um ihn zu kümmern schien. Wenn er etwas brauchte, machte es ihn sehr traurig, dass offenbar niemand es bemerkte und sich für ihn einsetzte; allerdings behielt er seine Bedürfnisse für sich. Es war, als erwartete er, dass andere Gedanken lesen könnten, seine Fassade, dass alles in Ordnung sei, durchschauten und ihm seine Wünsche von den Augen abläsen.

Die erste Klientin war zu drängend in ihrem Bestreben nach Bedürfnisbefriedigung, der zweite Klient hielt sie zu sehr versteckt. Dasselbe Schema, verschiedene Reaktionen – doch beide erhielten dieselbe Quittung: Enttäuschung.

Wie viel auch immer andere den Betroffenen geben mögen, es reicht offenbar nie aus. So fühlen sich die anderen von ihren unaufhörlichen Forderungen abgestoßen. Zuweilen glauben die Betroffenen gar, die anderen müssten merken, was sie wünschen, ohne dass sie es erst aussprechen müssen. Oder sie verwöhnen sich selbst übermäßig, geben mehr Geld aus, als sie sich leisten können, oder essen zu viel, um sich selbst die ersehnte emotionale Nahrung zu verschaffen. Doch nichts Derartiges vermag das eigentliche Bedürfnis nach emotionaler Fürsorge zu befriedigen. Dagegen lernen viele Kinder, die wie obiger Klient ohne angemessene elterliche Fürsorge aufwachsen, selbst zu dem Betreuer zu werden, den sie nie hatten – sie werden zu frühreifen, kleinen Erwachsenen, übernehmen bisweilen tatsächlich die Elternrolle für den unzulänglichen Elternteil. Solche Kinder lernen von klein auf, dass sie, wenn überhaupt irgendeine Art von Fürsorge vorhanden sein soll, sie sich selbst darum kümmern müssen.

Während ihnen diese Strategie die Kindheit zu überstehen hilft, wirft die erlernte Gewohnheit, stets die Fürsorgerrolle zu übernehmen, im Erwachsenenalter Probleme auf. Zunächst einmal geben Menschen, die sich ständig um die Bedürfnisse anderer kümmern, in aller Regel selten ihre eigenen preis. Sie haben jedoch häufig Schuldgefühle, weil sie sich nicht genügend kümmern, gleichgültig wie viel sie bereits tun. Sie sehnen sich verzweifelt nach der Fürsorge, die sie leisten; doch in der Furcht, sie selber nicht zu bekommen, wenn sie ihr Bedürfnis danach zu erkennen geben, täuschen sie ständige gute Laune und ungebrochene Energie vor.

Sie können so ausgeglichen wirken, als ob sie niemanden bräuchten, der für sie da ist. Andere sehen keinen Grund, sich um jemanden mit scheinbar so viel Kraft Sorgen oder Gedanken zu machen. Menschen mit dem Deprivationsschema werden oft von helfenden Berufen angezogen – in der Sozialarbeit, Pflege, Psychotherapie. Wenn ein Schema hinter dem Wunsch zu helfen steht, macht es ein Helfersyndrom daraus, insbesondere wenn sich die betroffene Person bis zum Burnout verausgabt.

Eine Abwandlung der Vermeidungsstrategie beim Deprivationsschema zeigt sich bei Menschen, die sich vor Kränkung schützen, indem sie andere auf Abstand halten. Solche Menschen verhalten sich in einer Beziehung distanziert, geben niemals ihre Gefühle oder Bedürfnisse preis, aus Angst, dass ohnehin keiner auf sie eingeht. Dieses Muster, als Schutzstrategie in der Kindheit erlernt, bewahrt die Betroffenen davor, den Schmerz der Vernachlässigung noch einmal zu erdulden.

Die Zerrbrille des Deprivationsschemas ist auf Indizien für Vernachlässigung eingestellt. Das kann dazu führen, dass der Betroffene enttäuscht ist, wenn ein Mensch, der ansonsten sehr liebevoll ist, ihn auch nur im Geringsten frustriert; auch sieht er über alle Beweise, dass dieser Mensch für ihn da ist, hinweg. Diese verzerrte Wahrnehmung zieht chronische Enttäuschungen wie einen roten Faden durch die Beziehungen.

Wenn Sie bei sich selbst das Deprivationsschema erkennen, müssen Sie sich mehr Klarheit darüber verschaffen, wie Ihr Bedürfnis nach Fürsorge Ihre Beziehungen formt. Achtsamkeit bietet, wie wir noch sehen werden, ein wirksames Werkzeug, um dieses Schemas gewahr zu werden, damit es nicht mehr wie ein Autopilot Ihr Leben lenkt. Sie müssen sich Ihre Neigung zu einer verzerrten Interpretation des Verhaltens anderer klarmachen – wenn Sie beispielsweise glauben, dass die anderen von Ihnen immer nur etwas wollen, dann müssen Sie lernen, diesen Gedanken infrage zu stellen; vielleicht merken Sie dann, dass die anderen Ihre Gesellschaft genießen, ohne noch mehr von Ihnen zu erwarten. Mit Achtsamkeit können Ihnen auch Verhaltensänderungen gelingen – indem Sie beispielsweise anfangen, Ihre Bedürfnisse anderen klar und angemessen mitzuteilen oder sich emotional präsente Partner zu suchen.

Unterwerfung ● »Meine Mutter war extrem dominierend«, erzählte mir eine Frau auf einem Workshop. »Sie entschied alles für mich, auch noch als ich in die Pubertät kam. Ich hatte keine Stimme. Sie kaufte für mich Schuhe und Kleider und fragte mich niemals, was mir gefiel. Alles ging stets nach ihrem Kopf. Heute kann ich in meinen Beziehungen nie sagen, was ich will. Ich mache immer das mit, was die anderen wollen.«

Das Unterwerfungsmuster kreist um das Gefühl, dass die eigenen Bedürfnisse in einer Beziehung niemals an erster Stelle stehen. Immer bestimmt der andere. Die Kernüberzeugung der Unterwerfung lautet: »Immer wie du willst, nie wie ich will.«

Doch obwohl Menschen mit diesem Muster leicht nachgeben, schwelt in ihnen ein Groll, der sich bis zur Wut aufstauen kann – die charakteristischen Emotionen dieses Schemas. Die Unterdrückung erzeugt Frustration, die sich bis zum Tobsuchtsanfall steigern kann.

Dieses Schema entsteht meist in einer Kindheit, die von alles bestimmenden Eltern beherrscht wird; das Kind hat nichts zu melden. Die elterliche Machtausübung geht weit über das nötige Setzen von Grenzen und Regeln hinaus und übergeht das kindliche Autonomiebedürfnis völlig. Dieses Pochen auf absolute Autorität bewegt sich in einem Kontinuum von offener Gewalt und Drohungen bis zu subtiler Kontrolle durch missbilligende Mienen, strenges Stirnrunzeln oder tadelnden Tonfall beim geringsten Anzeichen von Selbstbehauptung des Kindes.

Kinder, die in einer solchen Atmosphäre aufwachsen, lernen schon früh, dass ihre Gefühle und Bedürfnisse unsichtbar sind oder nicht zählen, dass der andere sich stets durchsetzt. Sie lernen, sich als macht- und hilflos gegenüber ihren eigenen Wünschen und Vorlieben zu empfinden. Als Erwachsene sind sie es so sehr gewohnt, dass der andere ihnen in der Beziehung alles vorschreibt, bis sie ihre eigenen Wünsche oder Bedürfnisse gar nicht mehr spüren; die Frage, in welches Restaurant sie gehen oder welchen Film sie sehen möchten, können sie nicht beantworten. Jemand anderes muss die Wahl treffen.

Bei Kindern, deren Eltern zu mächtig und dominierend sind, ist es Passivität – die Vermeidungsstrategie –, die die Furcht davor, angeschnauzt, bestraft oder missbilligt zu werden, im Zaum hält. Ein »braver« Junge oder ein »braves« Mädchen – ein Kind, das eigene Vorlieben und Wünsche für sich behält oder ganz unterdrückt – kann sich so ein wenig häuslichen Frieden erkaufen.

Wenn dieses Muster sich ins Erwachsenenalter hinein fortsetzt, gehen die Betroffenen Beziehungen ein, beseelt von dem übereifrigen Wunsch, den anderen zufrieden zu stellen. Unterdrückte Menschen wählen nicht selten einen Beruf, den ihre Eltern für sie ausgesucht haben, fügen sich den Forderungen eines dominierenden Ehepartners, geben den Launen ihrer Kinder allzu bereitwillig nach. Doch hinter ihrer umgänglichen Fassade gärt der Groll. Frustration und Wut darüber, gefangen zu sein oder kein Selbstbestimmungsrecht zu haben, sind für Menschen mit dem Unterwerfungsschema typisch.

Die Reaktion auf die Unterdrückung kann verschiedene Formen annehmen. Manche rebellieren und bringen sich in Schwierigkeiten, insbesondere in der Kindheit und Adoleszenz, was ihre herrischen Eltern in aller Regel zu noch stärkeren Unterdrückungsmaßnahmen veranlasst. Solche Rebellen können zu Freigeistern werden, die auf das kleinste Anzeichen von Kontrolle hypersensibel reagieren und wütend gegen Autoritäten aufbegehren.

Eine andere Strategie drückt sich darin aus, keine Verpflichtungen einzugehen; so wird das Gefühl vermieden, in der Falle zu sitzen oder kontrolliert zu werden. Den Menschen, die diesen Weg einschlagen, widerstrebt schon die geringste Verpflichtung, etwa sich um eine bestimmte Zeit in einem Restaurant zu verabreden. Auf Termine festgelegt zu werden gibt ihnen das Gefühl, gefangen zu sein. Und diese symbolische Unterwerfung beschwört die alten, gefürchteten Empfindungen herauf.

Eine andere Form der Anpassung ist Nachgeben. Bei solchen Menschen bleibt das Gespür für ihre eigenen Vorlieben, Meinungen, sogar ihre Identität unterentwickelt. Sie sind ganz auf die Wünsche der anderen fixiert und ignorieren ihre eigenen. Sie können sich unterwürfig einem starken und kontrollierenden Partner anschließen. Sie mögen ein wenig damit hadern, doch zumindest fühlen sie sich in einer solch vertrauten Beziehung sicher.

Diese Orientierung auf die Wünsche anderer ist nicht ausgeglichen: Solche Menschen sind außerstande, den Erwartungen an sie Grenzen zu setzen. Sie leisten deshalb oft mehr als ihren gerechten Anteil an Arbeit oder tun zu viel für andere. Sie verlieren ihre eigenen Wünsche aus den Augen, und sie sind nicht fähig zu verlangen, was ihnen zusteht.

Es könnte sein, dass Sie das Unterwerfungsmuster haben, wenn Sie sich selbst beispielsweise für gelassen und flexibel halten, aber in Ihren Beziehungen selten für Ihre Meinungen, Vorlieben oder Bedürfnisse eintreten. Trotz Ihres umgänglichen Äußeren fühlen Sie sich benutzt oder kontrolliert und glauben, dass man Sie ausnutzt. Verständlicherweise verspüren Sie oft Zorn oder Groll, geben diesen Gefühlen jedoch nie Ausdruck. Sie rächen sich aber vielleicht indirekt, indem Sie Leute hinhalten, Termine versäumen oder ständig zu spät kommen.

Wenn Sie das Unterwerfungsschema bei sich wahrnehmen, müssen Sie Ihren Groll und Ihre Frustration spüren lernen. Sie müssen Ihren eigenen Wünschen und Bedürfnissen nachgehen lernen. Achtsamkeit kann Ihnen helfen, die automatischen Reaktionen, den Zorn und die Gedanken aufzudecken, die von der Angst ausgelöst werden, erneut unter Kontrolle zu stehen.

Misstrauen ● Mary ist für mich das klassische Beispiel für das Misstrauensschema in Aktion. Ich bin ihr zwar nie persönlich begegnet, habe aber aus der Zeitung von ihr erfahren: Sie wurde in einem Artikel über Frauen porträtiert, die in ihrer Kindheit misshandelt worden waren. Als eines von elf Kindern einer Alkoholikerin wurde Mary schon im Grundschulalter zum ersten Mal sexuell belästigt; ein Verwandter machte sich wiederholt an ihr zu schaffen und drohte ihr wehzutun, wenn sie es verriete. Sie und ihre Schwestern schliefen aus Angst vor weiteren Belästigungen und aus Schutzbedürfnis aneinander gekuschelt. Als sie es schließlich doch ihrer Mutter erzählte, wurde es als unwesentlich abgetan: »Er hat es wahrscheinlich gar nicht so gemeint.«

Nun, Jahre später, droht Misstrauen ihre Beziehungen zu vergiften. Obwohl Mary bezaubernd und lebhaft sein kann, schlägt ihre Stimmung beim geringsten Zeichen von Verrat rasch in Misstrauen und Feindseligkeit um. Wie Mary es freimütig ausdrückt: »Ich bin so paranoid wie nur was!« Sie hat mehrere Arbeitsstellen nacheinander verloren, weil sie mit Kollegen oder Vorgesetzten über vermeintliche Kränkungen – Mücken, aus denen sie Elefanten machte – in Streit geriet. Und jetzt schleicht sich ihr Misstrauen in die Beziehung zu ihrem Freund ein: Wenn sie ihn nachts durch das Haus gehen hört, rast sie ins Schlafzimmer ihrer kleinen Tochter, um sich zu vergewissern, dass ihr nichts angetan wurde.

Ein derartiger Argwohn ist typisch für dieses Schema; seine Kernüberzeugung lautet, dass man keinem Menschen trauen kann. Mit dieser Überzeugung verbunden ist ihr emotionales Kennzeichen: nicht nur schnell verärgert, sondern gleich rasend vor Wut zu werden. Menschen mit diesem Muster sind in Beziehungen stets auf der Hut, fürchten, dass andere sie ausnutzen oder sonstwie hintergehen. Weil sie den Absichten anderer solchen Argwohn entgegenbringen und stets vom Schlimmsten ausgehen, fällt es ihnen sehr schwer, anderen nahe zu sein oder sich ihnen zu öffnen. Paradoxerweise neigen manche Menschen mit dem Misstrauensschema zu Beziehungen, in denen sich ihre schlimmsten Befürchtungen bestätigen, geraten an Menschen, die ihnen tatsächlich sehr übel mitspielen.

Das Misstrauensmuster wurzelt häufig in Missbrauch oder Misshandlung in der Kindheit, die auf körperlicher, emotionaler oder sexueller Ebene geschehen sein können. Im ersten Fall sitzen die Eltern der irrigen Überzeugung auf, dass sie dem Kind »in seinem eigenen Interesse« nur Disziplin beibringen. Sie sehen nichts Falsches an strenger Bestrafung. Eine emotionale Misshandlung kann in Form von übermäßig kritischen, herabsetzenden und gehässigen Bemerkungen oder von »verrückt machendem«, unvorhersehbarem Wechsel zwischen bezaubernder Freundlichkeit und plötzlicher, extremer Zurückweisung auftreten.

Bei sexuellem Missbrauch ist der Täter nur allzu oft ein Cousin, ein Onkel oder ein Freund der Familie – einer, den das Opfer kennt und dem es eigentlich vertrauen können sollte. Die emotionalen Auswirkungen sind immens: das Gefühl, hintergangen worden zu sein, Angst, Scham und Wut. Wenn der Missbrauch geheim gehalten oder verleugnet wird, verschärft sich das Gefühl des Verrats noch. Je früher der Missbrauch beginnt und länger er anhält, desto stärker ist in der Regel das daraus entstehende Misstrauensschema.

Dieses Schema unterscheidet sich von den meisten anderen insofern, dass der Elternteil oder Täter hier mit voller Absicht Grausamkeiten verübt. Bei einer derart schrecklichen Lebensrealität kann Misstrauen für ein Kind eine angepasste Reaktion auf eine reale Bedrohung darstellen: Die Bezugspersonen sind *nicht* vertrauenswürdig, und ein argwöhnisches soziales Radar wird zur Überlebensnotwendigkeit. Die Probleme kommen dann später im Leben, wenn das Misstrauen eigentlich befriedigende Beziehungen zu Menschen zerfrisst, die es nicht verdienen, durch die Brille des Misstrauens gesehen zu werden.

Dieses Schema kann mehrere Verhaltensmuster zur Folge haben. Zum einen sieht die betroffene Person alle anderen mit solchem Argwohn, dass sie vor jeder auf Vertrauen gründenden Beziehung zurückschreckt. Oder sie idealisiert zuerst die andere Person als Beschützer oder tapferen Freund, explodiert dann wegen eines vermeintlichen Verrats und wendet sich gegen sie. In einer anderen Variante erschafft sie ihr Kindheitsszenario erneut: Sie gerät in eine Kette von Beziehungen, die allesamt als Missbrauchsbeziehungen enden. Ein missbrauchtes Kind kann zudem selbst zum Täter werden und so den Missbrauch an die nächste Generation weitergeben. (Glücklicherweise geschieht dies bei relativ wenigen Betroffenen.)

Das Misstrauensschema kann sich auch sehr subtil äußern, etwa als ständige Überzeugung, dass die anderen Hintergedanken hätten – Sie beispielsweise nur deshalb kennen lernen möchten, weil sie etwas von Ihnen wollen. Dies kann Sie davon abhalten, neue Beziehungen anzuknüpfen.

Wenn Sie das Leben durch die Zerrbrille des Misstrauensschemas sehen, erscheinen Ihnen Beziehungen vielleicht als gefährliches Terrain, und die Menschen haben nichts anderes vor, als Sie zu verletzen oder zu benutzen. Immer wenn jemand nett zu Ihnen ist, wittern Sie automatisch Hintergedanken – dass er Sie beispielsweise zu manipulieren versucht. Ihr Argwohn lässt die Worte oder Taten anderer vielleicht in einem ganz anderen Licht erscheinen, nämlich als Anzeichen von Verrat. Sie glauben, immer auf der Hut bleiben zu müssen – stets wachsam gegenüber Ihren Mitmenschen. Dies kann in jeder Beziehung so sein, am stärksten und nachhaltigsten jedoch in Ihren engsten.

Wenn Sie glauben, dass das Misstrauensschema auf Sie zutrifft, brauchen Sie Beziehungen, in denen Sie der anderen Person echtes Vertrauen schenken können. Vielleicht sollten Sie sich an einen Therapeuten wenden, der sich auf Missbrauchsopfer spezialisiert hat; wenn Sie sich bei Ihrem Therapeuten sicher fühlen, werden Sie in der Therapie Ihre Erinnerungen an den Missbrauch durcharbeiten und Ihrer Wut auf den Täter Ausdruck geben können – ein ganz wichtiger emotionaler Schritt. Achtsamkeit kann Ihnen helfen, Ihrer Neigung, misstrauisch zu sein oder Verrat zu wittern, gewahr zu werden. Dann können Sie diese Gedanken infrage stellen, um in Ihren engen Beziehungen mehr Vertrauen zu lernen. Ein Zeichen für einen Fortschritt ist, wenn Sie sich nicht mehr mit Misshandlung oder Missbrauch in Ihren Beziehungen abfinden oder wenn Sie der Anziehungskraft eines misshandelnden Partners widerstehen.

Nicht liebenswert sein ● An der automatischen Annahme »Ich bin es nicht wert, geliebt zu werden« erkennt man das Schema des Nicht-liebenswert-Seins. Seinen Kern bildet das Gefühl, mit irgendeinem Makel behaftet zu sein, die Vorstellung, dass jeder, der Sie so kennen lernt, wie Sie wirklich sind, Sie für unzulänglich hält – man nennt dieses Muster zuweilen auch das Unzulänglichkeitsschema.

Bei Terri macht sich dieses Muster in allen Männerbeziehungen bemerkbar und gab ihr stets das Gefühl, verwundbar und voller Angst zu sein. Terri führt seinen Ursprung darauf zurück, dass ihr Vater ihre Mutter wegen einer anderen Frau verließ: »Die Botschaft an mich lautete, dass ich nicht liebenswert war, weil ich mich als Mädchen stark mit meiner sitzen gelassenen Mutter identifizierte. Ich nahm an, dass ein Mann an einer Frau immer etwas Grundlegendes auszusetzen hat und dass er leicht ohne sie auskommt. Deswegen lebe ich in der ständigen Angst, Männer könnten mich unzulänglich, nicht gut genug finden.«

Scham und Demütigung sind die hervorstechendsten Emotionen beim Unzulänglichkeitsschema. Das Gefühl, irgendwie makelbehaftet und nicht liebenswert zu sein, vermitteln häufig Eltern, die das Kind übermäßig kritisieren, es kränken oder herabsetzen. Die unaufhörliche Botschaft elterlicher Missbilligung – »Du bist nicht gut genug« – füllt die kleine Welt eines Kindes ganz aus, gräbt sich tief in sein Selbstbild ein. Diese Botschaft muss nicht verbal artikuliert werden; Kinder verstehen auch den nonverbalen Ausdruck von Widerwillen und Verachtung – die hochgezogene Augenbraue, den sarkastischen Tonfall. Und die Botschaft hat nichts zu tun mit den tatsächlichen Eigenschaften oder dem Wert des Kindes – man hat ihm nur beigebracht, sich so zu sehen.

Einen Ausweg, um mit solchen herabwürdigenden Botschaften fertig zu werden, sieht das derart niedergemachte Kind, indem es sie einfach schluckt. Ein solches Kind kapituliert und legt sich ein Selbstbild zurecht, in dessen Kern ein tief empfundenes Minderwertigkeitsgefühl sitzt. Ein anderes Kind zimmert sich vielleicht eine Fassade gespielter Dreistigkeit, einer aufgesetzten Frechheit, die ein untergründiges Gefühl der Unzulänglichkeit verbirgt.

Scham überkommt uns, wenn unsere Schwächen bloßgestellt

werden oder wenn wir diese Bloßstellung fürchten. In den Augen von Menschen mit diesem Schema sitzen ihre Mängel ganz tief drinnen; sie sind überzeugt, wenn jemand sie besser kennen lernt, kommen ihre Schwächen ans Licht und führen zu Ablehnung.

Sie sehen sich selbst vielleicht genauso verächtlich wie ihre Eltern. Als Erwachsene sind Menschen mit diesem Schema in ihren Beziehungen verständlicherweise ängstlich darauf bedacht, die Enthüllung ihres inneren Makels zu verhindern: »Wenn sie mich wirklich kennen lernen, können sie mich bestimmt nicht leiden.«

Bei den Betroffenen kommen hauptsächlich zwei Muster vor. Manche geben sich ihrem tief sitzenden Minderwertigkeitsgefühl geschlagen. Ihnen mangelt es an Selbstvertrauen, und sie werden von der Gewissheit verfolgt, dass etwas an ihnen sie rundheraus unannehmbar macht. Deshalb verstecken sie sich, geben wenig von ihren Gefühlen und Gedanken preis, sind verschlossen und unnahbar. Wenn sie aber eine Beziehung eingehen, leben sie ständig in der Furcht vor dem Augenblick der Zurückweisung und in tiefer Angst davor, zu viel von sich preiszugeben und dann vielleicht Kritik oder Verachtung zu ernten. Der Preis kann ein hohles, falsches Selbst sein, das sie aufbauen, um ihr Minderwertigkeitsgefühl vor der Welt zu verbergen.

Andere verstecken dieses Gefühl hinter arrogantem, großspurigem Auftreten, um nach außen besser zu wirken, als sie sich fühlen. Sie kompensieren ihr Unzulänglichkeitsgefühl durch besondere Anstrengungen, um Wohlwollen zu ergattern. Manchmal verschaffen sie sich öffentliche Anerkennung, teilweise um ihr untergründiges Gefühl, mit Mängeln behaftet zu sein, zu beschwichtigen.

Die Überzeugung, nicht liebenswert zu sein, kann zu allen möglichen Beziehungsproblemen führen. Da Intimität und Nähe das Risiko einschließen, sich als unzulänglich zu erweisen, können sich Menschen mit diesem Schema davor schützen, indem sie Beziehungen mit distanzierten Menschen eingehen. Wenn Sie die-

ses Schema haben, fällt es Ihnen wahrscheinlich schwer, sich in einer Beziehung offen und ehrlich so zu geben, wie Sie sind, und zu glauben, dass Ihr Partner Sie liebt, wie Sie sind.
Wenn das Schema des Nicht-liebenswert-Seins Ihnen bekannt vorkommt, besteht ein Korrektiv darin, die Gedanken infrage zu stellen, die Ihre vermeintlichen Fehler größer erscheinen lassen und Ihre Selbstzweifel verstärken; so werden Sie ein realistischeres Bild von Ihren wahren Stärken bekommen. Die Anzeichen des Unzulänglichkeitsschemas sind subtiler als die der meisten anderen, weshalb Achtsamkeit besonders hilfreich sein kann, um seine verräterischen Merkmale aufzuspüren. Zu den typischen Anzeichen gehören eine tiefe Traurigkeit, wenn Sie allein sind, sowie Grübeleien in der Art, dass niemand mit ihnen zusammen sein möchte; auch wenn Sie sich vor anderen oder vor sich selbst schlecht machen, ist das ein Hinweis. Ein Meilenstein ist erreicht, wenn Sie darauf zu vertrauen lernen, dass ihre Mitmenschen Sie kennen und lieben, wie Sie sind.

Sie erkennen vielleicht das eine oder andere – oder mehrere – dieser Muster in Ihrem eigenen Leben wieder. Es ist ganz natürlich, dass diese Lektüre Ihre Probleme aufrührt, ebenso die mit ihnen verbundenen Gefühle. Es ist wichtig, dass Sie Ihre emotionalen Reaktionen anerkennen und Mitgefühl mit dem Teil Ihrer selbst aufbringen, der die Existenz des Schemas akzeptiert. Gegen Ende des nächsten Kapitels, wenn wir den Überblick über die anderen Schemata abgeschlossen haben, werde ich näher darauf eingehen.

Wenn Sie Ihrer Schemata deutlicher gewahr werden wollen

Versuchen Sie die Momente, in denen Ihre Schemata in Aktion treten, aufzuspüren und zu erkunden. Wenn Sie sich sehr oft aufregen, ständig in Ihren Gefühlen gefangen sind oder sich impulsiv und unangemessen verhalten, tun Sie Folgendes:

1. *Nehmen Sie zur Kenntnis, was geschieht.* Versuchen Sie es nicht zu vertuschen, beiseite zu schieben oder zur Tagesordnung überzugehen. Gehen Sie stattdessen mit Achtsamkeit an den Augenblick heran, wann immer Sie können, ob auf dem Höhepunkt Ihres Gefühlssturms oder später, wenn Sie merken, dass etwas Bedeutsames geschehen ist. Machen Sie sich bewusst, *dass* Sie zwanghaft grübeln oder überreagieren oder etwas Unangemessenes gesagt oder getan haben.
2. *Seien Sie offen für Ihre Gefühle.* Erkunden Sie mit achtsamer Aufmerksamkeit die Gefühle, die Sie jetzt am stärksten empfinden. Jedes Schema hat sein charakteristisches emotionales Aroma: Verlassenwerden löst Angst aus, Misstrauen Wut, Deprivation tiefe Traurigkeit. Was fühlen Sie gerade jetzt? Hatten Sie während früherer Episoden ähnliche Empfindungen?
3. *Registrieren Sie Ihre Gedanken.* Was denken Sie? Wie kommentieren Sie, was passiert ist, was Sie getan oder gesagt haben, für sich selbst? Mit welchen Gedanken versuchen Sie Ihre Handlungen vor sich zu rechtfertigen?
4. *An was erinnert Sie das?* Haben Sie Ähnliches früher schon erlebt? Erinnert Sie das an Geschehnisse oder Gefühle aus Ihrer Kindheit?
5. *Suchen Sie nach einem Muster.* Können Sie Übereinstimmungen mit ähnlichen Reaktionen feststellen? Ähnelt das Gesamtmuster einem der Schemata, die Sie gerade kennen gelernt haben? Falls nicht, behalten Sie das Muster im Gedächtnis, während Sie sich mit dem nächsten Kapitel befassen.

6
Schemata in sozialen Beziehungen

Die ersten fünf Schemata betreffen unsere engen Beziehungen; sie tauchen in unserem Liebesleben, im Familienkreis und in Freundschaften immer wieder auf. Die letzten fünf spielen hier eine geringere Rolle; sie haben eher mit Schule, Beruf oder Öffentlichkeit zu tun. Die ersten Muster werden hauptsächlich durch unsere frühen Erfahrungen mit Eltern und Familie geprägt. Die übrigen entstehen meist später, wenn sich unsere Welt über die unmittelbare Familie hinaus erweitert und wir uns den Herausforderungen von Autonomie und Kompetenz stellen.

Ausschluss ● »Ich wuchs in der Nähe eines Städtchens in Indiana mit etwa 2000 Einwohnern auf«, berichtete mir eine Frau auf einem Workshop. »Am besten waren die Mädchen aus dem Ort dran – die konnten nach der Schule zusammen in die Eisdiele gehen. Ich konnte das nicht; wir lebten meilenweit draußen auf einer Farm, wo ich nach der Schule niemanden zum Spielen hatte. Ich habe mich seitdem immer ausgeschlossen gefühlt.« ● Sich immer außerhalb des Geschehens zu fühlen, etwa weil man von einer Schulclique ausgegrenzt wird, hat häufig seinen Ursprung im Ausschlussschema: »Ich gehöre nicht dazu« ist sein Motto. Dieses Schema hat mit unserem Status in Gruppen zu tun, ob im Beruf, in der Familie oder im Freundeskreis, sogar bei einer Besprechung oder einer Party. Die wahrgenommene Botschaft lautet zusammengefasst: »Du bist nicht wie wir, und wir können dich nicht leiden.« ● Diese Kernüberzeugung veranlasst die Betroffenen meist dazu, sich am Rande zu halten, was das Gefühl der Ausgrenzung noch verstärkt. Die charakteristischen Emotionen sind Angst, insbesondere vor Gruppen oder Unbekannten, und eine tiefe Traurigkeit über das Allein- oder Einsamsein. ● Während Schemata wie das der emotionalen Deprivation oder des Verlassenwerdens hauptsächlich in den ersten Lebensjahren entstehen, nimmt das des sozialen Ausschlusses gewöhnlich später Gestalt an, wenn das Akzeptiertwerden von anderen Kindern im Gefühlsleben eines Kindes immer größeren Raum einnimmt. Die Bedürfnisse heranwachsender Kinder verändern sich mit der Zeit. Die Eltern und ihre Fürsorge förderten das Wohlbefinden des Kindes während der Grundschuljahre, doch wenn sich seine Welt erweitert, spielen die Altersgenossen praktisch eine genauso große Rolle. Dazuzugehören und akzeptiert zu sein – und wenn auch nur bei einem einzigen Kumpel –, wird zum Muss. Wenn die anderen nie mit ihm spielen wollen, kann dies ein Kind fix und fertig machen.

Doch die Ablehnung durch Altersgenossen ist nur ein Ursprung des Ausschlussschemas. Es kann sich auch festsetzen, wenn beispielsweise die eigene Familie sich irgendwie von den anderen in der Nachbarschaft unterscheidet. Es kann sogar der Dynamik innerhalb der Familie entspringen – etwa wenn ein geschiedener Elternteil erneut heiratet und eine Patchwork-Familie entsteht, in der sich das Kind ausgeschlossen fühlt.

Es versucht sich vielleicht dadurch anzupassen, dass es sich aus allem heraushält oder die Gruppe meidet, um den Schmerz einer aktiven Zurückweisung möglichst klein zu halten. Wenn diese Scheu vor Gruppen sich im Erwachsenenalter fortsetzt, hindert es die Person daran, so mit anderen umzugehen, dass sie von einer Gruppe akzeptiert wird.

Dieses Schema funktioniert als selbst erfüllende Prophezeiung: Die Angst davor, unter die Lupe genommen oder abgelehnt zu werden, macht die Betroffenen unbeholfen im sozialen Umgang. Kurzum, das Ausschlussschema lässt sie so handeln, dass sich

ihre Kernüberzeugung – »ich gehöre nicht dazu« – bewahrheitet.
Um die gefürchtete soziale Zurückweisung zu vermeiden, zieht sich ein Mensch mit der Überzeugung, er käme mit Fremden nicht zurecht, bei einer Besprechung in eine Ecke zurück. Eine andere Vermeidungsstrategie ist, sich ganz besonders um Zugehörigkeit zu bemühen, sich also schier auf den Kopf zu stellen, um zum idealen Mitglied zu werden.
Eine andere Strategie kann ein zur Schau gestelltes Übertreiben, ein Sichsonnen in der Rolle des Ausgestoßenen sein. Das mag hinter dem Gothic-Trip mancher Teenager stecken: der messerscharfe, purpur gefärbte Irokesen-Haarschnitt, Piercings, schwarze Lederklamotten. Die Botschaft dieser Jugendlichen lautet: »Ich bin anders. Ich gehöre nicht dazu, und das ist mir egal.«
Wenn das in Ihren Ohren vertraut klingt, kann Achtsamkeit dafür sorgen, dass sich Ihre soziale Angst verringert und dass Sie sich von den Gedanken lösen, die Sie so verkrampft machen, etwa wenn Sie auf einer Party neue Leute kennen lernen. Zudem können Sie üben, gegen Ihre üblichen Gewohnheiten zu handeln, wenn Sie Ihre Ängste spüren und sich über sie hinwegsetzen, indem Sie ein Gespräch beginnen statt davor zurückzuschrecken. Diese Verhaltensänderung beruht auf einer emotionalen Veränderung: Wenn Sie lernen, Ihre Angst zu meistern, können Sie in Gruppen entspannter sein.

Verletzlichkeit ● »Als ich vierzehn war, wäre mein Vater beinahe an einem Herzinfarkt gestorben«, gestand eine Frau auf einem Workshop. »Während seiner Genesung sagte er eines Tages zu mir: ›Du bist der einzige Grund, weshalb ich versuche weiterzuleben.‹ Ich bekam Angst, dass sein Leben von mir abhinge. Im College wählte ich den Zweig, der auf das Medizinstudium hinführt; heute bin ich Kardiologin. Ich mache mir um alle meine Lieben Sorgen, und ich mache mir viel zu viele Sorgen. Meine

Mutter war genauso. Wenn ich ausging, fragte sie: ›Hast du deine Schlüssel? Dein Geld? Deinen Pullover?‹ Mir wurde immerzu die verborgene Botschaft übermittelt, dass etwas Schlimmes passieren könnte. Jetzt mache ich es genauso. Ich gehe mit meinem Freund essen; er schließt das Auto ab, und ich frage ihn ganz besorgt: ›Hast du deine Schlüssel? Deine Kreditkarten?‹ Es macht ihn wahnsinnig.«

Im Kern des Musters der Verletzlichkeit oder Verwundbarkeit steht Kontrollverlust. Das charakteristische emotionale Kennzeichen von Verletzlichkeit ist die übertriebene Furcht vor dem vermeintlich bevorstehenden Verderben. Normale Ängste geraten außer Kontrolle bis hin zum so genannten Katastrophisieren: Eine kaum beunruhigende Kleinigkeit wird zu einem ausgewachsenen Desaster aufgeblasen.

Die Wurzeln von Verwundbarkeit lassen sich meistens auf einen Elternteil mit derselben Neigung zum Katastrophisieren oder aber auf einen Zeitabschnitt zurückführen, in der die betreffende Person ständig in dem Gefühl lebte, dass gleich etwas Schlimmes geschehen würde. In beiden Fällen lernt das Kind, sich zu sehr zu sorgen, indem es entweder dem Vorbild des Elternteils nacheifert oder weil es reale, Besorgnis erregende Probleme *gibt*. Das Kind empfängt die Botschaft, dass die Welt ein gefährlicher Ort ist. Im Erwachsenenalter kann sich diese Angst auf mehrere Felder fixieren: Finanzen, Beruf, Gesundheit oder Sicherheit von Leib und Leben.

Natürlich kann Besorgnis angebracht sein, wenn sie uns zu Vorsichtsmaßnahmen oder zur Vorbereitung auf ein reales Risiko veranlasst. Das Vorausahnen oder die vorweggenommene Angst einer echten Krise oder Bedrohung ist zweckmäßig, wenn es uns zu den nötigen Maßnahmen motiviert – etwa bei einer Sturmwarnung das Haus zu sichern oder eine Alarmanlage installieren zu lassen, wenn es in der Nachbarschaft eine Einbruchsserie gegeben hat.

Die Gewohnheit, sich Sorgen zu machen, wird jedoch kontraproduktiv, wenn sie weit über den Punkt hinausgeht, uns auf ein reales Problem vorzubereiten – wenn sie sich übergeneralisiert und uns bei ganz alltäglichen Situationen und Risiken die Haare zu Berge stehen lässt, etwa wenn ein Angehöriger eine Flugreise unternimmt. Solche unverhältnismäßig ängstlichen Gedanken sind ein Kennzeichen des Verletzlichkeitsschemas.

Dieses Schema bringt die Betroffenen zu übermäßiger Gewissenhaftigkeit, weil sie sich auf diese Weise ein Gefühl der Sicherheit verschaffen wollen – sie sind beispielsweise knauserig bis zu dem Punkt, dass sie sich jegliches Vergnügen vorenthalten, oder verfechten eine extreme Diät oder sonstige Gesundheitsticks in der Hoffnung, irgendeine gefürchtete Krankheit abzuwehren. Sie können so risikoscheu werden, dass sie nie ein vermeintlich gefährliches Verkehrsmittel benutzen oder dass sie aus Angst vor einem Überfall niemals abends ausgehen. In ihrer Extremform kann sich Verwundbarkeit zu einer Phobie auswachsen, etwa zu der Angst vorm Fliegen, vor Bazillen oder vor dem Fahren über eine Brücke. Menschen, die zu Panikattacken neigen, sind häufig Opfer dieses Schemas.

Ein weiteres Zeichen des Verletzlichkeitsschemas tritt bei Menschen auf, die sich das Gefühl von Sicherheit durch übertriebene Vorbereitungen oder drastisches Einschränken ihrer Aktivitäten verschaffen wollen. Solche Menschen suchen ihre Ängste zu lindern, indem sie sich beispielsweise ständig rückversichern. Sie lassen unnötige medizinische Untersuchungen machen oder nerven ihren Vermögensberater mit besorgten Nachfragen, ob ihre Ersparnisse auch wirklich sicher seien. Sie entwickeln vielleicht sogar heimliche Rituale – etwa dreimal nachzuschauen, ob die Türen auch wirklich verschlossen sind –, um ihre zwanghaften Sorgen zu beschwichtigen.

Ein völlig anderes, paradoxes Bild bieten Menschen, die ihre Verwundbarkeit durch besonders riskantes Verhalten überkompensieren. Sie stürzen sich in Extremsportarten wie Skydiving oder setzen ihr Leben aufs Spiel, um sich selbst zu beweisen, dass ihre Ängste deplatziert sind.

Wenn dieses Schema auf Sie zuzutreffen scheint, ist ein Kernpunkt des Heilungsprozesses, dass Sie Ihre Ängste überwinden und, sofern diese Sie eingeschränkt haben, mehr Handlungsfreiheit gewinnen. Achtsamkeit kann Ihnen helfen, Ihre Angstgedanken zu erkennen und zu merken, dass sie nichts als Gedanken sind und keine Realität. Wenn Sie Ihre Gedanken achtsam beobachten, statt sich von ihnen Ihr Verhalten vorschreiben zu lassen, werden Sie ein Stück emotionale Freiheit von Ihren Ängsten gewinnen. Und die beruhigende und entspannende Wirkung der Achtsamkeitsmeditation wird Ihnen helfen, Ihren Gedanken systematisch entgegenzuarbeiten, weil sie die Wogen der Angst, die Ihren Körper durchfluten und Sie zum Nervenbündel machen, abflauen lässt. Wenn Sie Ihre Gedanken mit Achtsamkeit systematisch infrage stellen, werden Ihre alten Ängste Sie nicht mehr länger beherrschen.

Versagen ● Sogar dann noch, als sie einen 85-Millionen-Dollar-Vertrag mit Virgin Records unterzeichnete – den bis zu diesem Zeitpunkt höchsten Betrag –, hatte die Popsängerin Janet Jackson eigenen Angaben zufolge das Gefühl, ihren Erfolg nicht verdient zu haben. Trotz ihrer Triumphe litt Jackson, wie sie selbst eingestand, unter einer immensen Traurigkeit, verbunden mit der Überzeugung, nicht gut genug zu sein. Dieses Gefühl von Unzulänglichkeit trotz der eigenen Leistungen ist typisch für das Versagensschema.

Die Wurzeln dieses Musters bei Janet Jackson sind exemplarisch. In einem Interview schilderte sie ihre Kindheit: »Kinder können so grausam sein. Oder es gibt Leute, die andere niedermachen müssen, um sich selbst besser zu fühlen, und das ist mir seitens bestimmter Familienangehöriger passiert. Oder in der Schule hatte mich der Lehrer auf dem Kieker und ließ mich vor der ganzen Klasse unglaublich blöde dastehen. Das alles hat mich sehr verletzt. Und wenn man dann heimkommt und jemand geht genauso mit dir um, dann kann man zusehen, wie man sich immer weniger wert, wie ein Betrüger vorkommt. Und so bin ich aufgewachsen.«[17]

Janet Jackson bietet ein Paradebeispiel für die übliche Ausbildung des Versagensschemas. Manchmal legen übermäßig kritische Eltern, die dem Kind das Gefühl von Unfähigkeit einflößen, den Keim dazu. Es können aber auch ständige Herabsetzungen durch Geschwister oder Schulkameraden sein. Bisweilen entsteht das Schema, wenn man unablässig negative Vergleiche zwischen sich und anderen Kindern oder sehr erfolgreichen Eltern anstellt.

Was auch immer der Grund ist, das Charakteristikum dieses Musters ist das Gefühl, ein Versager auf der ganzen Linie zu sein, ganz gleich, wie erfolgreich man tatsächlich ist. Ein typischer Gedanke sagt: »Ich bin nicht gut genug, um dies oder jenes zu können.« Die damit verbundenen Gefühle sind tiefe Selbstzweifel und eine mit Angst gefärbte Traurigkeit.

Während das Schema des Nicht-liebenswert-Seins in dem Gefühl wurzelt, als Person unzulänglich und daher nicht liebenswert zu sein, entsteht das Versagensschema im Zusammenhang mit Leistung und beruflichem Erfolg. Es kreist um das Gefühl, dass die eigenen Erfolge unverdient seien oder dass einem nichts gelingen könne, wie sehr man sich auch bemüht.

Das Versagensschema kann dazu führen, dass man sich stark unter Druck setzt, um trotz der ständigen Furcht zu versagen etwas zustande zu bringen. Diese Kombination kann in das Betrüger-Phänomen münden: Menschen, die Höchstleistungen erbringen, glauben in ihrem tiefsten Innern, dass ihre Erfolge auf Zufall oder Irrtum beruhen und dass dies ans Licht kommen und sie bloßstellen wird. Sie glauben, sie hätten die anderen getäuscht, sodass diese sie jetzt für fähiger halten, als sie in Wirklichkeit sind. Solche Menschen leben in der Furcht, dass ihnen eines Tages ein Missgeschick unterlaufen wird, das zu ihrer Entlarvung führt.

Das Versagensschema kann eine sich selbst erfüllende Prophezeiung sein; die Betroffenen verhalten sich so, dass Misserfolg vorprogrammiert ist. Die Überzeugung zu versagen führt manche auf den Weg der Vermeidung; sie sind zu misstrauisch, um neue Fertigkeiten auszuprobieren oder neue, Erfolg versprechende Herausforderungen anzunehmen. Oder sie zögern so lange, bis es zu spät ist, oder sie zimmern sich für das Versagen, das sie kommen sehen, von vorneherein eine Ausrede zurecht.

Wenn Ihnen das Versagensschema vertraut vorkommt, liegt der Schauplatz der Veränderung für Sie auf dem Gebiet Ihrer Selbsteinschätzung – Ihrer Leistungen und Ihrer Leistungsfähigkeit. Dieses Schema flößt Ihnen den Gedanken ein, dass Sie nie Erfolg haben werden. Achtsamkeit jedoch kann Ihnen helfen, Ihre inneren Dämpfer, die Ihr Denken so sehr beherrschen, zu erkennen und infrage zu stellen; dann können Sie auch Ihre wirklichen Talente und Fähigkeiten zutreffender einschätzen oder akzeptieren, dass Sie Ihre Erfolge voll und ganz verdient haben.

Perfektionismus ● Shirley spulte eine Litanei von Klagen herunter: »Ich bereite mich stundenlang auf meinen Musikunterricht vor. Ich wende viel mehr Zeit für die Vorbereitung auf als alle anderen Lehrer, und ich gebe mehr Unterricht als alle anderen. Ich arbeite so viel dafür, dass ich keine Zeit mehr für mich habe. Und wenn dann eine Mutter oder ein Vater auch nur die kleinste negative Bemerkung fallen lässt, dann mache ich mir tagelang Vorwürfe.«

Die Wurzeln dieses Musters bei Shirley sind bezeichnend: »Ich weiß noch, dass mich mein Vater immer kritisierte, wenn es Zeugnisse gab, egal, wie gut meine Noten waren – und ich hatte meistens Einsen. Wenn ich eine Eins minus oder sogar eine glatte Eins bekam, fragte er mich, warum es keine Eins plus war. Nichts, was ich machte, war ihm jemals gut genug. Ich habe immer noch das Gefühl, dass nichts, was ich mache, gut genug ist.«

Shirleys Kindheitserinnerungen spiegeln die unbarmherzigen Maßstäbe wider, die beim Perfektionismus am Werk sind. Eltern, die die Leistungen ihres Kindes nur tadeln, gleichgültig, wie gut sie sind, erzeugen ein tief sitzendes Gefühl der Unzulänglichkeit in ihm. Solche Kinder lernen schon früh, sich unaufhörlich anzustrengen, weil sie hoffen, sich durch dieses fast magische Ritual die Liebe ihrer Eltern zu sichern.

Der emotionale Ursprung dieses Schemas ist das Gefühl zu versagen, gleichgültig, wie sehr man sich anstrengt. Hinter diesem Gefühl lauert die Traurigkeit darüber, dass die Liebe und Anerkennung der Eltern, wenn überhaupt, nur durch diese permanente Anstrengung zu erringen ist. Dazu kommt die Traurigkeit, nicht so angenommen zu werden, wie man ist, sondern nur, wenn man Leistung bringt.

Menschen mit dem Perfektionismusschema sehen die ganze Welt durch die Brille unrealistisch hoher Erwartungen. Ihr Motto lautet: »Ich muss perfekt sein.« Menschen mit dieser Einstellung setzen sich unter den Druck, mehr als ihr Bestes zu geben. Sie messen sich gnadenlos an den allerhöchsten Maßstäben. Dies kann sich aber auch in Form von Leistungen im Beruf, im Sport oder auf anderen Gebieten durchaus auszahlen.

Um Kritik vorzubauen, legen sich diese Menschen viel mehr ins Zeug, als sie müssten. Doch gleichgültig, wie viel sie erreichen, es ist natürlich nie gut genug, und deshalb setzen sie sich so sehr unter Druck, dass ihr übriges Leben leidet – ihre Gesundheit, ihre Beziehungen, ihre Genussfähigkeit. Zudem erhöht sich ihr Risiko für Stress bedingte Störungen wie Spannungskopfschmerz oder *Colitis ulcerosa*. Während der Perfektionist nach außen hin leicht ungeduldig und gereizt wirkt, lauert im Hintergrund ein Gefühl von Traurigkeit, eine Melancholie darüber, aus lauter Pflichtgefühl am Leben vorbeizugehen.

Sowohl das Versagensschema als auch der Perfektionismus haben mit unserer Leistungsfähigkeit zu tun. Das Versagensschema lässt uns zu wenig von uns selbst erwarten, der Perfektionismus zu viel. Das Perfektionismusschema sitzt beispielsweise Workaholics im Nacken. Die Frau, die jeden Tag bis in die Nacht, wenn alle anderen schon längst gegangen sind, im Büro bleibt, mag infolgedessen tatsächlich größeren beruflichen Erfolg erzielen. Doch wie erfolgreich sie auch ist, sie setzt sich noch mehr unter Druck, und gerade ihre Anstrengungen, ihre immer wieder in die Ferne rückenden Maßstäbe zu erreichen, führen dazu, dass sie kein Leben außerhalb der Arbeit hat.

Perfektionismus ist jedoch nicht an den Beruf gebunden. Dasselbe nagende Gefühl, nie gut genug zu sein, kann Menschen dazu bringen, ihren ganzen Ehrgeiz in den Sport, die Schule, die äußere Erscheinung, den sozialen Status oder sogar in ein möglichst prächtiges Haus zu legen.

Die verzerrende Linse des Perfektionismusschemas rückt die Mangelhaftigkeit des eigenen Tuns in den Brennpunkt. Eine Schwäche, ein winziger Fehler, der Ihnen unterlaufen ist – das ist das Einzige, woran Sie denken. Ihre Selbstkritik und Selbstvorwürfe sind gnadenlos.

Manche Perfektionisten messen auch alle anderen an denselben überhöhten Leistungsmaßstäben, die sie an sich selbst anlegen. Infolgedessen äußern sie sich häufig kritisch über andere wegen deren vermeintlichen Versäumnissen, selbst wenn sie ihre Sache durchaus gut gemacht haben oder diese einfach anders sehen. Das Brennglas der Kritik kann sich auf jede beliebige Situation richten, stets auf der Suche nach Fehlern. Menschen mit diesem Schema verwischen häufig die feine Linie zwischen einem berechtigten Urteil und einer ungerechten Verurteilung; sie halten ihre Kritik für richtig und angemessen.

Ein Zeichen des Perfektionismusschemas ist das anhaltende Gefühl, sich ständig anspornen zu müssen, um noch mehr zu leisten oder noch besser zu werden. Ein weiteres ist die Angst, zu wenig Zeit für all das zu haben, was Sie sich vorgenommen haben. Wieder ein anderes ist Verbissenheit bei allem, was Sie tun. Dies kann ein eigentlich angenehmes Vorhaben, beispielsweise im Fitnessstudio etwas für sich zu tun, zu einem weiteren Kampfplatz verkrampften Leistungsstrebens machen. Perfektionismus nimmt dem Leben den Spaß. Die Perfektionistin träumt davon, eines schönen Tages in der Zukunft das Leben endlich genießen zu können, doch sie schiebt die Belohnung ständig hinaus.

Wenn das Perfektionismusschema auf Sie zutrifft, kann Ihnen Achtsamkeit helfen, Ihre verzerrten Denkmuster, Ihre Selbstkritik und Selbstvorwürfe, aus denen sich dieses Muster speist, infrage zu stellen; so können Sie sich selbst zuvorkommen, bevor Sie sich wieder unter Druck setzen. Sie müssen begreifen, dass Sie es sich viel leichter machen, wenn Sie die Messlatte niedriger legen und sich Zeit nehmen, Ihre übrigen Bedürfnisse zu befriedigen. Wenn Sie Ihre perfektionistischen Gewohnheiten infrage stellen, können Sie Ihr Leben in ein gesünderes Gleichgewicht bringen, indem Sie sich selbst Ruhezeiten verordnen, um einfache Freuden zu genießen.

Sich bevorzugt fühlen • Dieses emotionale Muster hat mit dem Akzeptieren von Grenzen zu tun. Typisch für dieses Muster ist das Eingeständnis eines Klienten: »Ich kann es nicht ausstehen, mich an Geschwindigkeitsbegrenzungen zu halten – ich finde, ich sollte so schnell fahren dürfen, wie ich will. Wenn einer vor mir langsamer fährt und ich nicht überholen kann, kommt mir die Galle hoch. Gestern fuhr ich auf einer zweispurigen Straße und hing hinter einem alten Mann in einem riesigen Straßenkreuzer fest, der exakt mit den erlaubten 45 Meilen pro Stunde dahinzockelte. Ich drehte fast durch. Ich drückte auf die Hupe, blinkte mit der Lichthupe, versuchte ständig ihn zu überholen, obwohl die Straße kurvig war und eine durchgezogene Mittellinie hatte. Ich war besessen von dem Gedanken, dass ich keine Zeit hinter diesem Kerl zu vertrödeln hatte. Ich war außer mir, dass er nicht rechts ran fuhr und mich vorließ. Als ich den Ort der Besprechung erreichte, waren alle Parkplätze belegt. Also parkte ich auf dem Behindertenparkplatz.«

Menschen mit dem Schema des Gefühls der Bevorzugung glauben, sie seien etwas Besonderes und hätten deshalb das Recht, alles zu tun, was sie wollen. Ihr Motto: »Für mich gelten die Regeln nicht.« Diese Menschen sehen das Leben durch eine Zerrbrille, die sie über alle anderen stellt. Gesetze, Regeln und soziale Konventionen sind nur für die anderen da, nicht für sie.

Menschen mit diesem Schema verschwenden offenbar keinen Gedanken daran, dass ihr Vorrechtsgefühl andere in ungerechter Weise benachteiligt; sie besitzen zu wenig Einfühlungsvermögen oder Mitgefühl für diejenigen, die sie ausnutzen. Der Mensch, der sich stets im Recht glaubt, parkt ohne Zögern auf einem Behindertenparkplatz, nimmt sich ungeniert einen Nachschlag, wenn kaum genug für alle da ist, oder erwartet von seinem Partner oder seiner Partnerin, dass sie auf jeden seiner Wünsche eingeht, während er sich nicht im Geringsten um die ihren schert.

Diese Einstellung kann darauf gründen, dass die Betroffenen in der Kindheit verwöhnt, wie Königskinder behandelt wurden. Kinder, die in einem sehr begüterten Elternhaus aufwachsen, in dem ihnen dienstbare Geister und alle Annehmlichkeiten des Luxus zur Verfügung stehen, glauben vielleicht, ihnen stünde immer und überall eine Vorzugsbehandlung zu. Dies kann ebenso bei Kindern geschehen, ob aus wohlhabendem Haus oder nicht, deren Eltern ihnen keine Grenzen setzen, ihnen immer alles geben, was sie möchten, sie selten bestrafen und ihnen keine Verantwortung übertragen, sie nicht einmal im Haushalt helfen lassen. Als Erwachsene können solche Menschen impulsiv, kindisch und egoistisch werden.

Ein weiterer Keim des Bevorzugungsschemas entspringt derselben Quelle wie das Schema des Nicht-liebenswert-Seins: Eltern, die für ihre Liebe die Bedingung stellen, dass das Kind eine bestimmte Eigenschaft besitzt – Schönheit beispielsweise oder eine sportliche oder schulische Begabung. Solche Kinder übertreiben möglicherweise ihre Leistungen, um zu demonstrieren, dass sie etwas Besonderes sind – und fordern eine entsprechende Sonderbehandlung. Unter dieser Oberfläche jedoch gärt dennoch das Gefühl von Unzulänglichkeit, sogar Scham, das sie mit narzisstischem Dünkel überspielen.

Zum dritten kann das Muster als Reaktion auf eine entbehrungsreiche Kindheit entstehen – ob es nun an Aufmerksamkeit, Zuneigung oder materiellen Gütern fehlte. Solche Menschen fühlen sich so sehr zurückgesetzt und ungerecht behandelt, dass sie offensichtlich glauben, sie hätten als Ausgleich für ihre Entbehrung in der Kindheit jetzt ein Anrecht auf ein größeres Stück vom Kuchen.

Dieses Gefühl, etwas Besonderes zu sein, darf nicht mit gesundem Selbstvertrauen, das auf wirklicher Kompetenz und Befähigung gründet, verwechselt werden. Begründeter Stolz erlaubt es einem Menschen, Risiken einzugehen und nach immer höheren Zielen und Leistungen zu streben. Das Schema des Bevorzugtseins jedoch treibt die Betroffenen dazu, ihre Tüchtigkeit und ihre Fähigkeiten zu übertreiben – häufig, um sich trotz eines heimlichen Gefühls der Unzulänglichkeit Halt zu verschaffen –, und erzeugt so einen falschen Stolz, der auf einer schiefen Vorstellung der eigenen Fähigkeiten beruht. Ein grundlegendes Missverständnis, dem Menschen mit diesem Schema aufsitzen, ist die Verwechslung von Selbstgefälligkeit mit solidem Selbstbewusstsein.

Ein Kennzeichen dieses Musters folgt aus dem Empfinden, etwas Besonderes zu sein: Gereiztheit, wenn andere nein sagen oder Grenzen setzen. Weitere sind mangelnde Selbstdisziplin, sich selbst verwöhnen und Bedürfnisbefriedigung ohne Rücksicht auf die Folgen – beispielsweise Geldausgeben bis zum Bankrott und Anpumpen von Freunden und Familie in einer Höhe, die ein Zurückzahlen unmöglich macht. Die Unfähigkeit zu Aufschieben der Bedürfnisbefriedigung kann zu chronischer Minderleistung führen, während Impulsivität das Leben völlig chaotisch macht. Ein Zeichen ist möglicherweise, dass die Wohnung niemals geputzt wird und sich überall Müll türmt und Durcheinander herrscht.

Menschen mit diesem Schema sind in der Regel blind für dessen negative Auswirkungen auf andere Menschen. Sie erwarten, dass alle Welt ihnen eine Vorzugsbehandlung zugesteht, und sind daher verblüfft und sauer, wenn jemand sich gegen Grenzverletzungen wehrt. Sie empfinden das Schema nur dann als schmerzlich, wenn sie die Konsequenzen ihrer Handlungsweise zu spüren bekommen: eine gerichtliche Vorladung wegen unbezahlter Strafzettel, eine Kündigung, weil sie den Anforderungen nicht genügten, oder ein Ehepartner, der mit Scheidung droht, weil sie derart selbstbezogen sind. Kurzum dann, wenn der Preis des Schemas zu hoch wird, um ihn noch ignorieren zu können.

Wenn das Muster des Gefühls der Bevorzugung auf Sie zuzutreffen scheint, kann Ihnen Achtsamkeit helfen, aufkeimende Impulse festzunageln – und sich selbst zu ertappen, bevor Sie wieder einmal angemessene Grenzen übertreten. Achtsamkeit kann Sie zudem den tief sitzenden Gefühlen näher bringen, die hinter diesem Schema stecken, damit Sie sich unmittelbarer mit ihnen auseinander setzen können. Eine Veränderung, die besonders viel dazu beiträgt, sich aus dem Griff dieses Schemas zu befreien: Werden Sie der negativen Auswirkungen Ihrer Handlungsweise auf die Menschen in Ihrem Umfeld gewahr und versetzen Sie sich in sie hinein. Entscheidend ist auch, mehr Verantwortung für Ihre Pflichten, Ihre Impulsivität und Ihre Grenzübertretungen zu übernehmen.

Schema-Cluster ● Zum Zweck größerer Klarheit ist es sinnvoll, die Schemata einzeln zu beschreiben, doch im realen Leben treten sie häufig gebündelt auf. So drehten sich Natalies Schwierigkeiten darum, dass ihr Mann nicht auf ihre Bedürfnisse einging und immer darauf pochte, dass sie sich ihm anpasste. Sie merkte, dass sie stets nachgab und die perfekte Ehefrau zu spielen versuchte; sie strampelte sich ab, dass die Kinder in seiner Anwesenheit lieb und nett waren, las ihm jeden Wunsch von den Augen ab. Sie fand es fürchterlich, fühlte sich jedoch getrieben von einer zwanghaften Furcht, er könnte sie verlassen, wenn nicht alles hundertprozentig in Ordnung war.

Bei unserer Arbeit entdeckten Natalie und ich ein Bündel von Schemata, die dieses Verhaltensmuster gemeinsam hervorbrachten: Deprivation, Verlassenwerden und Unterwerfung. Das Deprivationsschema veranlasste Natalie dazu, sich um die Bedürfnisse ihres Mannes zu kümmern und nie zu erkennen zu geben, dass *sie* sich in ihrer Ehe zu kurz gekommen fühlte. Und ihr Schema des Verlassenwerdens jagte ihr so viel Angst ein, dass es nahtlos in ihr Unterwerfungsmuster überging: Sie tat fast alles, damit er bei ihr blieb. Das Ergebnis: eine Ehe ohne Probleme – zumindest an der Oberfläche. Hinter diesem schönen Schein steckte jedoch eine zutiefst unglückliche Ehefrau voller Groll.

Wenn überhaupt, dann sind es nur wenige Menschen, die unter lediglich einem Schema leiden; in aller Regel sind es mehrere auf einmal. Manche davon werden hauptsächlich in einem Lebensbereich aktiv, etwa den persönlichen Beziehungen, und in anderen, wie dem Beruf, überhaupt nicht.

Schemata können sich ineinander greifend entwickeln. Zum Beispiel kann ein sehr früh erworbenes Schema ein Kind anfälliger für bestimmte Schemata machen, die sich später entwickeln. Bei Kindern, die beispielsweise mit dem Schema des Nicht-liebenswert-Seins heranwachsen, kann das Bedürfnis, sich zu beweisen, zu Perfektionismus führen. Die Höchstleistungen, nach denen Perfektionisten streben, bieten ihnen eine Möglichkeit, sich die elterliche Liebe oder Zuwendung zu erkaufen – indem sie nur Einsen nach Hause bringen oder sportlich glänzen –, alles in dem verzweifelten Versuch, das Lob von Eltern zu erringen, die dem Kind das Gefühl der Unzulänglichkeit vermittelt haben.

Ein weiteres Beispiel: Das Gefühl des Bevorzugtseins kann als Bewältigungsstrategie für Deprivation oder persönliche Schwächen beginnen. Diese Schemata flößen dem Kind das Gefühl ein, es müsse besonders schön oder klug oder sonstwie außergewöhnlich sein, um geliebt zu werden. Bei Kindern, die unter emotionalen Entbehrungen litten, kann das Schema des Bevorzugtseins unter dem Deckmantel der Überzeugung daherkommen, dass die

Welt ihnen eine Vorzugsbehandlung schulde, weil sie so viel durchlitten haben. Ist Unzulänglichkeit der Ursprung, kann das Schema ein tief sitzendes Schamgefühl überkompensieren.

Schemata sind erkennbar ● Unabhängig von seinen Ursprüngen oder Erscheinungsformen hat jedes Schema eine charakteristische Signatur, ein Muster typischer Auslöser und Reaktionen. Dies bedeutet, dass jedes Schema sich an den Auslösesituationen sowie den damit verbundenen automatischen Gedanken und Routinereaktionen erkennen lässt.

Eine Frau auf einem Workshop schilderte beispielsweise den Auslöser für ihr Deprivationsmuster: »Wenn mein Freund sich verabschiedet, erzählt er mir, wie viel er in den nächsten Wochen zu tun hat – sagt aber nichts davon, dass er sich gern wieder mit mir treffen würde.«

Ihre sofort einsetzenden Gedanken: »Er geht mir aus dem Weg. Ihm liegt nichts an mir. Meine Bedürfnisse sind unwichtig.«

Ihr Gefühl: tief verletzt, mit einem Schuss Traurigkeit.

Ihre automatische Reaktion: ihr Verletztsein mit kühler Distanz zu überspielen, als ob alles in Ordnung wäre – nichts stört sie. Sie reagiert also sehr kühl auf ihren Freund.

Das Problematische an Schema-Reaktionen ist natürlich, dass sie kontraproduktiv sind. Ihr Freund, verwundert, dass sie plötzlich so kurz angebunden ist, fragt sie: »Warum wirst du immer so komisch, wenn ich gehe?« Sie fegt sein Unbehagen mit einer Leugnung vom Tisch: »Es ist nichts. Mir geht's gut. Eine schöne Woche noch.« Damit geht sie auch über eine Frage hinweg, die ihr die Chance zu einem Gespräch über ihre Reaktion und zu deren Veränderung zum Besseren geboten hätte – wäre sie nicht von dem Schema beherrscht.

»In meiner Familie«, so erinnert sie sich, »wurde der Ausdruck starker Gefühle als ›Theater machen‹ missbilligt. Ich lernte solche Gefühle zu verbergen und rein logisch zu agieren. Jemandem zu sagen, dass ich sauer auf ihn bin, macht mir fürchterliche

Angst. Ich habe Angst, dass ich abgelehnt oder, noch schlimmer, ignoriert werde. Im Hinterkopf denke ich in solchen Momenten, dass es mein Schicksal ist, dass mich keiner hört; warum also sollte ich mir die Mühe machen, meinen Bedürfnissen Ausdruck zu geben? Sie werden sowieso nicht erfüllt.«

Und natürlich ist die Überzeugung, dass die eigenen Bedürfnisse nicht erfüllt werden, das Credo des Deprivationsmusters.

Innehalten und Nachdenken ● Wenn Sie beim Lesen dieser Beschreibungen fehlangepasster Schemata Muster bei sich selbst erkannt haben, sollten Sie innehalten und darüber nachdenken, welche Gefühle diese Schilderungen in Ihnen auslösen. Diese Muster sind emotional befrachtet, verknüpft mit unseren drängendsten Bedürfnissen und Ängsten, Hoffnungen und Enttäuschungen. Über sie nachzusinnen wühlt uns unweigerlich auf.

In genau diesem Augenblick sagen wir uns wahrscheinlich: »Ist doch egal« und wenden uns der nächstbesten Ablenkung zu. Doch wenn Sie den Willen dazu haben, ist dies der passende Moment, um mit Ihrer Aufmerksamkeit bei Ihren Gefühlen zu bleiben, ohne sich ablenken zu lassen.

Wenn beispielsweise das Deprivationsschema in Ihnen etwas anspricht, dann kann schon die Lektüre Sie ein wenig traurig oder vielleicht ärgerlich stimmen. Das Verletzlichkeitsschema führt Ihnen vielleicht Dinge vor Augen, die Sie fürchten, während die Passage über das Ausschlussschema möglicherweise Erinnerungen an Momente in Ihnen weckt, wo Sie sich als Außenseiter gefühlt haben. Ein Grund dafür liegt in der Funktionsweise von Schemata. Tendenziell aktiviert alles, was uns an unsere Schema erinnert, diese tief verwurzelten emotionalen Gewohnheiten, sei es auch nur minimal, und holt einige der damit verbundenen Emotionen an die Oberfläche.

Das ist gut so, denn der Heilungsprozess kommt in Gang, wenn wir uns den Gefühlen öffnen, die diese Muster fixiert haben. Es erfordert Mut, sich den Gefühlen hinter diesen hartnäckigen emotionalen Gewohnheiten zu stellen, doch diese geistige Stärke wird Ihr Verbündeter bei deren Entmachtung.

Die Befreiung von Schemata beginnt mit einem standhaften Blick auf uns selbst, so schwer das auch sein mag. Wir müssen den zugrunde liegenden emotionalen Schmerz oder die Angst erleben, und sei es nur, um zu erkennen, dass wir heil und ganz überleben können, wenn wir uns auf dieses verbotene Terrain des Herzens vorwagen. Wenn wir uns Zugang zu den Gefühlen verschaffen, die die Schema-Muster fixieren, dann kann das zutiefst heilsam sein, wie wenn eine Immunzelle einen Krankheitserreger unschädlich macht. Die Gefühle hinter einem Schema zu neutralisieren nimmt ihm die Macht, die es sonst so zwingend über den Geist ausübt.

Wenn jemand zum ersten Mal die Beschreibungen liest oder hört, ist die Reaktion meistens: »O mein Gott, ich habe sie fast alle!« Er oder sie fühlt sich dann vielleicht überfordert. Doch gleichgültig, wie viele dieser Muster sich dann und wann in unserem Leben bemerkbar machen, manche herrschen vor. Es ist ratsam, immer nur ein Schema auf einmal anzugehen, auch wenn sie sich häufig überschneiden und gemeinsam aktiv werden.

Auch wenn Sie schließlich an alle herankommen, sollten Sie doch langsam machen und sich nicht zu viel auf einmal vornehmen, denn das kann zu Verwirrung führen. Die nötigen Maßnahmen können bei dem einen Schema ganz anders aussehen als bei einem anderen. Wenn Sie die Karte des Schemas kennen, haben Sie einen Orientierungsrahmen. Doch versuchen Sie nicht, alles auf einmal zu machen – eine echte Gefahr bei Perfektionisten, die ihren Leistungsterror sogar in die Arbeit an Schemata einbringen!

Wenn wir uns unseren Schema-Mustern öffnen, sind wir angewiesen auf Empathie mit dem Teil von uns, der die in uns ausgelösten Emotionen am tiefsten empfindet – damit wir unsere Reaktionen nicht voreilig zu ändern versuchen. Zuerst müssen wir Kontakt mit dem Teil von uns aufnehmen, der die Schema-Einstellung festhält. Wie wir in Kapitel 11 sehen werden, sind wir imstande, einen wirksamen Dialog zwischen der Stimme des Schemas und dem Teil von uns, der Zugang zu der angeborenen Weisheit der Achtsamkeit hat, zu kultivieren. Unsere Schemata schützen uns vor Gefühlen, die uns übermächtig, unerträglich scheinen. Sie sind Bewältigungsstrategien, Überlebensmechanismen zur Anpassung an widrige Umstände. Als wir sie erlernten, hatten sie einen gewissen emotionalen Sinn. Doch später bezahlen wir einen hohen Preis, wenn wir unser Leben weiter nach den Gesetzen dieser kontraproduktiven, verzerrten Überzeugungen, Gefühle und Reaktionen führen.

Unsere Ansichten über diese Gefühle lassen uns ständig vor ihnen davonlaufen und hindern uns somit, uns den Schemata offen und ehrlich zu stellen. Wenn wir jedoch diese Gefühle einmal ungehindert zulassen und ihr Vorhandensein hinnehmen, nimmt das unserer Angst vor ihnen den Stachel. Wir merken, dass wir sie unversehrt überleben *können*, dass die Furcht vor dem Verlassenwerden oder die durch Unterwerfung geschürte Wut uns doch nicht überwältigt. Die unterdrückten Gefühle sind vielleicht nicht annähernd so schlimm, wie wir uns das vorgestellt haben. Wenn wir sie zulassen, nehmen wir einen verschütteten Teil unserer selbst wieder in Besitz und fühlen uns authentischer.

Die Dose Würmer ● Der Weg zur emotionalen Heilung verlangt also anhaltende Entschlossenheit und rückhaltlose Ehrlichkeit gegenüber uns selbst. Wenn wir erkennen, an welchen Punkten unseres Lebens wir diese emotionalen Muster am Leben erhalten, können wir uns aus unserer Selbstgefälligkeit aufrütteln und uns neu definieren, indem wir unsere alten, eingefahrenen Routinen, unser altes Selbstgefühl hinterfragen.

Stellen Sie sich darauf ein, dass Sie an irgendeinem Punkt vor allem weglaufen möchten. Das ist ein bisschen so, wie wenn Sie eine Dose mit Würmern oder vielleicht Raupen öffnen würden

– am liebsten würden Sie die Kriechtiere gleich wieder zurückstopfen. Doch wenn Sie sich auf diesen Weg einlassen, werden Sie auch Momente erleben, in denen Sie sich innerlich freier, unmittelbarer in Verbindung mit sich selbst und anderen Menschen fühlen. Und je mehr die Zugkraft dieser größeren Freiheit und Authentizität greift, desto schwerer wird es umzukehren.

Es ist, als ob ein innerer Vulkan ausbrechen würde, und trotz der Gefahren begrüßen wir die Befreiung. Der Schmerz der Wahrheit ist wohltuender als der Schmerz der Selbsttäuschung. Wenn wir uns auf den Prozess einlassen, machen wir irgendwann einmal eine natürliche Phase der Trauer durch, wenn wir alte Identitäten, vertraute Gewohnheiten und Seinsweisen loslassen. Schließlich kriechen die Raupen davon, spinnen sich in schützende Kokons ein, während sie ihre frühere Identität abstreifen. Wenn sich die Schichten unserer Schema-Muster eine nach der anderen abschälen, schlüpfen wir aus unseren Kokons heraus, fühlen uns leichter und lebendiger – als wüchsen uns im übertragenen Sinne Flügel.

Menschen, die sich auf diese achtsame Selbsterforschung einlassen, bemerken oft ein wachsendes Vertrauen in ihre eigene Weisheit. Manche beschreiben dies so, als würden sie ein weises Wesen in sich selbst kennen lernen, das sie um Führung und Leitung angehen können. Sie lernen, mehr und mehr auf diese intuitive, weise Stimme zu vertrauen.

Eine meiner Klientinnen drückte das so aus: »In ganz besonders schwierigen Situationen und wenn ich mich außen vor lassen kann ist es, als wüsste mein Organismus genau, was zu tun ist: weinen, schmerzhafte Gefühle rauslassen. Das passiert alles ganz von selbst, als ob es ein Eigenleben führte. Ich kann loslassen, brauche nicht mehr alles zu kontrollieren und lasse den Heilungsprozess ganz von allein geschehen.«

Die ursprüngliche Bedeutung des Wortes »Emotion« kommt von *emovere*, dem lateinischen Wort für »hinausbewegen«. Emotion hat also mit Bewegung zu tun. Ich erlebte diese Bewegung von Emotion während eines faszinierenden Liveauftritts des legendären Bluesmusikers Buddy Guy.

Der Blues kann dafür sorgen, dass Sie sich bei Ihren Gefühlen zu Hause fühlen – zutiefst leidenschaftlich, zutiefst gequält, was auch immer. Jede Emotion ist willkommen in dieser gefühlvollen Umarmung mit der sorglosen Einstellung: »Lass es herein – wir können damit umgehen.« Gefühle werden gehalten, nicht festgehalten. Der Geist des Blues lässt zu, dass die Gefühle sich durch Sie hindurch bewegen und Ihnen das sinnliche Reich der Emotionen öffnen.

Achtsamkeit kann wie diese seelenvolle Umarmung sein, uns ganz eng mit unseren elementaren Sinnen und zärtlichen Gefühlen in Berührung bringen. Ohne sie zu bewerten, ohne sie zurückzuweisen oder sich daran zu klammern, sie einfach nur so fühlen und sie uns durchströmen lassen, gehalten von einem empathischen Gewahrsein.

Wenn Sie mehr über Ihre persönlichen Schemata wissen möchten

Lernen Sie die charakteristischen Muster der Schemata kennen, erkennen und anerkennen.

Da jedes Schema typische, kennzeichnende Elemente hat – Teile des Musters, die immer wieder an die Oberfläche treten –, bekommen wir ein machtvolles Werkzeug, um eine akute Schema-Attacke zu erkennen, wenn wir uns mit diesen Schema-Elementen vertraut machen. Diese Vertrautheit wiederum gibt uns das Signal, dass das Schema erneut aktiviert worden ist. So verschafft uns die Erkenntnis »Oh, ich habe schon wieder *diese* Gefühle« oder »Da kommen sie, meine Schema-Gedanken« die Freiheit, aus der Schema-Trance zu erwachen. Dieses Wiedererkennen gelingt deutlich leichter mit Achtsamkeit – der Fähigkeit, unser Erleben zu beobachten, ohne sich davon mitreißen zu lassen.

Sie können das Erkennen von Schemata üben, indem Sie sich einfach mit den Anzeichen vertraut machen, die in Ihrem Leben am häufigsten auftreten. Dabei hilft Ihnen vielleicht ein Schema-Tagebuch, das Sie ein oder zwei Wochen oder auch länger führen und in das Sie bei irgendwelchen Aufregungen Hinweise auf die Schemata eintragen, die möglicherweise am Werk sind – insbesondere wenn Sie im Nachhinein vermuten, dass Sie überreagiert haben. Er konnte gegen die Verspätung nichts machen – warum war ich so verletzt und sauer? Manchmal hilft es, Ihr Gedächtnis aufzufrischen – die Gefühle aufzuwärmen –, indem Sie mit einem guten Zuhörer über Ihre Überreaktion sprechen, Ihre Gedanken in Ihrem Tagebuch festhalten oder sie einfach noch einmal Revue passieren lassen.

Jedes Element eines Schemas kann ein Hinweis sein. Gehen Sie jedem Bestandteil nach, den Sie leicht erkennen können:

1. Fragen Sie sich zuerst, ob etwas an Ihrer Reaktion *fehlangepasst* war. Lief die folgende Interaktion gut, oder ließen Ihre

verzerrten Gedanken, starken Gefühle oder Überreaktionen Sie aufgewühlt zurück? Dies ist ein wichtiger Unterschied, ein allgemeines Zeichen für Sie, dass eher ein Schema als eine nützliche Reaktion im Spiel war.

2. Was war der *Auslöser*? Haben Sie sich in einer Gruppe oder auf einer Party ausgeschlossen gefühlt? Das sind Kennzeichen des Schemas des sozialen Ausschlusses. Jedes Schema hat charakteristische Auslöser, weshalb die Situation, die Sie in die Bredouille bringt, einen weiteren Hinweis darstellt, welches Schema beteiligt sein könnte.
3. Was für *Gefühle* hatten Sie? Jedes Schema hat seine charakteristische emotionale Aura. Versagen beispielsweise kann das Gefühl von Scham auslösen; Verletzlichkeit setzt eine Flut von Sorgen und Ängsten frei; Unterwerfung führt zu Groll oder Wut. An den Reaktionen Ihres Bauches können Sie das fragliche Schema erkennen.
4. Was für *Gedanken* hatten Sie? Haben Sie befürchtet, Sie hätten eine Lungenentzündung, als Sie sich einfach nur erkältet hatten? Das weist auf das Verletzlichkeitsmuster hin.
5. Was haben Sie *getan*? Wenn ein Schema aktiviert wird, können Ihre Handlungen genauso automatisch und routinemäßig ablaufen wie Ihre Gedanken und Gefühle. Das Vermeiden von Kontakt auf einer Party könnte durchaus auf das Ausschlussschema hindeuten.
6. Wo könnten die *Ursprünge* liegen? Erinnert Sie dies an Erfahrungen in der Kindheit? Beispielsweise könnte Ihr flammender Zorn, wenn sich Ihr Partner verspätet und Sie nicht vorher anruft, Sie an Situationen in Ihrer Kindheit erinnern, wenn ein Elternteil nicht verlässlich war oder nicht auftauchte – typisch für das Deprivationsschema.

Zeichnen Sie auf, welche Schemata sich im Laufe einer Woche am häufigsten bemerkbar machen. Halten Sie ein Tagebuch griffbereit, um die Merkmale rasch zu notieren, damit Sie lernen, die verräterischen Zeichen gleich bei ihrem Auftreten zu erkennen.

7
Wie Schemata funktionieren

Eine alte Geschichte erzählt von einem jungen Mann, der allerorten von einem wunderbaren Schneider namens Zumbach hört; dessen Anzüge sollen jedermann stattlich und elegant wirken lassen. Eines Tages geht der Mann zu Zumbach und beauftragt ihn, ihm einen Anzug zu schneidern. Also nimmt Zumbach Maß und bittet den Mann, nächste Woche wieder zu kommen. ● Eine Woche später möchte der junge Mann voller Erwartung seinen Anzug abholen. Zumbach bringt ihn feierlich zur Anprobe herbei. Er sieht wunderbar aus – nur ein Ärmel ist länger als der andere, Knöpfe und Knopflöcher sitzen falsch und die Hose ist zu kurz. ● Der Kunde beschwert sich. Zumbach, zutiefst gekränkt, erwidert in großer Entrüstung: »Es liegt nicht am Anzug, sondern daran, wie Sie ihn tragen. Wenn Sie Ihren linken Ellbogen nur ein kleines bisschen biegen, sitzen die Ärmel perfekt. Und wenn Sie sich vorbeugen und die rechte Schulter anheben, schließen die Knöpfe großartig. Und wenn Sie dann noch Ihre Knie nur ein wenig beugen, werden Sie sehen, dass die Hose genau die richtige Länge hat.« ● Der Kunde versucht es, und siehe da, der Anzug sitzt wie angegossen – und er ist phantastisch! ● Wie Zumbachs Anzug verzerren Schemata unsere Wahrnehmungen und verbiegen unsere Reaktionen, damit sie zu ihrer entstellten Sicht der Realität passen. Sie machen uns weis, dass ihre verdrehte Weltsicht der Wirklichkeit entspreche. Sie definieren, wie wir glauben sein zu müssen und was annehmbar ist. Kurzum, sie halten uns davon ab, unserer natürlichen Flexibilität, Kreativität,

Freude und Einfühlungsgabe Ausdruck zu geben, weil sie unser Leben entlang ihrer willkürlichen Vorgaben für unser Denken, Fühlen und Reagieren einschränken. ● Schemata erlauben uns nur eine einzige Art und Weise, die Dinge zu sehen, zu beurteilen und zu empfinden, und nur eine gewohnheitsmäßige Form, auf sie zu reagieren. Und diese Reaktion bestätigt nicht nur die Weltsicht, die uns das Schema vorsetzt, sondern schränkt auch noch drastisch unsere Alternativen ein. ● Das Ganze erinnert an die Aufgabe, neun Punkte, die in drei parallelen Linien angeordnet sind, mit nur vier geraden Strichen zu verbinden, ohne den Bleistift vom Papier zu nehmen. Solange wir der Annahme aufsitzen, dass wir uns nicht über die durch die Punkte begrenzte Fläche hinausbewegen dürfen, sehen wir die Lösung nie. Aber diese beruht eben darauf, dass die Linien aus dem Quadrat der Punkte hinausgehen.

Genauso ist es mit Schemata: Sie hindern uns daran, unseren Blickwinkel zu erweitern und flexibel zu reagieren. Sie beschränken uns auf eine eingeengte Denkweise, wenn wir Problemen gegenüberstehen – ein Zumbach-Anzug für die Psyche.

Emotionale Alchemie erfordert Aufklärung über Schemata – meine Workshops sollen ja gerade die Einsicht der Teilnehmer in die Funktionsweise von Schemata vergrößern und zur Arbeit an ihnen anleiten –, mit anderen Worten, sich selbst zu erkennen. Schemata umfassend zu begreifen ist ein erster Schritt, um uns aus diesen geistigen Gefängnissen zu befreien.

Tunnelblick ● Ein klassisches Beispiel für die Realität, die das Perfektionismusschema erzeugt, haben Sie vielleicht miterlebt, wenn Sie schon einmal bei einem Eiskunstlaufwettbewerb zugeschaut haben. Eine Weltklasseläuferin laufen zu sehen ist ein Erlebnis, das Sie auf die Kante Ihres Sitzes festbannt. Sie wissen, dass sie endlos trainiert und immer wieder die eigenen Grenzen überwunden hat, um die Figuren zu vervollkommnen. Ihr Selbstvertrauen und die elegante Präzision ihrer Darbietung flößen

Ihnen Ehrfurcht ein; Sie staunen, zu welchen Leistungen der menschliche Körper imstande ist.
Dann, als sie zu einem atemberaubenden dreifachen Lutz ansetzt, verliert sie zu Ihrem Entsetzen das Gleichgewicht und stürzt aufs Eis. Sie fängt sich rasch wieder und läuft weiter, gibt im Rest ihrer Vorstellung alles. Doch am Ende ist der Beifall halbherzig, und sie wirkt am Boden zerstört.
Sie hören, wie der Kommentator ihren Fehler in einem Tonfall analysiert, in dem sich Bedauern und Beurteilen mischen. Ihr Sturz wird auf der Videowand in Zeitlupe wiederholt, während der Sprecher Punkt für Punkt genau herausstellt, warum sie nicht so perfekt gelaufen ist, wie es alle von ihr erwartet haben – warum sie uns in gewissem Sinn enttäuscht hat. Sie sehen, dass die Läuferin mühsam die Tränen zurückhält, während sie auf die Bande zuläuft; ihre Enttäuschung über sich selbst ist mit Händen zu greifen. Niemand – am wenigsten die Läuferin selbst – beachtet die 98 hervorragenden Prozent ihrer Darbietung; alles konzentriert sich ausschließlich auf diesen einen Moment des Versagens.
Sie hockt neben ihrem Trainer, während die Richter ihre Wertungen abgeben. Nun wünschen Sie sich, dass jemand auftauchen und ihr für den Rest ihrer Darbietung Anerkennung zollen möge, ihr sagen würde, dass sie zum größten Teil phantastisch gelaufen ist, ihr versichern würde, dass sie wegen dieses einen Fehlers keine Versagerin auf der ganzen Linie ist. Doch es gibt für sie keine Vergebung, keine Verhältnismäßigkeit der Dinge. Sie würde am liebsten wegrennen und sich verstecken. Sie spüren, dass dieser Augenblick sie noch lange verfolgen wird.
Dieses bedrückende Szenario erfasst das klaustrophobische Universum, das entsteht, wenn ein Schema den Geist gefangen hält. Das Ergebnis ähnelt einem Zustand der Besessenheit, bestimmt unser Erleben in diesem Augenblick total. Weil Schemata unsere Wahrnehmung von Ereignissen beeinflussen, werden sie Teil der Brille, durch die wir die Realität sehen, und haben die Macht auszuwählen, was wir beachten und was wir übersehen, ohne dass

wir uns ihrer Rolle bewusst wären. Wie sie uns die Realität darstellen, scheint uns die Realität zu sein. Im Denken der Perfektionistin, die für die wahre Qualität ihrer Leistung blind bleibt, nimmt der einzige Fehler allen Raum ein.

Wenn wir einem Schema zum Opfer fallen, werden wir sehr leicht blind für die Rolle, die dieses Muster bei unseren stets wiederholten alltäglichen Katastrophen spielt. Die Realität des Schemas bestimmt, was wir wahrnehmen und im Gedächtnis behalten, macht uns jedoch unempfindlich für die Tatsache, dass das Schema in uns am Werk ist. Daher machen wir das Problem »da draußen« fest statt in uns selbst.

Ein Mensch, der im Bann eines Schemas steht, ähnelt dem Mann aus der obskuren Anekdote, der sich bei seinem Therapeuten beklagt: »Ich bin gerade zum vierten Mal in den letzten paar Jahren rausgeschmissen worden. Meine Ehe steht kurz vor dem Auseinanderbrechen, und ich bin schon fünfmal geschieden. Bitte helfen Sie mir zu verstehen, warum es da draußen so viele kaputte Leute gibt.«

Absurde geistige Gewohnheiten ● Der surrealistische Maler René Magritte bemerkte einmal über das Rätselhafte in seinen Bildern, dass es der beste Beweis für seinen Bruch mit den absurden geistigen Gewohnheiten sei, die im Allgemeinen an die Stelle eines authentischen Daseinsgefühls träten. Fehlangepasste Schemata passen mit Sicherheit in Magrittes Kategorie der »absurden geistigen Gewohnheiten«. Sie halten uns davon ab, den Augenblick unmittelbar und direkt zu erleben. Die Verzerrungen, die sie unserer Wahrnehmung aufzwingen, lassen das Leben im Lichte des Schemas erscheinen, hindern uns daran, die Dinge so zu registrieren und auf sie zu reagieren, wie sie wirklich sind. Und dies wiederum nimmt uns unsere Spontaneität und Flexibilität. Stattdessen sind wir im eingefahrenen Gleis der Gewohnheit gefangen, sprechen auf ein Bausch-und-Bogen-Muster aus Sehen und Reagieren an. Diese aufgezwungenen Gewohnheiten hin-

dern uns am unmittelbaren Erleben dessen, was in diesem Augenblick tatsächlich geschieht – an dem, was Magritte als »authentisches Daseinsgefühl« bezeichnete.
Mehrere Denk- und Wahrnehmungsverzerrungen sind typisch für aktivierte Schemata:

Selektive Wahrnehmung: Dinge nur in einer Art und Weise sehen und alle Anhaltspunkte für das Gegenteil ignorieren. Ein Student mit dem Perfektionismusmuster beispielsweise schneidet in einer schriftlichen Prüfung gut ab, bekommt jedoch eine einzige negative Randbemerkung. Er grübelt über diese Anmerkung in einer Endlosschleife der Selbstkritik nach und ignoriert die gute Gesamtnote.

Übergeneralisierung: Ein einzelnes Ereignis ist gleichbedeutend mit einem dauerhaften Muster. Hinweise auf diese Verzerrung bietet der Gebrauch von Wörtern wie »immer« und »nie«. Ein Mensch mit dem Versagensschema, der zugunsten eines anderen mit besseren Qualifikationen bei der Beförderung übergangen wird, sagt sich: »Mir wird nie etwas gelingen.«

Gedankenlesen: Dieser Mensch unterstellt anderen die schlimmsten Motive oder Gedanken, um sich ihr Verhalten zu erklären; er klammert sich an diese willkürlichen Erklärungen, als sei ihre Wahrheit erwiesen. Nehmen wir eine Frau mit dem Schema des Verlassenwerdens, die in einem Restaurant endlos auf ihren sich verspätenden Freund wartet. Während sie so dasitzt, reift in ihr die Überzeugung, dass er sie versetzen wird. Dann grübelt sie über Dinge nach, die sie gesagt oder getan hat und die ihren Freund vielleicht dazu gebracht haben, die Beziehung beenden zu wollen.

Vorschnelle Schlussfolgerungen ziehen: Das Schema lässt den Betroffenen zu dem Schluss kommen, dass seine schlimmsten Befürchtungen trotz fehlender Beweise wahr geworden sind. In dem Augenblick beispielsweise, in dem ein Mensch mit dem Schema des sozialen Ausschlusses auf einer Party eintrifft, denkt er automatisch: »Niemand will sich mit mir unterhalten. Ich gehöre nicht hierher.«

Übertreiben: Eine Nebensächlichkeit wird fälschlich für eine Katastrophe gehalten. Zum Beispiel bemerkt ein Mensch mit dem Verletzlichkeitsschema ein erstes Kratzen im Hals und ist sofort überzeugt, dass er eine lebensbedrohliche Lungenentzündung ausbrütet.

Dichterlogik ● Unsere Schemata färben die nackten Erfahrungen in unserem Leben mit ihrer besonderen Leidenschaft. Sie bestimmen, welchen emotionalen Gehalt wir in die Tatsachen hineinlesen und welche Gefühle diese Einschätzung dann in uns auslöst. Die »Wahrheit«, aus Sicht eines Schemas, liegt in dem emotionalen Inhalt, den es in einen einfachen Satz oder Gedanken hineinliest, sowie in den schlimmen Vorhersagen, Erwartungen, Zuschreibungen und Annahmen, die es darin verborgen sieht.
Schemata werden von *symbolischen* Realitäten ausgelöst. In diesem Sinn funktioniert ein Schema eher wie ein Gedicht als ein Aussagesatz. Die Bedeutung eines Satzes ist relativ einfach und klar und vermittelt eine umrissene Information. Ein Gedicht jedoch lässt sich nicht wörtlich begreifen. Seine Bedeutung liegt im symbolischen Gehalt der Worte, ihren emotionalen Begleiterscheinungen und den freien Assoziationen.
Wie Gedichte folgen Schemata einer gewissen irrationalen Logik, vergleichbar der kindlichen Denkweise, die Freud als Primärprozess bezeichnete; dabei sind Tatsachen dehnbar, und die Realität kann so verdreht werden, dass sie sich in verschiedene Sichtweisen einfügt – wie im Traum.
Was wir in die bloßen Tatsachen eines Augenblicks hineinlesen, hängt von den jeweiligen Erfahrungslandkarten ab, die unsere persönliche Geschichte gezeichnet hat. Nehmen wir den folgen-

den Satz: »Ich habe in der Prüfung versagt.« Als Aussage betrachtet ist seine Bedeutung einfach. Doch die emotionale Tragweite, insbesondere bei einem Menschen, der für das Versagensschema anfällig ist, kann enorm sein, etwa so wie die eines Quasigedichts mit etwa folgendem Beginn:

Ich habe in der Prüfung versagt.
Ich versage.
Ich versage überall.

Dieses kurze Quasigedicht könnte gut als Zusammenfassung des Kerngedankens in einem Versagensschema dienen. Es könnte so weitergehen: »Ich versage immer. Ich habe nie Erfolg. Ich habe einfach nicht das Zeug dazu ...« Die Krönung dieser mentalen Karte könnte durchaus lauten, dass man nicht bloß unfähig, sondern wertlos ist. So gewinnt die Tatsache – die Prüfung verhauen zu haben – die traurige, hoffnungslose Bedeutung des obigen »Gedichts«.

Das Versagensschema entsteht wie beschrieben in aller Regel aus wiederholten Kindheitserfahrungen, die um Versagen oder schmerzliche Enttäuschungen kreisten. Bei einem Menschen, dessen persönliche Geschichte durch die Überwindung von Rückschlägen und ein stärkeres Kompetenzgefühl gekennzeichnet ist, wäre die entsprechende mentale Karte dagegen optimistischer. Die in dieselbe Tatsache – die verhauene Prüfung – hineingelesene Bedeutung könnte sein: »Ich werde mich das nächste Mal gründlicher vorbereiten und besser abschneiden«, und dahinter wiederum stünde die Annahme: »Ich kann Erfolg haben.« Statt des verheerenden Gefühls von Wertlosigkeit und Depression hätte dieser Mensch Hoffnung. Auf diese Weise bestimmen Schemata darüber, welchen Einfluss welche Ereignisse in unserem Leben ausüben.

Die Anatomie einer Schema-Attacke ● »Ich hatte einmal einen Freund, der in derselben Firma arbeitete wie ich«, erinnerte sich Teresa auf einem Workshop. »Nach mehreren Monaten trennten wir uns und gingen beide bald mit anderen aus. Zwei Wochen nach unserer Trennung sah ich ihn eines Morgens auf den Parkplatz einbiegen – und neben ihm saß eine Frau.

Ich war verletzt und wütend. Ich dachte: ›Sie haben miteinander geschlafen. Er tut mir das jetzt schon an!‹ Ich fühlte mich furchtbar hintergangen, obwohl wir uns doch getrennt hatten und ich schon mit einem anderen Mann ausging. Ich rannte hin, wutschnaubend, und pflanzte mich vor seinem Auto auf, damit er mich auch wirklich sah, und dann marschierte ich in das Gebäude und knallte die Tür zu … Tage später fand ich heraus, dass er überhaupt nicht mit der Frau zusammen war. Er hatte sie nur mitgenommen, weil ihr Auto auf dem Weg zur Arbeit eine Panne gehabt hatte.«

Vielleicht würde es jeden wenigstens ein bisschen auf die Palme bringen, den Exlover mit einer neuen Liebe zu sehen. Doch Teresas Reaktion ging weit über die übliche Eifersucht hinaus: Sie schäumte vor Wut. Die übermächtige Rage ging, wie Teresa bei der Analyse ihrer Schemata herausfand, auf eine starke Angst vor dem Verlassenwerden zurück, die größtenteils in ihrer Kindheit wurzelte; ihr Vater hatte sie und ihre Mutter tatsächlich um einer anderen Frau willen verlassen. Der darin begründete Schmerz und der Zorn, die Teresa in sich trug, wurden durch die symbolische Wiederholung dieses Kindheitstraumas durch ihren Exfreund erneut ausgelöst.

Wenn uns wie Teresa machtvolle Gefühle – ob Wut, Schmerz, Angst oder Trauer – überwältigen, ziehen die Gefühlszentren des Gehirns Energie aus den rationaleren, denkenden Gehirnarealen ab. Dieser rationale Teil des Gehirns hätte Teresa veranlassen können, sich andere Möglichkeiten zu überlegen, bevor sie vor Wut in die Luft ging.

Solche Überreaktionen sind Schema-Attacken, emotionale Explosionen, ausgelöst von unseren Schemata. Das typische Zeichen einer Schema-Attacke ist eine Überreaktion, die sehr rasch, sehr heftig und sehr unangemessen ist – und die bei näherem

Hinsehen eine symbolische, das Schema auslösende Bedeutung offenbart. Beispielsweise ziehen wir uns auf einer Party in eine Ecke zurück, weil jemand etwas in einem frostigen Ton geäußert und so unser Schema des sozialen Ausschlusses aktiviert hat – der kalte Ton symbolisiert die befürchtete soziale Ablehnung, überflutet unseren Geist mit dem Gedanken, dass sich sowieso keiner mit uns unterhalten möchte, und mit den zugehörigen, nur allzu vertrauten Ängsten.

Eine Schema-Attacke wie Teresas Wutanfall entsteht in den emotionalen Zentren – einem entwicklungsgeschichtlich alten Teil des Gehirns, der enorme Macht ausübt. Emotionen dienen einem überlebenswichtigen Zweck: Das Gehirn stellt auf diese Weise sicher, dass wir uns durch eine sofortige Reaktion vor einer Bedrohung retten. Das Gehirn ist so gebaut, dass unsere Emotionen immer noch im Nu die Macht über uns an sich reißen können, wenn die Gefühlszentren einen Notfall wahrnehmen, ob dieser Notfall nun eine reale oder nur eine symbolische Gefahr ist.

Der Schemata-Speicher ● Der anatomische Auslöser einer derartigen Schema-Attacke ist eine Struktur im Gefühlszentrum, der oben erwähnte Mandelkern.[18] Hier liegt der Schlüssel zur Klärung der Frage, warum jemand wie Teresa es fertig bringt, im Handumdrehen etwas zu tun, das sie im Nachhinein bereut. Der Mandelkern dient als Speicherzentrum des Gehirns für unsere negativen emotionalen Erinnerungen, als eine Art riesiges Archiv der elektrisierenden, erschreckenden und explosiven Augenblicke unseres Lebens. Immer wenn uns Wut oder Angst überflutet, Trauer überwältigt oder Schmerz zerreißt, hinterlässt die jeweilige Emotion ihren Stempel im Mandelkern.

Dasselbe tun vermutlich emotional aufgeladene Momente in den Jahren, in denen sich unsere emotionalen Gewohnheiten formen. Gemeinsam mit jedem emotionalen Eindruck speichert der Mandelkern gewissenhaft alle Reaktionen, die wir in diesen Augenblicken lernen, ob das vor Furcht erstarren, aus Wut zuschlagen oder sich ausklinken und empfindungslos werden ist. Kurzum, der Mandelkern dient als Schemata-Speicher, als Aufbewahrungsort für unser Repertoire negativer emotionaler Gewohnheiten.

Unsere Erinnerungen an frühere Aufregungen – und was wir in solchen Augenblicken zu tun gelernt haben – dienen als emotionales Radar, das alles abtastet, was wir wahrnehmen und erleben. Scheint zwischen einem aktuellen Geschehen und einem emotional belastenden Ereignis aus unserer Vergangenheit Übereinstimmung zu bestehen – »er lehnt mich ab und lässt mich im Stich, genau wie mein Vater die Familie verließ und mit einer anderen Frau davonlief!« –, dann wird eine Reaktion ausgelöst, die wir auf dieses frühere Ereignis hin gelernt haben. Das Ergebnis: eine Schema-Attacke.

In solchen Augenblicken greift der Mandelkern auf die vertrauteste Reaktion zurück, die etwa der Default-Option beim Computer entspricht. Der Mandelkern sucht nach einer schnellen Reaktion und nimmt, was rasch zur Hand ist. Er bevorzugt eine Reaktionsweise, die er durch zahllose Wiederholungen eingeübt hat, folgt also bereitwillig dem gut gelernten Skript des Schemas. Nehmen wir an, der Geliebte einer Frau kann sie zu der vereinbarten Zeit nicht anrufen, und ihr Misstrauensschema bringt sie wegen seines vermeintlichen Verrats in Rage. Das Gleis in ihrem Gehirn ist so tief eingefahren, dass ihr kaum noch eine andere Wahl bleibt, wenn die Schema-Attacke einsetzt: Wir spulen immer wieder dieselbe Reaktion ab, selbst wenn wir rational erkennen mögen, dass sie keinen Sinn hat.

Der Konstruktionsfehler ● Es gibt einen neuronalen Schleichweg, eine Ein-Neuron-Verbindung zwischen dem Thalamus, in dem die Wahrnehmungssignale zuerst ankommen, und dem Mandelkern, in dem unsere emotionalen Erinnerungen lauern. An dieser Verknüpfung ist jedoch eines problematisch: In die Verbindung zum Mandelkern geht nur ein Bruchteil der Information, die in das Gehirn einströmt – was auf das verschwommene Bild eines nicht scharf gestellten Films hinausläuft. Höchstens fünf Prozent der Signale aus der Sinneswahrnehmung nehmen diese Abkürzung vom Thalamus zum Mandelkern; der gesamte Rest geht zum Neocortex, zur denkenden Gehirnrinde, in der eine systematischere Analyse stattfindet.

Der Mandelkern macht seine »kurzen Prozesse« auf der Basis eines undeutlichen, verschwommenen Bildes der Dinge, während zu den Zentren des Cortex ein viel klareres Bild gelangt. Da der Cortex seine Schlüsse weitaus sorgfältiger zieht, reagiert er auch maßvoller oder angemessener.

Der Mandelkern kommt, gemessen in Gehirnzeit, sehr viel schneller zu seinen Schlussfolgerungen als die rationaleren Schaltkreise im denkenden Gehirn. Diese emotionalen Schnellurteile sind schon gefällt, bevor der Cortex Zeit gehabt hat herauszufinden, was überhaupt vor sich geht.

Und hier liegt der Hase im Pfeffer. Der Mandelkern reagiert auf der Grundlage eines diffuseren Bildes als das denkende Gehirn, noch dazu mit blitzartiger Geschwindigkeit. Während eines Großteils der Evolution, als es noch viele reale, physische Bedrohungen gab, muss das sehr gut funktioniert haben. Im modernen Leben jedoch reagieren wir auf symbolische Bedrohungen – wie den Anblick, der Teresas Schmerz im Zusammenhang mit dem Verlassenwerden auslöste – immer noch mit derselben Intensität, als ob es sich um reale, physische Gefahren handelte.

Diese Konstruktionsschwäche in unserer neuronalen Architektur bedeutet, dass eine Schnellentscheidung auf der Grundlage eines unscharfen Bildes sehr leicht zu einer Schema-Attacke führen kann. Eine Gehirnreaktion, die in der Urzeit gut funktionierte, kann heutzutage Katastrophen heraufbeschwören: Als Teresa ihren Exfreund in Gesellschaft einer anderen Frau zur Arbeit kommen sieht, überreagiert sie mit der vollen Geschwindigkeit und Kraft, die wir bräuchten, um einem heranrasenden Auto auszuweichen.

Schema-Aktivierung ● Wenn der Mandelkern aktiviert wird, überflutet er den Körper mit Stresshormonen, die ihn auf einen Notfall vorbereiten. Diese Hormone gehören zu zwei Kategorien: Die eine Sorte liefert dem Körper einen schnellen, heftigen Energieschub – ausreichend beispielsweise für Kampf oder Wegrennen, die beiden uralten Überlebensreaktionen, die sich in der Evolution auszahlten. Die anderen Hormone werden gleichmäßiger in den Körper abgegeben und erhöhen dessen allgemeine Empfindlichkeit für Ereignisse, machen uns hypersensibel für jedwede eventuelle Gefahr.

Diese biologischen Reaktionen haben zur Folge, dass die kleinen Krisen eines harten Tages den Spiegel der Stresshormone immer weiter in die Höhe treiben. Wenn dann noch etwas geschieht, das ein Schema anklingen lässt – wenn Sie etwa einen Fernsehfilm über eine dominierende Mutter sehen, die Ihrer eigenen stark ähnelt –, dann kann dies Ihr eigenes Unterwerfungsschema aktivieren. Sie werden überempfindlich für Ereignisse in Ihrem Tagesablauf, die Unterwerfung zu fordern scheinen.

Schemata können über Stunden aktiviert bleiben – solange die Stresshormone in unserem Blut kreisen. Und weil uns ein vorbereitetes Schema empfänglicher für weitere Schema-Aktivierungen macht, kann der Prozess sich selbst in Gang halten und Tage oder Wochen weitergehen, weil ein Ereignis nach dem anderen unseren Empfindlichkeiten in die Hände spielt. Wahrscheinlich erleben wir Schemata sogar meistens in aktivierter Form – nicht als ausgewachsene Schema-Attacke, sondern als subtilen, durchgängigen Unterton in unserem Alltag.

Die Schema-Aktivierung wiederum lässt uns zu der bevorzugten Bewältigungsstrategie für dieses Schema greifen. Wenn wir gelernt haben, Unterwerfung überzukompensieren, dann kehren wir vielleicht selbst den Boss heraus; wenn wir ein Vermeidungsverhalten gelernt haben, werden wir unterwürfiger. Die Hormone, die unser Gehirn in Alarmzustand versetzen, machen uns biologisch sensibler und reaktionsbereiter. Wir neigen eher dazu, schwierige Momente durch die Brille eines Schemas und daher eher als beunruhigend denn als gewöhnliche Tagesereignisse zu sehen. Unsere Schemata bedürfen nur eines haarfeinen Auslösers, um sich auf jedes Ziel, das gerade zur Hand ist, zu entladen.

Wenn das Gehirn sich in einem Zustand erhöhter Wachsamkeit oder Vigilanz befindet, lässt die Brille, durch die es unsere Welt betrachtet, unsere Schemata an die Spitze der Hierarchie rücken. Die Schwelle für eine Schema-Attacke wird deutlich niedriger: Wir sind bereit, jemanden für etwas, das wir in einem gelasseneren Geisteszustand friedlich hätten durchgehen lassen, eine reinzuwürgen. Und solange das Schema aktiviert bleibt, neigen wir viel eher dazu, unsere altbekannte Methode, mit dem Schema fertig zu werden, ein weiteres Mal durchzuexerzieren.

Untersuchungen am Gehirn ergaben, dass ein maximal aktivierter – oder »heißer« – Mandelkern unsere Fähigkeit beeinträchtigt, negative Gedanken und Gefühle abzustellen.[19] Wenn wir also bereits aufgeregt sind und dann ein wenig später eine Schema-Attacke ausgelöst wird, fällt es uns noch schwerer, sie abzubrechen.

Bezeichnenderweise überflutet ein heißer Mandelkern den Körper förmlich mit Cortisol; dieses Hormon wird im Gehirn freigesetzt, um die Notfallreaktionen des Körpers in Bereitschaft zu versetzen. Das Cortisol verschlimmert die ganze Sache noch. Die Gehirnstruktur, die unsere Handlungen auf die Situation abstimmt und sicherstellt, dass sie angemessen sind, heißt Hippocampus. Wie sich zeigt, wird der Hippocampus von dem Cortisolschwall, der durch die von einer Schema-Attacke ausgelöste Flut negativer Emotionen freigesetzt wird, einfach überrannt.

Wie Sie sich erinnern, ist Unangemessenheit ein typisches Zeichen für eine Schema-Attacke. Das Schema des sozialen Ausschlusses beispielsweise macht Menschen in Gruppen übermäßig schüchtern; das Schema des Verlassenwerdens führt zu Wut bei bloß symbolischen Zeichen, im Stich gelassen zu werden. Aus unserem Wissen über das Gehirn scheint sich Folgendes zu ergeben: Je aufgeregter wir noch vor dem Auslösen eines Schemas sind, desto wahrscheinlicher ist die anschließende Schema-Attacke unangemessen – die falsche Reaktion auf die falsche Person zur falschen Zeit.

Ein, zwei, viele Selbst ● Dass Schemata die Macht haben, uns unsere Realität vorzuschreiben, ähnelt einer Vorstellung in der klassischen buddhistischen Psychologie, wonach der Geisteszustand, der uns in einem gegebenen Augenblick beherrscht, unsere Wahrnehmung der Ereignisse um uns und unsere Reaktion auf sie bestimmt. Wenn sich der geistige Zustand ändert, ändern sich auch unsere Wahrnehmungen und Reaktionen.

In gewissem Sinn machen uns diese Veränderungen zu einer anderen Person, je nachdem, welcher emotionale Zustand uns im Augenblick gerade beherrscht. Diese Vorstellung einer Vielzahl von Persönlichkeiten, die unseren Geist bevölkern, passt gut zu neueren Vorstellungen der modernen Persönlichkeitspsychologie und Kognitionswissenschaften. Statt die Persönlichkeit als ein Bündel fixierter Persönlichkeitszüge zu sehen, geht die moderne Psychologie gegenwärtig zu der Auffassung über, dass sich unsere Persönlichkeit von Augenblick zu Augenblick und von Kontext zu Kontext – zuweilen radikal – ändert; allerdings befreit uns das Nebeneinander dieser unterschiedlichen Realitäten nicht von der Verantwortung für unsere Taten.

Jede Emotion ist in gewissem Sinn ihr eigener Kontext. Ein starkes Gefühl wie Wut oder Angst steuert unsere Prioritäten bei Aufmerksamkeit und Gedächtnis. Wir erinnern besser und heften unsere Aufmerksamkeit leichter auf das, was sich der Emotion des Augenblicks einfügt. Ein Schema kann als Mini-Selbst betrachtet werden, als eine Konstellation von Gefühlen, Gedanken, Erinnerungen und Handlungstendenzen, die unsere Realität in diesem Augenblick definieren.

Manchmal lassen mich Schemata an die berühmte Szene in dem

Film *Alien* denken, in der ein piranhamäuliges Ungeheuer aus dem Bauch eines Mitglieds der Raumschiffbesatzung hervorbricht. Schemata sind fast wie lebendige Wesen in unserem Geist. Wie ein fremder Parasit kämpfen sie ums Überleben – meistens sehr erfolgreich. Diese emotionalen Gewohnheiten führen ein Eigenleben. Selbst wenn wir uns bemühen, uns nicht von ihnen beeinflussen zu lassen, mischen sie sich entgegen unseren guten Absichten ein.

In gewissem Sinn sichern die Verdrehungen, die Schemata der Realität und unserem Gefühlsleben aufzwingen, ihr Überleben. Diese Überlebensstrategie schlägt sich darin nieder, dass eben die Reaktionen, die uns ein Schema diktiert, zu Ergebnissen führen, die die schiefen Überzeugungen des Schemas bestätigen. Sie wirken wie eine sich selbst erfüllende Prophezeiung, wie eine Arbeitshypothese oder Annahme über uns selbst, andere Menschen und die vermeintlich unabänderliche Natur unserer Beziehungen zu ihnen.

Ein Mensch mit dem Misstrauensschema beispielsweise begegnet anderen mit der Überzeugung, dass man niemandem trauen kann, und verhält sich daher argwöhnisch, ist rasch mit Verdächtigungen bei der Hand, stürzt sich auf jedes Zeichen, dass ihn jemand hintergangen hat. Die Vorsicht eines misstrauischen Menschen flößt anderen Unbehagen ein, sodass sie sich reservierter und weniger offen geben. Wenn er dann wiederum auf der Hut ist – was diese Einstellung durchaus fördern dürfte –, erwächst aus der Beziehung wohl kaum eine enge, vertrauensvolle Bindung.

Schemata vermögen auch deswegen zu überdauern, weil sie uns auf einer elementaren Ebene offenbar nützen. Wie Sie bereits wissen, haben wir unsere Schemata als Reaktionsweisen auf beunruhigende Situationen erworben. Sie sind Strategien, um unsere Gemütslage zu verbessern, um uns vor einem miesen Gefühl zu bewahren oder um auf eine verwirrende Situation zu reagieren.

Unsere Schemata kommen deshalb so häufig zum Einsatz, weil sie einem nützlichen emotionalen Zweck dienen, zumindest teilweise. So dient das Verletzlichkeitsschema einem fast schon verzweifelten Ziel: sicherzustellen, dass ein befürchtetes Unglück nicht eintritt. Besorgnis kann natürlich der Anpassung dienen, insbesondere wenn sie uns Vorkehrungen gegen eine potenzielle Gefahr treffen lässt. Doch hinter diesem Schema steht eine Art magisches Denken, als ob der Betroffene durch das zwanghafte Grübeln die gefürchtete Katastrophe abwenden könnte. Diese fast abergläubische Überzeugung treibt ihn dazu, immer wieder dasselbe Ritual übertriebener Bedenken durchzuexerzieren, auch wenn es seinen eigenen Seelenfrieden und den der ihm nahe stehenden Menschen untergräbt.
Eine Klientin bemerkte über dieses Muster, dass sie wisse, wie sehr es alle in ihrer Nähe nerve, fügte jedoch hinzu: »Ich kann es einfach nicht abstellen. Wenn jemand aus meiner Familie oder meinem Freundeskreis auf eine Reise geht, macht es mich krank vor Sorge, dass ihnen etwas zustoßen könnte. Ich habe dann ganz schlimme Phantasievorstellungen, etwa dass jemand in das Hotelzimmer einbricht oder noch Schlimmeres. Und ich muss dann anrufen – auch wenn ich weiß, dass es viel zu spät dafür ist –, nur um sicherzugehen, dass alles in Ordnung ist.«
Weil das Verletzlichkeitsschema zu Überbesorgnis in Situationen zwingt, die in Wirklichkeit harmlos sind, *scheint* es sich paradoxerweise auszuzahlen. Das magische Denken läuft so ab: »Weil ich mein Sorgenritual absolviert habe, ist nichts Schlimmes passiert. Alle sind in Sicherheit, und ich bin wieder erleichtert.« Es ist, als hätte die Überbesorgnis eine schützende Kraft.
Obwohl sie unlogisch ist, bestärkt die ständig wiederholte Gedankenabfolge, durch die übermäßige Sorge emotionale Erleichterung herbeizuführen scheint, die Gewohnheit mit Nachdruck. Solche kontinuierliche Verstärkung und Wiederholung macht Schemata wie das der Verletzlichkeit zu besonders hartnäckigen geistigen Gewohnheiten, die nur schwer zu ändern sind. Den-

noch *können* wir sie ändern – mit den richtigen Werkzeugen des Gewahrseins.

Was soll ich jetzt tun? ● Eine Bekannte hatte ein frustrierendes Muster: Sie wurde von gefühlskalten, egoistischen Männern angezogen, von denen sie sich vernachlässigt und im Stich gelassen fühlte. Immer wieder geriet sie an so einen, ging eine Beziehung mit ihm ein und erlebte – wieder einmal – dieselbe Enttäuschung.

Eines Tages fragte ich sie, ob sie zwischen ihrer Neigung zu solch abweisenden Männern und ihren lebenslangen Nöten mit ihrem verschlossenen Vater einen Zusammenhang sehe.

Ihre erste Antwort lautete: »Können wir das Thema wechseln?« Nachdem wir jedoch ein wenig länger darüber gesprochen hatten, gestand sie schließlich: »Ich weiß, dass es da einen Zusammenhang gibt – ich weiß bloß nicht, was ich dagegen machen soll.«

Viele von uns stecken ab und zu in dieser Klemme. Uns ist klar, dass etwas in unserem Leben nicht stimmt, und wir vermögen sogar den Zusammenhang zwischen unseren jetzigen Problemen und den in unserer Kindheit gelernten Mustern zu erkennen. Es braucht schon viel Einsicht und Bewusstheit, um zu diesem Punkt zu gelangen. Doch dann stehen wir vor der Frage: »Und was jetzt?«

Manche wünschen sich, sie hätten die emotionale Würmerdose gar nicht erst aufgemacht. Eine Freundin meinte kürzlich teils scherzhaft: »Ich weiß, dass ich ungelöste emotionale Probleme habe – ich schiebe sie nur lieber weg und tue so, als wären sie nicht da!«

Ihre so treffend formulierte Haltung ist nur allzu verbreitet.

Ich habe selbst schon so empfunden, wenn ich mit einem Schema-Auslöser konfrontiert war. Selbst nach jahrelanger Arbeit an meinen eigenen emotionalen Gewohnheiten erinnerte mich eine innere Stimme an eine Zeile aus den alten Laurel-und-Hardy-

Klassikern, die ein völlig aufgelöster Stan an seinen Kumpel richtet: »Da hast du mich aber in was Schönes reingeritten, Ollie.«
Auf der anderen Seite jedoch stehen die Augenblicke emotionaler Freiheit, die uns Hoffnung geben: die Hoffnung, uns nicht mehr damit abfinden zu müssen, dass wir von anderen unfair behandelt werden, dass unser Bedürfnis nach Zuwendung unerfüllt bleibt, dass wir mit der Angst vor Katastrophen oder dem Gefühl, ausgeschlossen zu sein, leben müssen. Das sind Momente, die uns den Weg hinaus aus den erlernten Gewohnheiten weisen, eingegraben in den Kern unseres Bildes von uns selbst und von anderen.
In diesen Augenblicken spüren wir das erhebende und erleichternde Gefühl von Befreiung aus dem Würgegriff unserer Lerngeschichte – der treibenden Kraft hinter einem Großteil unserer Überzeugungen und Handlungsmuster. Solche Momente lassen uns erkennen, dass wir nicht in den Mustern, die uns das Gefühl von Erstarrung geben, gefangen bleiben müssen. Doch bevor wir frei sein können, müssen wir erkennen, inwiefern wir gefangen sind. Es ist natürlich ganz wichtig, hier, an einem Ort der Hoffnungslosigkeit nicht stehen zu bleiben, sondern einzusehen, dass das Leiden in unserem Leben die Folge gelernter Gewohnheiten ist. Und dann zu sehen, dass wir die Chance haben, die Tyrannei dieser Gewohnheiten nicht länger andauern zu lassen.
Wenn wir die Funktionsweise und die Karte der Schemata verstehen und erkennen, wann und wie sie in unserem Leben und unseren Beziehungen durchbrechen, schaffen wir die Voraussetzungen, ihrer deutlicher gewahr zu werden und wirkliche, dauerhafte Veränderungen zum Besseren vorzunehmen. Dies erfordert Zeit und Mühe; es gibt keine schnelle Lösung. Doch unsere emotionalen Gewohnheiten sind wie alle anderen Gewohnheiten auch: Sie lassen sich ans Licht des Gewahrseins bringen und ändern.

Vier Edle Wahrheiten und Schemata ● Wenn ein Mensch sich im Griff eines Schemas befindet, können wir nicht einfach mit den Achseln zucken: »Ach, das ist doch bloß dein Deprivationsschema, das wieder mal zuschlägt.« Verständlicherweise erleben andere ein solches Schubladendenken als Entwertung ihrer gegenwärtigen Gefühle. Zuerst einmal muss Empathie walten, bevor irgendwelche Versuche zur Veränderung gemacht werden können.

Als Therapeutin sowie bei der Analyse meiner selbst habe ich gelernt, dass man zuerst einmal verstehen muss, wie eine Person eine Situation erlebt und deutet. Dann muss man sich in diese symbolische Realität einfühlen. Erst wenn der Teil der Person, der sich mit der Schema-Realität identifiziert, dieses Einfühlungsvermögen spürt, kann sie sich anderen Sichtweisen öffnen. Dazu gehört die Einsicht, dass die Brille des Schemas ihre Wahrnehmungen und Reaktionen verzerrt.

Wir können also in diese Arbeit einsteigen, indem wir mit den untergründigen Gefühlen, die in den Mustern unserer Schemata gefangen sind, in Berührung kommen und ihnen Ausdruck geben. Das Mittel dazu ist achtsame Empathie – einfach bei den Gefühlen zu *sein*, ohne sie ändern zu wollen. Wenn wir diese tiefen Gefühle erleben, stellen wir oft spontan Verbindungen zwischen Erinnerungen an den Ursprung eines Schemas und unseren gegenwärtigen Gefühlen und Reaktionen her. Wir gewinnen vielleicht Einsichten, neue Sichtweisen alter Gewohnheiten oder andere Standpunkte, die unsere alten Annahmen infrage stellen.

Dieses Durcharbeiten unserer Emotionen, das Aufdröseln von Erinnerungen, Gefühlen, körperlich fixierten Spannungen, Energieblockierungen hat etwas Organisches. Einsichten kommen nach ihrem eigenen natürlichen Zeitmaß, das von Mensch zu Mensch unterschiedlich ist.

Wenn wir erst bereit sind, uns in unsere Schema-Empfindungen einzufühlen, neigen wir weniger zu aufgesetzt rationalem Verhalten oder emotionaler Distanzierung. Nicht dass wir ausschließlich auf der Gefühlsebene bleiben müssten, aber es ist wichtig, keinen Widerstand zu leisten und sie nicht zu meiden.

Ein Teil von uns mag auf irgendeiner Ebene wissen, dass das

Schema nicht funktioniert oder sinnlos ist, doch wir sind vielleicht noch nicht ganz bereit, dieser Einsicht entsprechend zu handeln. Empathie macht es wahrscheinlicher, dass wir die Verzerrungen schärfer sehen. Achtsamkeit erlaubt uns, näher an alten Gefühlen und Mustern dranzubleiben und uns weniger von ihnen beeinflussen oder durch sie definieren zu lassen.

Dann können wir alle Dimensionen des Bezugs zu unserem Gefühlsleben freier erkunden – den kognitiven, emotionalen, verhaltensbezogenen und spirituellen. Unsere Denkmuster umzuformen, zu analysieren und infrage zu stellen ist manchmal höchst nützlich. Zu anderen Zeiten ist es äußerst heilsam, sich bewusst neu und anders zu verhalten. Für manche von uns bietet der körperliche Ausdruck oder das Aufdecken und Befreien von Gefühlen in körperlichen Blockaden ein wirksames Mittel. Und wieder andere mögen nach heilenden emotionalen Erfahrungen streben, sowohl innerlich als auch in unseren Beziehungen. Schließlich bevorzugen es manche, die ganz bewusst einen spirituellen Weg beschreiten, Emotionen durch das Üben von Achtsamkeit aufzulösen.

Was immer für uns attraktiv ist, was immer bei uns am besten funktioniert, es ist wichtig, dass wir diese innere Arbeit zu unserer eigenen machen und dass jeder auf seine eigene Weise mit dem Leitmotiv verbunden bleibt, frei von diesen erbarmungslosen Mustern zu sein.

Der Buddhismus unterscheidet zwischen mehreren Arten des Leidens. Schemata fallen in die Kategorie des Leidens, das unserer Lerngeschichte, unseren erworbenen Gewohnheiten entspringt. Das Kernstück der buddhistischen Lehre bilden die Vier Edlen Wahrheiten. Sie beschreiben, wie wir unser Leiden erleben und wie wir ihm ein Ende setzen können. Sie weisen relativ deutliche Parallelen zu den Schritten der emotionalen Alchemie auf.

Die Erste dieser Wahrheiten ist einfach einzusehen, *dass* wir leiden; dies tun wir, wenn wir die Existenz unserer Schemata anerkennen. Die letzten Kapitel haben diese Wahrheit – dass wir durch unsere Schemata leiden – exemplarisch verdeutlicht.

Wenn wir Schemata erkannt und uns in sie eingefühlt haben, können wir daran gehen, sie zu ändern. Die Einsicht in das, was unsere Gewohnheiten fixiert, ähnelt der Zweiten Wahrheit vom Ursprung unseres Leidens.

Die Dritte Wahrheit ist die von der Aufhebung unseres Leidens; deren Möglichkeit sehen wir, wenn wir unserer Schemata gewahr werden und sie infrage stellen. Und die Vierte Wahrheit, der Pfad zur Aufhebung des Leidens, das durch unsere emotionalen Muster verursacht wird, ist Gegenstand des restlichen Teils dieses Buches.

III
Achtsamkeitstherapie

8
Der vielfältige Nutzen von Achtsamkeit

Weisheit, frei von den Wolken der beiden verdunkelnden Schleier
Gänzlich rein und hell leuchtend wie die Sonne
Erweckt uns aus dem Schlaf unserer aufgewühlten Gefühle und den Ketten der geistigen Gewohnheit
Zerstreut die Dunkelheit des Nichtwissens.[20]

Diese Zeilen aus einem alten tibetischen Gebet sind mir eine stete Quelle der Inspiration. Sie schildern die Kraft der Weisheit, eine transzendente Klarheit in den Geist zu bringen, und illustrieren eindringlich, wie sehr uns Achtsamkeit helfen kann, die Verblendung durch unsere Schemata abzulegen. ● Das Wort »Verblendung« taucht in buddhistischen Texten häufig auf; es bezeichnet alles, was unsere Wahrnehmung verzerrt, blockiert oder selektiv werden lässt. Aus buddhistischer Sicht äußert sich Verblendung in Form von Gedanken oder Gefühlen. Achtsamkeit hilft uns, unser Gewahrsein zu verfeinern und zu kultivieren, die Verästelungen und Verschachtelungen unserer emotionalen und kognitiven Muster zu erkennen, die wir inmitten all der Ablenkungen des Alltags leicht zu übersehen pflegen. Sie erlaubt uns, zwischen Verzerrung und Realität zu unterscheiden – das heißt zwischen dem Schein und dem Sein der Dinge. ● In den folgenden Kapiteln werden wir sehen, wie sich die Verblendung durch unsere fehlangepassten emotionalen Gewohnheiten auflösen lässt: durch das Einbinden von Achtsamkeit in die Theorie und die Methoden der Schema-Therapie. Der Geist besitzt enorme Kraft – entweder um sich selbst durch emotionale Gewohnheitsreaktionen zu fesseln oder um sich einen Weg durch diese Verblendung hindurch zu seiner natürlichen, offenen Klarheit zu schlagen. ● Die Idee zu dieser Integration kam mir vor Jahren wie von selbst während einer Fortbildung in Schema-Therapie. Zur selben Zeit nahm ich auch an Retreats [Intensivübungen] in Achtsamkeitsmeditation teil. Als ich die beiden Ansätze in meiner therapeutischen Praxis und meiner Arbeit an mir selbst zu verschmelzen begann, stellte ich mit Erstaunen fest, wie gut sich beide ineinander fügten, sich wechselseitig ergänzten und bereicherten.

Die Schema-Therapie richtet sich auf vier Bereiche: unsere Gedanken, unsere Gefühle, unsere Handlungen und unsere Beziehungen. Die emotionale Alchemie setzt Achtsamkeit gegen Verblendungen ein: innerhalb des Geistes im kognitiven und emotionalen Bereich sowie in den äußeren Bereichen des Verhaltens und der persönlichen Beziehungen. Wie wir noch sehen werden, lässt sich Achtsamkeit in besonderer Weise in allen vier Bereichen anwenden.

Jeder Mensch ist anders. In meiner therapeutischen Arbeit stelle ich mich auf die Arbeitsweise ein, die der jeweilige Klient oder die Klientin meines Erachtens benötigt, und reagiere entsprechend, statt eine einheitliche Struktur oder Methode vorzugeben, der er oder sie sich anpassen muss. Manche Menschen sind von Natur aus sensibler für die Gezeiten ihrer Emotionen und empfinden die direkte Arbeit in diesem Bereich am effektivsten; andere sehen einen besonders wirksamen Ansatzpunkt im Hinterfragen ihrer Gedanken; wieder andere setzen den Hebel am liebsten an einer zentralen fehlangepassten Gewohnheit oder an ihren Beziehungen an.

Doch was auch immer zu Beginn im Vordergrund stehen mag, die Arbeit erfasst alle vier Bereiche, da sie wie die Glieder einer Kette miteinander verbunden sind. Nähme man zum Beispiel nur die verzerrten Gedanken eines Schemas ins Visier, ohne sich auch um die elementaren Emotionen zu kümmern, aus denen sich das Schema speist, würde man nur halbe Sachen machen. Wenn man sich nicht in die Emotionen des Schemas einfühlt und infolgedessen das Problem zu früh zu reparieren versucht, bewirkt dies unter Umständen eine lediglich aufgesetzte Veränderung.

Unsere Handlungen sind unsere bloßgelegten Gedanken und Gefühle. Zur Veränderung unserer gewohnheitsmäßigen, ständig wiederholten schematischen Muster bemüht sich die Schema-Therapie, den Griff der Gewohnheit zu lockern; sie verschafft uns so mehr Flexibilität und Freiraum in unseren Reaktionen. Je öfter wir eine eingefahrene Reaktion wiederholen, desto stärker wird sie – und desto wahrscheinlicher werden wir diesen ausgetretenen Pfad automatisch wieder einschlagen.

Emotionale Alchemie ist achtsam erweiterte Schema-Therapie. Wenn es darum geht, die Ketten der Gewohnheit zu brechen, ist Achtsamkeit das beste Werkzeug. Wenn Sie eine emotionale Gewohnheit mit Achtsamkeit – mit einem neutralen, klaren Gewahrsein – zu betrachten vermögen, können Sie jene bald auch dann infrage stellen, wenn sie Sie wieder einmal in den Griff bekommen hat.

Für eine meiner ersten Klientinnen wurde Achtsamkeit zu einer Methode, ihre Panikattacken zu meistern. Als sie zu mir kam, zeigte sie die klassischen Symptome einer Panikstörung. Sie litt unter plötzlich einsetzenden überwältigenden Ängsten vor einer unmittelbar bevorstehenden Katastrophe. Die Angst ließ sie hyperventilieren, was wiederum die dramatische Furcht auslöste, ihr Herz könnte stehen bleiben oder ihre Atmung könnte aussetzen, sodass sie ersticken müsste. Ihre tief verwurzelte Katastrophenstimmung steigerte ihre Ängste rasch zur Panik.

Als sie jedoch eine Zeit lang Achtsamkeit geübt hatte, lernte sie, im Augenblick des Einsetzens der Symptome achtsames Gewahrsein anzuwenden. Dann konnte sie zusehen, wie ihr Geist die Gefahr zu einem Desaster aufblähte. Doch statt der anstürmenden Panikwelle nachzugeben, nutzte sie eben diese Gefühle und Gedanken als Hinweis, sich einfach nur auf ihren Atem zu konzentrieren. Anfangs steigerte das ihre Angst noch ein wenig mehr. Nach weiterem Üben jedoch stellte sie fest, dass es sie beruhigte und klarer denken ließ, sogar ihre panischen Gedanken infrage stellte statt zuzulassen, dass sie die Macht über ihren Geist übernahmen. Sie erinnerte sich selbst daran, dass sie sich trotz ihrer Ängste in Wirklichkeit in Sicherheit befand oder dass ihre Hyperventilation nur ein Zeichen vorübergehender Angst, nicht aber eines drohenden Erstickungstodes war.

In der Gegenwart zu bleiben, statt sich in angsterfüllten Gedanken zu verlieren, ist ein achtsames Gegenmittel gegen Panik. Das achtsame Gewahrsein meiner Klientin schloss die Spirale in die Panik kurz: Statt einer Sturzflut sich steigernder entsetzter Gedanken und Ängste empfand sie innere Ruhe und vermied so das Einsetzen einer ausgewachsenen Panik. Später konnte sie sogar die verordneten Medikamente gegen die Symptome absetzen, und schließlich blieben ihre Panikattacken ganz aus.

Durch achtsames Beobachten unserer emotionalen Gewohnheiten können wir lernen, uns weniger von ihnen einschränken zu lassen und uns allmählich von ihrer verzerrten Weltsicht zu lösen. Je mehr diese Muster von ihrer Macht verlieren, desto ausgewogener sehen wir die Dinge und desto eher sind wir zu einer flexiblen Reaktion imstande – statt nur zu einer einzigen, unabänderlichen, automatischen.

Augenblicke der Achtsamkeit ● Achtsamkeit verändert unser Verhältnis zu unseren erschütterndsten und bedrückendsten Augenblicken. Wenn wir mit Achtsamkeit an diese Momente herangehen, können wir erkennen, welche Möglichkeiten zur Veränderung in ihnen stecken, statt sie ausschließlich in negativem Licht zu sehen. Der verstorbene tibetische Lehrer Chögyam Trungpa, ein Fachmann für buddhistische Psychologie, drückte das so aus: »Auftretende Probleme werden nicht mehr nur als pure Bedrohungen gesehen, sondern sie werden zu Lernsituationen, zu Gelegenheiten, mehr über seinen eigenen Geist herauszufinden und seine Reise fortzusetzen.«

Wenn wir Achtsamkeit praktizieren, kann sich das in vielfältiger Weise auf unser Leben auswirken. Manchmal reagieren wir vielleicht anders auf Ärger, lassen uns nicht mehr provozieren; dann wieder kommen wir mit Gefühlen in Berührung, die wir zuvor ignoriert hätten, und lauschen genauer auf ihre Botschaften. Manchmal flößt uns Achtsamkeit mehr Empathie für einen anderen Menschen ein – oder für uns selbst. Dann wieder schenkt sie Ihnen vielleicht eine Einsicht in die Gründe für eine emotionale Reaktion. Oder Sie erkennen, dass Ihre Reaktionen Sie jetzt nicht mehr ins Bockshorn jagen. Die jeweiligen Auswirkungen von Achtsamkeit auf eine bestimmte Person zu einer bestimmten Zeit sind einzigartig. Eine Klientin berichtete mir: »Seit ich Achtsamkeit praktiziere, registriere ich alles um mich herum deutlicher. Ich nehme mir die Zeit zuzuhören; früher meinte ich oft, ich wäre zu beschäftigt, zu ungeduldig oder zu überlastet.« Ihr fiel auf, dass diese achtsamere Haltung einen spürbaren Unterschied in drei sehr verschiedenen Beziehungen herbeiführte: der zu ihrem Arbeitskollegen, zu ihrem Mann und zu ihrer halbwüchsigen Tochter. In der Arbeit stellte sie einen deutlichen Rückgang der Streitereien mit ihrem Mitarbeiter fest. Ihr Mann schien sich mehr für *ihre* Sorgen zu interessieren, weil sie mehr Anteil an den seinen nahm. Und sie wusste definitiv, dass sich etwas geändert hatte, als ihre Tochter eines Tages zu ihr sagte: »Weißt du, Mama, man kann jetzt viel besser mit dir über was reden.«

Eine andere Klientin schlug sich mit Lampenfieber herum – ein unablässiger Kampf für sie, da Live-Auftritte für ihre Karriere unabdingbar waren. Kurz bevor sie die Bühne betrat und sogar mitten in einem Auftritt ertappte sie sich bei dem zwanghaften Gedanken, dass manche Leute im Publikum ihre Vorstellung fürchterlich finden könnten.

Nach einer gewissen Zeit gelang es ihr mit Hilfe von Achtsamkeit, dieser Gedanken im Augenblick ihres Auftretens gewahr zu werden, zu beobachten, wie das Knieschlottern sie überkam. Also machte sie vor einem Auftritt eine Achtsamkeitsmeditation, fing ihre selbstkritischen Gedanken ab, wenn sie wie üblich über sie hereinbrachen, und hinterfragte sie. So schärfte sie sich beispielsweise ein: »Ich werde nicht dadurch definiert, was dieses Publikum denkt.« Sie hielt inne und redete sich selbst achtsam zu und half sich so über ihre Ängste hinweg, damit sie ihre ganze Energie in den kreativen musikalischen Ausdruck legen konnte, statt sich in Grübeleien zu verzetteln, was das Publikum wohl über sie denken mochte.

Eine andere erklärte mir: »Gefühle machen nicht mehr so viel Angst, wenn man aufhört, sie zu vermeiden.« Sie hatte erkannt, dass das Praktizieren von Achtsamkeit ihr die Kraft gab, dem Schmerz und der Traurigkeit in wichtigen Beziehungen standzuhalten – der zu ihrer Mutter und zu bestimmten Freundinnen. Als sie diese Gefühle genauer beobachtete und den Mustern ihrer inneren Auslöser auf die Spur kam, merkte sie, dass sie sich in diesen Beziehungen weniger zu reagieren gezwungen fühlte.

Diese Veränderungen waren allesamt darauf zurückzuführen, dass sich die Menschen Augenblicke der Achtsamkeit nahmen. Jedes Mal, wenn Sie aus Ihren Automatismen erwachen – wenn Sie dessen, was Sie tun, gewahr werden –, sind Sie achtsam. Achtsamkeit verhilft uns zu diesen wachen Momenten, wenn wir sie am meisten brauchen: wenn Ihre emotionalen Reaktionen in voller Fahrt sind.

»Manchmal stecke ich in einer Situation, die normalerweise einen Wutausbruch bei mir auslösen würde«, wunderte sich eine Klientin, »und stattdessen sehe ich, was läuft, was sich normalerweise in mir aufstauen würde. Ich bin mir eines inneren Flackerns bewusst, aber diesmal zündet es nicht. Ich fange an zu begreifen, dass ich mich nicht mehr davon beherrschen lassen muss.«

Ein Achtsamkeitsradar ● Mit Hilfe von Achtsamkeit können wir Schemata in dem Augenblick dingfest machen, in dem sie die Macht über uns an sich reißen. In unserer üblichen Hast treten unsere emotionalen Gewohnheiten in Aktion, ohne dass wir es merken – wir sind mit dem Geist ganz woanders. In solchen Momenten achtsam zu sein verlangsamt das Tempo des Geistes; so sehen wir klarer und erkennen mehr Alternativen, statt einfach blitzschnell in unsere automatische Reaktion zu verfallen. Eine Klientin fand dafür dieses Bild: »Achtsamkeit ist wie ein Fallschirm – sie bremst alles ab, damit man mehr registrieren kann.«

Wenn wir klareren Einblick in einen Geisteszustand gewinnen, beziehen wir uns anders darauf. Wenn wir eine Reaktionsbereitschaft – etwa zornig sein – achtsam betrachten, sehen wir sie aus einem neuen Blickwinkel: Wir können den Zorn in unserem Körper und in unserem Geist voll und ganz erleben, statt uns von der Woge der Wut einfach wegspülen zu lassen. Wir können der Gefühle gewahr sein und sie vorübergehen lassen. Wenn wir unangenehmen Gefühlen keinen Widerstand entgegensetzen oder angenehme nicht zu verlängern suchen, dann können wir bei unseren Emotionen und mentalen Zuständen sein, so wie sie sind. Statt uns von einer Emotion mitreißen zu lassen und automatisch so wie hunderte Male zuvor zu reagieren, haben wir jetzt die Wahl: Wir können in unseren Reaktionen kreativ sein.

Es gibt mehrere Wege, Achtsamkeit bei unseren beunruhigenden Emotionen zu üben; je nach deren Hartnäckigkeit und Stärke kann man sie in drei Intensitätsgraden einsetzen. Nyanaponika Thera bietet in seinem schon mehrmals zitierten Buch eine Faustregel: Behandle ein beunruhigendes Gefühl mit dem geringstmöglichen Aufwand, der sich als wirksam erweist.

Eine leichte Berührung, ohne sich in die Einzelheiten zu vertiefen, kann eine minimale emotionale Unruhe schon in Schach halten, damit wir unbeeinträchtigt in unserem Tun fortfahren können. Ein kurzes Notiznehmen der störenden Gedanken und Gefühle, nur ein Anerkennen, ein inneres Zunicken – statt einer geistigen Auseinandersetzung – reichen bisweilen schon aus.

Eine solche leichte Berührung durch Achtsamkeit kann Klarheit im Geist schaffen. Wenn die Störung nicht allzu sehr aufwühlt, wenn das Schema nur geringfügig aktiviert wird oder seine Macht über uns verliert oder wenn die Kraft unserer Aufmerksamkeit stark genug ist, kann ein einfaches Registrieren sie aus dem Geist vertreiben.

Achtsamkeit steigert unsere Fähigkeit, das Flüstern der in der Tiefe rumorenden Gefühle und Gedanken zu vernehmen. Achtsamkeit hilft uns, die automatischen Gedanken quasi auf dem Sprung zu erwischen, die, wenn wir ihnen freien Lauf ließen, eine Schema-Attacke entfachen könnten. Das Schema des sozialen Ausschlusses wird zum Beispiel so ausgelöst: »Ich werde nie zu einer Gruppe gehören; ich werde immer ein Außenseiter sein.« Das Unterwerfungsschema: »Ich fühle mich gegängelt.« Diese heimlichen Gedanken laufen unsichtbar, ohne dass wir es gewahr werden, auf eine ausgewachsene Schema-Attacke hinaus. Wenn wir sie jedoch durch unser »Achtsamkeitsradar« auf den Bildschirm unseres Gewahrseins bringen können, bevor die Attacke einsetzt, können wir sie infrage stellen und im Keim ersticken. Das führt uns unsere Anfälligkeit für Schemata vor Augen, statt dass die Schema-Ängste und -Gedanken uns kontrollieren.

Die automatischen Gedanken erweisen sich als bemerkenswert fadenscheinig, wenn wir sie in das helle Licht des Gewahrseins rücken und sie mit ihrem Gegenteil konfrontieren. Beispielsweise können wir unserer Verunsicherung ermutigende Erinnerungen entgegensetzen: eine Situation, in der die Verspätung einer Person alles andere als ein Signal für eine gestörte Beziehung war, oder eine Party, bei der wir uns in Gesellschaft fremder Menschen rundum wohl gefühlt haben. Manchmal kann dies genügen, um auslösende Gedanken für das Verlassenheits- oder Ausschlussschema zu besiegen. Natürlich bedeutet das Einstimmen auf Achtsamkeit nicht zwangsläufig völlige Klarheit über die Abläufe. Entscheidend aber ist, offen und annahmebereit bei unserem Erlebnis zu verharren, präsent zu bleiben und unerschütterlich hinzuschauen, was auch geschehen und wie es sich verändern mag.

Wenn unsere Achtsamkeit stark genug ist, um uns zu tragen, während verborgene Gefühle und Gedanken an die Oberfläche steigen, können sie uns, wie Nyanaponika sagt, bisweilen »offenbaren, wie arm und schwach wir eigentlich sind« – schwach wie der Zauberer von Oz hinter seinem grandiosen Trugbild. Wenn wir einmal den verhüllenden Schleier gelüftet haben, werden die wackeligen Annahmen und die emotionalen Reflexe, die unseren Schemata eine so überwältigende Macht verleihen, fragwürdig. Unsere Ängste können wieder auf Normalmaß schrumpfen – oder vielleicht sogar verschwinden.

Reine Achtsamkeit ● Wenn allerdings ein Schema stärker erregt wird und die beunruhigenden Gefühle anhalten, dann müssen wir mit unserer Achtsamkeit standhaft bleiben. Und meistens halten solche Gefühle vor allem zu Beginn des Prozesses tatsächlich länger an. Also muss auch die Achtsamkeit in reiner, anhaltender Weise aufrechterhalten werden. Dann bricht sich jede Welle der Unruhe an einem Deich der Ruhe und der stetigen Aufmerksamkeit. Wenn uns das gelingt, kann diese feste, entschlossene und stetige Achtsamkeit dem Gefühl häufig die Kraft entziehen – wie einem Feuer, dem der Sauerstoff fehlt.

Auf der Ebene der reinen Achtsamkeit kann die Methode des Benennens nützlich sein; Sie rufen sich ein einzelnes Wort ins Bewusstsein, das den Charakter der Störung kennzeichnet. Wenn beispielsweise Gefühle der Kränkung auf Sie einstürmen, weil Ihr Schema des Verlassenswerdens ausgelöst wurde, können Sie im Geist ein Wort – »Angst« oder »Verlust« oder »Verlassenwerden« – wiederholen. So können Sie genau registrieren, was in Ihnen vorgeht, ohne sich tiefer hineinziehen zu lassen. Jedes Mal, wenn Sie die heranrollende Gefühlswoge spüren, können Sie das Wort still für sich wiederholen – nicht als Mantra, auf das Sie sich konzentrieren, sondern mit Gelassenheit, als erkennendes Zunicken. Miriam, eine meiner Klientinnen, die begeistert Achtsamkeitsmeditation praktiziert, nahm einmal an einem dreimonatigen Meditationstraining des Lehrers Joseph Goldstein teil. In einem seiner Vorträge verglich er das Ausagieren gewohnheitsmäßiger Reaktionen mit dem Plattenarm einer alten Musikbox: Er fährt automatisch aus, wählt eine Platte und legt sie auf den Plattenteller. Zum Spaß schlug er vor, jedem dieser Automatismen eine Kennziffer wie für eine Schallplatte zu verpassen, also etwa »B3«.

»Eines Morgens«, berichtete mir Miriam später, »probierte ich das an meinen üblichen Gedanken nach dem Aufwachen aus. Gleich morgens habe ich immer folgende Schema-Gedanken: ›Das schaff' ich nicht‹, ›Das ist mir zu viel‹ und: ›Ich hasse mich.‹ Diese Gedanken nannte ich ›M1‹, ›M2‹ und ›M3‹ für ›morgendliche alte Platte‹. Auf diese Weise kann ich leichter beobachten, wie sich die Gedanken in meinem Kopf abspulen, ohne dass ich sie allzu ernst nehme oder mich hineinziehen lasse.«

Mit zunehmender Übung können wir eine assoziative Gedankenkette aufdecken; Achtsamkeit hilft uns, den Augenblick dingfest zu machen, in dem der jeweilige Gedanke in unser Bewusstsein eindringt und sich so breitmacht, dass wir ihm Glauben schenken. Achtsamkeit hilft uns zudem, diese Gedanken als eine Art Empfindungen des Geistes zu sehen.

Übungen zur Entspannung des Geistes und zur Konzentration sind ebenfalls wirksame Hilfsmittel, um aktivierte Schemata und ihre aufgewühlten Gefühle zu dämpfen. Wenn ein Schema-Auslöser Sie mit starken Gefühlen und Reaktionen aus dem Gleichgewicht bringt, kann es sehr hilfreich sein, zuerst einmal Ruhe im Geist einkehren zu lassen. Zum Beispiel können Sie eine Atemmeditation machen.

Konzentration kann Ruhe bewirken, kann uns unsere eigene Mitte finden lassen und unsere Aufmerksamkeit aus dem Anziehungsbereich der Schema-Reaktion befreien. Wenn Sie dann gelassener und gesammelter sind, können Sie zur achtsamen Beobachtung von Gefühls- und Geistesverfassung übergehen. So gewinnen Sie ein genaueres Verständnis der Wirkungsweise des aktivierten Schemas.

Wenn die so angewandte Achtsamkeit nicht genügt und wenn die beunruhigenden Gefühle anhalten oder stärker werden, müssen Sie noch aktiver werden. Richten Sie Ihre volle, entschlossene Aufmerksamkeit auf die Gedanken und Gefühle, die dem Schema Kraft geben. Achtsamkeit, gepaart mit den Methoden der Schema-Therapie, ist eine Kampfansage an die Gedanken, die die unliebsamen Gefühle auslösen.

Achtsame Aufmerksamkeit hilft uns, zwischen Verzerrung und Wirklichkeit zu unterscheiden und die verzerrten Gedanken, persönlichen Mythen und emotionalen Muster, die uns gefangen halten, klar zu sehen. Dann können wir daran gehen, uns aus ihrem Griff zu befreien. Auf dieser dritten Ebene weicht der Einsatz von Achtsamkeit von der herkömmlichen Meditationspraxis ab; dort wird die Aufmerksamkeit nicht aktiv ausgerichtet, sondern beobachtet nur stetig, was von selbst geschieht. Hier jedoch untersuchen wir das Muster durch aktives, beharrliches Nachdenken.

Das können beispielsweise Fragen sein, die wir ständig im Geist behalten: Was kann ich daraus lernen? Welche Gedanken stehen hinter diesen Gefühlen? Welches Schema ist jetzt am Werk? Durch welche Zerrbrille schaue ich gerade?

Schemata untersuchen ● Achtsamkeit hat zwei Dimensionen: Ihr beruhigender Aspekt kann die beunruhigenden Emotionen einer Schema-Attacke dämpfen, während die untersuchende Dimension Einsichten begünstigt. Die beiden Dimensionen lassen sich wie ein Tandem nutzen.

Als die College-Professorin Carolyn das Vorlesungsverzeichnis einschließlich ihrer eigenen Kursbeschreibungen durchsah, löste ihr Perfektionismusschema eine Spirale negativer Selbstverurteilungen aus: »Die Kurse der anderen Lehrer wirken alle so durchdacht. Die Kollegen arbeiten viel strukturierter und professioneller als ich. Ihre Kursangebote lesen sich viel interessanter. Zu meinen wird sich niemand anmelden.«

Als sie mir das später erzählte, erklärte ich: »Sie können zwischen zwei Ansätzen wählen. Der Beruhigungsansatz wäre, dass Sie im Augenblick Ihres ersten selbstkritischen Gedankens zu sich selbst sagen: ›Ich weiß, dass ich dazu neige, mich zu verurteilen und mich negativ mit anderen zu vergleichen, wenn ich Verzeichnisse wie dieses durchsehe.‹ Legen Sie den Gedanken dann beiseite und konzentrieren Sie sich auf etwas anderes oder einfach nur auf Ihren Atem, bis Sie ihn ganz loslassen und ruhig werden. Oder Sie wählen den untersuchenden Ansatz und arbeiten achtsam an Ihrer emotionalen Verurteilungsreaktion, während sie abläuft. Registrieren Sie mit beobachtender Achtsamkeit, wie sie Sie beeinflusst – lassen Sie sich aber zugleich nicht tiefer hineinziehen – und betrachten Sie sie als Gelegenheit zu lernen.«

Durch eine solche Untersuchung können wir zu einem tieferen Verständnis unserer Schemata gelangen. Zu den psychologischen Fortschritten, die Sie durch diese anhaltende Aufmerksamkeit erzielen können, gehören das Gespür für die Auslöser Ihres Schemas, das Wiedererkennen der emotionalen Muster, die damit verbunden sind oder die es stabilisieren, und Erinnerungen an Ereignisse in Ihrer Kindheit, die das Schema entstehen ließen oder ihm Gestalt gaben.

Bei dieser Form der Schema-Untersuchung dringen Sie tiefer in die Entstehungsgeschichte eines emotionalen Zustands ein als durch Meditieren allein. Zudem kann die Erweiterung des achtsamen Beobachtens auf Ihr tägliches Leben dazu beitragen, dass Sie Situationen, die Sie sonst aus der Fassung brächten, mit klarerem Gewahrsein begegnen.

In meinen Therapiesitzungen halte ich die Klienten häufig dazu an, für zu klärende Emotionen und Muster konzentriert und aufmerksam zu bleiben, um den Heilungsprozess voranzutreiben. Ich lege ihnen jedoch auch ans Herz, von sich aus so lange achtsam zu bleiben, bis eine starke Gemütsbewegung zu ihrem natürlichen Ende kommt.

Wenn Sie sich in Psychotherapie, gleich welcher Art, befinden, ergänzt dieses anhaltende Gewahrsein die Arbeit mit Ihrem Therapeuten. Dafür gibt es mehrere Gründe. Zum einen werden Sie mehr von den Therapiesitzungen profitieren, wenn Sie Ihre Erlebnisse dazwischen sorgfältig beobachten; so können Sie die besten Beispiele für Ihre alltäglichen Schwierigkeiten in die Sitzung einbringen. Zum anderen erweitert Achtsamkeit die Wirkung der Therapiesitzungen, weil Sie die dort gewonnenen Einsichten spontan auf Ihr Leben übertragen werden.

Weise Versenkung ● Weise Versenkung ist eine weitere äußerst nützliche Form des achtsamen Beobachtens. Achan Amaro, der viele Jahre lang in thailändischen Waldklöstern praktizierte, beschreibt dieses Sichversenken und weise Nachsinnen so: »Sie beginnen mit einer längeren Konzentrationsübung – um Ihre Aufmerksamkeit zu sammeln –, damit Sie nicht einfach zu Gedanken abschweifen. Dann wechseln Sie zu einem beobachtenden Zustand, in dem Sie das, was Sie untersuchen möchten, ergreifen und in den Geist, in Ihr Gewahrsein hineinfallen lassen. Lassen Sie den Geist es kontemplativ betrachten; versenken Sie sich hinein, ohne darüber nachzudenken. In dem Augenblick, in dem Sie sich beim Abschweifen ins Denken ertappen, gehen Sie eine Zeit lang zurück zum Atem, um sich wieder zu sammeln.«

Er fährt fort: »Dann lassen Sie es wieder ins Gewahrsein fallen; öffnen Sie sich für ein eher intuitives Gespür für mögliche Einsichten über den Gegenstand Ihrer Versenkung. Dies ist sehr nützlich für die Arbeit an Mustern – man legt sie dem Geist zu einer weisen Versenkung vor, wenn man nicht gerade mitten im Alltag steckt, wo man sie für gewöhnlich abspult. Sie können besser, weiser darüber nachsinnen, wenn Sie ihrer achtsamer, genauer gewahr sind. Sonst nudeln Sie immer wieder die alte Leier ab – bis Sie ihrer gewahr werden und die Kette der Gewohnheit durchbrechen.«

Weise Versenkung kann auf verschiedenen Ebenen geschehen.

Manchmal vollzieht sie sich eher begrifflich, ist ein Nachdenken über etwas, dann wieder äußert sie sich als starkes intuitives Gefühl in der Versenkung der Meditation. Eine meiner Klientinnen berichtete mir über ihre Erfahrungen mit diesem Ansatz.

»Als ich heute Morgen zu meditieren begann, bemerkte ich sofort das Durcheinander in mir«, erzählte sie. »Viele ungeklärte Probleme stritten miteinander um meine Aufmerksamkeit – Probleme, mit denen ich mich schon seit einigen Tagen herumschlug. Ich war wieder einmal mit meiner Mutter aneinander geraten; sie hat ständig etwas auszusetzen. Ich war explodiert und hatte den Hörer auf die Gabel geknallt. Ich wurde ständig davon abgelenkt, mir einen Reim auf die Geschichte zu machen, selbst wenn ich nichts daran ändern konnte.

Nach einiger Zeit, als ich tiefer ins Meditieren hineinkam, legte sich das geistige Durcheinander; Klarheit breitete sich aus, und mein Geist kam zur Ruhe«, fuhr sie fort. »Es war, als ob ich in einen See aus klarem Gewahrsein tauchen würde. Nach einer Weile sann ich über eben die Probleme nach, die mich so beschäftigt hatten: Warum bin ich so anfällig für die Kritik meiner Mutter? Wie kann ich dieses Muster ändern?

Jetzt betrachtete ich alles aus einem erweiterten Blickwinkel; alles schien leichter zu bewältigen, annehmbarer. Ich brachte den Zwischenfall mit meinen Gedanken über meinen Perfektionismus und mein Schema des Nicht-liebenswert-Seins in Verbindung. Da sah ich, dass ich all die Jahre immer dann so auf sie reagierte, wenn sie mich im Stich ließ. Ich konnte spüren, wie ich mich wieder verkrampfte, wenn ich an sie dachte, und mich wieder aufzuregen begann. Also kehrte ich einfach wieder zum Meditieren zurück.

Als ich mich dann wieder mehr in meiner eigenen Mitte fühlte, nahm ich die Kontemplation wieder auf«, fuhr sie fort. »Jetzt hatte ich – vielleicht zum ersten Mal – das Gefühl, nicht mehr in derselben alten Weise auf sie reagieren zu müssen. Jetzt war etwas in mir, das es mir erlaubte, mich zurückzuhalten und ihr etwas zu erwidern, das die Situation entspannte, statt einen Gegenangriff zu starten.«

Wenn wir uns in achtsamem Gewahrsein üben, stoßen wir beim Meditieren in uns möglicherweise auf eine Quelle der Einsicht, die emotionale Zustände zu verwandeln vermag. Der Geist ringt vielleicht mit einem Problem oder ist einfach nur durcheinander. Dann setzt auf einmal ein Verwandlungsprozess ein, bei dem aus Nichterkanntem oder Nichtverstandenem ein intuitives Wissen erwächst: Die Weisheit des achtsamen Gewahrseins wird uns zugänglich. Es herrschen Klarheit, Konzentration, Ruhe. Intuition und Vertrauen verbinden uns mit einem Teil von uns, der Sinn in das Wirrwarr bringen kann.

Dagegen treten die durch unsere Schemata verursachte Aufregung und Angst – und der gewohnheitsmäßige Impuls, dem Leiden Widerstand entgegenzusetzen – auf den Plan, wenn wir die Verbindung zu dieser Quelle der achtsamen Weisheit verlieren. Dann überlassen wir dem Schema die Definitionsmacht über unser Erleben. Versenken wir uns jedoch in weise Kontemplation, dann verfügen wir über ein Mittel, um dieses Erleben in neuer Weise zu verstehen.

Die Kraft der Meditation ● Wenn Achtsamkeit uns etwas nützen soll, müssen wir unsere Fähigkeit zu Achtsamkeit gezielt stärken. Das bedeutet im Wesentlichen regelmäßiges Meditieren und, falls möglich, Aufenthalte in Meditationszentren. Wie erwähnt verlangt Meditation von uns, unsere elementarsten Aufmerksamkeitsgewohnheiten neu zu erlernen.

Normalerweise lassen wir uns leicht ablenken. Achtsamkeit jedoch stärkt den »Konzentrationsmuskel«, damit wir unsere Sammlung aufrechterhalten können. Während unsere Aufmerksamkeit zu Sprunghaftigkeit und Oberflächlichkeit neigt, kultiviert Achtsamkeit die Fähigkeit zu einem genau beobachtenden Gewahrsein, das tiefer in unser Erleben eindringt.

Wenn wir diese Eigenschaften erfolgreich auf unsere Schemata anwenden wollen, müssen wir regelmäßige Achtsamkeitsmeditation zu einem festen Bestandteil unseres Lebens machen. Wie jede neue Fertigkeit muss sie immer wieder geübt werden, bis sie ausreichend beherrscht wird. Beim Meditieren dürfte Ihnen das regelmäßige Üben immer leichter fallen, weil es als solches angenehm ist; es bietet Ihnen eine Oase der Ruhe, der Zeit für sich allein inmitten der Hast unseres Lebens.

Ich erinnere mich an einen Mann, der mich nach einem Workshop ansprach. »Sie erinnern sich vielleicht nicht an mich«, sagte er, »doch eine Freundin nahm mich auf einen Workshop für Meditationsanfänger mit, den Sie vor Jahren angeboten haben. Ich war damals drogensüchtig, jetzt aber nicht mehr – jetzt bin ich meditationssüchtig.« Natürlich ruft Meditation, wie regelmäßige sportliche Betätigung, eine positive Sucht hervor: Es ist angenehm, und Sie tun es regelmäßig, weil Sie es gerne tun.

Achtsamkeit während einer Schema-Attacke ● Zwar stellt sich Achtsamkeit leichter in Momenten der Ruhe und Besinnung ein, doch sie ist am nützlichsten in der Hitze einer Schema-Attakke. Dies ist einer der Gründe, weshalb Achtsamkeit täglich geübt werden muss: So können wir uns auf sie verlassen, wenn wir sie am nötigsten brauchen – in den Augenblicken, in denen wir gedankenlos handeln. Eine Klientin berichtete mir, dass sie achtsam innezuhalten und ein paar tiefe Atemzügen zu nehmen pflegte, um präsenter, klarer und emotional ansprechbarer zu sein, wenn ihrem frustrierten Kind die Sicherungen durchbrannten.

Die Herausforderung besteht darin, Gelassenheit zu bewahren, *während* wir aufgeregt sind oder so bald als möglich nach dem Höhepunkt des Tumults. Wenn Sie Ihre Aufmerksamkeit einem starken Gefühl unbeirrt zuwenden, kann es sein, dass die Intensität des Gefühls noch eine Weile zunimmt, bevor es sich legt oder verändert. Doch selbst wenn es nicht ganz verschwindet, zeigt uns Achtsamkeit klarer, dass es durchschaubar ist.

Wenn ein Gefühl, etwa Wut, aufsteigt, dann entspräche es einer achtsamen Haltung, sie einfach zu beobachten, ohne sich darin zu verfangen – sich nicht völlig mit dem Zorn und Gedanken wie »Ich hasse dich!« zu identifizieren, sondern im selben Augenblick gewahr zu sein: »Ich empfinde Wut.« Prinzipiell gilt es solche Gefühle weder zu unterdrücken, noch sie auszuagieren, sondern sie sich einfach zu vergegenwärtigen.

Wer achtsam ist, konzentriert sich auf den *Prozess* des Gewahrseins, ohne sich in dessen *Inhalt* zu verstricken. Die Person registriert das Gefühl Wut, lässt sich aber nicht in die Einzelheiten oder Inhalte dieser Emotion hineinziehen. Wenn sie sich in den Ursachen ihrer Wut zu verlieren beginnt – Gedanken denkt wie »Ich kann es nicht ausstehen, wenn er mir das antut!« –, dann ist sie nicht mehr achtsam; sie hat sich mit der Wut identifiziert, statt sie einfach nur zur Kenntnis zu nehmen.

Achtsamkeit ist jedoch nicht gleich Verdrängung. Sie sollten vielmehr zulassen, ein Gefühl wie Zorn in vollem Umfang zu erleben. Registrieren Sie die in Ihnen aufsteigenden Gedanken, Ihre körperlichen Empfindungen, den Impuls zu handeln oder Ihr tatsächliches Handeln. Spüren Sie beispielsweise die Verkrampfung in Ihrem Bauch oder die Spannung in Ihren Armmuskeln, als ob Sie jemanden schlagen oder die Faust ballen wollten; vielleicht schwirrt Ihnen auch der Kopf vor Empörung.

Kurzum, erleben Sie die Wut so peinlich genau wie nur möglich. Wenn Sie auf die Ursache der Wut reagieren, dann tun Sie das ebenfalls achtsam; Ihre Reaktion müsste dadurch angemessener werden. Sie werden des Geschehens deutlicher gewahr. Sie können Ihren Gefühlen der Ursache Ihrer Wut gegenüber Ausdruck geben; wenn Sie dabei aber achtsam bleiben, unterscheidet sich diese Reaktion von der üblichen, nämlich der Wut gedankenlos freie Bahn zu lassen.

Wenn Sie ganz achtsam sind, sind Sie eher fähig zu dem, was schon der griechische Philosoph Aristoteles als äußerst schwierig erachtete: wütend auf die richtige Person, in der richtigen Weise, zur richtigen Zeit und zum richtigen Zweck zu sein.

Dem Ausbruch zuvorkommen ● Wenn überhaupt, dann merken wir oft erst hinterher, dass wir eine Schema-Attacke gehabt haben. Wir schauen zurück und erkennen: O nein, ich habe schon wieder diese alte Platte abgenudelt. Achtsamkeit jedoch verschafft uns die Chance, Schema-Attacken dingfest zu machen, noch während sie sich in uns aufbauen – hoffentlich bevor wir unsere übliche Reaktion wiederholen. Achtsamkeit ist der Schlüssel: Je stärker unser Gewahrsein, desto eher vermögen wir die Attacke schon beim Herannahen statt erst im Nachhinein zu bemerken.

Eine Klientin berichtete mir, wie es war, als sie nach einem längeren Aufenthalt in einem Meditationszentrum wieder zur Arbeit ging: »Ich musste tags darauf wieder zur Arbeit gehen, und mir war deutlich bewusst, wie überaus empfänglich ich für alles um mich herum war.

Eine meiner Kolleginnen ist eine ausgeprägte Nervensäge. Sie mischt sich in Gespräche ein und verbreitet sich dann endlos darüber, was sie falsch findet und wie sie die Dinge sieht. Normalerweise wurde ich dann ärgerlich und ziemlich heftig ihr gegenüber. Und dann hatte ich stundenlang schlechte Laune. Diesmal jedoch blieb ich achtsam. Als sie Äußerungen machte, mit denen ich nicht einverstanden war, merkte ich, wie sich mein Geist wie immer auf einen ablehnenden Gedanken verengte. Also ermahnte ich mich, der unangenehmen Gefühle, die mit diesem Gedanken verbunden waren, gewahr zu bleiben. Während ich das tat, beobachtete ich, wie sie sich in Nichts auflösten. Dem folgte die angenehme Empfindung, dass ich mich von unangenehmen Erfahrungen nicht mehr so leicht aus der Fassung bringen lasse. Mehr Gelassenheit im Leben ist eine große Erleichterung.«

Durch dieses achtsame Innehalten gelang es meiner Klientin, weit genug aus ihrer gewohnheitsmäßigen Reaktion herauszutreten, um Klarheit und Gelassenheit walten zu lassen, wo sonst eine Schimpftirade im Geiste abgelaufen wäre. Solche Momente von Achtsamkeit bringen Selbstbewusstheit in die elementaren Gefühle und Impulse aus unserem emotionalen Zentrum. Wenn wir

uns von einer Emotion mitreißen lassen, treiben uns unsere Gefühle normalerweise dazu, ohne Nachdenken das zu tun, wonach uns gerade ist – wir reagieren einfach.
Achtsamkeit jedoch bringt ein präzises Gewahrsein in den Ablauf der Emotion. Es unterscheidet zwischen Gedanken, Gefühlen und Handlungsimpulsen. Wenn wir den Augenblick, in dem wir einen Vorsatz fassen – die geistige Bewegung zu Beginn jener magischen Viertelsekunde, bevor wir sie in die Tat umsetzen –, deutlicher registrieren können, dann eröffnet uns das mehr Wahlmöglichkeiten.
Achtsamkeit verschafft uns Freiheit an diesem wichtigen Punkt der Entscheidung. Wenn wir in diesem Moment achtsam sind, können wir bei den Empfindungen verweilen, die beispielsweise zornige Gefühle und Gedanken wecken. Wir können ihnen folgen, bis sie verschwinden oder ihren Griff lockern, statt uns unser Tun von ihnen vorschreiben zu lassen. Wir können uns auch für eine Alternativreaktion entscheiden, etwa unseren Bedürfnissen klar und selbstsicher Ausdruck zu geben, statt nur mit einem Wutausbruch zu reagieren.
Unser Bewusstsein von uns selbst zu verfeinern heißt, den Impuls zu registrieren, noch *bevor* wir danach handeln, damit wir uns leichter dagegen entscheiden können. Das wichtigste Prinzip: Je früher im Verlauf einer Schema-Attacke wir merken, was läuft, desto besser können wir die Abfolge umgehen.
Wenn wir die vertraute körperliche Empfindung oder die altbekannten Gedanken, die die Aktivierung eines Schemas signalisieren, zu registrieren vermögen, erweitert sich unser Handlungsspektrum. Je sensibler wir den Beginn einer Schema-Attacke wahrnehmen, desto besser. Achtsamkeit bietet uns dieses feinfühlige innere Radar.

Kleinste Anzeichen verstehen ● Dass ein Schema aktiv ist, liegt nicht immer offen auf der Hand. Sehr oft gibt es, lange bevor uns eine Attacke überwältigt, eine stille Phase des Aufschaukelns. Währenddessen ist das Schema zwar aktiviert, liegt jedoch noch im Hintergrund unseres Bewusstseins auf der Lauer. Es kann aber auch sein, dass das Schema tage- oder wochenlang aktiviert bleibt und nur gelegentlich in einer ausgewachsenen Attacke durchbricht.

Zu den Anzeichen einer Schema-Aktivierung gehört ein häufigeres Auftreten der üblicherweise mit dem Muster verbundenen Gedanken, der Gefühle, die es weckt, oder der einschlägigen Handlungsimpulse.

Eine längere Phase der Schema-Aktivierung kann mit einer schon schwelenden Beinahe-Attacke einsetzen. Da das aktivierte Schema Sie für die leisestete Andeutung von Ereignissen, die Sie aus dem Lot bringen, anfällig macht, werden Momente, die ansonsten unbemerkt blieben, zu Miniauslösern und halten das Schema aktiviert.

Wenn Sie zum Beispiel mit einem Menschen zusammentreffen, der häufig ein Schema – etwa Misstrauen – auslöst, kann sogar ein ganz harmloser Austausch die Aktivierung in Gang setzen. Sie bemerken vielleicht Argwohn gegenüber den Motiven anderer, wenn Ihre Furcht, ausgenutzt zu werden, in den Vordergrund rückt. Wenn es jemand versäumt, sich bei Ihnen für einen Gefallen zu bedanken, deuten Sie das vielleicht als Zeichen, dass er nur was von Ihnen will, ohne sich zu revanchieren – ein für das Misstrauensschema typischer Gedanke.

Wenn ein Schema in dieser Weise aktiviert ist, kann es zu einer untergründigen, sich selbst erhaltenden Stimmung werden. Diese färbt Ihre Wahrnehmung anderer so subtil, dass Sie es kaum bemerken. Ein auffälliges Zeichen ist allerdings, dass ganz leicht Schema-Gedanken in Ihnen aufsteigen.

Lernen wir die Mechanismen unserer Schemata kennen, wird vieles klarer, und wir erhalten hilfreiche Hinweise auf das eigentlichen Geschehen. Wird das Deprivationsschema in Ihnen angesprochen, kann selbst eine winzige Gedankenlosigkeit das Schema aktivieren: wenn etwa eine Arbeitskollegin vergisst, Ihnen den Kaffee mitzubringen, um den Sie sie gebeten haben. Ihre Gedanken schweifen zu anderen Erlebnissen, wo Freunde oder Verwandte Sie enttäuscht oder Ihre Bedürfnisse und Gefühle missachtet haben. Sie empfinden vielleicht einen Anflug von Kränkung, Traurigkeit oder Ärger über die Gedankenlosigkeit Ihrer Kollegin oder auch den Drang, sich dafür jetzt selbst etwas besonders Gutes zu tun, sich vielleicht ein üppiges, leckeres Stück Kuchen zu Ihrem Kaffee zu gönnen, damit Sie sich wieder besser fühlen.

Dies sind typische Schema-Reaktionen von der stillen Sorte, die nicht so leicht als solche zu erkennen sind. Manchmal sind unsere Schema-Reaktionen so subtil, dass wir nichts weiter als ein komisches Gefühl spüren, von dem wir aber nicht wissen, woher es kommt. Beobachten wir diese winzigen Signale jedoch achtsam, können wir möglicherweise ein aktiviertes Schema entdecken, das unserem Frühwarnsystem sonst vielleicht entgehen und unsere Reaktionen ein weiteres Mal steuern würde.

Achtsamkeit bei aktivierten Schemata ● Diese unterschwelligen Gefühle und Reaktionen entwickeln sich oft zu einer anhaltenden Stimmung – einer Art Dauerreaktion, die unserer Wahrnehmung einen verzerrenden Filter überstülpt. Wenn wir diese von einem Schema ausgelösten Stimmungen achtsam und genau beobachten, können wir entdecken, was die Gefühle und die sie begleitenden Gedanken in Wirklichkeit speist.

Meine Klientin Kimberly litt unter einem Deprivationsschema. Wenn es aktiviert wurde, bemerkte sie zunächst nur eine Verstimmung, so etwas wie schlechte Laune. Als sie diese aufmerksamer beobachtete, wurde sie eines Schweregefühls in Brust und Bauch gewahr. Bei fortgesetztem achtsamen Beobachten ihrer Reaktion stellte sie fest, dass die vertrauten Gedankenmuster, die mit emotionaler Entbehrung zusammenhingen, in ihrem Geist die Oberhand gewonnen hatten. Als man ihr ausrichtete, eine Freundin habe angerufen und sie um einen Gefallen gebeten, dachte sie automatisch: »Warum ruft sie mich nur dann an, wenn sie was braucht?« Zusammen mit diesem Gedanken stieg Groll in ihr hoch. Bei noch genauerer Beobachtung registrierte Kimberly neben dem Groll Traurigkeit.

Dann fragte sie sich mitfühlend und behutsam: »Du bist doch traurig über irgendwas, oder?« Gleich rollten ihr Tränen über die Wangen. Ihr fiel eine weitere Enttäuschung ein, die sie vor kurzem erlebt hatte; eine andere alte Freundin, von der sie seit Jahren nichts mehr gehört hatte, hatte sie aus heiterem Himmel angerufen, nur um sie anzupumpen. Das, so merkte sie, war der Vorfall gewesen, der ihr Schema aktiviert und diese gedrückte Stimmung ausgelöst hatte.

Wenn wir den subtilen Einflüssen eines aktivierten Schemas auf die Schliche kommen, können wir allmählich aus dem dichten Nebel der Verstimmung heraustreten. Als sie spürte, was in ihr vorging, hatte Kimberly ein probates Gegenmittel in der Hand. Sie kam sich nicht mehr hilflos, gefangen von ihrer Stimmung vor; sie konnte jetzt etwas dagegen unternehmen.

In ihrem Fall halfen zwei Maßnahmen. Die eine bestand einfach darin, die Stimmung und die ihr zugrunde liegenden Ursachen achtsam zu beobachten. Diese Achtsamkeit allein verschaffte ihr schon Erleichterung. Darüber hinaus sprach Kimberly mit einer lieben, verständnisvollen Freundin über ihre Gefühle. Die Kombination aus Fürsorge von innen und von außen brach den Bann des Schemas.

Achtsame Schema-Arbeit ● Wie wir im folgenden Kapitel sehen werden, hat Achtsamkeit jedem der vier Zielbereiche der Schema-Arbeit – Gedanken, Emotionen, gewohntes Verhalten und Beziehungen – eine besondere Eigenschaft zu bieten. Während ich mich aus praktischen Gründen mit diesen Bereichen nacheinander befassen werde, wirken sie in der eigentlichen Arbeit der emotionalen Alchemie gleichzeitig und parallel. Und in gewissem Maß sind die Grenzen zwischen ihnen künstlich. So gehört es zur emotionalen Arbeit dazu, auch die Gedanken hinter einem Schema ins Visier zu nehmen.

Gehen wir nochmals zu Kimberley zurück. Sie versuchte mit ihrem Schema der emotionalen Deprivation anders umzugehen. Auf der bewussten Ebene nahm sie häufig an, dass andere Menschen ihr absichtlich etwas vorenthielten, oder sie erwartete insgeheim von ihnen, dass sie ihre Gedanken lesen konnten, dass sie wussten, was sie brauchte, ohne dass sie es eigens sagen musste. Sie wandte Achtsamkeit auf diese Gedanken an und benutzte sie so als inneres Radar. Wenn sie sich dann bei einem Schema-Gedanken erwischte, etwa: »Den anderen sind meine Bedürfnisse doch egal«, hielt sie so lange inne, bis sie den Gedanken hinterfragt hatte, statt sich von ihm beherrschen oder ihre Sicht der Realität verzerren zu lassen.

Deprivation ist emotional stark aufgeladen, weshalb Kimberley häufig tiefe Traurigkeit oder Wut empfand, ohne zu wissen warum. Hier erfüllte Achtsamkeit mehrere Zwecke. Um Ordnung in ihr emotionales Tohuwabohu zu bringen, übte sie sich mittendrin in achtsamem Gewahrsein. Das half ihr die verräterischen Zeichen ihres Deprivationsschemas zu entdecken. Wenn sie die Gefühle in sich hochsteigen fühlte, erlaubte es ihr die Achtsamkeit, an sie heranzukommen – trotz des Impulses, sich abzulenken und sie dadurch zu vermeiden.

Traurigkeit und Empörung bilden den Kern des Deprivationsschemas und erhalten es aufrecht. Indem sich Kimberley diesen Gefühlen mit Achtsamkeit zuwandte, tat sie einen hilfreichen Schritt hin zum Loslassen dieser Gefühle. Auf dem Weg zu ihrem Ziel führte sie ein Tagebuch, um Aufschluss über ihre Gefühle und deren Ursprünge in der Kindheit zu gewinnen. Zuweilen hielt sie ein inneres Zwiegespräch mit dem zu kurz gekommenen, in den Schema-Mustern gefangenen kleinen Mädchen. Sie fühlte sich in die Empfindungen dieses Kindes ein, erkannte, inwiefern diese einmal angemessen gewesen sein mochten. Achtsames Gewahrsein kann ein unsichtbarer, fürsorglicher Tröster sein, und wirklich konnte Kimberley achtsam bei ihren schmerzlichen Gefühlen verweilen. Dies wirkte als eine Art symbolischer Ersatz für die einfühlsame Bezugsperson, nach der sie sich als Kind gesehnt hatte.

Manchmal merkte Kimberley, dass sie anderen Menschen – insbesondere ihrem Mann, ihrer Mutter und ihren besten Freundinnen – grollte und sich von ihnen zurückzog, wiederum ohne zu wissen warum. Achtsamkeit kann ein solches, im wahrsten Sinn des Wortes schematisches Verhalten unterbrechen, weil sie uns die Kette der Schema-Gedanken und -Gefühle hin zu fehlangepasstem oder einfach nur unangemessenem Verhalten zurückverfolgen hilft. Als Kimberley gewahr wurde, welche Gedanken und Gefühle sie immer wieder zum beleidigten Rückzug veranlassten, bekam sie die Chance, anders zu reagieren – ihr Verhalten zum Besseren zu ändern. Statt sich zornig auf den Glauben zu versteifen, dass ihre Bedürfnisse wieder einmal übergangen würden, und sich deshalb in den Schmollwinkel zurückzuziehen, ging sie dazu über, den Menschen in ihrem Umfeld zu sagen, was sie sich von ihnen wünschte.

Damit konnte sie ihre engsten Beziehungen nun befriedigender gestalten. Immer hatte sie die fürsorgliche Rolle übernommen, sich um die Bedürfnisse der anderen gekümmert, jedoch nie ihre eigenen zum Ausdruck gebracht. Sie begann, diese gewohnheitsbedingten Interaktionsmuster jetzt aktiv zu ändern. Wiederum nutzte sie Achtsamkeit, um sich dabei zu ertappen, wenn sie wieder in ihre Schema-Gewohnheiten rutschte. Sie und ihr Mann, der zunehmend selbst Interesse an der Schema-Arbeit fand, nutzten ihre Auseinandersetzungen – wenn sich der aufgewirbelte Staub gelegt hatte – als Gelegenheit, zurückzublicken und zu prüfen, welche Schemata den Zwist ausgelöst hatten. Zwei von Kimberleys Freundinnen konnten sich offenbar nicht ändern – sie glaubten standhaft, ein Anrecht darauf zu haben, dass Kimberley ihre Bedürfnisse erfüllte, waren jedoch nicht bereit, sich ihrerseits um sie zu bemühen. Nun fühlte sich Kimberley aber nicht mehr zu so selbstbezogenen und Kräfte zehrenden Menschen hingezogen und schränkte deshalb den Kontakt zu ihnen ein – zugunsten anderer Freundinnen und Freunde, die genauso Anteil nehmend und fürsorglich waren wie sie selbst.

Emotionale Alchemie geht also viele verschiedene Wege, wenn wir ein bestimmtes Schema in Angriff nehmen. Bei vielen oder den meisten der Schritte auf diesen Wegen ist Achtsamkeit unser Verbündeter und ergänzt die Schema-Therapie, wie wir in den folgenden Kapiteln sehen werden.

Wenn Sie sich von einer Schema-Reaktion befreien wollen

Versuchen Sie, mit Achtsamkeit an starke Emotionen heranzugehen.

1. *Nehmen Sie zur Kenntnis, wenn Sie emotional unangemessen reagieren.* Zu häufigen Anzeichen dafür gehören extremes Überreagieren, etwa flammender Zorn bei einer unabsichtlichen Kränkung oder tiefe Traurigkeit bei einem Abschied. Es kann auch sein, dass eine Emotion dem Anlass nicht angemessen ist, etwa wenn Sie verletzt statt wütend reagieren, oder dass sogar in einer Situation, in der die meisten Menschen Angst oder Zorn empfinden würden, wie bei einem Blackout jegliche Empfindung ausbleibt.
2. *Werden Sie achtsam.* Sie merken vielleicht mitten in der Reaktion, dass sie unangemessen ist, vielleicht aber auch erst Minuten, Stunden oder sogar Tage später, nachdem sich der Gefühlssturm gelegt hat. Natürlich ist es am besten, irgendwann *während* der Reaktion achtsam zu werden, und die Erkenntnis, dass Sie überreagieren, als Anstoß zu Achtsamkeit zu nutzen. Wenn Sie darin geübter sind, werden Sie zu einem immer früheren Zeitpunkt der Reaktionskette aufwachen.
3. *Nehmen Sie zur Kenntnis, was Sie fühlen.* In aller Regel ist da ein Mischmasch aus Emotionen, und manche davon sind stärker als andere. Sie empfinden vielleicht zuallererst Wut, entdecken dahinter jedoch eine Mischung aus Verletztsein und Traurigkeit.
4. *Nehmen Sie zur Kenntnis, was Sie denken.* Während einer Überreaktion denken Sie auf verschiedenen Ebenen. Auf der Ebene des leichter Erkennbaren liegen Gedanken, die eng auf den speziellen Augenblick bezogen sind und Ihre emotionale Reaktion antreiben. Subtiler sind die Hintergrundgedanken,

die die erwähnten offensichtlichen auslösen: »Was fällt dem denn ein, so mit mir umzuspringen!« drückt berechtigte Empörung über eine ungerechte Behandlung aus. Diese wiederum löst ein zorniges Zurückschlagen aus. Extrem starke emotionale Reaktionen jeder Art sind häufig ein Hinweis, dass ein Ereignis eine tiefere symbolische Bedeutung für Sie hat und dass die Heftigkeit Ihrer Reaktion eher dieser als den realen Tatsachen entspringt. Ihre automatischen Gedanken kreisen in aller Regel um die symbolische Wirklichkeit und deuten die Ereignisse aus diesem Blickwinkel.

5. *Seien Sie achtsam Ihren Handlungen oder Impulsen gegenüber.* Wiederum gibt es unterschiedliche Ebenen: einerseits Ihr offensichtliches Verhalten – was Sie getan und gesagt haben, Ihr Tonfall beim Reden –, andererseits eine subtilere Ebene – die Ihrer unausgelebten Impulse etwa.
6. *Nehmen Sie zur Kenntnis, wie sich Ihre Reaktion verändert.* In diesem sechsten Schritt machen Sie sich bewusst, dass Achtsamkeit gegenüber Ihrer Überreaktion es Ihnen erlaubt, eingefahrene Reaktionsmuster aufzulösen und sie durch andere, angepasstere oder positivere Reaktionen zu ersetzen. Achten Sie darauf, welche Reaktionen sich aus Gewohnheit einstellen. Reden Sie beruhigend auf sich selbst ein; bleiben Sie offen für alle Ihre Wahrnehmungen und Empfindungen. Und halten Sie Ausschau nach Anzeichen für eine Verwandlung Ihrer Reaktion: wenn Sie die alten, vertrauten Impulse, Gedanken und Gefühle einfach mit Ihnen sein lassen, ohne ihnen wieder die Kontrolle über Sie zu überlassen.

Die Achtsamkeitsalchemie der Wut

Erleben Sie die Verwandlungskraft dieses Ansatzes am Beispiel der Wut.

Fragen Sie sich zuerst, ob Ihre Wut vielleicht unangemessen ist. Es gibt Situationen – wenn man ungerecht behandelt wird oder mitansehen muss, wie das einem anderen Menschen widerfährt –, in denen Wut natürlich und angebracht ist. Doch nicht selten steigt uns die Galle aufgrund der symbolischen Bedeutung einer Begegnung, also aufgrund einer schemabedingten Interpretation des Geschehens. In diesen Fällen ist Zorn unausweichlich eine Überreaktion.

Wir können lernen, einen solchen Augenblick der Wut als Teil der emotionalen Alchemie zu nutzen. Wenn wir zornig sind, stellen wir uns am besten folgende Fragen: Woraus speist sich diese Wut? Was war ihr Auslöser – etwas, das jemand gesagt hat oder wie er es gesagt hat? Welche Gedanken schießen mir durch den Kopf? Was rede ich mir selbst ein, um meine Wut zu rechtfertigen? Ärger wird meistens heftiger, wenn er von solchen selbstgerechten Gedanken genährt wird, weil sie uns zu der Überzeugung treiben, es gäbe keinen anderen Ausweg als hochzugehen wie eine Rakete.

Probieren Sie es einmal mit dem folgenden Experiment, wenn Sie gerade vor Wut schäumen:

Bleiben Sie still sitzen und registrieren Sie Ihre Wut mit Achtsamkeit. Lassen Sie sich nicht mitreißen vom Grund Ihres Ärgers. Legen Sie etwas Abstand zwischen sich und Ihre Gedanken, damit Sie sie als Gedanken beobachten können. Verweilen Sie nur bei Ihren Empfindungen, ohne darüber nachzudenken.

Bleiben Sie achtsam gegenüber dem, was sich in Ihrem Geist und Körper abspielt, ohne sich in Gedanken darüber zu verlieren.

Empfinden Sie einfach mit nicht auswählendem Gewahrsein. Falls es Ihnen allerdings schwer fällt, eine solche Haltung zu bewahren, können Sie es mit geistigen Notizen versuchen. Sind Sie aufgeregt? Vermerken Sie »Aufregung«. Sind Sie angespannt? Notieren Sie »Spannung«. Fühlen Sie Ihren Puls rasen oder Ihr Herz klopfen? Registrieren Sie das.

Was merken Sie noch?

Vielleicht steht hinter Ihrer zornigen Reaktion ein klar erkennbarer Sinn. Vielleicht sind innere Kräfte am Werk, die durch die

Hitze der Wut hindurch spürbar sind. Wenn dem so ist, wie lässt sich dann die Hitze des Augenblicks – eine Kraft der inneren Alchemie – als Gelegenheit nutzen?

Vielleicht gibt es noch weitere Gefühle, die Sie zusammen mit der Wut entdecken, etwa Traurigkeit über eine ungerechte Behandlung. Falls ja, dann lassen Sie sie in der Wärme Ihres achtsamen Gewahrseins dahinschmelzen.

Vielleicht entzünden sich aber auch bestimmte körperliche Empfindungen an der Hitze Ihrer Weißglut. Wenn das so ist, dann wenden Sie die tröstende Eigenschaft der Achtsamkeit den körperlichen Empfindungen und deren Veränderungen zu.

Vielleicht tritt auch eine Einsicht oder eine Botschaft hervor, die eine Veränderung bewirkt oder ein Gefühl von Klarheit oder Selbstvertrauen weckt – Sie erkennen einen Weg, wie Sie der Ursache der Wut entschlossen abhelfen können, allerdings mit mehr Achtsamkeit und weniger eingefahrenen Reaktionen.

Was auch geschieht, während Sie achtsam bei Ihrem Zorn verweilen, immer tut sich dabei eine Möglichkeit auf, ihn zu verwandeln.

9
Die Kette sprengen

In Neuengland gibt es eine Redensart: »Wenn dir das Wetter nicht passt, dann warte fünf Minuten.« ● Ich hatte schon länger mit meinem Pferd Bodhi ausreiten wollen, verschob das jedoch immer wieder aus dem einen oder anderen Grund. Dann schoss mir an einem herrlichen Frühlingsmorgen beim Erwachen als Erstes der Gedanke durch den Kopf: »Heute reite ich aus!« ● Ich ging nach unten, trank meinen Morgenkaffee, meditierte und machte es mir dann in meinem Wintergarten gemütlich: Die Türen standen wegen des schönen Frühlingstags offen, und ich genoss die frische Luft und das warme, goldene Sonnenlicht, das zwischen den Pflanzen hindurch hereinfiel. Ich sann über das nach, was Buddhisten die »Kette des abhängigen Entstehens« nennen – das heißt die Art und Weise, wie unsere Gedanken und Wünsche uns zum Handeln bringen. Ich merkte, wie leicht ich mich von dem milden Wetter anregen ließ und dass dies in mir den Wunsch geweckt hatte, draußen im Freien zu sein und den Tag im Sattel zu erleben. ● Dann zog eine graue Wolke heran und verdüsterte für eine Weile die Sonne. Es war keine dieser Schleierwolken, die man kaum bemerkt, sondern eine jener schweren, dunklen Sturmwolken, die hier häufig gerade dann die Gegend verdunkeln, wenn man sich schon auf einen warmen, sonnigen Tag freut. ● Mit dem Auftauchen dieser drohenden Wolke registrierte ich einen radikalen Umschwung meiner Pläne. Als ich spürte, wie die frische Luft plötzlich feucht und kalt wurde und den Wind aufrauschen hörte, rührte sich in mir eine Art Widerwille, und zaudernde Gedanken gingen mir durch den Kopf: »Vielleicht ist es doch zu kalt zum Ausreiten«, »Vielleicht regnet es und mein Sattel wird nass«, »Ich sollte heute morgen sowieso besser schreiben.« ● Dann brach die Sonne durch die grauen Wolken; sie tauchte die Pflanzen in Wärme und Licht, ließ sie erneut aufleben. Jetzt malte ich mir wieder aus, wie diese Sonnenstrahlen meinen Rücken wärmen würden, während mein Pferd herumtänzelte und ich mich an dem zauberhaften Anblick der Frühlingsblumen freuen würde. Zugleich kam der Gedanke zurück: »Der Tag ist wie geschaffen zum Ausreiten.« Und ich holte rasch meine Reitstiefel. So geht es das ganze Leben lang. Diese enge Verknüpfung zwischen Gefühl, Wunsch und Handlung hält uns an den Kreislauf unserer eingeschliffenen Reaktionen gekettet. Ohne zu wissen, wie uns geschieht, geht es los – wir setzen einen flüchtigen Gedanken, eine Laune in die Tat um, wie es uns irgendeine angenehme oder unangenehme Empfindung diktiert.

Eine kontraproduktive emotionale Gewohnheit zu wiederholen hat offensichtlich einen Preis. Eine der genialen Einsichten des Buddha bestand darin, dass die Glieder der Kette zwischen Gefühl, Begehren und Handeln einen Pfad hinaus aus dem endlosen Kreislauf von Gewohntem und Gelerntem darstellen – eine Art Geheimtür zur Freiheit.

Die Kette der Gewohnheit durchbrechen ● Die »Kette des abhängigen Entstehens« ist ein Kernstück der buddhistischen Psychologie. Dieses Analyseergebnis des Geistes kommt zwar gewichtig daher, spricht aber ein einfaches Prinzip aus: Es umreißt, wie gewohnheitsmäßige Muster Gestalt annehmen und verstärkt werden. Und sie enthält das Geheimnis, wie wir destruktive Gewohnheiten abschütteln können.

Die Kette symbolisiert die grundlegendsten Abfolgen von Ursache und Wirkung im Geist in einer Weise, die bemerkenswerte Parallelen zu den modernen Kognitionswissenschaften aufweist. Die ersten Glieder der Kette entstehen, wenn die Sinne etwas erfassen – einen Anblick, ein Geräusch, einen Geschmack. Ein Kettenglied führt zum nächsten: Aus dem Wahrnehmen geht das Berühren hervor, aus diesem wiederum das Fühlen. Den Gefühlen, sofern sie angenehm sind, entspringt ein immer stärkerer Wunsch, eine Gier danach – und schließlich das Festhalten dieser Erfahrung. Aus dem Festhalten heraus drängt es uns zum Handeln – gewöhnlich, um mehr Lust zu erlangen oder auch das Gegenteil, das Aufhören von Schmerz.

Der buddhistische Mönch Achan Amaro beschreibt, wie sich ein Gefühl in Begehrlichkeit oder Gier – in ein »selbstbezogenes Verlangen« – verwandelt und dann zum »Ergreifen« oder »Festhalten« und daher zur Handlung führt. »Wenn etwas Interessantes auftaucht, klammert sich der Geist daran fest«, sagt Amaro. »Wir sehen etwas, das das Gefühl: ›Das ist schön‹ erzeugt, dann wird das Auge zu ihm hingezogen und sagt: ›Ich hätte das ganz gern‹, dann vertieft sich das weiter bis zum Ergreifen: ›Ich möchte das *wirklich* gerne haben, es ist *wirklich* schön.‹ Dann kommt die Entscheidung, entsprechend zu handeln: ›Es schaut ja gerade niemand her ...‹«

Danach kommt Amaro zufolge die Befriedigung des Habens, und diese wiederum führt zu dem »Punkt, an dem es kein Zurück mehr gibt – an dem wir beispielsweise erkennen: ›Oje, das hätte ich mir wirklich nicht nehmen dürfen‹, und wir es nicht ungeschehen machen können. Wenn diese Situation einmal eingetreten ist, müssen wir ihr Erbe unser ganzes Leben lang tragen, was immer es mit sich bringt« – auch Kummer, Reue und Verzweiflung.

Aufgrund ihrer Studien zur Funktionsweise des Geistes können Kognitionswissenschaftler diese Abfolge bestätigen. Sie drücken das so aus, dass eine Wahrnehmung eine »Kognition« hervorrufe – einen Gedanken über das, was wir wahrnehmen – sowie eine Emotion – eine gefühlsmäßige Reaktion darauf. Diese Gedanken und Gefühle wiederum werden in Absichten und Handlungsvorsätze übersetzt.

Die Neurowissenschaften belegen eine Parallele auf einer anderen Ebene der Informationsverarbeitung des Gehirns. Wenn wir etwas wahrnehmen, geht diese Information sofort vom Auge oder Ohr zum Thalamus, einer Umschaltstation, die die in Nervenimpulse verwandelten physikalischen Licht- oder Schallwellen in die Sprache des Gehirns übersetzt. Von dieser Struktur geht die Information zum Neocortex, dem denkenden Gehirn, sowie zum Mandelkern, dem schon bekannten Lager für negative emotionale Erinnerungen, etwa an Furcht erregende Dinge. Erkennt nun der Mandelkern einen emotional wirksamen Reiz ähnlich dem eines Objekts, auf das wir früher schon einmal stark reagiert haben, setzt sie eine Gefühlswoge und eine entsprechende Handlung in Gang. Der Mandelkern dient als Aufbewahrungsort für unser Repertoire negativer emotionaler Gewohnheiten einschließlich unserer Schemata. All unsere Ängste vor dem Verlassenwerden und der Ablehnung, vor dem Nicht-liebenswert-Sein oder Versagen lauern hier wie Schreckgespenster im Verborgenen, bereit, sich jeden Moment auf uns zu stürzen.
Unsere Schemata sind ein Filter- und Prüfsystem, durch das unser gesamtes Erleben hindurch muss wie durch die Sicherheitsschleuse am Flughafen. Diese emotionalen Muster spionieren unser Leben aus, stets auf der Ausschau nach allem, was sich – buchstäblich – in ihr Schema fügt, was an den Kern ihrer Angst oder Wut oder an die Ereignisse, die sie formten, erinnert. Wenn das Schema einen Treffer landet, löst es sofort die jeweils gelernte Reaktion aus: Wir werden überflutet von Angst und Wut, wollen weglaufen, zuschlagen, oder aber wir erstarren, mit dem panikartigen Gedanken, wir seien hilflos oder würden ungerecht behandelt. Wie die emotionale Reaktion auch aussehen mag, sie läuft immer wieder von neuem ab.

Schema-Auslöser ● Dass der Mandelkern so verschaltet ist, war in der menschlichen Entwicklungsgeschichte bei Bedrohungen überlebensnotwendig: Weil er eine sofortige Reaktion auslöst, steigt die Chance, einer Gefahr zu entrinnen. Die Konstruktion unseres Gehirns sorgt aber dafür, dass der Mandelkern auch dann, wenn nur ein ganz dürftiger Hinweis auf Gefahr vorliegt, so reagiert, als liege eine Bedrohung vor. »Vorsicht ist besser als Nachsicht« ist sein Leitmotiv.

Dies jedoch kann dazu führen, dass wir in anderem Sinne das Nachsehen haben: Unser Mandelkern entsichert quasi unsere Schemata, sodass sie uns jederzeit aus zuweilen fragwürdigen Gründen in eine emotionale Reaktion treiben. Für eine Schema-Reaktion braucht es nur den Hauch einer Andeutung. Etwas, das auch nur den allergeringsten Symbolwert für ein Objekt besitzt, das das Schema als Bedrohung auffasst, kann einen emotionalen Tumult auslösen. Eine meiner Klientinnen jammert, dass es sie zur Weißglut bringe, wenn das Schnarchen ihres Mannes sie manchmal nachts wach hält: Sein Schnarchen aktiviert ihr Deprivationsschema. »Ich habe das Gefühl, dass es ihm einfach egal ist, ob ich meinen Schlaf bekomme. Vom Verstand her weiß ich, dass er nichts dafür kann, doch irgendwie nützt das nichts. Es kommt mir einfach so vor, als ob er meine Bedürfnisse missachtet.« Es spielt keine Rolle, dass sie unlogisch reagiert. Die Logik des emotionalen Gehirns funktioniert, wie Sie bereits wissen, nach den Regeln des von Freud so genannten Primärprozesses: Eine oberflächliche oder symbolische Ähnlichkeit verleiht zwei Dingen dieselbe Identität. Wie bei einem Hologramm enthält selbst der kleinste Teil das Ganze in sich. Dies bedeutet, dass eine Situation nur vage an die Entstehungsbedingungen einer emotionalen Gewohnheit erinnern muss, um als Auslöser zu wirken.

Vor einigen Jahren sollte ich als Geschworene berufen werden. Zuvor musste ich einen Fragebogen ausfüllen. Unter anderem stand da: »Nennen Sie den Grund, falls Sie glauben, nicht für das Amt eines Geschworenen geeignet zu sein.« Ich schrieb hin, dass vor einigen Jahren ein guter Freund ungerechterweise eingesperrt worden war, weshalb ich Zweifel an der Gerechtigkeit der Strafjustiz im Allgemeinen hegte.

Zehn Minuten später sagte man mir und mehreren anderen Leuten: »Sie können gehen.«
Meine Reaktion: eine seltsam gemischte Woge aus Erleichterung und paranoiden Verfolgungsideen. Vom Verstand her wusste ich, dass man mich wahrscheinlich zufällig nicht ausgewählt und nach Hause geschickt hatte. Doch ich konnte mich des Empfindens nicht erwehren, ausgeschlossen zu sein; ich hatte das nagende Gefühl, aufgrund meiner Antwort nicht zu den Geschworenen »dazugehören« zu dürfen. In mir stiegen Erinnerungen an meine Kindheit auf; wir waren häufig umgezogen, sodass ich oft »die Neue« in der Klasse war und mich ausgeschlossen, nicht dazugehörig fühlte. Als ich den Raum verließ, war ich wieder die Neue, sehnte mich danach, in die Clique der anderen Kinder, die sich seit Jahren kannten, aufgenommen zu werden.

Die entscheidende Wahl ● Unsere emotionalen Gewohnheiten verfestigen sich um eine stets wiederholte Abfolge von Wahrnehmung – Gefühl – Festhalten – Handlung herum. Die unangenehmen Empfindungen bei der Aktivierung eines Schemas – etwa die Angst verlassen zu werden, wenn eine uns nahe stehende Person sich zurückzuzieht oder uns abzulehnen scheint – treiben uns dazu, unsere Ängste durch Manöver wie einen Rückzug aus Rache zu beschwichtigen.
Die buddhistische Psychologie erklärt eine derartige Gewohnheit mit der Verkettung von Ursache und Wirkung: Ein Reiz (die Ablehnung) löst ein bestimmtes Gefühl (Angst) aus, das wiederum eine bestimmte Handlung (Rückzug) anstößt. Die Kognitionswissenschaften erklären Gewohnheit ganz ähnlich. Aus neurowissenschaftlicher Sicht wird eine emotionale Gewohnheit im Mandelkern und einem Netz von Verschaltungen um sie herum gespeichert und verstärkt sich dadurch von Wiederholung zu Wiederholung.
Die Stärke solcher Gewohnheiten erzeugt eine Art geistiger Trägheit – die klassischen Begriffe lauten »Faulheit« und »Apathie«.

Je stärker die Gewohnheit wird, desto weniger sind wir imstande, aus dem eingefahrenen Gleis auszubrechen. Das Gehirn wählt den leichteren Weg, folgt derselben Abfolge von der Wahrnehmung bis zur Handlung immer wieder, macht uns zu Gefangenen unseres eigenen Geistes, unfähig, uns zu befreien.

Die Kette des abhängigen Entstehens enthält jedoch auch den Schlüssel zur Befreiung von der Gewohnheit. Er steckt in der Verknüpfung zwischen Gefühl und Handlung, also dem Zusammenhang zwischen unserer emotionalen Reaktion auf unsere Erwartungen und unserer nächsten Aktion. Dieser Moment ist ausschlaggebend: Er eröffnet uns einen wichtigen Augenblick der Wahl.

»Während einer Meditation stieg ein Gedanke in mir auf«, berichtete mir eine Klientin. »Ich empfand Distanz zu meinem Freund und das deutliche Gefühl, dass sich etwas geändert hatte und unsere Beziehung bedrohte. Er ging häufig auf Geschäftsreisen, und wir sahen uns nicht oft. Sofort nach diesem belastenden Gedanken überwältigten mich meine Ängste vor dem Verlassenwerden. Ich registrierte diese Gefühlswoge einfach. Dann stieg Traurigkeit in mir auf – und Angst vor einem Verlust. Ich beschloss, einfach bei diesen Gefühlen zu bleiben. Die Tränen kamen ganz leicht, und ich ließ sie fließen. Dann flauten die Gefühle ab.

Nachdem ich meine Meditation beendet hatte, ging ich meinen üblichen Tätigkeiten nach, doch etwas später kehrten Angst und Traurigkeit zurück. Wieder verweilte ich einfach bei den Gefühlen und den Gedanken, dass wir uns vielleicht trennen würden und ich dann allein wäre. Ich kam zu dem Schluss, dass ich akzeptieren musste, was in mir vorging, auch wenn es schlimm war. Wieder legten sich die Gefühle, blieben jedoch ganz schwach im Hintergrund meines Bewusstseins vorhanden. Ich merkte, dass ich aus meiner geistigen Einbahnstraße ausbrechen musste. Dazu brauchte ich etwas, das mir Kraft gab. Also trieb ich erst mal heftig Sport. Dann putzte ich mein Arbeitszimmer. Dabei spürte ich einen Energieschub. Kurz danach fühlte ich, dass die Traurigkeit

im Hintergrund ganz leicht nachließ – der Griff des Schemas lockerte sich. Die Last, die mir das Herz schwer machte, wurde ein wenig leichter.
Jetzt machte ich mir nicht mehr so viele Sorgen um unsere Beziehung. Ich war sicher, es akzeptieren zu können, wie auch immer sie sich entwickelte. Ich erkannte: Wenn ich wie gewöhnlich aus Angst heraus handelte, würde ich mich zu sehr an meinen Freund klammern – und ich wusste, dass ihn das nerven und erst recht von mir wegtreiben würde. Es war viel besser, alles so zu lassen, wie es war, ohne mich ängstlich an ihn zu klammern.
Unsere Beziehung kam mir plötzlich wie diese Scherzkerzen vor, die man auf Geburtstagskuchen stecken kann: Egal, wie oft man sie ausbläst, sie entzünden sich immer wieder von selbst. Tief in meinem Herzen wusste ich, dass die Beziehung zu meinem Freund genauso war: Selbst wenn es Phasen gab, in denen die Verbindung sich abzuschwächen schien, wurde sie doch immer wieder stark.«
Meiner Klientin gelang es, achtsam bei ihren Ängsten zu verweilen, zu beobachten, wie das Muster des Verlassenwerdens aufblühte und verwelkte. Dies ist ein Beispiel für den Umgang mit der Gier in der Kette des abhängigen Entstehens. An dieser Stelle haben wir die so wichtige Wahl: Handeln wir nach unseren Impulsen und Emotionen, oder beobachten wir nur die Gedanken und Gefühle, wie sie aufsteigen und vergehen? Selbst wenn wir zu handeln beschließen – etwa Kontakt suchen, wenn wir fürchten, verlassen zu werden –, ist es besser zu warten, bis das verzweifeltste Verlangen vorüber ist. Dann haben wir mehr Alternativen und können flexibler sein. Und wenn wir es fertig bringen, bei den Gefühlen zu bleiben, ohne nach ihnen zu handeln, schwächen wir die Verknüpfung zwischen ihnen und dem Handlungsimpuls weiter.

Die magische Viertelsekunde ● Der Neurochirurg Benjamin Libet machte eine äußerst spannende Entdeckung, die unterstreicht, welche Kraft frei wird, wenn man die Kette sprengt –

und die erklären kann, warum Achtsamkeit eine so wirksame Methode ist, um in unserem Gefühlsleben Intelligenz walten zu lassen.[21] Da das Gehirn keine sensiblen Nervenenden besitzt – und daher schmerzunempfindlich ist – und weil Neurochirurgen die Gewissheit haben müssen, dass sie nicht versehentlich in das falsche Gehirnareal eindringen, bekommen die Patienten während einer Gehirnoperation keine Vollnarkose, sondern bleiben bei Bewusstsein. Sie können also sprechen und Gliedmaßen bewegen, damit der Chirurg kontrollieren kann, dass alles gut verläuft.

Libet nutzte diesen ungewöhnlichen Vorteil, um ein einfaches Experiment durchzuführen: Er bat die Patienten, während der Operation einen Finger zu bewegen. Außerdem benutzte er eine besondere Uhr, die die Zeit in Tausendstelsekunden angab. So konnten die Patienten die Zeit mit außergewöhnlicher Genauigkeit ablesen und den exakten Zeitpunkt angeben, zu dem sie den *Drang*, den Finger zu bewegen, bewusst registrierten.

Während des Versuchs überwachte Libet die elektrische Aktivität des Teils ihres Gehirns, der die Fingerbewegung steuerte. So konnte er genau beobachten, zu welchem Zeitpunkt die Gehirnaktivität einsetzte, die in der Bewegung des Fingers gipfelte. Kurzum, er konnte den Augenblick der *Absicht* zur Bewegung unterscheiden von dem Augenblick des *Gewahrwerdens* dieser Absicht und diesen wiederum von dem Augenblick der tatsächlichen *Handlung*.

All dies vereinte sich in der bemerkenswerten Entdeckung, dass der bewegungssteuernde Teil des Gehirns eine Viertelsekunde, *bevor* dem Patienten die Bewegungsabsicht zu Bewusstsein kam, aktiv wurde. Mit anderen Worten, das Gehirn setzt einen Impuls früher in Gang, als wir die Absicht dazu bewusst wahrnehmen.

Und wenn wir dann der Bewegungsabsicht bewusst sind, so stellte Libet fest, verstreicht eine weitere Viertelsekunde, bevor die Bewegung einsetzt. Dieses Zeitfenster ist entscheidend: Das ist der Moment, in dem wir die Möglichkeit haben, entweder dem

Impuls nachzugeben oder ihn zu unterdrücken. Der Wille, so könnte man sagen, sitzt hier, in dieser Viertelsekunde. Dieses Fenster bietet uns die Chance, die Kette zu sprengen, statt unserem Impuls blind zu folgen.

In einer automatischen, reflexhaften Abfolge geht der Impuls zu handeln nahtlos in die Handlung über, ohne dass wir bewusst überlegen würden, ob wir ihm nachgeben wollen oder nicht. Am Ursprung jeder Emotion steht der Drang zu handeln; in der Emotion ist der Impuls immer schon enthalten. Und nicht selten setzen wir diese emotionalen Impulse ohne Überlegung um: Wir empfinden etwas, und wir handeln entsprechend – ohne innezuhalten und darüber nachzudenken. Ärger setzt sich in Angriff, Furcht in Rückzug, Kränkung in Tränen um.

Hier kann Achtsamkeit emotional befreiend wirken: Sie setzt unseren ansonsten automatischen emotionalen Mustern ein aktives Gewahrsein entgegen, stellt zwischen emotionalen Impuls und Handeln ein reflektierendes Bewusstsein. Und sprengt so die Kette der emotionalen Gewohnheit.

Die Kraft, *nicht* zu handeln ● Achtsamkeit öffnet uns einen Weg in diese Lücke zwischen Absicht und Aktion, damit wir die Kette der Gewohnheit mit der Kraft eines Vetos sprengen können. Was normalerweise eine unsichtbare Kette automatischer, aber lebensbestimmender Abläufe ist, rückt ins Licht des Gewahrseins. Das lässt uns plötzlich die Wahl, wo wir zuvor keine hatten. Wir brauchen dem Handlungsimpuls nicht nachzugeben: Wir können einfach nein sagen.

Das elementarste Beispiel für diese Kraft der Achtsamkeit ist das Jucken: Wenn Sie nicht nachdenken, kratzen Sie sich automatisch. Wenn Sie jedoch des Impulses gewahr werden, bevor Sie danach handeln, haben Sie die Wahl, sich nicht zu kratzen – was ratsam wäre, wenn Sie beispielsweise einer Brennessel zu nahe gekommen sind.

Genauso ist es mit Emotionen. Unseren Ängsten entspringen

Handlungsimpulse. Wenn wir sie erfassen können, steht uns ebenfalls die Möglichkeit offen, sie nicht in die Tat umzusetzen. Mit Achtsamkeit sind wir imstande, bereits den ersten automatischen, impulsauslösenden Gedanken festzunageln. Und das verschafft uns genau an dieser Stelle die Freiheit, die gedankenlose Reaktionskette zu unterbrechen.

Achtsamkeit lenkt unsere Aufmerksamkeit von einer übermächtigen emotionalen Reaktion – etwa Wut – ab und auf den Zusammenhang zwischen der Verfassung unseres Geistes und seinen Wahrnehmungen. Statt uns in den Zorn und all die damit verbundenen Gedanken und Gefühle zu verlieren, können wir klar sehen, dass das, was wir empfinden, Zorn ist.

Wenn wir den Inhalt – die konkreten Dinge, über die wir uns geärgert haben und die wir zu unternehmen gedenken – loslassen und unser Gewahrsein erweitern, sodass es den gesamten Prozess des Ärgerns umfasst, können wir erkennen, dass es sich eben darum handelt. Wir können die einschlägigen Gedanken registrieren, können den Gefühlsmischmasch, den wir in Bausch und Bogen als »Ärger« etikettieren, differenziert beobachten und die Handlungsimpulse in unserem Körper spüren – das Ballen der Fäuste, den finsteren Gesichtsausdruck, die Spannung in der Kehle.

Doch wir brauchen dem Ärger nicht freien Lauf zu lassen. Wir haben jetzt die Freiheit zu reagieren oder nicht. Obwohl Sie den Ärger nicht ausagieren müssen, unterdrücken Sie ihn nicht. Das ist etwas ganz anderes als Unterdrückung oder Verdrängung; denn dann wollen Sie nicht erkennen oder nicht zulassen, dass Sie zornig sind.

Wenn Sie achtsam bleiben, kommt der Ärger klar in Ihrem Bewusstsein an. Sie wissen, dass Sie wütend sind. Sie möchten vielleicht sogar jemanden anbrüllen – registrieren Sie auch das. Ihre Kehle ist wie zugeschnürt, und Sie beobachten die hasserfüllten Gedanken, die Ihnen durch Ihren Kopf schießen. Mit anderen Worten, Sie erleben den Ärger so umfassend und genau wie nur

möglich und in allen Einzelheiten – das ist das Gegenteil von Verdrängen.
Sie schlucken Ihren Ärger also weder herunter, noch handeln Sie einfach aus ihm heraus. Sie haben jetzt die Freiheit zu einer überlegteren Reaktion. Vielleicht müssen Sie fest und entschlossen die Stimme erheben, um auf eine Ungerechtigkeit hinzuweisen oder um eine faire Behandlung einzufordern. Wenn Sie dies jedoch mit Achtsamkeit statt aus Zorn heraus tun, wird Ihre Reaktion wahrscheinlich mehr Wirkung zeigen. Sie können die Situation besser bereinigen, sich Gehör verschaffen oder die gewünschte Lösung herbeiführen, ohne die andere Person emotional zu überfallen. Sie können die destruktive Emotion Wut in konstruktive Energie umwandeln. Ich hörte einmal den Dalai Lama erklären, was geschieht, wenn wir Wut konstruktiv wenden: Wir gewinnen Klarheit, was zu tun ist, und ungeheure Energie, um unsere Ziele zu erreichen.

Zu Achtsamkeit übergehen ● Wenn unsere Reaktion auf eine emotional aufgeladene Situation sich aus einer tief verwurzelten Gewohnheit speist, beschneidet sie in diesem Augenblick unsere Wahlfreiheit. Selbst wenn die Gewohnheitsreaktion sich als kontraproduktiv erwiesen hat und das Gegenteil des Erhofften bewirkt, sind wir dazu verdammt, sie zu wiederholen – bis wir registrieren können, wann sie uns gefangen nimmt und uns unser Verhalten ein weiteres Mal vorschreibt. Eben dies bewirkt die Kraft des achtsamen Gewahrseins.
Wenn Sie zum Gewahrsein übergehen, lassen Sie die Gedanken und Gefühle einfach ganz natürlich kommen und gehen; dabei beobachten Sie sie mit stetiger Aufmerksamkeit. Sie reagieren weder darauf, noch beurteilen Sie sie in irgendeiner Weise. Sie schauen ihnen nur mit Gelassenheit zu. Dieses beobachtende Gewahrsein verändert unser Verhältnis zu den Gedanken und Gefühlen. Wir verstricken uns nicht in sie und steigern uns nicht hinein; wir bleiben einfach Zeuge.

Nehmen wir als Beispiel Lauren. Sie neigte zu akuter Angst vor dem Verlassenwerden. Das geringste Anzeichen, dass ihr Freund das Interesse an ihr verlor, konnte diese Reaktion auslösen. Ein ausbleibender Telefonanruf konnte sie in Phantasien stürzen, die allesamt darum kreisten, dass er sie fallen ließ, ohne dass es auch nur den winzigsten Hauch eines Beweises dafür gegeben hätte.
Eines Tages kam sie besonders aufgeregt zu mir, und daher forderte ich sie auf, ihre Empfindungen zu beschreiben. »Ich spüre ein Schaudern am ganzen Körper, sehr unangenehm«, berichtete Lauren. »Anscheinend verursacht so eine Art heftige Ängstlichkeit das Zittern. Es fällt mir schwer, meine Aufmerksamkeit darauf gerichtet zu halten – ich würde mich lieber mit etwas anderem beschäftigen.«
Ich drängte sie, bei den Gefühlen zu bleiben, ihre Aufmerksamkeit dort zu lassen und sich auf der rauen See der Empfindungen treiben zu lassen.
»Mein Bewusstsein will weg davon – es ist, als würde es von den Gefühlswellen zu Schaum geschlagen.«
Trotzdem gelang es Lauren, ihre Achtsamkeit zu halten und bei den an- und abschwellenden Empfindungen zu bleiben, wie ein kleines Boot, das von den rollenden Wogen unter ihm emporgehoben wird und wieder absackt. Ein warmes Gefühl durchdrang langsam ihren Körper und ihren Geist, als sie Trost in dem steten Gewahrsein fand. Mit dem Trost breitete sich Wärme in ihrem Bauch aus, er glättete die Wogen der Angst und Aufregung. Ihr Atem ging langsamer; ihre Angst löste sich auf.
Zusammen mit diesem körperlichen Wandel änderte sich auch ihre Geistesverfassung. Statt sich von dem Gedanken, verlassen zu werden, ängstigen zu lassen, lautete ihr spontaner Gedanke: »Ich bin frei!« Zugleich schoss ihr durch den Kopf: »Es ist in Ordnung, allein zu sein. Es wird mir dabei gut gehen.« Wie sie sagte, spürte sie eine Sicherheit gebende innere Verbindung, die weit stärker war als das einschränkende, Angst einflößende Gefühl des drohenden Verlassenwerdens. Als ihre Ängste – und die

Spannung in ihrem Körper – wichen, sah sie sich in neuem Licht: Was war das für eine Angst gewesen? Wer war da erst Minuten zuvor ein angstschlotterndes Nervenbündel gewesen? Wohin waren die Sorgen und Ängste entschwunden?
Achtsames Gewahrsein besitzt die phantastische Kraft, uns von den selbst auferlegten Einschränkungen durch unsere Ängste und Sorgen zu befreien. Diese Freiheit durch Achtsamkeit stellt sich jedoch nicht von jetzt auf gleich ein; man muss die Fähigkeit des Geistes üben und pflegen, der gesamten Gefühlspalette von angenehm bis unangenehm unerschütterliche Aufmerksamkeit zuzuwenden. Lauren hatte schon mehrere Monate lang Achtsamkeit geübt, als sie sie so erfolgreich anwandte. Wenn wir unsere Fähigkeit zu Achtsamkeit wirklich pflegen, öffnet sie uns den Zugang zu überaus wirkungsvollen Kräften unseres Geistes.

Gewohnheitsreaktionen umgehen ● In gewisser Weise ähnelt eine gewohnheitsbedingte emotionale Reaktion einem Juckreiz, und ein Juckreiz ist ein Mikrokosmos des Verlangens. Versuchen Sie einmal Folgendes: Wenn ein Wunsch in Ihnen aufsteigt, dann geben Sie ihm nicht nach, sondern beobachten Sie einfach Ihren Drang, den Wunsch in die Tat umzusetzen. Seien Sie Ihres Verlangens einfach gewahr. Wie ein Juckreiz wird es schließlich verschwinden.
Auf dieselbe Weise können Sie Aufschluss über das Motiv hinter Ihrem Verlangen gewinnen. Beobachten Sie, woher es kommt. Werden Sie der Motive gewahr; registrieren Sie, ob der Wunsch dem Festhalten oder der Selbstlosigkeit entspringt – ob er mit etwas zu tun hat, das Sie für sich selbst oder eher für einen anderen Menschen wollen. Vergegenwärtigen Sie sich zudem eventuelles Unbehagen oder sogar Leiden, das entsteht, weil Sie dem Verlangen nicht nachgeben können. Lassen Sie sich damit einverstanden sein, dass Sie nicht bekommen, was Sie wollen.
Beobachten Sie mit dieser Gelassenheit, wie sich das Verlangen selbst verändert. Wird es stärker? Schwächer? Ist es selbstlos?

Glauben Sie, dass es Ihnen gut geht, auch wenn Sie es nicht stillen können? Wollen Sie immer noch, was Sie glaubten zu wollen? Nehmen Sie sich dann die Freiheit, dem Verlangen entsprechend zu handeln. Bleiben Sie auch dabei achtsam. Häufig verändert oder verliert sich ein Wunsch, wenn Sie ihn achtsam beobachten. Nach einer Weile hat er nicht mehr dieselbe Stärke, oder er verschafft uns weniger Vergnügen als erwartet. Das Bedürfnis des Habenwollens wird schwächer, während ein Gefühl von Leichtigkeit sich verstärkt. Wir können den Charakter des Verlangens leichter sehen – und wir merken vielleicht, dass weniger Wünsche realisiert werden müssen.

Dieselbe Strategie nützt beim Umgang mit Handlungsimpulsen, wenn ein Schema ausgelöst wird. Eine Klientin, die sich gemeinsam mit einer Freundin in einem Meditationszentrum aufhielt, hatte einmal den Eindruck, ihre Freundin behandele sie gefühllos, und das unmittelbar nachdem meine Klientin etwas sehr Liebevolles für sie getan hatte. Da meine Klientin schon Erfahrung in Meditation hatte, konnte sie dem vertrauten Gefühl, das der Zwischenfall in ihr weckte, mit Achtsamkeit begegnen: dem Eindruck, dass niemand sich um ihre Bedürfnisse scherte und dass sie diese stets zugunsten anderer hintanstellte.

Nach wochenlanger intensiver Achtsamkeitsmeditation war ihr Geist heiter und flexibel. Sie konzentrierte ihre Aufmerksamkeit sofort auf ihre Reaktionen und beobachtete sie gewissenhaft. Sie spürte eine Beklemmung in der Brust sowie Traurigkeit, gefolgt von Verletzt- und Enttäuschtsein. Dann kam der Gedanke: »Niemand kümmert sich um mich«, begleitet von dem zornigen Impuls, es ihrer Freundin durch Nichtbeachten heimzuzahlen. Sie verweilte einige Augenblicke bei diesem Mischmasch von Reaktionen und Emotionen und fand sich zu ihrer Überraschung von der altbekannten Traurigkeit über das Übersehenwerden zu Tränen gerührt.

Dann war mit einem Mal alles weg. Die beklommene Traurigkeit, die Enttäuschung und Kränkung, der Impuls wegzulaufen. Alles war nach oben gekommen wie schon viele Male zuvor. Doch diesmal überließ sie den Reaktionen nicht die Kontrolle über sich selbst. Mit Hilfe von Achtsamkeit hatte sie die Kette Gedanke – Gefühl – Impuls gesprengt. Und im selben Moment tauchte etwas Neues auf.

Sie durchlitt nicht mehr den endlosen Kreislauf von Verbitterung, Selbstmitleid und Traurigkeit, in den sie ihr Deprivationsschema gewöhnlich trieb. Stattdessen war jetzt, wo sie ihre Reaktion hatte umgehen können, in ihrem Geist mehr Raum, um andere Möglichkeiten in Betracht zu ziehen. Ihr nächster Gedanke war von Nachsicht getragen: Vielleicht hat meine Freundin nicht gemerkt, was sie tat – oder wollte mir gar nicht wehtun.

Der gesamte Reaktionsablauf hatte von Anfang bis Ende nur ein paar Minuten in Anspruch genommen. So vermag ein genaues Gewahrsein selbst solche starken emotionalen Gewohnheitsreaktionen förmlich zu durchschlagen. Wenn wir uns erlauben, aufwühlende Gefühle unmittelbar zu erleben, einfach *bei* ihnen zu bleiben, statt *aus* ihnen heraus zu handeln, dann verändern sie sich. Der Trick besteht darin, sich völlig auf sie zu konzentrieren, ohne Vermeiden oder Widerstand, ohne Klammern oder Identifikation – einfach bei ihnen zu *sein*, wie sie sind, ohne Urteil oder Vorwurf.

Ein solches sauberes und glattes Durchschlagen der Kette der Gewohnheit gelingt nicht auf Anhieb; meine Klientin befand sich in einem intensiven Meditationstraining, das ihre Achtsamkeit in hohem Maße schulte. Doch je eher wir während einer Schema-Reaktion zu einer achtsamen Haltung überzugehen vermögen, desto eher können wir jene entmachten.

Die beschriebene Pause zwischen Impuls und Aktion bietet eine Möglichkeit, die Kette der Gewohnheit zu durchbrechen. Und wie Achan Amaro sagt, heißt das: »Wenn wir einfach auf der Ebene der Empfindung leben und achtsam auf Lust und Schmerz, Anziehung und Ablehnung reagieren können, dann können wir zufrieden und in Harmonie leben.«

Die Freiheit wählen ● Wenn wir ein starkes, tief beunruhigendes Gefühl empfinden – insbesondere wenn es dem Anlass nicht entspricht –, ist dies im Allgemeinen ein Signal, dass eine blinde emotionale Gewohnheit, sehr wahrscheinlich ein Schema, aktiviert wird. Solche Gefühle stellen einen Augenblick der Entscheidung dar: Wir können uns tranceartig von der Reaktion überwältigen lassen, oder wir können dem Geschehen unsere volle Aufmerksamkeit zuwenden, tief in das Unbehagen und die schmerzlichen oder sogar verzweifelten Gefühle dahinter eintauchen.

Solche Augenblicke des Gefühlsaufruhrs sind eine Gelegenheit, zu lernen und den Aufruhr selbst loszulassen. Wenn Sie sich der emotionalen Gewohnheit zu stellen beschließen, wenn Sie also den Wirrwarr aus rasenden Gedanken und beunruhigenden Gefühlen genauer beobachten, statt sich einfach von ihm zum Handeln treiben zu lassen, kommt es meistens anders als gewohnt: Die Gefühle strömen einfach durch Sie hindurch, statt Sie zu kontrollieren. Anfangs allerdings werden die Gefühle, wenn Sie sie achtsam beobachten, wahrscheinlich noch intensiver und unangenehmer.

Wenn Sie jedoch bei ihnen verweilen, lassen sie allmählich nach und werden erträglicher. Bei weiterem innerlichen Sammeln und Verfolgen der Veränderung Ihrer Empfindungen erwächst aus der Verwirrung häufig psychologische Einsicht in das Wesen des Schemas. Lauren beispielsweise erkannte, dass sie zu Beziehungen mit selbstbezogenen und kalten Menschen – Männern wie Frauen – neigte, die ihr Schema immer wieder aktivierten. Sie betrachtete die wichtigsten Personen in ihrem Leben – eine lange Reihe von Liebhabern, mehrere ihrer besten Freundinnen – und merkte, dass sie sich allesamt durch die emotionale Distanz auszeichneten, die sie immer bei ihrer Mutter gespürt hatte.

Im nächsten Schritt nach dieser Einsicht änderte Lauren ihre eigenen Reaktionen in diesen Beziehungen. Sie wollte aber nicht nur ihre emotionalen Reaktionen dämpfen, sondern auch auf das Verhalten der anderen ihr gegenüber Einfluss nehmen. Als sie zum Beispiel nicht mehr mit ihren Deprivationsgefühlen kämpfen musste, gab sie ihrem Bedürfnis nach emotionalem Kontakt Ausdruck. Und statt zu klammern, versuchte sie eine lockere, sogar spielerische Annäherung.

Wenn wir den Hintergründen und Auswirkungen des Schemas nachgehen – herausfinden, warum es solche Macht über uns ausübt und was wir dagegen unternehmen können –, werden diese Einsichten seinen Würgegriff lockern. Es ist, als wüsste das Schema, dass wir keine Angst mehr vor ihm haben, und uns deshalb freigibt und schließlich aus unserem Geist – und aus unserem Leben – verschwindet. Wenn es sich das nächste Mal meldet, wissen wir Bescheid und erleben die realen Vorgänge bewusster, sodass wir klarer sehen können, wie das Schema funktioniert.

Wir wissen, dass wir uns nicht mehr vor den mit ihm verbundenen Gefühlen zu fürchten brauchen, dass wir ihnen keinen Glauben mehr schenken müssen und dass wir das Szenario, in das es uns hineindrängen will, nicht zwanghaft noch einmal durchspielen müssen. Wir fürchten uns deshalb weniger davor, uns all dem zu stellen, weil wir es bereits getan haben und an Stärke gewonnen haben – das Schema ist durchschaubarer, und wir sehen unser Gefühlsleben mit ein wenig mehr Klarheit, sogar Weisheit.

Wenn Sie die Kette der Gewohnheit sprengen möchten

Versuchen Sie Ihren Geist auf die magische Viertelsekunde – die Lücke zwischen Absicht und Handlung – einzustimmen und achtsam und genau zu beobachten, damit Sie Ihrer Absichten gewahr werden. Das können Sie üben, indem Sie bis ins Kleinste die Bewegungen beim meditativen Gehen beobachten.

Sie können sich an die Anweisungen für das meditative Gehen am Ende von Kapitel 3 halten, jedoch mit einer wichtigen Abwandlung: Richten Sie Ihre Achtsamkeit auf den Augenblick der *Absicht*. Vor jedem Schritt, vor jedem Wenden formt der Geist eine Absicht zu einer Bewegung. Achtsamkeit macht Ihnen diesen Moment – diese Viertelsekunde – bewusst.

Folgen Sie den Anleitungen auf Seite 82. Achten Sie jedoch beim Heben, Bewegen, Absetzen jedes Fußes auf den Augenblick der Absicht, bevor Sie die Bewegung ausführen. Wenn Sie beispielsweise umkehren, dann richten Sie Ihre volle Aufmerksamkeit auf diese Absicht und danach auf die, Ihren Fuß vorwärts zu schwingen. Bevor Sie anhalten, registrieren Sie Ihre Absicht stehen zu bleiben. Dieses sehr direkte Beobachten der Absicht können Sie auch in jeder anderen Situation praktizieren – sogar bei Ihren emotionalen Reaktionen. Versuchen Sie im Laufe des Tages immer wieder zu üben und auszuprobieren, wie oft Sie den Augenblick der Absicht in jener Viertelsekunde erwischen können. Wenn zum Beispiel jemand etwas tut, das Sie ärgert, dann halten Sie inne und beobachten Sie achtsam Ihre Absichten, bevor Sie nach außen reagieren. Registrieren Sie, welchen Impuls Sie spüren, wonach Ihnen ist – vielleicht nach einer gehässigen oder gemeinen Bemerkung. Erwägen Sie beim Innehalten andere mögliche Reaktionen – vielleicht der Person klarer zu vermitteln, was Sie gerne anders hätten.

Es ist erstaunlich, wie schnell das Gehirn Information verarbeiten kann – in einer Viertelsekunde kann viel passieren. Wenn Sie längere Zeit geübt haben, kann diese Pause länger werden, wie mir Menschen bestätigten, die es ausprobiert haben: »Ich habe nicht gewusst, dass ich in der Viertelsekunde, bevor ich reagiere, so viel Zeit habe!« »Ich erwische im Alltag immer mehr Viertelsekunden!«

10
Gewohnheiten ändern

Eine Klientin erzählte mir einmal, dass in ihrem Lieblingspark mitten auf einem unbefestigten Weg ganz zarte, wunderschöne Blumen blühten. Als sie bei einem späteren Besuch jedoch feststellen musste, dass der Weg – und jene anmutigen Blumen – zubetoniert worden waren, wurde ihr das Herz schwer. ● Im Jahr darauf fiel ihr ein Riss in der Betondecke ins Auge, durch den sich winzige Blütenknospen hindurchschoben. Sie war tief bewegt, dass diese »zarten Köpfchen der Entschlossenheit«, wie sie sich ausdrückte, stärker waren als die harte, dicht geschlossene Betondecke. ● Schemata zu ändern verhält sich ähnlich. Die zarten Köpfchen unserer Entschlossenheit sind eine starke Macht, die die Verfestigung und Geschlossenheit unserer Schemata durchbrechen können, wenn wir uns bemühen. Der Veränderungsprozess beginnt mit einem Akt der Entschlossenheit – etwas anders zu machen, eine alte Gewohnheit zu ändern. ● Probieren Sie zum Beispiel einmal Folgendes aus: Legen Sie dieses Buch so hin, dass Sie noch darin lesen können, es aber nicht in den Händen halten müssen. Verschränken Sie jetzt Ihre Arme, wie Sie es normalerweise tun. Fühlt sich angenehm an, nicht wahr? ● Jetzt verschränken Sie Ihre Arme anders herum, sodass der Arm, der gewöhnlich oben liegt, sich jetzt unten befindet. ● So kommt man sich vor, wenn man ein Schema ändert. Anfangs fühlt sich die neue Gewohnheit unbeholfen und ungewohnt an. Doch wenn Sie sie öfter wiederholen, erscheint Sie Ihnen bald vertrauter und angenehmer – sie wird ein Teil von Ihnen. ● Das tibetische Wort für »Meditation« kommt von dem Verb für »vertraut werden mit«, wie der Lehrer Chagdud Tulku erklärt. »Wir werden vertraut mit anderen Seinsweisen.« Wenn wir ein Gewohnheitsmuster zu ändern versuchen, fühlt sich die neue Gewohnheit anfangs immer ein wenig seltsam an. Doch je vertrauter wir damit werden – je länger wir üben –, desto natürlicher wird sie uns vorkommen. ● Das gilt genauso für unsere emotionalen Gewohnheiten. Durch Wiederholung können wir sogar lernen, mit dem zu leben, das uns früher immer aus der Bahn geworfen hat. Eine Frau aus der Karibik erzählte von den Hurrikans, die seit Menschengedenken jedes Jahr über die Inseln fegen. »Haben Sie keine Angst?«, fragte ich. »Ach nein. Das kommt da drunten so oft vor, dass man sich daran gewöhnt«, lachte sie. »Man verrammelt einfach alle Fenster und sagt sich: ›Na gut, was passiert, passiert eben.‹«

Ihre Einstellung – realistische Vorkehrungen für den Notfall zu treffen und dann das Unvermeidliche hinzunehmen – könnte so etwas wie ein Heilmittel gegen die Furchtsamkeit liefern, die typisch ist für das Verletzlichkeitsschema. Dieses Schema erzeugt die Wahrnehmung einer Bedrohung, indem es jeden Hauch einer Gefahr übertreibt; so wird eine kleine Bö in der Phantasie zum ausgewachsenen Hurrikan. Die Frau aus der Karibik zeigte die gegenteilige Einstellung: Es könnte eine reale Gefahr drohen, also bereitet man sich möglichst gut darauf vor und wartet dann in aller Ruhe ab.

Diese Frau konnte die bekannte Redensart umsetzen: Sie änderte die Dinge, die sie ändern konnte, nahm die Dinge hin, die sie nicht ändern konnte, und hatte die Weisheit, beides zu unterscheiden. In Bezug auf das Verletzlichkeitsmuster korrigiert diese Philosophie die verzerrte Wahrnehmung der Schema-Brille, die immer Panik ausbrechen lässt, auch wegen Dingen, die sich nicht ändern lassen. Menschen mit diesem Schema müssen eine Lektion lernen, die einer Seglerweisheit ähnelt: Um den gewünschten Kurs zu segeln, muss man das richtige Verhältnis zwischen Windstärke und Trimmen der Segel finden.

Es gibt zu jedem Schema solche Gegengewichte: Denk-, Fühl- und Handlungsweisen, die den fehlangepassten, vom Schema am Leben gehaltenen Gewohnheiten entgegenwirken. Wir können Gewohnheiten auf vier Ebenen ändern: Gedanken, Gefühle, Reaktionen und Beziehungen.

Die 84 000 Gegenmittel ● Die Idee, Gegenmittel anzuwenden, hat eine lange Geschichte: Schon die buddhistische Psychologie behauptet, dass wir unsere fehlangepassten Emotionsmuster – oder »leidigen« Gefühle, wie der Sanskrit-Ausdruck zuweilen übersetzt wird – aktiv hinterfragen und ändern können. Einer klassischen buddhistischen Redensart zufolge gibt es 84 000 leidige Gefühle. Doch wie der Buddhismus uns versichert, gibt es auch 84 000 Gegenmittel!

Unsere wichtigste Strategie läuft darauf hinaus, eine den leidigen Gefühlen entgegengesetzte Geistesverfassung zu kultivieren. Das Grundprinzip: Eine positive geistige Haltung erstickt oder unterdrückt ein entsprechendes leidiges Gefühl; wo das eine ist, kann nicht zugleich das andere sein. Jedem leidigen Gefühl ist ein positives zugeordnet, das Ersteres in gesunder Weise verdrängen kann. Wut beispielsweise kann durch Versenkung über Liebe und Mitgefühl gedämpft werden, Hochmut durch Versenkung über Demut, und Gelassenheit bietet ein Heilmittel gegen Aufregung und andere störende Gefühle.

Der Buddhismus misst das Wohlbefinden daran, wie weit unser Geist von leidigen oder den ihnen entgegenwirkenden Gefühlen beherrscht wird. Das Kultivieren von Achtsamkeit ist ein wichtiges Werkzeug, um dieses Gleichgewicht zwischen gesunden und ungesunden Geistesverfassungen zu verschieben. Es ist das Allheilmittel.

Als weitere Hilfe gegen Seelennöte empfiehlt der Dalai Lama, sich trotz eigener Probleme um andere zu kümmern. »Der Raum des Gewahrseins ist klein, deshalb wirken unsere persönlichen Kümmernisse so groß«, sagt er. »In dem Augenblick jedoch, in dem man daran denkt, anderen zu helfen, erweitert sich der Geist, und unsere eigenen Probleme wirken kleiner.«

Der geistige Idealzustand ist der buddhistischen Psychologie zufolge erreicht, wenn alle leidigen Gefühle durch gesunde ersetzt sind – ein Merkmal großer spiritueller Fortgeschrittenheit. Bei dieser Umwandlung erzeugt Achtsamkeit eine ruhige Offenheit für alles, was ins Gewahrsein tritt.

Aus buddhistischer Sicht stellen diese Gegenmittel keine absolut, sondern relativ wirksame Problemlösungen dar, da sie negative Zustände in positive verwandeln. Das Entfalten der Einsicht durch achtsames Beobachten ist das, was uns aus dem Griff hartnäckiger Gewohnheiten befreien kann. Das ultimative Heilmittel ist natürlich die volle spirituelle Freiheit – die Befreiung durch Erleuchtung. Doch selbst diejenigen, die dieses große Ziel lockt, bleiben in der misslichen Lage, mit dem Schmerz durch leidige Gefühle und emotionale Gewohnheiten fertig werden zu müssen.

Solange diese emotionalen Nöte uns Leiden bereiten, müssen wir Gegenmittel anwenden. Sowohl der Buddhismus als auch die Schema-Therapie setzen sie ein, um fehlangepasste emotionale Gewohnheiten zu neutralisieren. Die Maßnahmen, die der Dalai Lama empfiehlt, ähneln in bemerkenswerter Weise denen, die bei Schemata Wirkung zeigen: Der erste Schritt besteht darin, das leidige Gefühl durch Achtsamkeit ins klare Licht des Gewahrseins zu rücken. Im zweiten Schritt wird ein Gegenmittel angewandt, eine positive Alternative zu der geistigen Gewohnheit des leidigen Gefühls.

Diese Schritte finden sich auch in der Frühzeit der modernen Psychologie bei William James wieder, einem ihrer amerikanischen Begründer. Wie er klar erkannte, wird eine negative Gewohnheit durch Umsetzen in die Tat am Leben erhalten: »Jeder weiß, dass Panik durch Flucht gesteigert wird und dass, wenn man den Symptomen von Wut nachgibt, sich diese Leidenschaft selbst verstärkt«, schrieb James. »Beim Zorn ist offenkundig, dass wir uns durch wiederholte Ausbrüche selbst ›hineinsteigern‹.«[22]

Um emotionale Muster wie ein zu hitziges Temperament zu ändern, so erkannte James, ist das Gegenmittel das bewusste Praktizieren einer besseren Alternative: »Man verweigere einer Leidenschaft den Ausdruck, und sie erstirbt. Man zähle bis zehn, bevor man seinem Ärger Luft macht, und sein Anlass erscheint lächerlich.«

Im Grunde beschrieb James eine Strategie, die mit dem Prinzip der buddhistischen Psychologie verwandt ist: negativen geistigen Gewohnheiten absichtlich entgegengesetzt zu handeln. Sein Rezept zur Veränderung: »Wenn wir unliebsame emotionale Neigungen bei uns selbst zu besiegen wünschen, müssen wir beharrlich und vor allem kaltblütig die äußeren Abläufe jener entgegengesetzten Neigungen praktizieren, die wir einzuüben wünschen.«

Achtsamkeit auf Gewohnheiten anwenden ● Zu Beginn meiner therapeutischen Tätigkeit gewann ich weitere praktische Einsichten in Methoden zur Veränderung emotionaler Gewohnheiten durch Moshe Feldenkrais, einen Pionier der Körperarbeit. Sein Ansatz beruhte auf körperlicher Bewegung; viele seiner genialen Einsichten gewann er bei seinen eigenen Anstrengungen, nach einer Kinderlähmung die Kontrolle über seinen Körper wiederzugewinnen. Obwohl mein Wissen über Feldenkrais' Arbeit, die er als Bewegungsbewusstsein bezeichnete, nur begrenzt war, übte sein System einen nachhaltigen Einfluss auf meine Sicht der Arbeit an Schemata aus.

Feldenkrais vertrat die Ansicht, dass sich unsere üblichen körperlichen Bewegungsmuster tief in den motorischen Cortex – den Teil des Gehirns, der unter anderem die Bewegungen steuert – eingraben. Die meisten von uns haben ein paar Bewegungsgewohnheiten, die uns einschränken oder sogar Schmerz verursachen. Um Menschen ihr volles Bewegungspotenzial zu erschließen, müssen sie nach Feldenkrais' Überzeugung aus ihren eingefahrenen Gewohnheiten ausbrechen. Und das bedeutet, dass sich im motorischen Cortex etwas verändern muss: Es müssen sich neue neuromuskuläre Muster bilden, die den Gebrauch unseres Körpers maximal erweitern statt ihn einzuschränken. Dadurch könnten sich, so Feldenkrais, auch andere Gewohnheiten einschließlich solcher auf emotionaler Ebene ändern. Er glaubte, dass Veränderungen im motorischen Cortex mit Veränderungen der gelernten Muster, die von anderen Gehirnregionen gesteuert werden, einhergehen. »Das einzig Dauerhafte an unserem Verhalten«, pflegte Feldenkrais zu sagen, »ist der Glaube, dass es ist, wie es ist.«

Wie er zur Veränderung von Gewohnheiten stand, ist erfrischend und ermutigend: Vieles ist möglich, wenn wir uns aus unseren vertrauten Denkmustern und Verhaltensgewohnheiten lösen und uns eine breitere Palette von Möglichkeiten zugänglich machen. Feldenkrais sah voraus, was die Neurowissenschaften später bestätigten: die »neuronale Plastizität« des Gehirns – dass das Gehirn sich ständig verändert und durch wiederholte Erfahrungen formt.

Doch eine solche »Neuformung« des Gehirns ist mühsam. Genauso wie es sich seltsam anfühlt, wenn Sie Ihre Arme anders herum verschränken, scheint Ihnen eine neue emotionale Gewohnheit anfangs nicht zu »passen«, weil sie Ihnen so unvertraut, sogar fremd vorkommt. Wenn Sie sie jedoch immer wieder wiederholen, verschwindet dieses merkwürdige Gefühl, und sie fühlt sich schließlich vertraut an.

An der Änderung emotionaler Gewohnheiten müssen wir härter und länger arbeiten, weil das Gehirn den Drang überwinden muss, dem ausgetretenen Pfad der alten Gewohnheit zu folgen. Je intensiver die Gewohnheiten eingeübt wurden, desto mehr Anstrengung kostet es, sie zu ändern – und unsere fehlangepassten Schemata gehören zu den zähesten. Wir dürfen aber nicht nachlassen, wenn wir schwächer ausgeprägte, weniger vertraute Alternativen aufbauen wollen, sodass schließlich sie zu unserer spontanen ersten Wahl werden.

Wenn Menschen jedoch eine Gewohnheit ändern wollen, hören sie häufig zu früh auf, trauen sich nicht weit genug über das Stadium des Merkwürdig-Unvertrauten hinaus. Etwas kommt uns unnatürlich vor, also fallen wir ins Altvertraute zurück, mit dem wir uns wohler fühlen, selbst wenn wir erkannt haben, dass es uns nicht mehr nützlich ist. Häufig ist es genau das, was uns an unsere alten emotionalen Gewohnheiten fesselt.

Sind wir jedoch auf diese Phase der Fremdheit vorbereitet, also nicht nur auf sie gefasst, sondern fest entschlossen, sie durchzustehen, dann gelingt es uns schließlich, die automatische Reaktion des Gehirns im Sinne der neuen, besseren Gewohnheit zu ändern. Wenn wir uns über den Charakter von Gewohnheiten im Klaren sind, wissen wir, was wir zu erwarten haben.

Bewusste Veränderung ● Feldenkrais sah in der folgenden einfachen Übung ein wirksames Hilfsmittel, um unsere erlernten Gewohnheiten zu durchbrechen: Beobachten Sie zunächst bewusst einige Ihrer alltäglichen Verrichtungen, die Sie sonst so automatisch erledigen, dass Sie es gar nicht mehr bemerken. Verändern Sie dann bewusst die gewohnte Abfolge. Wenn Sie sich immer mit der rechten Hand die Zähne putzen und die Badezimmertür öffnen, dann versuchen Sie es nun mit der linken. Wenn Sie jeden Tag immer auf demselben Weg zur Arbeit oder zur Schule fahren, dann nehmen Sie nun bewusst einen anderen und erkunden Sie unbekannte Straßen und Gegenden.

Das hört sich einfach, ja banal an. Doch wenn wir eine vertraute Aufgabe in neuer Weise erledigen, bringt das frischen Wind in unser Bewusstsein. Die langweilige, automatische Routine wird zu einer Gelegenheit für ein kleines Erwachen. Auf diese Weise kann das Durchbrechen einer Gewohnheit, so trivial sie auch scheinen mag, unser Gewahrsein verändern, uns zu einer neuen Einstellung inspirieren: zum Anfänger-Geist – das heißt, die Dinge zu sehen, als erblickten wir sie zum ersten Mal. Und dieser neue Blick gibt uns die Möglichkeit, etwas anders zu machen.

Dasselbe Prinzip gilt für unsere geistigen Gewohnheiten. Ihnen mit neuem Gewahrsein zu begegnen kann uns ein neues Maß von Freiheit verschaffen. Eine Gerontologin aus meinem Bekanntenkreis bezeichnet eines der größten Probleme der Menschen beim Älterwerden als »Psychosklerose« – als Verhärtung der Einstellungen!

Zwar entwickelte Feldenkrais seine Strategie zur Veränderung von Gewohnheiten schon vor Jahrzehnten, doch neuere Erkenntnisse der kognitiven Psychologie bestätigen heute seine Vorstellungen. Eine der verblüffendsten Entdeckungen hat mit Gewohnheiten zu tun. Wenn das Gehirn eine Gewohnheit beherrscht, läuft deren gesamte Ausführung – siehe oben – außerhalb unserer bewussten Wahrnehmung ab. Diese Automatisierung findet immer dann statt, wenn wir in einer Situation wiederholt gleich handeln, um ein bestimmtes Ziel zu erreichen. Ist dieser Prozess abgeschlossen, brauchen wir nur etwas zu sehen, zu hören oder flüchtig zu denken, um diese Gewohnheit abzurufen und die ganze Sequenz zu starten.

Bei harmlosen Gewohnheiten wie dem morgendlichen Kaffeekochen ist das in Ordnung. Gehen Sie einfach in die Küche, und Körper und Gehirn spulen wie beflissene Dienstboten die nötigen Handgriffe ab, ohne dass Sie ihnen die geringste Aufmerksamkeit zollen müssen.

Werden aber Ihre emotionalen Gewohnheiten ausgelöst, sind die Ergebnisse nicht immer so harmlos. Und wenn dann noch der richtige Auslöser dazukommt – etwa ein schneidender Tonfall, der an elterliche Strafpredigten erinnert –, dann überreagieren wir gedankenlos, vielleicht mit einer gereizten Erwiderung, ohne dass wir uns bewusst für eine Reaktion entschieden.

Und je öfter wir in der altvertrauten Weise reagieren, desto stärker wird die Macht des Schemas. Da unsere Schemata Gewohnheiten sind, die weitgehend unbewusst ablaufen, wissen wir häufig nicht, wie wir sie ändern sollen. Das Problem ist: Emotionale Gewohnheiten entwickeln sich und werden ausgelöst durch Reize, die wir zum größten Teil automatisch verarbeiten.

Da diese Gewohnheiten durch Wiederholung stärker werden, bedeutet gerade dies, dass wir sie wahrscheinlich wiederholen. Im Bann des Schemas bemerken wir nicht, dass der Augenblick, in dem gerade wieder einmal die gewohnte Reaktion einsetzt, eine Wahlmöglichkeit birgt. Was die Gewohnheit so sehr schützt, ist ihr automatischer, unbewusster Charakter: Wir erkennen gar nicht, dass wir sie schon wieder durchexerzieren.

Achtsamkeit jedoch kann uns diese gedankenlose Wiederholung vergegenwärtigen und uns so eine echte Entscheidungsmöglichkeit in diesem Augenblick geben. Wenn wir bewusst anders reagieren, statt derselben alten Gewohnheit nachzugeben, können wir ihre Macht über uns schwächen und mehr Freiheit gewinnen. Das Gegenmittel besteht also darin, uns diesen Prozess zu Bewusstsein zu bringen: Es macht uns achtsam, wo wir zuvor achtlos waren.

Eines Automatismus gewahr zu werden, um ihn zu ändern, ist ein ausschlaggebender Schritt. Solange unsere emotionalen Gewohnheiten außerhalb unseres Bewusstseins bleiben, sind wir weitgehend machtlos. Wenn wir jedoch erkennen, was wirklich geschieht – »Schon wieder dieses Schema!« –, können wir beeinflussen, was als Nächstes geschieht.

Zwei einfache Schritte ● Die Maßnahmen im Einzelnen ergeben sich aus Forschungsergebnissen über die Veränderung automatisierter Denk- und Fühlgewohnheiten. Die einfache Strategie: unsere *Reaktion* absichtlich ändern, wenn wir erkannt haben, dass die Gewohnheit gerade einsetzt. Diese Strategie erkennt an, dass die Auslöser für die Gewohnheit, den Automatismus in Gang zu setzen, im Augenblick eine nur schwer zu überwindende Macht besitzen – die ersten Reaktionen sind viel, viel schwerer zu ändern als die letzte in der Reaktionskette. Wenn wir jedoch erkennen, dass die gewohnte Abfolge beginnt, können wir bewusst und absichtlich anders, konstruktiver reagieren.

Nehmen wir beispielsweise an, Sie beginnen Ihren ersten Tag an einem neuen Arbeitsplatz und werden gleich Ihre zukünftigen Kollegen kennen lernen. Automatisch flackern nun Ihre Ängste vor sozialem Ausschluss auf. Ihre eingefahrene Schema-Reaktion ist Unbehagen und Ängstlichkeit; Sie reden sich ein, dass sich bestimmt niemand mit Ihnen unterhalten möchte. Deshalb bleiben Sie allein in Ihrem Kabuff sitzen. Wenn Sie sich jedoch gleich zu Beginn bei der altgewohnten Reaktionsabfolge ertappen, können Sie etwas dagegen tun: Sie gehen zu einem Ihrer neuen Kollegen hin, stellen sich vor und knüpfen ein Gespräch an – und zwar trotz Ihrer Angst.

Die Wirksamkeit dieser einfachen Strategie belegen in Deutschland durchgeführte Experimente zur Veränderung negativer Stereotypen.[23] In der jüngsten Vergangenheit dieses Landes hatten religiöse und rassische Stereotypen bekanntlich katastrophale Auswirkungen. Ein Stereotyp ist nichts anderes als eine geistige Gewohnheit. Ein destruktives Stereotyp umfasst in der Regel herabsetzende automatische Gedanken über die Zielgruppe, verknüpft mit unangenehmen Gefühlen und der Neigung zu feindseligem Verhalten.

Die Versuchspersonen der deutschen Psychologen sollten ein bestimmtes Stereotyp ändern, indem sie ihre gewohnte Reaktion infrage stellten. Gegen ihre negativen Stereotypen über alte Menschen etwa sollten die Probanden den Entschluss fassen: »Wenn ich einen alten Menschen sehe, sage ich zu mir: Keine Vorurteile!«

Nur einige Wochen nach diesem einfachen Versuch war eine verblüffende Veränderung ihrer Abneigung festzustellen: Ihre negativen automatischen Empfindungen beim Anblick eines alten Menschen wurden nicht mehr aktiviert. Während sie solche Leute zuvor vielleicht gemieden hatten, waren sie jetzt eher zu einem freundlichen Umgang mit ihnen bereit. Bewusstes Einschreiten

gegen eine automatische Gewohnheit befreite sie aus diesem eingefahrenen geistigen Gleis.
Eine ähnliche Strategie setzen die Anonymen Alkoholiker seit Jahren ein, um einen Rückfall in alte Trinkgewohnheiten zu verhindern. Wenn ein Gruppenmitglied in Versuchung kommt, ändert es bewusst seine alte Reaktion: Er oder sie ruft einen Freund bei den AA an und redet mit ihm, statt zu trinken. In alltäglichen Situationen wenden wir dieselbe Strategie an, wenn wir eine Diät machen und im Restaurant gerade die Mousse au Chocolat bestellen wollen, uns gerade noch besinnen und den Früchteteller ordern. In all diesen Fällen rückt die Reaktion im Augenblick ihres Einsetzens in den Mittelpunkt der Aufmerksamkeit. Sie wird dann in eine neue, bessere Richtung gelenkt.
Betrachten wir, wie meine Klientin Miriam diese Strategie einsetzte, um ihre wenig hilfreichen, von ihrem Verletzlichkeitsschema diktierten Reaktionen auf ihren Mann zu ändern. Immer wenn er auf eine seiner zahlreichen Geschäftsreisen gehen musste, quälte sie sich mit der Angst, ihm könnte etwas Schlimmes zustoßen. Im ersten Schritt gelang es ihr durch Achtsamkeit, Distanz zwischen sich und ihre aufwühlenden Gefühle zu legen. Sie ertappte sich selbst bei der vertrauten Parade schrecklicher Bilder, welche Katastrophen ihrem Mann zustoßen könnten. Aus diesen Ängsten heraus machte sie ihm stets gereizte Vorhaltungen, wenn er sie später als erwartet anrief.
Wenn sie in solchen Momenten Achtsamkeit übte, konnte sie einen Schritt zurücktreten und sich selbst fragen: »Will ich das wirklich?« Das gab ihr die Chance zu der Antwort: »Nein« – und sie ließ es sein. Weil sie ihren Geist öffnete, bekam sie eine Wahlmöglichkeit. Statt ihren Mann anzublaffen, fragte sie ganz ruhig, warum er erst so spät anrief, und bat ihn, das nächste Mal früher daran zu denken.
Diese einfache Strategie hat weitreichende Wirkungen. Die Veränderung unbewusster Gewohnheiten einschließlich Schemata erfolgt also in zwei Schritten:

1. Gewahr werden, dass die Gewohnheit ausgelöst worden ist.
2. Die gewohnte Reaktion bewusst ändern.

Was sich in einer Psychotherapie ändert ● Diese einfache Strategie ist vielleicht der Dreh- und Angelpunkt, um unseren fehlangepassten Schemata ihre Macht zu nehmen. Als Beispiel soll die trübselige Formel dienen, die das vorherrschende Schema von Mr. Howard, einem Patienten des Psychologen Lester Luborsky, zusammenfasst.[24]

> Ich wünsche mir Nähe und Zuneigung von einem anderen Menschen.
> Ich erwarte, dass der andere mir diese Nähe und Zuneigung verweigert.
> Ich reagiere mit dem Gefühl, abgelehnt zu werden, werde zornig und sehr ängstlich und mache mir Selbstvorwürfe.

Mr. Howard war einer von mehreren Dutzend Patienten, deren Schemata Luborskys Forschungsgruppe analysierte. Die Wissenschaftler begleiteten den Therapieverlauf bei Mr. Howard und seinen Mitpatienten und zeichneten die Veränderungen von deren Schemata präzise auf.

Wenn die Therapie erfolgreich war, zeigten sich bei einem Patienten nach dem anderen zwei typische Veränderungen: Die Macht der Schemata über ihr Leben wurde schwächer, und ihr Skript – der vorgezeichnete Verhaltensablauf – änderte sich zum Besseren. Bei Mr. Howard bedeutete dies, dass er jetzt meist befriedigendere Beziehungen anzuknüpfen vermochte. In diesen Beziehungen erlebte er Nähe und Zuneigung seitens der anderen Person, statt sich wie früher zurückgewiesen zu fühlen und dann unter Kummer und Selbstvorwürfen zu leiden – das Einzige, das er früher von Beziehungen zu erwarten pflegte.

Es ließ sich jetzt alles besser für ihn an. Doch was sich bei Mr. Howard wie bei den anderen Patienten *nicht* änderte, war das für sie so wichtige und dringende dahinter liegende Verlangen oder Bedürfnis. Verbessert hatten sich ihre eigenen Reaktionen und die der anderen Menschen auf sie. Bei Mr. Howard war noch viel emotionale Energie von seinem Bedürfnis nach Nähe und Zuneigung gebunden, doch jetzt hatte er gelernt, wie dieses Bedürfnis zu befriedigen war: Er beherrschte eine neue Art und Weise, auf dieselben alten Gedanken und Gefühle zu reagieren.

Was bei dieser Verwandlung im Verborgenen wirkt, ist Achtsamkeit. Als Mr. Howard in der Therapie sein Schema kennen lernte, nahm er besser wahr, wann es in einer Beziehung zu wirken begann. Er konnte zum Beispiel erkennen, dass er durch eine Zerrbrille blickte, die ihn die Worte anderer missdeuten und Ablehnung und Kälte spüren ließ, wo nichts dergleichen beabsichtigt war. Er konnte sogar die Ironie seiner misslichen Lage sehen: »Jetzt mach' ich es doch glatt schon wieder so!« Und das erlaubte es ihm, die Kette zu sprengen.

Kurzum, wenn wir mit Achtsamkeit an unsere Schemata herangehen, bekommen wir einen Hebel in die Hand, mit dem wir sie aus den Angeln heben können. Die Ängste und Wünsche hinter Schema-Attacken lassen sich nur schwer, wenn überhaupt, ändern, unsere Reaktionen jedoch schon. Dadurch können sogar Schema-Reaktionen zu befriedigenderen Ergebnissen führen.

Gewohnheiten brechen – und sie ändern • Dieser unsichtbaren Gewohnheiten gewahr zu werden ist ein erster Schritt zu ihrer Veränderung. Mein Klient Jake hatte einen schlimmen Scheidungsprozess durchlitten, in dem das Sorgerecht für seine drei Töchter den Hauptstreitpunkt bildete. Die Sorgerechtsvereinbarung sah vor, dass Jake seine Töchter nur an den Wochenenden sah. Diese neue, stark eingeschränkte Beziehung zu ihnen fügte sich in sein Schema des Nicht-liebenswert-Seins ein und stürzte ihn in tiefe Ungewissheit, ob sie ihn noch liebten.

Aus diesem Grund gab Jake nun ihren Launen und Wünschen allzu bereitwillig nach. Er ließ Grenzen überschreiten, auf denen er als Familienvater bestanden hatte. Während er vor der Scheidung zum Beispiel streng darauf geachtet hatte, dass sie nicht zu viel Zucker zu sich nahmen, ließ er sie jetzt so viel Süßigkeiten und Limonade konsumieren, wie sie wollten. Wenn eine von ihnen anrief und fragte, ob sie am Wochenende über Nacht eine Freundin mitbringen oder ob sie in mehrere Filme hintereinander gehen durfte, dann sagte er sofort: »Ja, mein Zuckerpüppchen« – obwohl er sich um die Zeit mit seiner Tochter betrogen fühlte.

Als Jake erkannte, dass hinter seiner Nachgiebigkeit sein Schema des Nicht-liebenswert-Seins steckte, beschloss er das Muster zu ändern. Um sich daran zu erinnern, achtsam zu bleiben, schrieb er eine kurze Haftnotiz, die er ans Telefon klebte: »Halt, denk darüber nach, sprich nochmal darüber, und entscheide dann.« Diese einfache Erinnerung half ihm, das Muster des sofortigen Ja zu durchbrechen und mehr elterliche Sorge walten zu lassen.

Rechtzeitiges Erinnern ● Manchmal machen sich Klienten Notizen oder kleben wie Jake Zettel an bestimmte Stellen, damit sie sich an das erinnern, was sie während einer Schema-Reaktion anders machen wollen. Dieses Verfahren praktizierte auch eine andere Klientin namens Miriam, als sie ihrer selbstsüchtigen, kindischen Mutter Grenzen setzen wollte. Ihre Mutter hatte schon immer ständig Ansprüche gestellt und Miriams Wünsche und Bedürfnisse missachtet. Jetzt sah sich Miriam in einer schwierigen Lage: Sie bekam ein Baby, und das Letzte, was sie in den Wochen nach der Entbindung wollte, war die Anwesenheit ihrer Mutter. Ihre Mutter dagegen nahm selbstverständlich an, dass sie willkommen sei. Miriam wusste: Sie würde sie anrufen und ihr erklären müssen, dass sie und ihr Mann erst einmal mit ihrem Neugeborenen allein sein wollten, bevor sie Besuch – einschließlich den ihrer Mutter – haben wollten.

Miriam rechnete damit, dass ihre Mutter wie üblich ihre Wünsche an erste Stelle setzen und Forderungen stellen würde, um sich durchzusetzen. Sie wusste, dass das kein einfaches Telefongespräch werden würde; schon allein aufgrund der Schwangerschaft fühlte sie sich sehr verletzlich. Also nahm sie all ihren Mut für den Anruf und die unvermeidlichen, Schuldgefühle erzeugenden Bemerkungen und Klagen zusammen. Sie wappnete sich mit Erinnerungen an erfolgreiche Kämpfe mit ihren Schema-Gedanken. Diese waren während der Therapie ans Licht gekommen, und sie hatte sie in einem Heft notiert. Sie legte es vor sich hin, um während des Anrufs auf ihre Merksätze zurückgreifen zu können. Als dann die Vorwürfe einsetzten, sah Miriam drei Reaktionsmöglichkeiten: wütend werden, sich schuldig fühlen oder neutral bleiben.

Sie blickte auf ihr Notizheft und las dort Folgendes: »Du willst nichts von ihr. Gib Schuldgefühlen nicht nach. Denke an deine Bedürfnisse.« Diese Gedächtnisstützen erlaubten ihr, sich neutral zu verhalten und die Forderungen ihrer Mutter klar und bestimmt abzuweisen.

Schließlich jammerte ihre Mutter in einem Ton, der alle Schuldgefühle mobilisieren sollte: »Aber ich *muss* doch dabei sein, wenn mein Enkelkind geboren wird!« Dennoch gelang es Miriam, standhaft zu bleiben. Sie erklärte ihrer Mutter, dass sie nur ihren Mann bei der Geburt dabeihaben wollte und dass sie beide ein paar Wochen allein mit dem Baby brauchten, bevor ihre Mutter zu Besuch kommen konnte.

Mittel gegen das Handeln ● Das Gegenteil einer Schema-Reaktionstendenz in die Tat umzusetzen ist ein äußerst wirksames Gegenmittel. Mein Klient Jake berichtete mir von seiner gedrückten Stimmung. Bei ihm kamen so viele emotional aufwühlende Dinge hoch, dass seine Freundin die Geduld verlor und sauer war. Sie hatte selbst Probleme und nur wenig emotionale Stärke, um ihn zu stützen. So fühlte sich Jake überfordert: Ihm ging es nicht nur mies, sondern er glaubte auch noch, in seiner Beziehung keine solchen Gefühle haben zu dürfen – kein »Problem sein« zu dürfen.

Nun war exakt dies die Botschaft, die er als Kind vermittelt bekommen hatte. Auf seiner Mutter lastete schon genug; er wollte ihr nicht auch noch Probleme aufhalsen. Es wurde von ihm erwartet, dass er seine Sorgen hinunterschluckte. Die ihm vermittelte Botschaft lautete also im Grunde: »Du gehörst nur dann zur Familie, wenn du keine Bedürfnisse hast.« Als Kind wurde er demnach nur unter bestimmten Bedingungen akzeptiert: dass er nach außen keine Probleme hatte.

Als Jake entdeckte, was in Wahrheit hinter seinem Schmerz steckte, weinte er eine Zeit lang. Doch als seine Tränen versiegten und seine Gesichtszüge sich glätteten, sagte er: »Neulich habe ich wohl bewusst versucht, ein Problem zu sein. Wenn mir also künftig jemand etwas anbietet, selbst wenn es nur aus Höflichkeit ist und ich es gar nicht will, werde ich ja sagen!«

Wir brachen beide in Lachen aus, ich lobte ihn für seine phantasievolle Verwendung von Gegenmitteln und fragte ihn dann, ob ich ihm seinen nächsten Termin auf einen Zettel notieren sollte. Zuerst sagte er: »Nein, ich denke schon daran.« Dann brach er ab und sagte: »Ja, ich möchte doch einen Zettel. Ich möchte sogar zwei.«

Ein Durchbrechen des Musters verordnen ● Ein Rezept gegen Schema-Symptome besteht darin, eben solche neuartigen Handlungsweisen zu finden. Natürlich ist die alte Gewohnheit, das Schema-Muster – die automatische Reaktion des Gehirns in Auslösesituationen – sehr stark. Dieses Muster zu ändern erfordert den festen Vorsatz und viel Mühe – die neue Reaktion muss immer wieder geübt werden, wenn sie dann, wenn es darauf ankommt, einen Unterschied bewirken soll.

Und natürlich wird sich die neue Reaktion anfangs ungewohnt und fremd anfühlen. Umso mehr Grund, sie sorgfältig zu planen und sogar im Geist zu üben.

Bei einem meiner Workshops stellten zwei Teilnehmerinnen Gewohnheiten vor, die sie ändern wollten. Wir überlegten alle gemeinsam, mit welchen Strategien sie sich durchbrechen ließen.

Eine Frau sagte: »Ich bin eine Perfektionistin. Das habe ich von meinem Vater, der an allem und jedem etwas auszusetzen hatte. Ich bin Managerin, und wenn ich sehe, dass jemand etwas auf ineffiziente Weise macht, werde ich sehr ungeduldig und gereizt. Was noch schlimmer ist, draußen auf der Straße bin ich genauso. Wenn mir jemand im Weg steht, wenn ich zur U-Bahn renne, denke ich: ›Du Idiot!‹ Wenn ein Taxifahrer eine Route wählt, auf der er in einen Stau gerät, fahre ich aus der Haut. Ich habe manchmal das Gefühl, dass sich die Leute absichtlich blöd anstellen, nur um mich zu ärgern. Ich bin ständig auf 180 – das belastet mich sehr.«

In der Diskussion sah sie allmählich den Unterschied zwischen Situationen, in denen ihre hohen Maßstäbe nützlich waren – bei der Arbeit, wenn sie Mitarbeitern Ratschläge zur Leistungssteigerung geben konnte –, und solchen, in denen sie unangebracht waren und ihr unvermeidlich Schwierigkeiten und Ärger eintrugen. Uns fielen zwei Gegenmittel für sie ein: erstens den Augenblick zu registrieren, in dem ihre zornigen, gereizten Gedanken einsetzten, und zweitens diesen Gedanken zu widersprechen, im Zweifel zugunsten der anderen Menschen zu entscheiden. Der Mann, der den Eingang zur U-Bahn blockierte, hatte seine eigenen Gründe, da zu stehen; er wollte ihr nicht absichtlich das Leben schwer machen. Der Taxifahrer konnte nichts dafür, wenn ein paar Meter weiter die Straße verstopft war.

Bei einer anderen Frau bestand das Problem in Unterwerfung. »Ich war neulich abends mit meinem Freund zum Ausgehen verabredet«, erzählte sie. »Die ganze Woche hatte ich mich darauf gefreut, mit ihm in die Disco tanzen zu gehen. Stattdessen schleppte er mich in ein Café, wo ein Gitarrist auftrat. Für mich war die Musik schrecklich und der Abend fürchterlich. Ich habe nichts gesagt – aber kochte innerlich.

So ist es schon mein ganzes Leben lang«, fügte sie hinzu. »Es fing mit meinem großen Bruder an, der mich praktisch großgezogen hat. Ich tat alles, was er sagte. Heute habe ich im Hinterkopf

immer das Gefühl, nicht machen zu dürfen, was ich will – ich brauchte die Erlaubnis von irgendjemandem. Ich wollte das Café verlassen und in die Disco gehen, mit oder ohne meinen Freund. Aber ich bin einfach zu brav, um was Schlimmes zu machen.«
Der einmütige Rat der Gruppe folgte auf dem Fuße. Lachend sagten sie: »Mach' was Schlimmes.«
Mit anderen Worten, das Rezept für sie wie für Jake lautete, ihren eigenen Bedürfnissen Ausdruck zu geben. Das Gegenmittel gegen ihre Unterwerfung war, sich etwas »anzumaßen«, wie die Gruppe es spaßeshalber ausdrückte: Sie sollte sich nach ihren Bedürfnissen richten, wenn sie merkte, dass sie wieder einmal etwas mitmachte, das sie im Grunde ablehnte; sie sollte die Stimme erheben und aussprechen, was sie davon hielt und was sie wollte. Natürlich brauchte diese Selbstsicherheit ein Gegengewicht in der Rücksicht auf andere – die Gruppe gab ihr keinen Freibrief, über Leichen zu gehen.
Ich unterstrich allerdings, dass die beiden Frauen bewusste Anstrengungen machen mussten, damit diese Gegenmittel wirkten. Es ist nützlich, die neue Reaktion im Geiste oder mit einer vertrauten Person durchzuspielen, bevor Sie sie ausprobieren. Dabei können Sie Achtsamkeit einsetzen, um das neue Verhalten in Ruhe und geistiger Klarheit zu üben. Nochmals: Worin auch immer Ihr Gegenmittel bestehen mag, es wird Ihnen anfangs ungewohnt und unnatürlich vorkommen. Doch wenn Sie sich nicht durch Ihre anfängliche Unbeholfenheit entmutigen lassen und Ihre Gefühle nur achtsam und ohne zu urteilen beobachten, steigen die Chancen, dass sich das neue Verhalten schließlich festigt.

Die feinen Zeichen wahrnehmen ● Wie wir schon wissen, dient Achtsamkeit bei der Veränderung automatischer Schema-Reaktionen als Radar; es warnt uns, wenn ein Schema aktiviert wird. Damit öffnet sich das so wichtige Fenster für die Veränderung unserer Handlungsweise.
Dieses empfindliche Achtsamkeitsradar nutzte auch meine Klien-

tin Lauren gegen ihr zweischneidiges Deprivationsschema: Einerseits war sie überaus rücksichtsvoll und freundlich, hatte ein feines Gespür dafür, wenn andere eine fürsorgliche Geste brauchten; in dieser Rücksichtnahme spiegelte sich die positive Eigenschaft ihres Deprivationsschemas. Wenn jedoch eine solche Neigung aus dem Ruder läuft, kann sie sich zu einem fehlangepassten Helfersyndrom auswachsen.

Lauren erzählte: »Ich bin mir durchaus bewusst, dass ich Probleme mit dem Grenzensetzen habe und allzu rasch Wichtiges stehen und liegen lasse, um die Ansprüche und dringenden Bitten anderer zu erfüllen. Zum Beispiel hatte ich mir einen Tag für meinen Geschäftspartner reserviert – wir machen Webseiten-Design –, um mit ihm meine Dateien für ein größeres Projekt durchzugehen, dessen Ablieferung näher rückte. Wir beschlossen, uns am Samstag zu treffen, damit wir nicht durch Telefonanrufe gestört würden.

Ein paar Tage zuvor hatte ich einer Freundin angekündigt, dass mein Partner und ich sie gerne zu Rate ziehen würden. Wie sie gehört hatte, sollte ihre Abteilung ihrer Software-Firma wegen einer Fusion aufgelöst werden; deshalb war sie ziemlich verzweifelt und versuchte, sich durch Projekte nebenher zusätzliche Einkünfte zu verschaffen. Dann erhielt ich am Freitagabend eine E-Mail von ihr, dass sie sich an eben jenem Samstag gerne mit uns zu einem Arbeitsessen träfe – sie musste am Tag darauf verreisen und wollte sich davor unbedingt mit uns treffen. Meine erste Reaktion auf die Mail war gespalten: Einerseits wollte ich ihr gerne helfen, andererseits mir aber auch diesen Tag für meine eigene Arbeit freihalten. Also schickte ich ihr eine E-Mail zurück: »Können wir das mit dem Mittagessen noch offen lassen? Mein Partner ist gerade von einer längeren Reise zurückgekommen, und unser Termin drängt ziemlich. Aber vielleicht kommen wir mit unserer Arbeit so weit durch, dass wir uns auch noch mit dir treffen können.«

Dann fuhr Lauren fort: »Als ich die Mail abgeschickt hatte, bekam ich Schuldgefühle. Ich glaubte irgendwie, mich dafür entschuldigen zu müssen, dass ich mir nicht sofort Zeit für sie genommen hatte, dass mir meine Prioritäten und Bedürfnisse vorgingen. Und ich spürte zunehmende Gereiztheit: Nun würde ich mich bei meiner eigenen Arbeit abhetzen müssen, damit ich mich noch mit ihr befassen konnte.«

Lauren nahm diese Hintergrundgefühle und -gedanken als Zeichen dafür, dass ihr Deprivations- und ihr Unterwerfungsschema aktiv waren. Diese Anzeichen bestätigten sich später, als sie um drei Uhr morgens hellwach lag. »Ich wälzte mich herum und dachte immer wieder über diese E-Mail nach. Irgendetwas stimmte einfach nicht. Ich entdeckte einen leisen, alles überlagernden Groll, dass meine Freundin so mir nichts dir nichts mitten in unserer Arbeitszeit mit uns essen gehen wollte. Das verblüffte mich: Warum spürte ich kein Mitgefühl für ihre Zwangslage? Warum stattdessen diese Gereiztheit?«

Weil sie ohnehin nicht schlafen konnte, stand Lauren auf und ging meditierend in ihrem Schlafzimmer auf und ab, ihrer geistigen und körperlichen Unruhe gewahr. »Da traf es mich wie ein Schlag: Als ich ihr schrieb: ›Können wir das mit dem Mittagessen noch offen lassen?‹, hatte ich meine Grenzen durchlässig gemacht. Ich ließ eine Lücke, durch die ihre Bedürfnisse schlüpfen und sich vor meine drängeln konnten.« Also ging Lauren mitten in der Nacht online und stellte fest, dass ihre Freundin die E-Mail noch nicht abgeholt hatte. Sie holte sie zurück und überschrieb sie, bevor sie sie erneut abschickte. Diesmal ließ sie den Satz über die Sache mit dem Mittagessen weg. Stattdessen schrieb sie klar und deutlich: »Es wäre wunderschön, dich zu sehen, aber wir können erst später am Nachmittag oder Abend – je nachdem, wann wir fertig sind.«

Und dann freute sich Lauren: »Sobald ich auf ›Senden‹ geklickt hatte, empfand ich große Erleichterung. Meine Grenzen waren gewahrt, und ich versicherte ihr eindeutig, dass ich ihr zur Verfügung stehen würde, aber nur, wenn es auch mir passte. Ich fühlte mich im Einklang mit mir selbst. Ich hatte mich stundenlang herumgewälzt, doch sofort nachdem ich die E-Mail abgeschickt hatte, schlief ich ein.«

Lauren hatte ihre Schemata auf frischer Tat ertappt und etwas unternommen, um ihre Reaktion angepasster zu machen. Die nötigen Grenzen zu setzen war eine ganz wichtige Anpassung, weil sie ihre Gewohnheit durchkreuzte, ihre eigenen Bedürfnisse zugunsten der anderer zu übergehen. Lauren machte ihre Sache diesmal gut: Sie brachte klar zum Ausdruck, was ihr möglich war, und stopfte das Loch in ihren Grenzen, das dieses »Können wir es offen lassen« gerissen hatte.

Dass wir unsere grundlegendsten emotionalen Gewohnheiten zu ändern vermögen, zeugt von der bemerkenswerten Tatsache, dass wir das emotionale Gehirn umerziehen können. Gandhi sagte einmal: »Unsere Größe als Menschen liegt weniger darin, dass wir die Welt neu zu gestalten vermögen … als darin, dass wir uns selbst neu zu gestalten vermögen.«

Wenn Sie die beiden Schritte zur Veränderung eines Schemas anwenden wollen

Untersuchen Sie Ihr Schema-Muster auf seine Schlüsselelemente, damit Sie besser erkennen können, wann sich eine Schema-Attacke anbahnt. Dies ist der Einstieg in einen zweistufigen Veränderungsprozess. Eine Analyse Ihrer Schema-Muster ist ein klärendes Hilfsmittel zusätzlich zu Achtsamkeit. Sie kann Ihnen die Frühwarnzeichen einer Schema-Aktivierung erkennen helfen. Diese wiederum signalisieren Ihnen, dass sich hier eine Gelegenheit auftut, etwas anders zu machen – das Ergebnis zu ändern.
Überlegen Sie dann angesichts Ihrer automatischen Gedanken, Gefühle und Verhaltensweisen, wie Sie ihnen im Augenblick eine neue Richtung geben können – finden Sie ein Gegenmittel oder noch besser mehrere neue Alternativen.
Kurzum, wenn Sie merken, dass ein Schema aktiviert wird, sollten Sie achtsam werden und ein Gegenmittel anwenden:

1. Sobald Sie einer Schema-Attacke gewahr werden, bemühen Sie sich bewusst um wenigstens eine positive Reaktion, die einen Teil des üblichen Musters blockiert.
2. Hinterfragen Sie Ihre automatischen Gedanken. Machen Sie einen Realitätstest: Berücksichtigen Sie wirklich die gesamte verfügbare Information? Sehen Sie über etwas hinweg, oder spielen Sie es herunter, das die Gültigkeit Ihrer Annahmen in Zweifel zieht? Erinnern Sie sich an Vorfälle, in denen sich derartige Gedanken als unbegründet erwiesen haben? Oder fragen Sie – falls möglich – eine andere Person, auf deren Ansichten Sie Wert legen, ob Sie realistisch sind.
3. Unternehmen Sie lieber etwas gegen eine unangenehme Stimmung, als sich Ihr Handeln von ihr vorschreiben zu lassen. Versuchen Sie eine achtsamere Haltung einzunehmen; registrieren Sie Ihre Empfindungen, statt sich von ihnen überwältigen zu lassen. Können Sie buchstäblich von der Ursache Ihrer Unruhe

abrücken, indem Sie eine Weile spazieren gehen oder sich zurückziehen? Können Sie im Geiste zurücktreten, tief atmen oder eine beruhigende Meditation über Ihren Atem machen, und sei es nur für einige Minuten?

4. Tun Sie etwas Konstruktives, das das Skript des Schemas zum Besseren wandelt – wie Lauren ihre E-Mail änderte. Werden Sie im Vorhinein aktiv, suchen Sie nach positiven Reaktionsmöglichkeiten, die Ihre alten Schema-Gewohnheiten durchkreuzen.
5. Üben Sie bei jeder Gelegenheit eine positivere Reaktion. Versuchen Sie, wenn Sie mitten in oder am Rande einer Schema-Attacke stehen, Ihre Gedanken, Gefühle oder Reaktionen positiv zu verändern.

11
An Emotionen arbeiten

Ich versorgte einmal einen Abend lang ein müdes, sechs Monate altes Mädchen, das zahnte und dem deshalb die Kiefer wehtaten. Das Baby war quengelig, bettreif und wand sich vor Unbehagen. Dann fing es plötzlich laut zu schreien an. Zuerst war ich perplex und hatte keine Ahnung, was die Kleine wollte. Dann versuchte ich mich in ihre Lage zu versetzen, ließ sie meine Fürsorge ganz stark spüren und fragte sie liebevoll, was sie mir denn mitteilen wolle. Sie beruhigte sich sofort und begann mit einem ganz ernsten Ausdruck in den Augen ihre Beschwerden der Reihe nach aufzuzählen, in einem deutlich artikulierten Gebrabbel und offensichtlich in dem Wissen, dass ich es irgendwie verstehen würde. ● Ich hatte Empathie gezeigt. Dadurch hatte die Kleine ganz ruhig in Laute fassen können, was sie noch einen Augenblick zuvor meinte herausschreien zu müssen. Empathie gibt Babys die Geborgenheit, die sie brauchen, um sich auszudrücken. Wir übersenden eine Botschaft der Liebe und des Mitgefühls, wenn wir einem anderen unsere volle Aufmerksamkeit schenken. Empathie ist ein Reflex. Dieselbe warmherzige Aufmerksamkeit können wir aber auch uns selbst in den Augenblicken schenken, in denen wir uns vor schemabedingtem Unbehagen winden. ● Wir können unsere Aufmerksamkeit nach innen richten und uns warmherzig und einfühlsam die Frage stellen: »Was brauchst du jetzt?« Schließlich stecken hinter den Schemata – den Triebfedern emotionaler Gewohnheiten – verletzte Gefühle, die Zuwendung und Mitgefühl brauchen. ● Tief unter dem Gefühl, nicht liebenswert zu sein und immer zu kurz zu kommen, liegt ein Brunnen großer Traurigkeit; unter Misstrauen und Unterwerfung schwelt Wut; unter Verletzlichkeit, sozialem Ausschluss und Furcht vor Verlassenwerden lauert Angst. Nagender Selbstzweifel steht hinter Perfektionismus und Versagensangst. Und im Kern des Gefühls der Bevorzugung verbirgt sich sehr häufig Scham. ● Doch unsere Schema-Gewohnheiten – die erlernten Strategien, um mit diesen Gefühlen fertig zu werden – isolieren uns meist von den starken, tief in uns verschütteten Gefühlen. Mit Achtsamkeit können wir sie freilegen und Verbindung mit den elementaren Emotionen aufnehmen, vor denen uns das Schema schützt.

Schema-Vermeidung ● Zuerst müssen wir die natürliche Neigung überwinden, dem Kontakt mit den schmerzlichen Gefühlen hinter unseren Schemata auszuweichen. Schemata sind heikel; der Geist versucht diesen emotionalen Tumultzonen möglichst wenig Aufmerksamkeit zu widmen. Diese Tendenz, einen offenen Blick auf unsere emotionalen Gewohnheiten zu scheuen, bezeichne ich als Schema-Vermeidung.

Starke Gefühle sind eine Botschaft aus dem Unbewussten. Wenn wir die Gründe für die Heftigkeit einer Emotion verstehen, führt uns das häufig zu einer wichtigen Einsicht in unsere Psyche. Dennoch stehen manche Menschen auf dem Standpunkt, es sei einfacher, beunruhigende Gefühle erst gar nicht zu spüren, sondern sofort den Deckel draufzumachen, wenn sie hochkommen. Wenn wir sie aber abschotten, schieben wir die Auseinandersetzung mit dem, was dahinter steckt, nur auf die lange Bank.

Eine Person mit dem Schema des Verlassenwerdens beispielsweise macht vielleicht dicht, wenn ihr jemand näher kommt, und es werden Schema-Gedanken wie »Ich will nicht wieder im Stich gelassen werden« aktiviert. Es ist jedoch wichtig, den Gedanken nicht abbrechen zu lassen, damit die Grundannahme des Schemas nicht noch mehr bekräftigt wird.

Sich der Furcht zu stellen, statt sie mit dem schematischen Reflex des Rückzugs abzublocken erlaubt eine genauere Betrachtung: »Wenn ich meiner Verwundbarkeit durch das Verlassenwerden gewahr bleibe, kann ich sie vielleicht eher als Muster von Überzeugungen und emotionalen Reaktionen sehen – und nicht als immer und überall gültige Wahrheit.«

Dann mag der Gedanke aufsteigen: »Warum sollte ich mich damit herumschlagen? Warum sollte ich mich öffnen, wenn auch nur die leiseste Chance besteht, dass ich verletzt werde?«

Die Gelegenheit jedoch, diese Annahme zu prüfen und infrage zu stellen, hängt davon ab, ob wir imstande sind, bei den schmerzlichen Gefühlen zu bleiben, Kontakt mit ihnen zu halten. Nur dann können wir weiterkommen und die unser Leben leitenden Annahmen überprüfen – das heißt offen bleiben und beobachten, ob das gefürchtete Verlassenwerden tatsächlich eintritt.

Manchmal fragen Klienten: »Was ist, wenn mir nicht bewusst ist, dass ich ein Gefühl vermeide?« Eine mögliche Antwort lautet, sich selbst die Frage zu stellen: »Bin ich ehrlich zu mir selbst?« Achtsamkeit bedeutet rückhaltlose Selbsterforschung – die Dinge sehen, wie sie wirklich sind.

»Probleme aller Art und Größe treten im Leben ständig auf«, meint John Kabat-Zinn. »Worauf es ankommt, ist, ihnen mit Forscherdrang, im Geist der Achtsamkeit zu begegnen. Das bedeutet zu fragen: ›Was ist dieser Gedanke, dieses Gefühl, dieses Dilemma? Wie setze ich mich damit auseinander?‹ Oder sogar: ›Bin ich bereit, mich damit auseinander zu setzen oder es auch nur anzuerkennen?‹«

Mit solchen Leitfragen fällt es uns leichter, unsere Gefühle vor dem Hintergrund unserer Erfahrungen zu verstehen. Da Achtsamkeit Aufmerksamkeit mit Gelassenheit verbindet, öffnet sie uns einen Weg in diese ansonsten verbotene Zone der schmerzlichen Gefühle, die sich hinter einem Schema verbirgt. Wenn wir achtsam bei unseren Empfindungen bleiben, können wir in diese verbotene Zone eindringen, um an die emotionale Quelle eines Schemas heranzukommen und die aufgestauten Gefühle freizusetzen.

Das Gegenmittel • Achtsamkeit bietet ein wirksames Mittel gegen Schema-Vermeidung. Meine Klientin Miriam beispielsweise litt unter der quälenden Beziehung zu ihrer Mutter; sie fühlte sich einerseits ständig von ihr kritisiert und andererseits übermäßig verantwortlich für deren Glück. Diese Last ließ einen heftigen Groll in ihr schwelen. In einer Therapiesitzung äußerte sich Miriam besonders verstört über diese Beziehung. »Meine Mutter leidet so sehr«, klagte sie, verstrickt in ihre eigenen Schuldgefühle.

»Könnte es sein, dass Ihre Mutter weniger leidet, als Sie glauben, und einfach nur mehr jammert?«, fragte ich.

»Ja«, erwiderte Miriam. »Aber ich nehme ihre Klagen *sehr* ernst.«

»Was glauben Sie, warum Ihre Mutter sich so ausgiebig beschwert?«

»Um mich in ihrer Nähe zu halten«, sagte Miriam.

Ihre Antwort überraschte mich. »Nähe?«

Miriam überlegte kurz: »So hält sie mich unter Kontrolle.«

»Das scheint zuzutreffen«, sagte ich. »Aber glauben Sie, dass Ihre Mutter Sie wirklich kennt?«

Diese Frage traf einen wunden Punkt. Miriam empfand eine jähe Wut: »Nein, sie kennt mich nicht. Das trifft den Nagel auf den Kopf.« Schon der Nachdruck in ihrer Stimme deutete darauf hin, dass hier ein Schema lauerte.

Miriam jedoch wechselte sofort das Thema, begann über etwas anderes zu sprechen. Ich lenkte sie zu dem Thema und den Gefühlen, denen sie jetzt auswich, zurück. Ich fragte sie, was sie bei ihrer Aussage, dass ihre Mutter sie nicht kenne, empfinde.

Nach einer langen Pause sagte sie: »Ich bin traurig, tieftraurig.« Tränen stiegen ihr in die Augen.

»Ich kann mir vorstellen, wie traurig Sie das macht«, versicherte ich ihr. »Bringen Sie es fertig, sich der Traurigkeit und ihrer Ursache zu öffnen? Wenn Ihnen nach Weinen zumute ist, dann lassen Sie es zu. Erlauben Sie sich, diese Gefühle voll und ganz zu empfinden, ohne sie wegzuschieben.«

Diese Taktik setzt Achtsamkeit während der Aktivierung eines Schemas ein: Sie hilft, an die Gefühle, die Gedanken und die Geschichte dahinter, sogar an den eigenen Widerstand gegen das Erleben der Gefühle heranzukommen.

Manchmal besteht der härteste Teil der Arbeit an einem Schema darin, diesen Widerstand zu überwinden. Da emotionale Gewohnheiten so überaus schmerzliche Gefühle bergen oder verdecken können, fällt es uns meist sehr schwer, unsere Aufmerksamkeit auf sie zu richten. Der Geist versucht uns von ihnen weg und zu etwas weniger Beunruhigendem zu locken. Miriam drückte sich zunächst vor der Traurigkeit, die sie darüber empfand, wie wenig ihre Mutter sie kannte, und wechselte sofort das Thema, um dieses schmerzliche Gefühl zu vermeiden.

Wenn wir ein Schema ins Visier nehmen, schweift unsere Aufmerksamkeit häufig ab. Wie Miriam lassen wir uns von einem anderen – jedem anderen – Gedanken ablenken. So brauchen wir uns dem Schmerz nicht zu nähern. Das ist wie mit dem Meditieren aufzuhören, sobald uns die Knie wehtun. Wir richten unsere Aufmerksamkeit sofort auf etwas anderes, um uns von dem emotionalen Schmerz abzulenken.

Achtsamkeit wirkt gegen die Schema-Vermeidung, weil sie unsere Aufmerksamkeit auf unsere Empfindungen konzentriert hält, auch wenn diese unangenehm sind. Dann können wir ihnen ihren Lauf lassen, statt sie abzuwürgen, bevor wir wirklich Kontakt zu ihnen aufgenommen haben.

Die emotionale Dynamik von Schemata ● »Mein Nachbar treibt mich genauso zum Wahnsinn wie meine Mutter«, klagte Miriam ein andermal. »Er hat immer was auszusetzen, er strahlt immer so eine negative, runterziehende Energie aus. Nach einem

Zusammenstoß mit ihm quäle ich mich noch tagelang mit Selbstkritik herum. Was kann ich dagegen tun?«

Wir besprachen mehrere mögliche Strategien. In der buddhistischen Meditation gibt es mehrere Ansätze, um mit beunruhigenden Emotionen umzugehen. Der eine lässt die Emotion los, der andere wandelt sie um. Aus spirituellem wie aus psychologischem Blickwinkel verhindert das Sichabschotten gegen unsere Gefühle eine gesunde Offenheit in Geist und Herz, aber auch gegen die möglichen Einsichten, die Emotionen bergen können.

Die Emotion loszulassen hätte für Miriam bedeuten können, den Nachbarn gänzlich zu meiden oder ihren Kontakt oberflächlich und auf Distanz zu halten. Miriam entschied sich für den Weg der Umwandlung. Als sie sich das nächste Mal über ihren Nachbarn aufregte, tauchte sie mit gesteigerter Achtsamkeit mitten hinein in ihre Schema-Reaktionen und beobachtete die untergründigen Emotionen, die der ihrer Mutter so ähnliche Nachbar in ihr auslöste.

Als sie ihre schematische Reaktion untersuchte, erkannte sie, dass ihre Beziehung zu ihrer Mutter etwas mit ihrer Reaktion auf ihren Nachbarn zu tun hatte. Anfangs hatte sich Miriam auf den Nachbarn als Kern des Problems versteift. Sie stürzte sich in die Entwicklung von Strategien, wie sie am besten mit ihm umging: Sollte sie ihn meiden? Sich ihm stellen? Dann nahm sie ihre Reaktion auf ihn genauer unter die Lupe. Was an ihm brachte sie eigentlich so auf? Warum löste er eine so heftige Reaktion in ihr aus?

Bei näherem Hinschauen entdeckte sie, dass der Stein des Anstoßes sein ständiges Meckern und Kritisieren waren; das erinnerte sie an ihre Mutter. Miriam hatte geglaubt, dass sie sich genügend abgegrenzt hätte, indem sie tausend Meilen von der gnadenlosen Kritik ihrer Mutter weggezogen war. Doch jetzt merkte sie, dass ihre Angst vor Kritik sich gleich nebenan und dann noch einmal viel näher – in ihrem eigenen Geist – erhob.

Miriam sah ein, dass ihre Schwierigkeiten nicht bloß etwas mit ihrem Nachbarn zu tun hatten, sondern dass es sich um ein übergreifendes Muster in ihrem Leben handelte. Und dann erkannte sie auch, dass sie mit Hilfe der durch ihn ausgelösten Reaktionen Zugang zu den Gefühlen hinter ihrem Schema erlangen konnte. Sie wandte Achtsamkeit an und folgte den Gefühlen, die mit ihrer Reaktion auf ihn verbunden waren. Dabei spürte sie ein wahres Meer aus Zorn und Groll – eine lebenslange Wut über die seelische Misshandlung durch ihre Mutter.

Sie fand zwei Wege, sich diese Wut zunutze zu machen. Manchmal milderte sich ihre Fixierung auf diese Gefühle, wenn sie ihrer einfach achtsam gewahr blieb. Sie blieb in Kontakt mit dem elementaren Erleben ihrer Wut – dem Beben in ihrem Körper, der geistigen Erregung –, getragen von Achtsamkeit. Sie war zwar erregt, ließ sich aber weder von den Gedanken mitreißen noch verurteilte sie sie, noch grübelte sie darüber nach.

Manchmal jedoch, wenn ihre Wut besonders heftig aufflammte, griff sie zu einer Technik aus der Gestalttherapie, schlug auf ein Kissen ein, während sie ihrer Wut auf ihre Mutter freien Lauf ließ. Dann kehrte sie zur Achtsamkeit zurück, ließ diesen emotionalen Befreiungsschlägen eine Meditation folgen, um ihre geistige Ruhe wiederzugewinnen und den Prozess des Verstehens fortzuführen. Wenn sie so weit kam, fühlte sich Miriam nicht mehr hilflos. Jetzt, da sie verstand, was hinter ihrer Reaktion steckte, schien es sie nicht mehr so sehr zu überwältigen. Und wenn doch einmal wieder die alten Gefühle in ihr aufstiegen, konnte sie sich meist auf ihre Furcht, verurteilt zu werden, konzentrieren, was ihr eine wertvolle Gelegenheit zur Selbsterforschung ihrer emotionalen Muster bot.

Das beobachtende Vorgehen, das Miriam anwandte, erlaubt auch uns, emotionale Auslöser als Zugang zum Verständnis der emotionalen Dynamik eines Schemas zu nutzen.

Diese Einstellung rückt Schema-Reaktionen in ein neues Licht: Sie werden zu Chancen für eine Verwandlung durch Entdeckung – dicht unter der Oberfläche warten Einsichten auf uns. Wenn wir eines unserer Reaktionsmuster als Gelegenheit sehen, die Arbeitsweise unseres Geistes zu begreifen, werden die starken Gefühle, die wir einmal zu meiden suchten, zu Zugangswegen zu einem tieferen Verständnis. Wie Tulku Thondup meint, bergen Probleme den Schlüssel zu ihrer eigenen Lösung, wenn wir mit Achtsamkeit auf sie zugehen.

Sich Klarheit verschaffen ● Wenn Menschen eine Therapie beginnen, haben sie sich oft bereits eingestanden, dass etwas schief gegangen oder aus dem Lot geraten ist – in ihrem Leben funktioniert etwas nicht. Sie wissen nicht immer was, möchten jedoch hinter ihr Leid und dessen Ursachen kommen. Doch nicht immer liegt klar auf der Hand, wie sie sich einen Weg durch die Verwirrung und das Durcheinander bahnen sollen.
Das Üben von Achtsamkeit kultiviert eine innere Weisheit, die uns von enormem Nutzen sein kann, weil sie Ordnung in den Wirrwarr unserer Gefühle bringt. Wenn wir den hellen Strahl des Gewahrseins auf das emotionale Chaos unseres Lebens oder auf unsere verzerrten Denkmuster richten, zeichnen sich die dahinter stehenden Ursachen schärfer ab. Ein begrifflicher Orientierungsrahmen wie das Schema-Modell kann dazu beitragen, den Prozess noch weiter voranzutreiben.
Meditierende suchen häufig einen leeren Raum auf, um still in ihrem Geist ruhen zu können. Doch schon die Aufmerksamkeit selbst, sogar wenn sie auf geistigen Nebel gerichtet ist, bietet eine verlässliche Zuflucht. Wenn wir auf unser Bedürfnis nach einer Instant-Erklärung verzichten und nur bei dem aktuellen Geschehen verweilen können, ohne es ändern zu wollen, kann ein tieferes, intuitiveres Wissen zum Tragen kommen. Dies allein ändert schon unsere Reaktion und unseren Blickwinkel.
Dieses intuitive Wissen können wir in mannigfaltiger Weise für die emotionale Alchemie nutzbar machen. Immer wenn wir in eine heftige Gemütsbewegung wie Wut oder Traurigkeit gestürzt werden, hilft uns Achtsamkeit, Klarheit in unsere Verwirrung zu

bringen und herauszufinden, was wirklich los ist. Wenn wir unsere Schemata schon ein wenig kennen, kann die Aufmerksamkeit ein definiertes Ziel ins Visier nehmen: Was war diesmal der Auslöser? Wie sehen die Gedanken, die Gefühle, der Handlungsimpuls aus?

Wenn wir Fortschritte bei unserer Schema-Arbeit machen, bekommen unsere Augenblicke der emotionalen Verwirrung eine ganz neue Bedeutung: als Chance, unsere emotionalen Gewohnheiten tiefer auszuloten. Die Alternative zur Vermeidung unseres schemabedingten emotionalen Unbehagens ist dessen Nutzung als Leuchtfeuer, als Signal, dass etwas Bedeutsames vor sich geht, das es zu verstehen gilt. Wir müssen die Geschehnisse mit Achtsamkeit beobachten und offen dafür bleiben, insbesondere, wenn es unangenehm wird.

Hierbei sind zwei Methoden besonders nützlich. Die eine ist weise Versenkung: Dabei lassen wir die emotionale Episode mit Achtsamkeit Revue passieren, um Einsichten aufsteigen zu lassen. Die andere besteht in reiner Aufmerksamkeit. Das heißt, wir bringen die Gelassenheit der Achtsamkeit während der Episode selbst oder während der Phase, in der das Schema aktiviert bleibt, zum Tragen. Dadurch fühlen wir uns weniger zum Handeln genötigt und können unsere Gedanken und Gefühle in größerer Klarheit betrachten.

Zuerst einmal aber müssen wir uns natürlich der Tatsache stellen, dass das Schema aktiviert wurde – dass wir wieder dieses vertraute, unbehagliche Gefühl haben. Weil wir aber zur Schema-Vermeidung neigen, fällt es uns schwer, die Signale, die zu emotionalen Einsichten führen können, wahrzunehmen oder zuzulassen, dass das Gefühl sich von selbst auflöst.

Jake war sich seines Schemas meistens nicht bewusst, und dennoch überwältigte es ihn immer wieder, ohne dass er das erkannte. Jake ließ stets alles – einschließlich seiner Freundin – stehen und liegen, um seinen Töchtern jeden Wunsch zu erfüllen.

Er benutzte die Methode der weisen Versenkung, konzentrierte sich auf sein Verhalten, bis er zu dessen tieferer Bedeutung durchdrang. Beim Nachdenken sah er ein, dass er sich die Liebe seiner Kinder zu erkaufen versuchte, indem er total nach ihrer Pfeife tanzte. Er wurde, wie er erkannte, getrieben von der irrationalen Angst, dass sie ihn nicht lieben würden, wenn er ihnen nicht jeden Wunsch erfüllte.

Mit dieser Erkenntnis fühlte er plötzlich einen tiefen Kummer in sich aufsteigen; seine Traurigkeit durchströmte ihn wie ein breiter Fluss. Zuerst hatte Jake keine Ahnung, woher Traurigkeit und Kummer kamen. Ich ermutigte ihn, nur achtsam bei der Traurigkeit zu bleiben und sich ihre Bedeutung mit weiser Versenkung zu erspüren. Als er dies tat, fiel ihm eine Zeit in der vierten Klasse ein, als er sich einen seiner Klassenkameraden sehnlichst zum Freund wünschte. Sein Wunsch, akzeptiert zu werden, war so stark, dass er auf dem Schulweg für sein gesamtes Taschengeld Süßigkeiten und Kaugummi kaufte und diesem Jungen schenkte – als Bestechung. Denselben verzweifelten Wunsch, gemocht zu werden, erkannte er jetzt im Verhalten seinen Töchtern gegenüber wieder.

Diese Erkenntnis vertiefte seine Traurigkeit: Jetzt schluchzte Jake still in sich hinein. Unter Tränen teilte er mir mit, dass er zudem eine Empfindung verspürte, die er seit der Kindheit empfand – dass er immer ein braver Junge sein musste, um die Liebe und Anerkennung seiner Eltern und aller Welt zu erringen. Er erinnerte sich lebhaft an die angewiderten, sogar verächtlichen Mienen seiner Eltern, wenn er etwas tat, das sie missbilligten, und wie elend er sich dann gefühlt hatte. Er war zu der Überzeugung gelangt, dass er nie er selbst sein durfte – so bemühte er sich stets, es anderen recht zu machen, damit sie ihn mochten.

Diese Assoziationen und Erinnerungen kamen langsam, während Jake über seine Traurigkeit und deren Ursprünge nachsann. Tief bekümmert ging Jake nach Hause. Er hatte endlich seine Emotionen ausgelotet, hatte Zugang gefunden zu dem Brunnen des Kummers, den zu empfinden ihn seine Schema-Reaktionen gehindert hatten.

Innere Widerstände • Da unsere Schemata uns vor dem Erleben untergründiger, zutiefst beunruhigender Emotionen schützen, ähnelt der Vorstoß zu den Gefühlsschichten hinter einem Schema dem Schälen einer Zwiebel. Dicht unter der Oberfläche mag Angst liegen, darunter jedoch steckt oft eine Schicht aus Traurigkeit und darunter wiederum vielleicht Wut.

Unsere Schemata jedoch drängen uns zu Verhaltens- und Denkweisen, die uns davon abhalten, uns diesen untergründigen Ozeanen der Qual zu nähern. Das Verletzlichkeitsschema etwa schützt die Betroffenen vor Panik, indem es sie mit stets wiederholten, fast zwanghaften Gedanken über mögliche Zwischenfälle und Vorkehrungen dagegen beschäftigt. Der neurotische Gewinn: Wenn der Geist mit Sorgen und einer schwächeren Angst zu tun hat, bleibt es uns erspart, in die bedrohlichere tiefe Panik darunter zu stürzen. Sich Sorgen zu machen wird zu einer Art magischem Ritual, das diese Ängste abwehrt. Menschen mit Panikattacken schützt das Verletzlichkeitsschema allerdings nicht vor der zwanghaften, fast morbiden Furcht, dass sie gleich sterben werden; es facht sie vielmehr noch an.

Beim Schema des Verlassenwerdens stellt sich der emotionale Gewinn so dar: Wenn ich mich an die Menschen, die ich zu verlieren fürchte, klammere oder wenn ich mich im Gegenteil nicht allzu sehr auf sie einlasse, vermeide ich die noch schlimmere Bedrohung und Verzweiflung des Alleinseins. Und beim Unterwerfungsschema: Wenn ich der anderen Person nachgebe, rühre ich nicht an die hochexplosive Wut, die ich durch die Unterwerfung in mir aufstaue.

Das Schema der emotionalen Deprivation treibt die Betroffenen in die Rolle des Helfers, anstatt ihren eigenen Bedürfnissen Ausdruck zu geben. So müssen sie die volle Wucht ihrer untergründigen Wut oder Traurigkeit nicht spüren.

Sozial isolierte Menschen wiederum schrecken vor anderen zurück, um Kränkung oder Furcht vor einer Abfuhr zu vermeiden. Und Menschen, die sich für nicht liebenswert halten, bleiben auf

Abstand, um sich nicht der Traurigkeit oder Angst vor einer Zurückweisung auszusetzen. (Näheres zu den Gefühlen hinter anderen Schemata finden Sie in den Kapiteln 5 und 6.)

Weise Versenkung anwenden ● Wenn wir uns aus dem Griff unserer Schemata befreien wollen, besteht ein wesentlicher Schritt darin, die angestauten Gefühle dahinter loszulassen, als würden wir einen Abszess öffnen, um die Heilung zu beschleunigen.

Meine Klientin Lauren litt unter ihrem Schema des Verlassenwerdens und wandte weise Versenkung an, um an ihre untergründigen Gefühle heranzukommen. Eine ihrer engsten Freundinnen hatte sich sehr über eine freimütige Bemerkung Laurens über ihren Verlobten aufgeregt: Er sei zu ichbezogen. Die Freundin war so wütend, dass sie wochenlang kein Wort mit Lauren redete – obwohl sie ihr Monate später, nachdem das Verlöbnis geplatzt war, für ihre Offenheit dankte.

Dieser wütende Rückzug einer ihrer engsten Freundinnen aktivierte Laurens Schema des Verlassenwerdens mit voller Wucht. Tagelang wurde sie überflutet von Angst, von Erinnerungen an ihre oft in der Weltgeschichte herumreisenden Eltern, die sie als Kind lange Zeit in der Obhut von Kinderfrauen gelassen und schließlich in ein Internat verfrachtet hatten. Diese Erinnerungen riefen große Traurigkeit und brennendes Mitleid mit dem kleinen Mädchen hervor, das dieses Verlassenwerden zutiefst verstört hatte. Normalerweise hätte Lauren in diesem Zustand verzweifelt Nähe zu ihrem Freund gesucht, um ihre Angst vor dem Verlassenwerden zu beschwichtigen. Doch diesmal wandte Lauren weise Versenkung an und verweilte bei den in ihr tobenden Gefühlen. Ganz allein versuchte sie, die Angst, die Traurigkeit, die aufwühlenden Gedanken zuzulassen, und wenn sie sie zu überwältigen drohten, sammelte sie sich wieder durch eine beruhigende Atemmeditation.

Die Rückkehr zum Atem ist wie der Wechsel in eine neutrale

Zone; er kann einen sicheren Rückzugsraum bieten – sogar im Auge des emotionalen Orkans. Wenn Lauren dann wieder in sich ruhte, nahm sie die achtsame Beobachtung des beunruhigenden Gefühls wieder auf. So konnte sie sich auf der Grundlage des Schema-Modells – das heißt im Bewusstsein der Dynamik ihrer Furcht – die Zusammenhänge verstandesmäßig erklären und zugleich direkt und nachhaltig in den Brunnen ihrer Gefühle eintauchen. Sie spürte die Emotion und ging dann zum Atem zurück; dabei versuchte sie weder in den Strudeln des Gefühls unterzugehen noch der Zugkraft einer rein rationalen Analyse zu erliegen. Dann ließ sie ihre Überlegungen zu ihrem Schema in diesen Raum der Achtsamkeit »hineinfallen«, wie es der Mönch Amaro ausdrückt.

Während dieses Gewahrseins stieg in ihr eine Reihe von Einsichten auf, sodass sie Zusammenhänge herstellen konnte, wo sie vorher keine gesehen hatte. Immer klarer schälte sich heraus, dass ihre Traurigkeit darüber, als kleines Mädchen von den Eltern verlassen worden zu sein – ihre größte Angst war damals, dass die Eltern beim nächsten Mal für immer fortbleiben würden –, und ihre Reaktion auf den Rückzug ihrer besten Freundin zusammenhingen.

An dieser Stelle brach sie in haltloses Schluchzen aus. Sie weinte um jenes kleine Mädchen, betrauerte den Verlust, den es erlitten hatte. Die Heftigkeit ihrer Trauer jagte ihr Angst ein, doch sie blieb standhaft bei ihren Gefühlen, statt sich abzulenken oder das Schema zu besänftigen. Stattdessen tauchte sie ganz in die tiefe Trauer ein, vor der sie sich all diese Jahre versteckt hatte. Dies gab ihrer inneren Arbeit einen mächtigen Schub auf dem Weg zum Loslassen der Ängste hinter ihrem Schema des Verlassenwerdens.

Dann, so berichtete sie mir später, »nachdem ich mich meiner Höllenangst davor, allein gelassen zu werden, gestellt habe, habe ich gemerkt, dass ich damit zurechtkäme, diese Freundin zu verlieren. Es würde mir trotzdem gut gehen. Ich brauche mich von diesen Ängsten nicht mehr beherrschen zu lassen.«

Wie Lauren am eigenen Leib erfuhr, kann Achtsamkeit die Abwehr durchbrechen, die uns daran hindert, die untergründigen Gefühle, die Triebfedern von Schemata, zu erkennen – geschweige denn sie zu bewältigen. Lauren entdeckte die beruhigende Wirkung einer Atemmeditation, wenn ihre Furcht vor dem Verlassenwerden zu übermächtig wurde. Als sie dann bereit war, sich ihren Ängsten achtsam zu öffnen, erlebte sie, dass ihre Achtsamkeit stärker war als die Furcht.

Schließlich tauchte sie in die verborgenen Tiefen der Gefühle ein – und merkte, dass diese so schrecklich gar nicht waren. Und das flößte ihr noch mehr Mut ein.

Den Schemata auf den Grund gehen ● Als Lauren Verbindung zu ihren untergründigen Ängsten aufgenommen hatte, forderte ich sie auf, bei der nächsten Schema-Aktivierung bei ihrer Furcht vor dem Verlust eines geliebten Menschen zu verweilen, ohne sich von dieser Furcht zum Handeln treiben zu lassen. Als dann ein Ereignis mit ihrem wenig einfühlsamen, distanzierten Freund diese Gefühle ein weiteres Mal auslöste, konzentrierte sie sich auf sie, versuchte aber nicht, sie abzustellen. Wieder sah sich Lauren von unendlicher Traurigkeit überflutet, und weitere lebhafte Erinnerungen an ihre Kindheit stellten sich ein. Diesmal erinnerte sie sich an ihre alkoholabhängige Mutter, die manchmal warmherzig und liebevoll sein konnte und dann plötzlich kalt und abweisend war. Wenn ihre Mutter sich so unnahbar gab, verspürte das kleine Mädchen dieselbe Traurigkeit, die die erwachsene Lauren verspürte. Da erkannte Lauren, dass sie sich zu Menschen – Männern und Frauen – hingezogen fühlte, die verschlossen und kühl waren und daher ihr Schema immer wieder auslösten.

Wenn Sie merken, dass Sie wieder einmal in einem solchen Muster gefangen sind und es loslassen können, dann ist es wie ein kleiner Moment des Erwachens. Und in solchen klarsichtigen Augenblicken kann sich spontan mehr Verständnis und Mitgefühl für Sie selbst einstellen, sodass Sie weniger zu Impulsivreaktionen aus Ihren Schema-Ängsten heraus neigen.

Wenn Sie die emotionalen Wurzeln Ihres Schemas zu erkennen vermögen, den Teil Ihrer selbst spüren können, der sich noch mit dem kleinen Kind identifiziert, das so zu empfinden gelernt hat, gewinnen Sie mehr Empathie für Ihr Schema. Diese Erkenntnis sorgt dafür, dass Sie sich weniger mit Ihren emotionalen Mustern identifizieren, sich weniger von ihnen einschränken lassen, weil Sie klar sehen können, dass sie nicht *Sie*, nicht Ihr wahres Wesen sind, sondern das Ergebnis wiederholter, tief in Ihrer Kindheit verwurzelter Lernerfahrungen. Weil diese Muster Ihnen aber all die Jahre wie Ihr reales Selbst vorgekommen sind, haben Sie sie nicht objektiv gesehen.

Wenn wir die schmerzlichen Gefühle, die in dieser ganzen Zeit in unseren Bewältigungsstrategien gebunden waren, anerkennen und sie in das Licht des Gewahrseins rücken, kann uns das dem Strudel der emotionalen Gewohnheit entreißen. Eine mögliche Folge davon sind mehr Einsicht in die Arbeitsweise des Geistes und größeres Mitgefühl für den Teil von uns, den das Schema gefangen gehalten hat. Einsicht und Mitgefühl lassen uns ausreichend Abstand gewinnen, um in einen einfühlsamen inneren Dialog einzutreten.

Unsere angeborene Weisheit ● Zu dieser Arbeit gehört die Kultivierung eines intuitiven Wissens, einer inneren Weisheit. Wenn wir von dieser abgeschnitten sind, eröffnet uns Achtsamkeit einen Weg zu ihr. Eine mögliche Begründung dafür liefern einige faszinierende wissenschaftliche Befunde.

Der Mandelkern, eine wichtige Quelle unliebsamer Emotionen, sitzt im Gehirn neben dem Hippocampus oder Ammonshorn. Diese Struktur speichert das, was wir über eine Situation wissen, unter anderem, welche Reaktionen angemessen sind. Immer wenn wir negativ auf jemanden reagieren, steht hinter dieser Reaktion ein Dialog zwischen Mandelkern und Hippocampus.

Doch was genau die beiden miteinander reden, entzieht sich weitgehend unserem Bewusstsein.
Es gibt noch mehr Gehirnareale, die mit unserem Gedächtnis für Erlebnisse und Lernerfahrungen zu tun haben. Wenn wir vor einer Entscheidung oder einem kniffligen Problem stehen, zieht das Gehirn sehr schnell alle einschlägigen Erinnerungen – von denen viele in dem Bewusstsein unzugänglichen Regionen gespeichert sind – zurate und bietet uns eine Lösung an.
Doch diese Lösung kommt nicht als rationaler Gedanke daher: Das und das sollte ich tun, und zwar aus diesen und jenen Gründen. Vielmehr antwortet uns das Gehirn mit einem Gefühl, was in der Situation richtig oder falsch ist. Mit anderen Worten, die Lösung erscheint in Form einer emotionalen Gewissheit, nicht als rationaler Gedanke.
Wenn wir nicht auf diesen »sechsten Sinn« hören oder wenn wir unserer intuitiven Einsicht nicht trauen, hindern wir uns selbst daran, in der Situation Weisheit walten zu lassen. Oft herrscht in der Hektik unseres Lebens oder in der Verwirrung des Gefühlsaufruhrs zu viel inneres »weißes Rauschen«, als dass wir diese leiseren Töne vernehmen könnten. Achtsamkeit jedoch gibt uns eine Möglichkeit, uns auf diese feinen Empfindungen einzustimmen und der leisen Stimme der inneren Weisheit zu lauschen. Dieses intuitive Wissen erscheint häufig zuerst als stummes Gefühl. Was es bedeutet – wie es in Worte zu kleiden ist –, geht uns später auf, wenn wir fortgesetzt aufmerksam sind und nachsinnen.

Erinnerungen ausgraben ● Achtsamkeitsmeditation, so bemerkt der Mönch Nyanaponika, stärkt die Intuition. Ein Anwendungsbereich dieser Intuition liegt im Aufdecken verborgener Muster, die die Ereignisse in unserem Leben in einen sinnvollen Zusammenhang bringen. Achtsamkeit schärft unser kognitives System, sodass beispielsweise Wahrnehmungen klarer werden. Dasselbe gilt für das Gedächtnis. Menschen, die sich intensiv in

Meditation üben, stellen häufig fest, dass sie Zugang zu Erinnerungen finden, die seit Jahrzehnten verschüttet waren. Diese Erinnerungen besitzen meist eine besondere Qualität. »Die Intensität, Klarheit und Fülle von Erinnerungen macht sie besser zugänglich und schafft einen fruchtbaren Boden für das Wachsen von Intuition«, schreibt Nyanaponika. »Erinnerungen dieser Art haben einen organischeren Charakter als Erinnerungen an verschwommene, vereinzelte Fakten, und sie fügen sich leichter in neue Muster von Sinn und Bedeutung ein.«

Die meisten dieser Gefühle stammen aus der Kindheit. Wenn wir jetzt wieder an sie herangehen, können wir die Ereignisse aus einem reiferen Blickwinkel verstehen. Und wenn wir zu diesem Verständnis gelangt sind, können wir zum nächsten Schritt der Schema-Therapie übergehen: einen einfühlsamen Dialog mit dem Teil unseres Geistes aufnehmen, der noch am Blickwinkel des Kindes festhält.

Als meine Klientin Alexa in die Gefühle im Zusammenhang mit ihrem Schema des Verlassenwerdens eintauchte, fiel ihr eine entscheidende Erinnerung aus ihrer Kindheit wieder ein. Sie berichtete, dass ihr Vater damals viele Jahre lang abwesend gewesen war. Er kam später wieder zur Familie zurück, war jedoch launisch und unberechenbar und neigte zu heftigen Stimmungsschwankungen und Wutausbrüchen. Als kleines Mädchen hatte Alexa häufig Angst vor ihm, doch er liebte sie und wollte als Vater für sie da sein. »Man hätte das für nett von ihm halten können«, meinte Alexa. »Doch für mich als zwölfjähriges Mädchen war es nicht so einfach.«

Alexa hatte eine lebhafte Erinnerung an einen einschneidenden Moment in ihrer Beziehung: »Eines Tages ging ich mit meinem Vater im Park spazieren; ich fühlte mich nicht wohl in meiner Haut und war durcheinander. Er nahm das Medaillon mit dem heiligen Franziskus vom Hals, das er immer trug, und reichte es mir. Vielleicht war es der falsche Zeitpunkt – ich weiß es nicht. Aber ich weiß noch, dass ich es auf den Boden warf.« Alexa schwieg einen Augenblick; als sie fortfuhr, traten ihr Tränen in die Augen: »Er ließ es da auf dem Boden liegen und ging davon.«

Danach lebten sich Alexa und ihr Vater auseinander, und wenige Jahre später starb er. Viele Jahre später ging sie zu der Stelle zurück, an der sie das Medaillon weggeworfen hatte, nicht um es zu suchen, sondern um ihren Seelenqualen und Schuldgefühlen nachzugehen, weil sie ein so bedeutungsschweres Geschenk ihres Vaters nicht angenommen hatte. Sie besaß nichts von ihm, und sie sehnte sich nach diesem Schmuckstück. Jahrelang plagten sie Gewissensbisse. Warum hatte sie so impulsiv reagiert? Das war das Einzige in ihrem Leben, was sie wirklich bereute.

Als sie jetzt im Rahmen ihrer Schema-Arbeit dieser Erinnerung nachging, konnte sie das zwölfjährige Mädchen in sich fast körperlich spüren. Sie hörte plötzlich eine mitleidsvolle innere Stimme zu diesem Mädchen sprechen: »Natürlich warst du wütend auf ihn. Dazu hattest du allen Grund. Er hat dich verlassen. Er war jahrelang nicht da, und als er schließlich zurückkam, hat er dir mit seinen Wutanfällen Angst gemacht.«

Jahrelange Gewissensbisse schmolzen in diesem Augenblick dahin. Alexa wünschte, ihre Beziehung hätte anders sein können und sie wäre für seine Liebe offener gewesen. Und sie wünschte sich immer noch dieses Medaillon als Symbol ihrer Verbindung, so brüchig sie auch war. Doch jetzt verstand sie die Gründe für ihr Verhalten als Zwölfjährige. Alles ergab für sie einen Sinn.

Alexas Erlebnis verdeutlicht gut, wie wichtig es ist, zu der tieferen, symbolischen Bedeutung von Ereignissen, die vielleicht jahrelang in unserem Herzen verschlossen waren, vorzudringen. Dieser eine Moment der Impulsivität ging ihr ihr Leben lang nach. Erst als sie diesen Moment Revue passieren ließ, konnte sie Mitgefühl mit der Zwölfjährigen von damals empfinden. Das Begreifen solcher Zusammenhänge setzt manchmal Gefühle frei, die wir schon lange mit uns herumtragen, und macht uns offen für Mitgefühl mit unserer Handlungsweise in früheren Jahren.

Sich in das Schema einfühlen ● Wenn wir in den Brunnen der tief sitzenden Gefühle hinter einem Schema hineingeblickt haben, wenn wir tief genug eingetaucht sind, um dessen Ursprünge zu finden, müssen wir den nächsten Schritt tun: Wir müssen dem Teil von uns, der immer noch denkt und fühlt wie das kleine Kind, das die Schema-Reaktionen gelernt hat, unser Einfühlungsvermögen, unsere Empathie als fürsorgliche Erwachsene entgegenbringen. Es war Weihnachtszeit, und Lauren war wie immer ein bisschen traurig. »Ich weiß, dass die Feiertage mein Deprivationsschema aktivieren«, erklärte sie mir.
Objektiv gesehen schienen die Festtage für sie reibungslos verlaufen zu sein. Sie hatte Weihnachten in einer Runde aus lieben Freunden und Familienangehörigen verbracht. Eine ihrer besten Freundinnen jedoch, deren Geschenk Lauren mit besonderem Bedacht ausgesucht hatte, hatte ihr dieses Jahr gar nichts geschickt, ihr nicht einmal gedankt. Und eine andere hatte ihren Weihnachtsanruf – eine seit langem bestehende Gepflogenheit zwischen ihnen – nicht erwidert. In dem ganzen Festtagstrubel waren das Kleinigkeiten, und dennoch fixierte sich Lauras Denken gerade darauf.
»Ich weiß, dass es nicht rational ist«, beteuerte sie mir. »Aber ich finde es nicht angemessen, mir einfach zu sagen: ›Du weißt, dass du um die Feiertage herum anfälliger dafür bist, dich zurückgesetzt zu fühlen. Lass' es einfach mal gut sein.‹ Das kommt mir so vor, als ginge mir dann noch mehr ab. Ich habe das Gefühl, dass meiner Freundin, die mir nicht gedankt hat, nicht so viel an der Beziehung liegt. Und meine Freundin, die nicht zurückgerufen hat, frustriert mich, weil sie nie die Initiative ergreift, den Kontakt zu pflegen, besonders weil ich ihr das schon oft gesagt habe. Es kommt mir alles wie Absicht vor.«
Einem Menschen ohne Laurens schemabedingte Empfindlichkeiten wären diese Bagatellen vielleicht gar nicht aufgefallen. Doch für sie, die das Leben durch die Deprivationsbrille sah, waren sie von großer Bedeutung.

Sie fuhr fort: »Wenn die anderen sich nicht um mich kümmern, dann sollte ich mich wenigstens um mich selbst kümmern können.« Lauren beschloss, eine Zeit lang meditierend bei ihren Gefühlen zu verweilen, um zu Ruhe und Klarheit zu kommen; dann wollte sie sich ihnen zuwenden und sehen, welche Bilder in ihrem Geist aufsteigen würden. In der Therapie hatte sie schon erste Erfahrungen mit dem inneren Dialog zwischen dem verletzten kleinen Mädchen und der fürsorglichen Erwachsenen in ihr gemacht.

»Ich sehe mich als kleines Mädchen, vielleicht fünf Jahre alt. Ich laufe herum und suche jemanden, der mir Aufmerksamkeit schenkt, jemanden, der für mich da ist«, sagte Lauren. »Dieses kleine Mädchen spricht: ›Alle haben so viel zu tun, sind so sehr mit sich und ihren eigenen Problemen beschäftigt. Ich kann niemanden finden, der einfach bei mir ist.‹ Es versucht, ganz brav und lieb zu sein, doch niemand scheint Notiz von ihm zu nehmen.«

»Was wird das kleine Mädchen begreifen müssen?«, fragte ich. »Wenn Sie jemand wären, der sich sehr liebevoll um das kleine Mädchen kümmern könnte, was würden Sie dann zu ihm sagen?«

Laurens Antwort kam wie aus der Pistole geschossen: »Ich würde sagen: ›Du suchst nach Liebe bei Leuten, die dir nicht geben können, was du brauchst.‹«

»Und wie geht Ihr Gespräch weiter?«

Lauren fuhr in traurigem, fast verzweifelndem Ton fort: »Das kleine Mädchen erwidert: ›Aber sie sind meine Familie – sie sollen mich doch lieben!‹ Die fürsorgliche Stimme sagt zu ihm: ›Sie sind viel zu sehr mit sich selbst beschäftigt und selber zu kurz gekommen, als dass sie etwas anderes als ihre eigenen Bedürfnisse spüren würden. Wende dich lieber an Menschen, die jetzt schon für dich da sind.‹

Da sucht das kleine Mädchen nach einem ruhigen Ort, um sich dort zu verstecken und allein zu sein, unsichtbar zu sein, keine Bedürfnisse zu haben. Das wird ihm zur Gewohnheit, wenn niemand ein Ohr für es hat. Doch dann erinnert sich die Kleine, was die fürsorgliche Stimme gesagt hat: dass es Menschen gibt, die für sie da sind und sie lieben. Sie hat nur bei den falschen Leuten gesucht.«

Dann belebt und beschwingt sich Laurens Stimme, als sie ergänzt: »Also macht sie sich auf die Suche nach diesen Menschen, von denen sie sich schon jetzt geliebt fühlt.«

Ein innerer Dialog ● Zumindest im übertragenen Sinn steckt in jedem von uns ein Kind, fühlt ein Teil von uns wie ein Kind. Ein solcher innerer Dialog, ein Zwiegespräch mit dem Schema – verkörpert durch das kleine Kind, das diese bestimmte emotionale Gewohnheit gelernt hat – ist eine heilsame Erfahrung von innen heraus. Dieses Vorgehen empfiehlt sich nicht für jeden Menschen, doch viele empfinden es irgendwann einmal als hilfreich für ihre emotionale Arbeit.

Laurens reifere, fürsorgliche innere Stimme erinnerte das kleine Mädchen daran, dass es Menschen *gab*, mit denen es eine Beziehung eingehen konnte. Doch es musste dort nach Liebe suchen, wo sie bereitwillig gegeben wurde, statt sich nur auf die Menschen zu versteifen, die zu sehr mit sich selbst und ihren Bedürfnissen zu tun hatten, um sich um Lauren zu kümmern – und genau da muss natürlich das Schema nach Befriedigung suchen.

Diese positivere Reaktion, verbunden mit Empathie für den Schmerz und die Trauer des kleinen Mädchens, war emotional heilsam. Es entspann sich ein Zwiegespräch zwischen jenem verletzten Kind, das das Schema verkörperte, und der fürsorglichen inneren Stimme, die für das stand, wonach das Schema sich sehnte. Diese innere Beziehung kann den ursprünglichen Mangel, der zur Entstehung des Schemas führte, in gewissem Maß ausgleichen – oder wenigstens das Schema so umbilden, dass wir eine neue Reaktion lernen.

Das verwundete kleine Kind in uns steht für die Schema-Realität, die im Mandelkern fixiert ist. Dagegen wirkt die gesunde Beziehung zu einem fürsorglichen, reifen inneren Elternteil bis zu einem gewissen Grad korrigierend und heilsam.

Der Dialog zwischen innerem Kind und innerem Erwachsenen wird dann Teil der grundlegenden Neuordnung der neuronalen Verbindungen, die mit der Überwindung eines Schemas einhergeht. Es ist, als würden wir uns auf einer sehr tiefen Ebene selbst »nach-bemuttern«, wodurch neue Kontakte zwischen dem emotionalen und dem rationalen Gehirn sowie gesunde Reaktionsgewohnheiten entstehen, die wir in der Kindheit nicht erwerben konnten.

Wir können diesen heilsamen inneren Dialog aus eigenem Antrieb führen. Kommt er aber in der Therapie in Gang, vertritt der Therapeut in den ersten Zwiegesprächen oft die fürsorgliche Stimme, und der Klient leiht dem kleinen Kind, das die Schema-Realität verkörpert, seine Stimme – wie in einem Rollenspiel. Das erleichtert es dem Klienten, Zugang zu dem Kind in dem Schema zu finden. Ist das erreicht, kann er den Dialog mit dem imaginären fürsorglichen Elternteil selbständig fortsetzen und wie Lauren beide Rollen übernehmen.

In gewissem Sinn ist ein in einem Schema gefangenes Kind genau wie jedes andere: Es braucht Aufmerksamkeit, hat Bedürfnisse, die befriedigt werden müssen. Eine Klientin brachte es auf den Punkt: »Manchmal fühle ich mich wie ein Kind, das ein Erwachsenenleben führt.« Es ist hilfreich, eine Möglichkeit zu haben, uns dieser emotionalen Bedürfnisse anzunehmen. Wir sollten diesen inneren Stimmen unser Ohr leihen und ihnen antworten, auch wenn wir unser Tun nicht immer gleich unterbrechen und auf diese Bedürfnisse eingehen können. Wir sollten diesen Gefühlen eine innere Empathie entgegenbringen, sie also weder beschimpfen noch unterdrücken, als sprächen wir mit einem gekränkten kleinen Kind. Wenn wir uns in dieses Kind in uns eingefühlt haben, können wir offener für rationale Maßnahmen sein und die Überzeugungen, an die wir uns klammern, infrage stellen. Dann kann das Kind innerhalb von Augenblicken heranwachsen.

Vom Druck befreien ● Der Kreislauf von Druckauf- und -abbau findet sich überall in der Natur. Der Körper häuft abgestorbene Zellen an und baut sie ab, wenn er eine Infektion bekämpft; tektonische Platten reiben sich aneinander und bauen enormen Druck auf, der sich in einem Erdbeben entlädt; in schweren, grauen Wolken brauen sich Stürme zusammen, und die Last der Wolken entlädt sich in Regen.

Dieser natürliche Prozess hat eine Parallele auf psychologischer Ebene. Oft kommen Menschen bei einer intensiven emotionalen Arbeit an einen Punkt, an dem ihnen die Augen aufgehen, was für ein quälendes emotionales Muster in ihrem Leben zum Ausdruck kommt. Sie können spüren, warum alles beim Alten bleibt: Ihr Glaube an die Gedanken im Hintergrund ist tief verwurzelt, ihre Gefühle stabilisieren ihn, und er löst die immer gleichen automatischen Reaktionen aus. Ungeachtet des Schmerzes, den das Muster verursacht, ist es nur allzu vertraut und schließlich unerträglich. Es baut sich ein emotionaler Druck auf und fordert ultimativ Befreiung.

Eine Klientin berichtete mir, dass sie einen erlösenden Weinkrampf bekam, als sich ein solcher Druck in ihr angestaut hatte. Sie verspürte ungeheuren Schmerz und Trauer, als sie erkannte, dass ihre Eltern, die sie als Kind emotional vernachlässigt hatten, ihr Bedürfnis nach Fürsorge niemals stillen würden. Das Gefühl schwoll an und wurde so stark, dass ihr kein anderer Weg mehr blieb, als mitten hindurchzugehen. Sie weinte und schluchzte, schnappte nach Luft wie ein kleines Kind. Das ging eine ganze Weile so, bis es langsam nachließ. Danach hatte sie das Gefühl, dass es jetzt nichts mehr zu betrauern gab; sie erlebte ein tiefes Loslassen von Schmerz. Bislang kehrte er nicht mehr zurück.

Nicht jeder macht so etwas durch, doch wenn wir an den Punkt kommen, wo wir nicht mehr unter der Last dieser verzerrten Überzeugungen weiterleben können, bricht sich die Emotion möglicherweise Bahn und wird freigesetzt – oft mehrmals. Das ähnelt der Entladung aufgestauten Drucks in der Natur; Körper und Geist vereinigen sich und rufen gemeinsam eine Trauer hervor, die den aufgestauten emotionalen Schmerz freisetzt. Es kann unglaublich befreiend sein, wenn man dem Geist dieses Loslassen und dem Körper Hingabe und Entspannung erlaubt. Es ist, als ob eine innere Kraft genau wüsste, welches Ventil der Schmerz braucht – etwa das heftige Weinen, das meine Klientin überkam. Es tut gut, einer solchen Entladung ganz natürlich ihren Lauf zu lassen. Ein Mensch, der diesen Prozess durchmacht, erinnert an eine gebärende Frau oder an einen Sterbenden. Es ist eine unwiderstehliche Macht am Werk, ein Loslassen hinein in den umfassenden Strom einer Naturkraft.

Achtsames Trauern ● In der Natur fällt Niederschlag, wenn der Wasserdampf in einer Wolke zu Tröpfchen kondensiert, die nicht mehr in der Luft schweben können; Regen ist ein Loslassen der Natur. Tränen sind für den menschlichen Organismus genauso erlösend. Sie können den Schmerz unserer emotionalen Wunden lindern.

Zugleich sagt uns die Psychologie, dass wir einen eingebauten Schutzmechanismus haben, der uns davon abhält, Emotionen zu wecken, die unsere Kräfte übersteigen könnten. Studien mit Menschen, die den Tod eines Nahestehenden betrauern, haben ergeben, dass sich bei den Betroffenen nach einem derartigen Verlust normalerweise Phasen tiefer Trauer mit weniger betrübten Phasen abwechseln. Es ist, als würde ihnen eine innere Instanz genau die Dosis Traurigkeit zumessen, die sie noch bewältigen können, und gäbe ihnen dann Zeit zur Erholung vor der nächsten Schicht der Trauer.

Etwas Ähnliches scheint am Werk zu sein, wenn wir uns unseren Schemata öffnen. Merkwürdigerweise empfinden wir ein Verlustgefühl, wenn wir die mit einem Schema verknüpften Muster loszulassen versuchen oder wenn wir die Ursprünge des Schemas untersuchen und Episoden aus unserem Leben neu bewerten. Ein alter Teil von uns stirbt ab, und das löst Trauer aus.

Das Eintauchen in die Einzelheiten eines Schemas scheint den Prozess in Gang zu bringen. Larry Rosenberg, Lehrer für Achtsamkeitsmeditation, bringt es auf den Punkt: »Wahrer Klarblick bedeutet, die Dinge so zu sehen, wie sie wirklich sind, nicht, wie wir sie gern hätten. Zu diesem Akzeptieren zu kommen ist Trauerarbeit.«

Die Brille des Schemas beiseite legen, klarer sehen bedeutet, unser altes Selbst- und Weltverständnis aufzugeben. Wir verzichten auf unsere fehlangepassten Gewohnheiten, unser verzweifeltes Festklammern an der Realität und an den Reaktionen des Schemas.

Als Jake seinem Schema des Nicht-liebenswert-Seins auf die Spur kam, merkte er, dass es einen Großteil seiner Identität und Weltsicht prägte. Jake war zu sehr darauf bedacht, es anderen recht zu machen; er wollte ein Mensch nach den vermeintlichen Erwartungen anderer sein. So lebte er mit einem falschen Selbst, hinter einer Fassade. Verzweifelt sagte er, er könne nicht mehr sicher sein, wer er sei, wenn er nicht der Mensch sei, der immer andere zufrieden stellte.

Das Gefühl, nicht mehr zu wissen, wer man ist, stellt sich häufig ein, wenn man Schema-Überzeugungen infrage stellt. Unsere emotionalen Gewohnheiten definieren ein vertrautes Selbstverständnis, und deshalb kann es eine Zeit lang sehr verunsichernd wirken, dieses Selbstgefühl zu demontieren, selbst wenn es ein verzerrtes und leidvolles ist.

Natürlich sind es zwei Paar Stiefel einzusehen, dass wir diese Gewohnheiten loslassen müssen, und es wirklich zu tun. Zuerst müssen wir uns darüber klar werden, dass Schemata für uns schädlich sind, und den Entschluss fassen, sie zu ändern. Der nächste Schritt ist dann die eigentliche Arbeit der Veränderung, das Loslassen der alten Gepflogenheiten.

Dabei lassen wir auch einen Teil von uns zurück. Das bedeutet in gewissem Sinn, dass wir einen Verlust akzeptieren müssen. Wir werden Zeuge eines kleines Todes: von Kernüberzeugungen, von einem bestimmten Selbstbild, von unangebrachten Hoffnungen oder Ängsten oder einfach von vertrauten Gewohnheiten oder tröstlichen Annahmen. Wenn wir diese eingefahrenen Gewohnheiten und lieb gewordenen Selbstbilder loslassen, müssen wir ihren Verlust betrauern. Wenn wir trauern, bleiben wir eher davor bewahrt, wie zuvor den Schmerz zu vermeiden, der der Angst hinter unseren Schema-Reaktionen entspringt.

»So«, sagt Rosenberg, »gehen Einsicht und Trauern Hand in Hand. Wir können nicht aufgeben, was wir nicht verstehen. Wir müssen seine wahre Natur kennen lernen, bevor wir es loslassen können.«

Die Kraft des Sichöffnens ● An der Stanford-Universität bot man Frauen mit fortgeschrittenem Brustkrebs die Teilnahme an Selbsthilfegruppen an.[25] In diesem Krankheitsstadium konnten die Ärzte wenig oder nichts mehr für sie tun. Man hatte alles versucht, und jetzt war es nur noch eine Frage der Zeit, bis sie sterben würden. Die Betroffenen merkten bald, dass die Gruppe der einzige Ort in ihrem Leben war, wo sie ihre Gefühle nicht verbergen mussten. Familie und Freundeskreis fürchteten sich oft so sehr vor Gesprächen über den Krebs, dass die Frauen keinerlei Gelegenheit hatten, sich ihren Gefühlen zu öffnen. Bei den anderen Frauen mit demselben schweren Schicksal jedoch konnten sie schreien und weinen, gegen die Ungerechtigkeit wüten, ihre Gefühle völlig ungehindert herauslassen. Und sie konnten einander auch Fürsorge geben, emotionalen Beistand leisten, sich unter Tränen umarmen.

Zur Überraschung der Ärzte, die die Gruppen eingerichtet hatten, zeigten diese eine bemerkenswerte medizinische Wirkung. Die Teilnehmerinnen überlebten *doppelt* so lange wie vergleichbare Brustkrebspatientinnen, die zwar die übliche medizinische Behandlung erhielten, aber nicht in eine derartige Gruppe gingen: Die Überlebensdauer der Gruppenteilnehmerinnen betrug durchschnittlich 37 Monate, die der anderen Patientinnen nur 19 Monate.

In der englischen Sprache fehlt ein wichtiges Wort, das Gegenstück zu *antarayame*, einem Hindi-Wort, das in etwa »Kenner des Herzens« bedeutet und sich auf eine Person bezieht, die jeden Winkel unseres Inneren klar sieht und uns annimmt, wie wir sind. Das Gefühl, erkannt und im Innersten verstanden zu werden, ist eine mächtige Kraft mit großer Heilwirkung. Mit den Worten des Dalai Lama: »Einer der tiefsten menschlichen Wünsche ist der, gekannt und verstanden zu werden.«

Menschen, die eine stabile Vertrauensbeziehung zu einem fähigen Psychotherapeuten entwickelt haben, kennen dieses Gefühl, zutiefst verstanden und akzeptiert zu werden. Ein Therapeut kann dem Klienten ein Spiegel sein, einen Schutzraum schaffen, in dem der Klient sich so sicher fühlt, dass er sich öffnen, sich zeigen und erfahren kann, dass er akzeptierend gespiegelt wird. Auf diese Weise kann die Therapie die Defizite der Elternbeziehung ausgleichen und den Klienten die verlässliche, fürsorgliche Aufmerksamkeit geben, die sie in der Kindheit vielleicht nicht bekommen haben.

Dieses Gefühl können auch Freunde vermitteln. Wir alle haben irgendwann einmal Leid zu ertragen. Leid kann eine starke Bindung an andere Menschen stiften. Manchmal entsteht diese Verbundenheit im Zusammenhang mit alltäglichen Formen des Leids wie dem Verlust eines nahe stehenden Menschen oder einem schweren Rückschlag im Leben. Andere teilen unsere Trauer, und wir fühlen uns verstanden. Ein bekümmertes Herz weckt ganz natürlich Mitgefühl und Empathie; das ist ein großes Geschenk, das wir einander geben können.

Ich sehe diese empathische Unterstützung in meinen Workshops, wenn die Teilnehmer gemeinsam ihre Schemata erkunden. Daraus kann eine sehr tiefe Verbundenheit entstehen. Einmal sagte eine Frau dabei halb im Scherz: »Ich glaube, ich bin ein bisschen verrückt.«

Daraufhin fragte ich: »Wie viele Leute hier glauben, sie seien ein bisschen verrückt?«

Alle Hände schossen nach oben, einschließlich meiner.

Die Heilkraft von empathischer Unterstützung wirkt auch bei emotionalen Wunden, sogar dann, wenn wir selbst die Quelle der Empathie sind. Im Rahmen eines Experiments[26] notierten die Teilnehmer fünf Tage hintereinander für etwa eine Viertelstunde täglich ihre Gedanken und Gefühle über das traumatischste Ereignis in ihrem Leben – oder auch nur über eine bedrückende Sorge – in einem Tagebuch.

Diese Gefühle einfach nur herauszulassen hatte überraschend positive Wirkungen. Zum einen verbesserte sich der Gesundheitszustand der Teilnehmer; sie erkrankten in den folgenden sechs Monaten seltener. Zwischen den ausgedrückten Gefühlen und ihrer Gesundheit zeigte sich ein bedeutsamer Zusammenhang: Je aufwühlender die zu Papier gebrachten Emotionen, desto mehr verbesserte sich die Funktion ihres Immunsystems.

Am meisten überhaupt profitierten Menschen, die zu Beginn die stärksten Gefühle vermerkt hatten, etwa tiefe Traurigkeit und Kränkung oder heftige Wut und Frustration. Anfangs gaben sie einfach ihrem emotionalen Schmerz Ausdruck. Doch dann ging aus ihren Notizen im Verlauf der nächsten Tage hervor, dass sie über die Bedeutung der Ereignisse nachdachten, die ihnen so zusetzten – sie konnten ein Muster oder einen Sinn darin erkennen. Ich glaube, dass dieser Fortschritt von selbst eintritt, wenn wir unsere Schemata sprechen lassen.

Wenn Sie den mit einem Schema verbundenen Gefühlen Ausdruck geben wollen

Schreiben Sie die Gedanken und Gefühle nieder, die in Ihnen aufsteigen, wenn Sie etwas über die für Sie bedeutungsvollsten Schemata lesen. Sie brauchen nicht viel Zeit dafür aufzuwenden – zehn oder zwanzig Minuten, immer wenn ein drängender Gedanke oder ein Gefühl hochkommt und Sie Gelegenheit zum Tagebuchschreiben haben:

1. Zensieren Sie Ihre Gedanken nicht. Seien Sie ganz offen, sagen Sie Dinge, die Sie niemandem mitteilen würden. Je ehrlicher Sie zu sich sind, desto besser. Jetzt haben Sie Gelegenheit, alles auszusprechen, was Sie gerne andern erzählen würden, sich aber nicht trauen. Schreiben Sie alles in Ihr Tagebuch.
2. Schreiben Sie, wann und wo immer Sie möchten und können. Nehmen Sie sich nicht vor, jeden Tag etwas zu schreiben, aber erhalten Sie sich die Motivation: Schreiben Sie immer, wenn etwas Sie bewegt. Nützlich ist vielleicht, an einem Ort zu schreiben, wo Sie ungestört sind, sich sicher fühlen und nicht abgelenkt werden.
3. Notieren Sie sowohl die objektiven Tatsachen als auch Ihre Gefühle und Empfindungen. Wenn Ihre Gefühle aufwallen, lassen Sie sie ganz und gar los und aufs Papier fließen. Üben Sie freies Assoziieren – lassen Sie es einfach aus sich herausströmen.
4. Verschwenden Sie keinen Gedanken daran, wie Ihre Notizen sich lesen oder aussehen. Niemand beurteilt Sie; Sie brauchen nicht auf Rechtschreibung oder Grammatik zu achten. Wenn Sie sich festfahren, fangen Sie einfach nochmal von vorne an.
5. Führen Sie Ihr Tagebuch einzig und allein für Sie selbst. Schreiben Sie nicht mit einem anderen Menschen im Hinterkopf, dem Sie es vielleicht eines Tages zeigen möchten. Wenn Sie nämlich das tun, bearbeiten Sie Ihre Aufzeichnungen aus

dem Blickwinkel dieser Person oder versuchen sich zu rechtfertigen.

6. Führen Sie das Tagebuch mehrere Tage, Wochen oder sogar Monate lang, wenn es Ihnen hilft. Ihre Gedanken, Gefühle und Einsichten werden sich verändern, wenn Sie tiefer in die Schema-Arbeit eintauchen.
7. Wenn Ihnen Ereignisse aus Ihrer Kindheit einfallen, die möglicherweise Ihr Schema geformt haben, können Sie der oder den beteiligten Personen einen Brief schreiben; Sie müssen ihn ja nicht abschicken. Adressat kann ein mit sich selbst beschäftigter Elternteil sein, der emotional nicht verfügbar war, aber auch die Mitglieder einer Schulclique, die Sie ausgegrenzt haben. Machen Sie Ihren dadurch ausgelösten Gefühlen in dem Brief Luft. So bekommt das erstarrte Kind im Kern des Schemas ein äußerst wirksames Ausdrucksmittel für seine Gefühle, Enttäuschungen und Bedürfnisse.

Es gibt noch einen Grund, auf der Reise ins Innere ein persönliches Tagebuch zu führen: Wenn Sie von Anfang an festhalten, was Ihre bedrückendsten Schemata – und die damit verbundenen Gedanken, Gefühle und Verhaltensweisen – auslöst und wie oft, können Sie an diesen Aufzeichnungen Ihre Fortschritte ablesen.

Das Tagebuchschreiben verschafft Ihnen einen Ort, an dem Sie Ihre Einsichten über die Quellen und die Auslösesituationen Ihres Schemas zusammenfassen können. So setzen Sie allmählich ein Gesamtbild Ihrer typischen Emotionen, Gedanken und Reaktionen zusammen.

Das Tagebuch bietet Ihnen zudem eine Möglichkeit, darüber nachzudenken, wie Sie die Probleme in Ihrem Leben grundsätzlich sehen und welche Kindheitserfahrungen zu dem Schema beigetragen haben. Und Sie erhalten die Chance, Ihren Gefühlen Luft zu machen, ohne sich direkt mit den Beteiligten auseinander setzen zu müssen.

Wenn Sie diese Arbeit mehrere Monate lang fortgesetzt haben, müssten Sie Veränderungen in den aufsteigenden Gedanken und Gefühlen sowie in Ihren Reaktionen feststellen können. Wenn Ihre Schema-Arbeit Früchte trägt, werden Sie bemerken, dass die Zahl Ihrer Schema-Attacken pro Woche oder Monat allmählich sinkt oder dass ihre Heftigkeit oder ihre Dauer nachlässt.

12
Sie brauchen Ihren Gedanken keinen Glauben zu schenken

Seit meiner Kindheit stand im Wohnzimmer meiner Großmutter ein wunderbarer asiatischer Schrank. Seine Türen waren verziert mit Schnitzereien und bemalt mit dem Bild einer Frau in einem Kimono; sie trug einen Sonnenschirm und schritt auf einem Pfad von einer Pagode her. In einiger Entfernung schaute ihr ein bärtiger, kimonobekleideter Mann aus dem Fenster eines Teehauses nach. ● Die Szene bot einen verlockenden Blick in eine exotische Landschaft. Alles darin war faszinierend: die Gebäude, die Menschen, die Kleidung, die knorrigen Baumstämme, die riesigen Blumen. ● Als kleines Mädchen spann ich mir stundenlang Tagträume über diese Szene zusammen, und das ist und bleibt eine angenehme, lebhafte Erinnerung an die Besuche bei meiner Großmutter. Ich habe mich schon gefragt, ob dieser Schrank den Keim für meine spätere Lebensreise gelegt hat: dass ich nach Asien fuhr, dass ich die Tee-Zeremonie, Blumenstecken und indischen Tanz lernte, dass ich fernöstliche spirituelle Praktiken übte. ● Meine Mutter wusste, wie sehr ich diesen Schrank liebte. Als nun meine Großmutter starb, schlug sie den anderen Familienangehörigen vor, ihn mir zu geben. Doch die anderen beschlossen, die Möbel meiner Großmutter zu verkaufen und den Erlös dem Nachlass zuzuschlagen. Der Schrank war nur eines der vielen Möbelstücke in ihrem Haus gewesen, doch kaum zeigte ich Interesse daran, bekam er plötzlich einen besonderen Nimbus. Ein Verwandter, der ihn bis zu diesem Zeitpunkt keines Blickes gewürdigt hatte, war mit einem Mal felsenfest überzeugt, er sei überaus wertvoll. ● Also bestellten wir einen Gutachter, der den Schrank prüfen und schätzen sollte. Ich sollte dann den Gegenwert dem nachgelassenen Vermögen hinzufügen. Ein paar Familienmitglieder vermuteten einen sehr hohen Wert, der einen Gutteil des Nachlasses ausmache. Je weiter die Geschichte unter den Verwandten herumging, desto höher stieg der Preis – eine wertvolle asiatische Antiquität, die möglicherweise 100 000 Dollar oder mehr wert war! ● Endlich kam der Tag, an dem sich die Gutachterin den Schrank ansah. Ihr Urteil: Der Schrank stammte überhaupt nicht aus Asien, sondern war eine amerikanische Imitation – so genannte Japonaiserie – und nicht einmal besonders alt. Überdies, so betonte sie, sei die Farbe abgeplatzt, und das Furnier habe sich gelöst. Ihre Schätzung: höchstens 300 Dollar.

Der übertriebene, verdrehte Blick, mit dem meine Verwandten diesen bescheidenen Schrank sahen, ähnelt sehr stark dem für Schemata typischen verzerrten Denken. Nur allzu leicht sehen wir etwas so, wie unsere Wünsche es uns vorgaukeln, und reden uns dann ein, dass dieses Wunschdenken die reine Wahrheit sei. Uns fehlt das Korrektiv der Realität in Gestalt einer nüchternen Gutachterin.

Dass Schemata unserer Wahrnehmung ihre Realität aufzwingen können – quasi die Welt nach ihrem Bilde formen –, beruht auf bestimmten Vorgängen im Gehirn. Der Mandelkern, das Gefühlszentrum, besitzt Verbindungen zu den meisten Bereichen der Gehirnrinde, wo die Signale aus den Sinnesorganen auf ihre Bedeutung hin analysiert werden. Wenn er aktiv ist – während einer Schema-Attacke beispielsweise –, werden auch diese Nervenbahnen aktiver und beeinflussen die cortikale Analyse unserer Wahrnehmungen sowie deren Interpretation und damit unser Denken.

Das Gehirn deutet dann möglicherweise Informationen anders: Die Wahrscheinlichkeit für eine emotional befrachtete Interpretation steigt, die für eine realistische sinkt. Wenn der Mandelkern hochaktiv ist, drängen sich emotional aufgeladene Gedanken mit

Macht in den Vordergrund unserer Aufmerksamkeit. Dies könnte erklären, warum unsere Schemata unsere Weltsicht so nachhaltig beeinflussen – fast als ob sie uns mit einem Bannfluch belegen würden.

Der tibetische Buddhismus bezeichnet solche verzerrten Gedanken als »Verdunkelung des Geistes« und sieht darin eine gravierende geistige Beeinträchtigung und eine grundlegende Ursache psychischen Leidens. Doch selbst wenn wir die Umstände, die zu solchen Gedanken führen, nicht beeinflussen können, sind wir doch imstande, unseren Geist aus ihrem Griff zu befreien.

Den Bann brechen ● Sarah hatte eine verständlicherweise zwiespältige Beziehung zu ihrem Exehemann. Die beiden kamen in vieler Hinsicht miteinander aus, teilten sich das Sorgerecht für ihre Kinder und fanden – nach einer aufwühlenden Trennung – allmählich ein freundschaftliches Verhältnis zueinander.

Vor der Scheidung, als die Kluft zwischen ihnen tiefer wurde, hatte Sarah geglaubt, er sei ihr gegenüber sehr kritisch eingestellt. Während er stets sein Ding stur durchzog, war sie impulsiv, stürzte sich spontan in immer neue Leidenschaften – wie Aquarellmalen oder Psychologiekurse –, die sie bald gegen etwas Neues austauschte. Sarah war sich sicher, dass er von diesem chaotischen Rein und Raus nichts hielt – dass er glaubte, sie sei oberflächlich. Doch eines Tages lange nach ihrer Scheidung entschloss sie sich während einer Unterhaltung, ihn danach zu fragen – was hatte sie schließlich zu verlieren? So vertraute sie ihm an, welche Meinung von ihr sie ihm immer unterstellt hatte. Zu ihrer Überraschung erwiderte er: »Gerade das habe ich immer an dir geliebt!«

Wenn wir unter der Fuchtel unserer Schemata stehen, halten wir unsere verzerrten Überzeugungen für die reine Wahrheit. Hinterfragen wir jedoch diese Meinungen, kann Achtsamkeit wie ein innerer Gutachter mit unverstelltem Blick wirken. Dann können wir unsere verborgenen Annahmen mit neuen Augen sehen und sie infrage stellen, statt ihnen umstandslos die Macht über unsere Wahrnehmungen zu überlassen. Gedanken haben keine Macht – außer derjenigen, die wir ihnen verleihen. Geistige Gewohnheiten und Annahmen zu hinterfragen ist eine tragende Säule der kognitiven Therapie. Der erste Schritt dabei ist das sorgfältige Beobachten unserer Schemata, das heißt, sich deren Auslöser im Alltag und unsere gewohnheitsmäßigen Gedanken, Gefühle und Reaktionen bewusst zu machen.

Wenn wir der Einzelheiten eines Schemas gewahr werden, gewinnen wir eine umfassendere Sicht der Ereignisse, und dies erschließt uns eine breitere Palette von Reaktionsmöglichkeiten. Wenn wir erkennen können, dass das Schema aktiviert wurde, können wir auf drei Ebenen dagegen angehen: auf der kognitiven, also auf der Ebene der Gedanken und Situationsinterpretationen; auf der emotionalen, also auf der Ebene der dadurch hervorgerufenen Gefühle; und auf der Verhaltensebene, also der Ebene der durch diese Gedanken und Gefühle hervorgerufenen Handlungen. Wir haben schon gesehen, dass Achtsamkeit unsere Arbeit an den Emotionen eines Schemas fördern und dass sie unsere Gewohnheitsreaktionen verändern kann. In diesem Kapitel gehen wir der Frage nach, inwiefern uns Achtsamkeit hilft, von Schemata hervorgerufene Gedanken zu hinterfragen.

Empathie walten lassen • Zuerst jedoch nochmals zurück zur Empathie. Wenn wir an unseren fehlangepassten Schemata arbeiten, ist es besonders wichtig, unsere emotionale Realität anzuerkennen, selbst wenn wir gerade gegen unsere gewohnheitsbedingten Gedanken angehen. Viele schematische Denk- und Empfindungsgewohnheiten werden in der frühen Kindheit gelernt, bevor wir über die Fähigkeit des Erwachsenen zu rationalem Denken verfügen. Deshalb ist es besonders wichtig, unserer Schema-Realität auf der vorsprachlichen Ebene unserer frühen Empfindungen Achtung zu zollen.

Wir müssen uns in das Schema einfühlen, bevor eine rationale

Veränderung eintreten kann. Wie in Kapitel 7 dargestellt, kann der Prozess des Sicheinfühlens manchmal eine Phase der Trauer auslösen, wenn wir uns den schmerzlichen Wahrheiten, die sich zu dem Schema verfestigt haben, öffnen und sie dann allmählich loslassen. Diese emotionale Arbeit läuft parallel zu dem Bemühen auf der rationalen Ebene, die Gedanken und Annahmen des Schemas infrage zu stellen.

Immer wenn wir uns auf Schema-Gedanken einstimmen, ist es nützlich, sich auch den begleitenden Gefühlen mit Einfühlungsvermögen zuzuwenden. Diese Empathie kann sich als ein anerkennendes geistiges Nicken in Richtung der Gefühle hinter dem Schema äußern, als rasche geistige Notiz wie »Verlassenwerden« oder »Ausschluss« oder als ein Denken in Worten: »Natürlich bin ich jetzt nervös und ängstlich – meine Schema-Ängste wecken die Befürchtung, dass ich im Stich gelassen oder ausgeschlossen werde.« Haben Sie sich empathisch auf das Schema eingestellt, sollten Sie die nächsten Schritte gegen diese hartnäckige emotionale Gewohnheit in Angriff nehmen. Wenn wir jedoch zu früh auf die rationale Ebene gehen, kann das im Schema gefangene kleine Kind die Empathie mit seiner emotionalen Realität vielleicht nicht spüren, und dann rebelliert es. Wenn wir unsere emotionalen Wunden mit Fürsorge und Zartgefühl behandeln, reagieren sie eher auf die heilende emotionale Arbeit, insbesondere auf die rationale Anstrengung, die verzerrten Annahmen hinter ihnen infrage zu stellen. Ohne Empathie jedoch ähnelt eine solche, dann rein rationale Maßnahme dem Verfahren, eine infizierte Wunde mit Heftpflaster zuzukleben, ohne die Wunde selbst zu behandeln.

Was uns beunruhigt ● Schon der griechische Philosoph Epiktet erkannte, dass nicht die Dinge selbst, sondern unsere *Gedanken* über diese Dinge uns beunruhigen. Es war also bereits im 1. Jahrhundert unserer Zeitrechnung bekannt, dass Gedanken die Macht haben, uns in Kummer und Elend zu stürzen; bekannt war auch, dass aus eben dieser Einsicht das Heilmittel dagegen erwächst. Buddhistische Lehrer empfehlen uns seit langem, gegen Gedanken und Annahmen anzugehen, wenn sie uns zu Handlungen treiben, die wir später bereuen.

Diese alten Empfehlungen für die Arbeit am Inneren sind auch in einigen Vorschlägen des Dalai Lama enthalten; sie bieten praktische Maßnahmen für den Umgang mit leidvollen Gefühlen. Eine besteht darin, zu einem klaren Verständnis der Gründe, warum die Emotion destruktiv ist, zu gelangen – mit anderen Worten, genügend Abstand davon zu gewinnen, um einzusehen, dass die Reaktion kontraproduktiv ist. Eine andere Möglichkeit ist die Prüfung der unbegründeten oder verzerrten Annahmen hinter dem Gefühl. Wenn man erkennt, dass diese Gedanken nur Projektionen sind, kann man sich den von ihnen ausgelösten Emotionen leichter stellen.

Überdies empfiehlt er eine ganz wichtige Methode: »Pflegen und üben Sie von Anfang an Achtsamkeit«, lehrt der Dalai Lama. »Ohne Achtsamkeit lassen Sie dem Leiden die Zügel schießen.« Und je mehr es an Macht und Stärke gewinnt, desto schwerer wird es, es zu hinterfragen. Mit Achtsamkeit jedoch können wir verhindern, dass sich die Neigung zu leidvollen Gefühlen zu einem ausgewachsenen Ausbruch steigert. Wenn wir uns angewöhnen, gedanklicher Verwirrung so oft wie möglich mit reinem, achtsamem Gewahrsein zu begegnen, dann ist das wie eine Impfung gegen emotionalen Aufruhr.

Mit Achtsamkeit lassen sich die automatischen Gedanken aufspüren, die unbemerkt unsere Schemata auslösen. Nyanaponika sagt, dass Achtsamkeit »die einzelnen Fäden des dicht verwobenen Gewebes unserer Gewohnheiten identifiziert und verfolgt. Sie sichtet sorgsam die nachgeschobenen Rechtfertigungen unserer leidenschaftlichen Impulse und die vorgeschobenen Motive unserer Vorurteile ... geistige Gewohnheiten, die nicht mehr unhinterfragt bleiben.«[27] Achtsamkeit schafft Raum im Geist, hellt das Dunkel auf, erweitert das Blickfeld, erzeugt einen Raum der Klarheit um zwanghafte Reaktionen und Gedanken.

Achtsamkeit verschafft uns eine Atempause in unseren automatischen, verzerrten Denkmustern, damit wir diese klarer und realistischer wahrnehmen können. In diesem Raum der Klarheit lassen sich unsere Reaktionen so untersuchen, dass wir uns den damit verbundenen Gefühlen und Gedanken öffnen und Einsicht in die Schemata dahinter gewinnen können. So wird Freiheit möglich, wo zuvor nur die lastende Hoffnungslosigkeit zwanghaften Wiederholens war.

Achtsames Gewahrsein von Gedanken ● »Wenn Ihr Zazen [Sitz-Meditation, Anm. d. Übers.] praktiziert, versucht nicht, Euer Denken zu unterdrücken«, rät der Zen-Meister Suzuki Roshi. »Wenn Euch etwas in den Sinn kommt, laßt es hereinkommen und laßt es herauskommen ... Es scheint Euch, als ob etwas außerhalb Eures Geistes auftreten würde, aber in Wirklichkeit sind es nur die Wellen Eurer Gedanken, und wenn Ihr Euch von den Wellen nicht stören laßt, werden sie allmählich ruhiger und ruhiger.«[28]
Wie in den Anleitungen für Achtsamkeit beschrieben, sind Gedanken als solche einer der klassischen Gegenstände der Aufmerksamkeit in dieser Übung. Die Methode des geistigen Notizenmachens – vertraute Gedanken etikettieren, ohne sich hineinziehen zu lassen – eignet sich sehr gut für die Arbeit an Schemata. Damit können wir automatische Schema-Gedanken verfolgen. Statt aber mit diesen Gedanken einverstanden zu sein, können wir uns von ihnen distanzieren und sie als das erkennen, was sie sind: geistige Gewohnheiten. Wir können sie im Geist beim Namen nennen: »Ausschluss« oder »Misstrauen« oder welches Schema sonst hinter den Gedanken stehen mag. Dies gibt uns einen zusätzlichen geistigen Anker, um der Woge seiner Gedanken zu widerstehen und abzuschätzen, wie aktiv das Schema ist.
Der Achtsamkeitslehrer Joseph Goldstein begründet, warum es so wichtig ist, unsere Gedanken in den Mittelpunkt zu rücken: »Wenn wir der Gedanken nicht gleich bei ihrem Entstehen gewahr werden, ist es schwierig, zu Einsicht zu gelangen.«

Über Gedanken meditieren – ihnen Achtsamkeit widmen – bedeutet Goldsteins Definition zufolge, »wenn Gedanken aufsteigen, einfach gewahr zu sein, dass der Geist denkt, ohne sich mit den Inhalten zu beschäftigen: nicht auf den Zug der Assoziation aufzuspringen, den Gedanken und die Gründe seines Auftauchens nicht zu analysieren, sondern nur in diesem Augenblick gewahr sein, [dass] ›Denken‹ geschieht. Wenn es uns nicht gelingt, unsere Gedanken als solche zu sehen, werden sie zu unbewussten Filtern unserer Wahrnehmung.«
Diese Anleitungen beziehen sich zwar auf die Meditationspraxis, doch auf dieselbe Weise lässt sich auch eine geistige Gepflogenheit kultivieren und stärken, die bei der Arbeit an Schemata unschätzbare Dienste leistet: die Fähigkeit, aus einem Gedanken, der Macht über den Geist gewonnen hat, herauszutreten und ihn einfach als einen weiteren Gedanken zu betrachten.
Buddhistische Meditationsübungen haben unter anderem das Ziel, uns erkennen zu helfen, wann unser Geist von verzerrten Gedanken verblendet ist und wann er klar sieht. Dieser Akt der Achtsamkeit ist der erste Schritt hin zum Hinterfragen des Gedankens; wir lassen nicht mehr zu, dass er im jetzigen Augenblick unsere Realität definiert. Die Gedanken eines aktivierten Schemas verfälschen unsere Sicht der Realität – wenn wir sie lassen. Abstand von ihnen zu nehmen verschafft uns die Freiheit, sie infrage zu stellen; dann können wir uns auch weniger von ihnen beherrschen lassen.

Annahmen infrage stellen ● Mit Hilfe von Achtsamkeit können Sie also zuerst ein Schema auf frischer Tat ertappen, dann die mit ihm verbundenen automatischen Gedanken dingfest machen und sie auf der Stelle in Zweifel ziehen. Wenn Sie diese Taktik beibehalten, werden die Gedanken schließlich einen Großteil ihrer Macht einbüßen, insbesondere wenn Sie erkennen, dass Sie diesen schematischen Vorstellungen keinen Glauben mehr schenken müssen.

Meine Klientin Kathy, eine Berufsmusikerin, dachte sich gegen ihr Perfektionismusschema und dessen ständige Selbstverurteilungen einen Allzweck-Gegenschlag aus. Kathy nennt ihn ihr »Universalmittel gegen automatische Gedanken«. Automatische Gedanken sind die ersten, kaum festzumachenden definierenden Gedanken eines Schemas; sie setzen die Flut der Gefühle in Gang und lösen eine Schema-Attacke aus.

Ein Beispiel setzt mit einem typischen Szenario ein, das üblicherweise ihr Schema auslöst. Doch dann verordnet sie sich ihr Gegenmittel:

> »Ich sitze im Publikum und höre einem großen Musiker zu, der sechs Stunden für diese Vorstellung geprobt hat – eben die sechs Stunden, in denen ich einen Eintopf für meine Gäste zubereitet habe.
>
> Ein automatischer Gedanke schießt mir durch den Kopf: ›Was mache ich denn bloß mit meinem Leben? Ich koche Eintopf, obwohl ich doch sechs Stunden lang üben sollte wie dieser Mensch da!‹
>
> Und der Musiker, der nach sechsstündigem Üben sein Konzert gibt, denkt: ›Warum bin ich nicht wie dieser große Musiker, der heute Abend in der Carnegie Hall auftritt und der nur drei Stunden zur Vorbereitung braucht?‹
>
> Und der Musiker in der Carnegie Hall denkt: ›Ich verabscheue das – ich habe doch auch ein Recht auf ein Privatleben.‹«

In Kathys Gegenmittel gegen ihre perfektionistischen Gedanken drückt sich eine spielerische Leichtigkeit aus, die sie häufig in die Arbeit einbringen konnte. Unbeschwertheit und Humor können viel gegen diese niederdrückenden Gedanken ausrichten. Woody Allens selbstkritischer Humor hat oft diesen Effekt; wir alle können die absurde Komik seiner Neurosen nachvollziehen. Eines der Schemata, für die der eingefleischte Hypochonder berühmt geworden ist, ist Verletzlichkeit. »Der wunderbarste Satz im Englischen«, sagte Allen einmal, »ist nicht ›Ich liebe dich‹, sondern ›Es ist gutartig‹.«

Hilfreiche Vergleiche ● Wie Kathy mir berichtete, hatte sie einmal eine Frau überragend spielen hören und war fasziniert von deren Darbietung. Statt sich nun innerlich mit ihr zu vergleichen und sich selbst zu kritisieren, freute sich Kathy aus ganzem Herzen für diese Frau. Doch diese brach nach ihrer Vorstellung in Tränen aus und schluchzte: »Es tut mir so Leid, dass Sie sich das haben anhören müssen – es war furchtbar.« Kathy konnte es kaum fassen: Nach dieser Glanzleistung setzte sich die Frau so sehr herab! Nun sah sie ihr eigenes Perfektionismusschema umso klarer.

Vergleiche können sehr nützlich gegen Schema-Gedanken sein, insbesondere bei Perfektionismus. Es gibt zwei Arten des Vergleichs mit anderen: Nach dem einen geht es Ihnen besser, nach dem anderen schlechter. Die automatischen Gedanken gehen leider in die zweite Richtung.

Wenn Sie sich mit einer Person vergleichen, die viel besser ist als Sie – also einen »Aufwärtsvergleich« anstellen –, setzen Sie sich selbst womöglich herab, verurteilen sich, machen sich sogar Schuldgefühle. Patienten, die an einer körperlichen Krankheit leiden und sich ständig mit Gesunden vergleichen, laufen oft Gefahr, depressiv zu werden. Das ist dieselbe Wirkung, die Kathys bedrückende Gedanken – »Ich werde nie eine so gute Musikerin sein« – auf sie hatten.

Dagegen zeigt Ihnen der Vergleich mit einer Person, die schlechter dran ist als Sie selbst – ein »Abwärtsvergleich« –, dass es viel schlimmer sein könnte und dass Sie es gemessen daran gut getroffen haben; solche Vergleiche heitern meist ein wenig auf. Wenn schwer kranke Patienten an einen anderen denken, der noch schlimmer dran ist, sehen sie ihre eigene Lage etwas weniger düster – nach dem Motto: Schließlich könnte alles noch viel schlimmer sein.

Kathy setzte ihren selbstkritischen Gedanken positive entgegen: dass sie das Leben genießen konnte und dass das beschwerliche Leben von Spitzenmusikern sie so einfacher Freuden beraubte, wie für liebe Freunde einen guten Eintopf zu kochen. So verwandelte sie einen Aufwärtsvergleich – »Ich werde nie eine so gute Musikerin sein wie sie« – in einen Abwärtsvergleich: »Wenigstens habe *ich* ein Privatleben.«

Gegengedanken ● Ich erläuterte meinem Klienten Jake, der unter einem massiven Deprivationsschema leidet, dass Menschen mit diesem Muster sehr einfühlsam und anteilnehmend sein können: »Eine positive Seite der Deprivation ist, dass man lernt, sehr fürsorglich zu sein. Erst wenn die Fürsorge nicht auf Wechselseitigkeit beruht und Ihre eigenen Bedürfnisse unbefriedigt bleiben, fühlen Sie sich zu kurz gekommen. Andere fürsorgliche Menschen können auch für Sie sehr heilsam sein – wenn Sie sich nicht gerade vernachlässigt fühlen. Auf diese Weise ist dann mehr als genug Fürsorge für alle vorhanden.«

Jake stellte einen bedeutsamen inneren Zusammenhang her: »Das ist wie Qigong! Da gibt es eine Übung, bei der man die Hände aneinander reibt und dann mit einer Energiekugel zwischen den Händen spielt, die Hände in Kreisbewegungen auseinander und wieder zusammen führt. Man zapft das Qi an, die universelle Energie, die alle verbindet. Diese Energie nutzt man für den Heilungsprozess. Man ist ein Teil davon und ebenso die Person, die man heilt. Diese gemeinsam geteilte Energie nutzen alle; das geht über bloßes Geben und Nehmen hinaus. Alle bekommen, was sie brauchen; niemand fühlt sich zu kurz gekommen.«

Die Vorstellung, dass mehr als genug für alle da ist, stellt eine direkte Herausforderung für das emotional verarmte, gegenteilige Denken des Deprivationsschemas dar. Wenn wir die hinter einem Schema stehenden Gedanken untersuchen wie unter einem Mikroskop, wird ihre Irrationalität ganz deutlich. Man braucht nicht allzu tief zu bohren, um die Absurdität eines Schema-Gedankens zu erkennen, wenn er das nächste Mal auftaucht. Nutzbringend ist es allerdings, sich Gegenspieler zu diesem Gedanken einzuprägen, damit Sie sie anwenden können, wenn Sie sie am nötigsten brauchen: wenn eine Schema-Attacke kurz bevorsteht – oder wenn sie Sie schon ergriffen hat.

Unseren Gedanken keinen Glauben schenken ● Ich schlage meinen Klienten häufig vor, einen inneren Dialog mit ihren Schemata zu führen, also den Gedanken zu widersprechen statt passiv zu bleiben. Eine Klientin setzte dem Gedanken: »Ich bin eine Versagerin – nichts, was ich je getan habe, hat zu irgendwas geführt« bewusst Erinnerungen an Fälle entgegen, wo sie Erfolg gehabt und etwas zustande gebracht hatte; diese Erinnerungen entzogen der Schema-Einstellung den Boden.

Ein solcher innerer Dialog setzt einen gewissen Grad an Achtsamkeit voraus: Sie müssen aktiv und geistig wach bleiben, Ihr inneres Radar sollte auf das Aufspüren und Hinterfragen solcher Gedanken ausgerichtet sein, statt sie einfach laufen zu lassen. Das Radar beruht auf einer besonderen Art von Denken, einem Denken über das Denken; unter dieser »Metakognition« versteht man die Fähigkeit, Abstand von den Gedanken zu gewinnen und ihren Charakter zu registrieren, statt sie einfach zu denken.

Wenn Menschen die beobachtende Kraft von Achtsamkeit einsetzen, sollten Sie den Hinweis der Therapeutin Marsha Linehan beachten: Sie sollten daran denken, »daß sie, wenn sie beobachten, nicht aus sich selbst heraustreten, sondern innerlich einen Schritt zurücktreten sollen. Wahrnehmen bedeutet nicht zu dissoziieren.«[29] Wir erleben uns aber nicht aus der Distanz. Achtsames Beobachten von Gedanken bedeutet, mit ihnen Kontakt aufzunehmen, sich aber nicht darin zu verlieren oder vor ihnen davonzulaufen.

Achtsamkeit lässt uns gerade so viel geistigen Abstand von unseren Gedanken gewinnen, dass wir sie als solche sehen. Dies verändert unseren Blickwinkel auf sie, zeigt uns, dass sie nur Gedanken, aber eben nicht die Realität sind. Und aufgrund dieser Einsicht können wir erkennen: *Wir brauchen unseren Gedanken keinen Glauben zu schenken.*

Diese Erkenntnis wirkt befreiend. Dadurch können wir uns von Vorstellungen lösen, die uns sonst emotional gefangen halten würden. Alte Denkgewohnheiten – wie »Ich bin wertlos; es ist hoffnungslos; mein Leben ist sinnlos« mögen sich weiter fortsetzen, doch wenn wir uns eine achtsame Haltung bewahren, können wir in ihnen bloße Gedanken, tief ausgefahrene geistige Gleise erkennen: »Aha, ich habe schon wieder *diese* Gedanken.« Wenn wir sie durchschauen, brechen wir ihre Gewaltherrschaft über den Geist. Achtsames Erkennen lenkt sie auf ein Nebengleis und verhindert, dass sie sich zu einem Schema-Teufelskreis entwickeln.

Kurz gesagt, Achtsamkeit sorgt nicht nur dafür, dass wir unseres Denkens deutlicher gewahr werden, sondern auch, dass wir dessen Verlauf so umlenken können, dass wir nicht mehr an die ausgefahrenen Gleise gebunden sind. Viele meiner Klienten finden es in solchen Augenblicken hilfreich, in einen aktiven inneren Dialog mit ihrem Schema einzutreten – als wäre es ein kleines Kind und sie seine inneren Eltern.

Eine Klientin bemerkte, dass ihr Deprivationsschema sie zu Fressanfällen trieb. Natürlich nahm sie dadurch zu. Sie entschloss sich zu einer Diät und dazu, ihrem Schema zu widersprechen, wenn sie emotional ausgelöste Fresssucht verspürte. Wenn sie sich in solchen Augenblicken ertappte, hielt sie ihrem Schema entgegen: »Du kommst nicht zu kurz, wenn ich dieses Eis nicht esse.«

Die zweite Art und Weise, wie Achtsamkeit Schema-Gedanken entkräftet, hat mit dem Wesen von Aufmerksamkeit zu tun. Schemabedingte Gedanken sind dann am stärksten, wenn sie uns beschäftigen, wenn sie Vordergrund und Mitte der geistigen Bühne einnehmen. Dort fesseln sie uns mit dem Drama der Angst, blasen die Posaunen der Verzweiflung. Doch Achtsamkeit schiebt diese Gedanken an den Bühnenrand, reduziert sie auf Nebenfiguren, dämpft ihr Schreien zu bloßem Flüstern.

Zornvolles Mitgefühl ● Die grimmig aussehenden Gottheiten in der tibetischen Kunst stehen für den Geist des »zornvollen

Mitgefühls«, eine Haltung des unerbittlichen Kampfes gegen die Kräfte der Unwissenheit. Das Mitgefühl in diesem Kampf liegt in seinem Ziel: Menschen aus spiritueller Unwissenheit zu befreien. Während sich »Hinterfragen unserer Gedanken« sehr trocken anhören mag – so rational und unemotional –, gewinnt der Vorgang Saft und Kraft, wenn die Betroffenen ihre nörgelnden inneren Stimmen satt haben. Dann beflügelt sie oft der Kampfgeist des zornvollen Mitgefühls.

Bei Olivia war zornvolles Mitgefühl eine Kampfansage. In ihrem Perfektionismus mit seinen zwanghaften selbstkritischen Gedanken sah sie einen Feind, in ihrem Kampf mit diesen Gedanken einen inneren Kreuzzug. Sie rüstete sich förmlich für das Gefecht, schärfte ihre geistigen Waffen – die Gegengedanken, die sie gegen die unterdrückerische Stimme der Selbstkritik ins Feld führen wollte.

Sie schrieb mir folgende Nachricht:

> »Es ist Zeit für den Kampf gegen diese Giftschlange, die sich in mir breit gemacht hat.
>
> Wenn sie mir befiehlt, mich schuldig zu fühlen, werde ich sagen: ›Nein, ich werde mich nicht schuldig fühlen. Es gibt keinen Grund für Schuldgefühle.‹
>
> Wenn sie mir sagt, ich tauge nichts, werde ich sagen: ›Nein, ich bin wertvoll und werde bedingungslos geliebt.‹
>
> Wenn sie mir sagt, ich sei unfähig, werde ich sagen: ›Lass' mich in Ruhe. Hör' auf, mich zu belästigen. Verschwinde aus meinem Leben.‹
>
> Wenn sie mir sagt, ich hätte nichts geleistet, werde ich sagen: ›Du versuchst mit deiner gemeinen, zischenden Stimme, mich diese Lügen glauben zu machen. Du bist diejenige, die hassenswert, erbärmlich, unfähig und abscheulich ist. Und jetzt hau' ab!‹
>
> Ich drehe ihr den Hals um. Es ist mir gleich, wie lange es dauert. Ich bin so zornig.«

Ihre Leidenschaft steigerte nur ihre Entschlossenheit, die Schema-Gedanken beim geringsten Anzeichen, dass sie sich breit zu machen drohten, zu stellen und sofort mit einem Gegenmittel zu kontern.

Anerkennen, was wertvoll ist • Bei der Konfrontation mit unseren Schemata müssen wir unterscheiden, was an ihnen angepasst und was fehlangepasst ist. In dem Maße, wie unsere Annahmen oder Reaktionen realistisch oder nutzbringend sind, sind sie unproblematisch. Wir stellen nur infrage, was nicht funktioniert. Wie in Kapitel 5 dargestellt, sind unsere Schemata teilweise angepasste Versuche der Bedürfnisbefriedigung. Sie sind semi-angepasste Reaktionen, Teillösungen, die uns in positivem wie negativem Sinn motivieren können.

Ich erinnere mich an eine Klientin mit ausgeprägtem Perfektionismus, die sich immer zu viel aufhalste. Sie hatte schon lange mit dem Gedanken gespielt, ein Kind zu adoptieren. Doch sie nahm nicht etwa irgendein Kind bei sich auf – sie holte sich probeweise einen schwer gestörten pubertierenden Jungen aus einem Heim, der adoptiert werden konnte. Er war aggressiv und impulsiv, zerstörte etliche ihrer Lieblingsdinge und geriet sogar in Konflikt mit dem Gesetz. Meine Klientin war allein stehend und berufstätig, und die Situation überforderte sie. Sie hatte gesundheitliche Probleme, darunter Bluthochdruck und Asthma, die sich durch die Belastung verschlimmerten.

Eine Adoption wäre schon in Ordnung gewesen; dieser Akt des Mitgefühls hätte auch auf sie stärkend zurückstrahlen können. Doch ihre erbarmungslosen Maßstäbe – die innere Stimme ihres Perfektionismus – flüsterten ihr ein, sie täte nicht genug, wenn sie nicht das allerschwierigste Kind aufnähme. Sie hielt das für eine moralische Entscheidung, während sie sich, gezwungen durch ihr Schema, in Wahrheit viel zu viel aufgeladen hatte.

Doch diese Muster sind nicht immer nur negativ. Perfektionismus kann Menschen zu Höchstleistungen motivieren. Er wird nur dann gefährlich, wenn sie sie so weit treiben, dass ihr Leben aus den Fugen gerät, wie es bei meiner Klientin der Fall war. Wenn wir ein Schema herausfordern, müssen wir unter anderem danach fragen, ob es unser Leben aus dem Gleichgewicht bringt, ob es unsere Wahrnehmung verzerrt und wie es unsere Sicht der Dinge, unserer Alternativen oder unserer Reaktionen beeinflusst.

Achtsamkeit bei Depression ● »Ich bin eine Null. Ich kann machen, was ich will, es kommt nichts dabei raus. Es ist hoffnungslos. Und es wird immer hoffnungslos sein.« Solche und andere entmutigende Einstellungen kennzeichnen das Depressionsschema, eine geistige Zerrbrille, die jeden Sonnentag garantiert in Düsternis taucht. Endlos wiederholte Grübeleien wie diese sind ein Patentrezept für Depressionen.

In der Behandlung chronisch depressiver Menschen jedoch hat Achtsamkeit ihre Kraft bewiesen, verzerrte Gedanken zu erschüttern. John Teasdale ist Kognitionsforscher an der Universität Cambridge und meditiert selbst. Er bringt Gruppen von depressiven Patienten neben ihrer kognitiven Therapie Achtsamkeit bei.[30] Aus seinen Ergebnissen lassen sich auch Lehren für den Umgang mit unseren fehlangepassten Schemata ziehen.

Er betreut die schwersten Fälle – Menschen mit immer wiederkehrender Depression. Bei solchen Menschen können schon Gedanken zur Aktivierung depressionsauslösender Schemata führen. Während die ersten depressiven Episoden in aller Regel von einem belastenden Ereignis wie einem Arbeitsplatzverlust oder dem Tod eines geliebten Menschen in Gang gesetzt werden, bekommen bei späteren Episoden immer mehr die negativen Gedanken des Betroffenen Auslösefunktion für den Absturz in die Depression.

Wie Teasdale feststellt, ist der Auslöser bei Menschen, die zum ersten Mal schwer depressiv werden, zu etwa 50 Prozent ein erschütterndes oder traumatisches Lebensereignis. Dagegen werden nur 20 Prozent der Zweitepisoden von einem solchen Ereignis ausgelöst. Und nur 10 Prozent der Drittepisoden lassen sich auf auslösende Ereignisse zurückführen.

Laut Teasdale sinkt der Anteil der durch Lebensereignisse provozierten Rückfälle deshalb, weil die deprimierenden Gedanken dieselbe Kraft wie reale Rückschläge und Aufregungen gewinnen und daher selbst einen depressiven Rückfall auslösen können. Ein solcher Rückfall kann ganz harmlos anfangen, wenn etwa eine Missstimmung das Gedankenmuster aktiviert, das eine frühere depressive Phase charakterisierte. Diese Gedanken lösen dann eine Abwärtsspirale der Verstimmung aus.

Was bei anderen nur eine leichte melancholische Anwandlung sein mag, stellt für Menschen mit einer depressiven Vorgeschichte ein besonderes Risiko dar. Es ist, als wären diese Stimmungen und Gedanken Viren, für die sie besonders anfällig sind. Und sie sind in der Tat besonders anfällig: für Gedanken, die sie erneut in die Depression stürzen, wenn sie sie nur lange genug wälzen.

Weil die Gedanken selbst zu Auslösern der depressiven Gefühle werden, bezeichnen manche Fachleute die Depression als eine Denkstörung. Sowohl die kognitive Therapie als auch Achtsamkeit bieten direkte Gegenmittel gegen solche depressiv machenden Gedanken.

Das Gegenmittel Achtsamkeit ● Achtsamkeit lindert Verzweiflung auf zweierlei Weise: Sie lässt uns unsere Gedanken als bloße Vorstellungen statt als übermächtige Wahrheiten wahrnehmen, und sie lässt ihnen weniger Raum im Geist.

Die Kraft der Achtsamkeit beim Kampf gegen unsere fehlangepassten Gedanken wurzelt in der Funktionsweise der Aufmerksamkeit selbst. Die zahllosen Bahnen, auf denen Informationen durch den Geist strömen, ähneln einem Netz aus Autobahnen und Straßen. Dies bedeutet, dass es Dutzende verschiedener Wege von einem Ort zu einem weiter entfernten gibt, auch wenn die Hauptverkehrswege nur über wenige Autobahnstrecken verlaufen.

Beispielsweise werden die Grundmerkmale dessen, was wir hören – etwa Tonhöhe, Klangfarbe oder Lautstärke –, auf dem einen

Pfad verarbeitet, während die wörtliche Bedeutung gehörter Worte auf einem anderen verarbeitet wird und die emotionale Färbung der Bedeutung auf wieder einem anderen.

Die meisten dieser Verarbeitungsvorgänge und -pfade entziehen sich unserer Aufmerksamkeit. Teasdale weist darauf hin, dass die Kapazität des Geistes zu nicht bewusster Informationsverarbeitung nahezu unbegrenzt scheint; jedoch ist seine Fähigkeit zu bewusster Aufmerksamkeit in einem gegebenen Augenblick recht begrenzt. Unsere Aufmerksamkeit vermag sich in jedem Augenblick immer nur an einen zusammenhängenden Gedankengang auf einmal zu heften.

Diese begrenzte Kapazität der Aufmerksamkeit erzeugt eine Art Flaschenhals im Geist. In diesem Engpass konkurrieren die Gedanken miteinander um das Zentrum unserer geistigen Bühne wie Schauspieler, die sich wechselseitig aus dem Rampenlicht zu drängen versuchen.

Da immer nur ein Gedanke auf einmal im Mittelpunkt stehen kann, herrscht stets ein Gedanke vor, während die anderen in den Hintergrund rücken. Auch die Achtsamkeit beteiligt sich an dieser Konkurrenz. Wenn wir bewusst darüber nachdenken, was in unserem Geist vorgeht, beansprucht dieser Akt die begrenzten Ressourcen unserer Aufmerksamkeit in hohem Maße.

Der Mönch Nyanaponika beschreibt dieses begrenzte Fassungsvermögen der Aufmerksamkeit so: »Wenn das klare Licht der Achtsamkeit herrscht, gibt es keinen Raum für Zwielicht.« Dies macht Achtsamkeit für depressionsanfällige Menschen zu einer Art Impfstoff gegen ihre schädlichen Gedanken. Das gilt jedoch auch im Hinblick auf alle fehlangepassten Gedanken: Achtsamkeit erfüllt unsere Aufmerksamkeit weitgehend mit etwas anderem als den geistigen Endlosschleifen, die unsere Schemata aktivieren. Wenn wir achtsam werden, vollziehen wir einen alternativen geistigen Akt, der mit den Schema-Gedanken in Wettbewerb tritt.

Die Notbremse ziehen ● Achtsamkeit wirft die Schema-Gedanken aus ihrer Bahn, lässt sie entgleisen, indem sie unsere Aufmerksamkeit auf das Hier und Jetzt richtet und unsere Wahrnehmungen einfach registriert, ohne sich in Gedanken darüber oder Reaktionen darauf verstricken zu lassen. Dagegen befindet sich ein Geist, der sich in Schema-Grübeleien verliert, in einem Geistlosen Zustand; der Zug der Gedanken rast führerlos weiter.

Achtsamkeit zieht die Notbremse. Während uns das geistlose Grübeln im Nebel der Depression versinken lässt, erinnert uns Achtsamkeit daran, nicht davonzugleiten, sondern deutlich inne zu werden, dass wir uns haben treiben lassen – und zurückzukehren zur lebendigen Gegenwart.

Zugleich erlaubt uns eine achtsame Haltung, Distanz von einem Gedanken zu gewinnen und ihn als solchen zu sehen. Statt in der Vorstellung »Ich bin ganz und gar wertlos« zu versinken, können wir erkennen, was ihr Vorhandensein bedeutet: dass wir in eine Geistesverfassung verstrickt sind, in der wir uns als ganz und gar wertlos sehen.

Dieses achtsame Benennen einer düsteren Selbstverurteilung ist ein weiterer geistiger Akt, der mit dem deprimierenden Gedanken selbst um die knappen Ressourcen der Aufmerksamkeit konkurriert. Und wenn das, was einmal ein vernichtendes Urteil war – der Schema-Gedanke –, durch die Lupe der Achtsamkeit geprüft wird, verwandelt es sich in einen bloßen Gedanken. Dieser einfache Akt stoppt den auf das Schema zurasenden Gedanken-Zug. Dies geschieht in zwei Schritten: Zuerst machen Sie mit Achtsamkeit den Schema-Gedanken dingfest, und dann stellen Sie ihn infrage, lenken den Gedanken-Zug auf ein positiveres Gleis.

Impfung gegen Schemata ● Teasdale sieht das Ziel von Achtsamkeit bei der Behandlung von Depression nicht etwa in der Verhütung gelegentlicher Missstimmungen – sie gehören zum Leben. Das Schwergewicht sollte vielmehr darauf liegen, dass solche negativen Stimmungen sich nicht zu der Art von geistigem

Engpass verdichten, der in eine klinische Depression führt. Sie aufkommen zu lassen ist leicht, doch wie kann man sicherstellen, dass sie auch wieder gehen?

Die Antwort lautet: indem man dem Gedanken-Zug zuvorkommt, der in das Tal der Depression – oder in ein Schema – hineinfahren würde. Umlenken kann man einen solchen Zug, indem man die Weichen neu stellt, sodass ein auf ein Schema zufahrender Zug ein anderes emotionales Ziel bekommt.

Diese Neuausrichtung geschieht in der kognitiven Therapie, wenn die Klienten lernen, ihre Gedanken in Zweifel zu ziehen. Mit Hilfe von Achtsamkeit decken sie Schema-Gedanken auf, hinterfragen sie auf der Stelle und lenken sie, noch während sie anlaufen, auf ein anderes Ziel um. Für einen depressiven Menschen bedeutet dies, düstere Gedanken über die Hoffnungslosigkeit seines Zustandes nur als Signal für eine normale, vorübergehende – bewältigbare – Missstimmung statt eine vernichtende, unwiderlegbare Wahrheit auszulegen. Ein Gedanken-Zug wie »Ich fühle mich schlecht«, der in aller Regel zu der Schlussfolgerung »Ich bin schlecht« führt, wird umgelenkt zu »Ich fühle mich schlecht, aber das ist ab und an normal«.

Je besser einem Menschen diese Umformung von schematischen Gedanken zu neutralen gelingt, desto niedriger wird die Wahrscheinlichkeit einer Schema-Attacke. Die besten Ergebnisse erzielt man, wenn man diese inneren Hausaufgaben möglichst oft in allen möglichen Situationen macht, bei allen möglichen Gelegenheiten, unter vielen verschiedenen Umständen. Mit anderen Worten: Je öfter man übt, desto besser die Wirkung. Die geistige Gewohnheit, die einmal unausweichlich zu einer Schema-Attacke führte, wird umgewandelt.

Die Kraft dieser Methode der Selbstimpfung gegen Depression bewies eine fünfjährige Studie mit Menschen, die zu depressiven Rückfällen neigten und mit Teasdales Achtsamkeitsansatz behandelt wurden. Bei den akut depressiven Personen führte die Kombination von Achtsamkeit und Gedankenhinterfragen durchgängig zu einer Erholung. Was jedoch noch wichtiger ist: Diejenigen, die dieses Verfahren nach ihrer Genesung bei Bedarf *fortsetzten*, erlitten im Lauf der Jahre weniger Rückfälle. Das gilt für jedes Schema: Je öfter wir den Zug in eine Schema-Attacke stoppen, desto seltener müssen wir das künftig tun.

Tägliche Achtsamkeitsmeditation kultiviert und stärkt genau die Aufmerksamkeit, die wir aufbringen müssen, wenn ein Schema-Gedanke aufkommt. Wer Achtsamkeitsmeditation praktiziert, übt im Grunde eine Strategie der Aufmerksamkeit, die Schutz vor dem Überfall eines Schemas gewährt, wartet also gar nicht erst auf einen wirklich auftretenden Schema-Gedanken. Darin liegt der große Zusatznutzen von Achtsamkeit für die Psychotherapie. Sie bietet die Gelegenheit, sich auf einen Augenblick vorzubereiten, der eigentlich unvorhersehbar ist. Ein solcher Augenblick tritt vielleicht für Wochen oder Monate nicht ein – bis zum nächsten Gefecht mit einer Schema-Attacke.

Diese Fertigkeit wappnet depressionsanfällige Menschen besser für den nächsten Ansturm depressionsauslösender Gedanken; sie verfügen dann schon in deren Frühstadium über gegensteuernde Reaktionen – genau die richtige Strategie, um einer ausgewachsenen Schwermut Widerstand zu leisten. Auch bei der Arbeit an anderen fehlangepassten Schemata hilft uns dieses Allzweck-Frühwarnsystem: Es macht uns wachsamer für den nächsten Augenblick, in dem unsere emotionalen Gewohnheiten aktiviert werden, damit wir ihrer Machtübernahme rechtzeitig zuvorkommen können.

Stürmische Gedanken ● Der Himmel verdunkelte sich und zog sich zu; ein Sturm zog auf. Ich hatte gerade meditiert und saß jetzt in meinem Arbeitszimmer; der Gedanke ging mir durch den Kopf, wie sehr sich mein innerer Zustand und der der äußeren Elemente ähnelten. Eine Person, auf deren Gewissenhaftigkeit ich gezählt hatte, hatte sich nicht an eine Vereinbarung gehalten; vor kurzem hatte ich ihr in einer Notlage geholfen, deshalb war ich jetzt besonders enttäuscht, dass sie mich hatte hängen lassen. Es war ein Unwetter angesagt, doch plötzlich flaute der Wind ab, die dicken Wolken brachen auf, und Sonnenstrahlen zeigten sich. Genauso riss meine emotionale Wolkendecke auf, um das Licht des Gewahrseins durchzulassen und Raum für weisere Gedanken zu schaffen: Ich sah ein, dass ich die Wahl hatte – den Impulsen zu Verärgerung und Wut nachzugeben oder die tieferen Schichten meiner Geistesverfassung näher zu untersuchen.

Der Wind hatte jetzt beträchtlich nachgelassen. Die Vögel kamen aus ihren Verstecken und zwitscherten wieder. Ein aufmerksames Gewahrsein meines Zorns löste die angestaute geistige Erregung. Ich begann den Ärger, der mich ergriffen hatte, zu erkunden.

Wir glauben meist, dunkle, regenschwere Wolken müssten sich in einem Sturm entladen, bevor es wieder aufklaren kann. Doch der Wechsel kann sich auch anders vollziehen: Ich beobachtete, wie ein sanfter Wind die Wolken südwärts davonblies – und den drohenden Sturm wegtrieb, bis sich nur noch klarer, blauer Himmel dehnte.

Genauso ist es mit inneren Stürmen. Als ich über die Enttäuschung nachsann, die mir ein vermeintlich verlässlicher Mensch bereitet hatte, erkannte ich, dass hinter meinem Ärger das Gefühl von Übergangenwerden steckte. Dieser Gedanke schlug eine vertraute Saite in mir an; schon oft war dieses Schema aktiviert worden.

Ich begann, meine eigenen Gedanken infrage zu stellen: Vielleicht gab es einen guten Grund, für den sie nichts konnte. Auf jeden Fall war die Sache nur eine Bagatelle. Was wirklich für mich zählte, war unsere Freundschaft.

Weil ich mir Zeit zum Nachdenken nahm statt einfach nur zu reagieren, wurde mein Geist klarer, ließ sich nicht umwerfen von stürmischen Gedanken oder vernebeln von Verwirrung. Ich konnte weiser handeln.

Wenn Sie Ihre Schema-Gedanken hinterfragen und ändern wollen

Registrieren Sie als Erstes, dass Sie sie haben.

1. Werden Sie achtsam. Achtsames Gewahrsein macht Sie empfänglich für die Anzeichen eines aktivierten Schemas – vielleicht ein vertrautes Gefühl oder typische Gedanken. Sobald Sie erkennen, dass ein Schema ausgelöst wurde, halten Sie im Geist inne und konzentrieren Sie sich auf die Gedanken, die Ihnen durch den Kopf schießen, ebenso auf Ihre Gefühle und körperlichen Empfindungen. All das sind Hinweise, *welches* Schema aktiviert wurde. Durch Innehalten und Warten, bis sich der Staub im Innern legt, können Sie zudem überprüfen, ob Sie in diesem Augenblick überreagieren – das heißt bestätigen, dass tatsächlich ein Schema aktiviert wurde.
2. Registrieren Sie Ihre Schema-Gedanken als solche. Halten Sie sich vor Augen, dass sie Verzerrungen enthalten können. Denken Sie daran: Sie brauchen Ihren Gedanken keinen Glauben zu schenken.
3. Stellen Sie diese Gedanken infrage. Erinnern Sie sich selbst daran, dass sie die Realität verzerren. Rufen Sie sich ins Gedächtnis, was Sie über Ihre Schema-Gedanken wissen: Sie verkörpern falsche Annahmen. Hören Sie auch auf korrigierende Gedanken. Sammeln Sie Beweise, die die Gedanken widerlegen; vielleicht sprechen Sie mit einem Menschen, der die fragliche Situation realistischer sieht.
4. Lassen Sie Empathie walten: Akzeptieren Sie die Existenz der Schema-Realität, während Sie zugleich ein zutreffenderes Bild der Lage in Worte fassen. So können Sie die Weltsicht des Schemas anerkennen, obwohl Sie diese fehlerhafte Wahrnehmung gerade richtig stellen. Seien Sie geduldig, genau wie mit einem kleinen Kind, das einfach nicht weiß, wie es in der Welt zugeht.

Eine meiner Klientinnen, eine Ballettlehrerin für Kinder, litt besonders darunter, wenn ein Kind nicht in ihren Unterricht kommen wollte. Sie machte sich dann heftige Selbstvorwürfe, nahm die Entscheidung des Kindes als Urteil über ihre Unfähigkeit. Eines Tages rief die Mutter eines Kindes an, das häufig ungezogen war: Ihre Tochter wolle nicht zur Stunde kommen. Das war der Schema-Auslöser.

1. Meine Klientin wurde achtsam. »Ich hatte gerade meditiert«, berichtete sie mir später, »und beobachtete, wie ich auf ihre Bemerkung reagierte. Ich spürte, wie meine Muskeln sich verhärteten und mein Magen sich zusammenzog. Angst durchflutete meinen Körper bei der Vorstellung, die anderen Eltern könnten mich für unfähig halten und ihre Kinder aus meinem Kurs nehmen. Ich schrumpfte förmlich auf diese Reaktionen zusammen, je stärker die Gefühle wurden.«
2. Sie erkannte die Schema-Gedanken, die verräterischen Zeichen ihres Perfektionismusschemas: die angstvolle Vorstellung, sie würde kritisiert, weil sie ihre Sache nicht perfekt machte.
3. Sie stellte diese Gedanken infrage. In achtsamem Innehalten prüfte sie die Annahmen hinter ihren Gedanken: Zuerst fragte sie sich, ob ihr Unterrichtsstil irgendwo dringend verbesserungsbedürftig sei. Dabei fiel ihr ein, wie viel Lob andere Eltern ihrer Arbeit gezollt hatten. Also sagte sie zu sich selbst: »Gehen wir zurück zu der ursprünglichen Information: Es hat nichts mit *mir* zu tun; es geht um ein Problemkind. Das Mädchen hat Schwierigkeiten mit der Gruppe. Sie kommt mit den anderen Kindern nicht zurecht. Die Mutter weiß bereits, dass ihre Tochter sich danebenbenimmt. Es wirft kein schlechtes Licht auf mich, wenn dieses Mädchen nicht in meinen Unterricht kommen will.«
4. Sie ließ Empathie walten. Sie erinnerte sich: »Ich weiß, dass ich anfällig für Kritik bin, und ich weiß, dass diese Empfindlichkeit davon kommt, dass meine Eltern viel an mir herumkritisierten, als ich klein war. Aber ich brauche mich nicht mehr so zu fühlen. Diese Gedanken bringen mir nichts.«

13
Beziehungen

In der Geschichte »König der Löwen« soll der kleine Löwe Simba eines Tages der König des Rudels werden. Von seinem edlen Vater lernt er, dass alles Leben miteinander verzahnt ist. Alle Lebewesen sind in einem großen Kreislauf symbiotisch miteinander verbunden, erhalten einander als Beute und Jäger: Die Löwen ernähren sich von Gazellen, doch wenn die Löwen sterben, nähren sie das Gras, von dem sich wiederum die Gazellen ernähren. ● Doch ein böser Onkel tötet Simbas Vater und reißt den Thron an sich. Simba flieht, fühlt sich verlassen und einsam. Er ist zu jung, um allein in der Wildnis zu überleben; alles, was er sieht, flößt ihm Angst ein und verwirrt ihn. In seiner übermächtigen Verzweiflung und Hilflosigkeit glaubt er, auf immer und ewig einsam bleiben zu müssen. ● Zum Glück nehmen ihn zwei ältere Kameraden unter ihre Fittiche, ein Warzenschwein und eine Meerkatze. Sie nehmen sich seiner an und beschützen ihn. Sie lehren ihn, wie es im Dschungel zugeht, und übernehmen die Elternrolle. Nun fühlt er sich nicht mehr allein – er hat jetzt eine Ersatzfamilie, die ihn beschützt und umsorgt. Von da an weiß er sich dem Kreis des Lebens noch enger verbunden, und diese Weisheit prägt später seine Herrschaft, als er den Thron zurückgewinnt und König wird. ● Diese Geschichte lässt sich auf vielfältige Weise lesen, doch ich sehe darin eine Erzählung über die Verwandlung von Furcht in Mut und von Leiden in Mitgefühl – eine Metapher dafür, dass sich auch die am tiefsten verwurzelten Leidenschaften umformen lassen. Und in Bezug auf Schemata bietet die Geschichte ein Beispiel dafür, dass Beziehungen im späteren Leben die emotionalen Wunden heilen können, die ein Schema wie Verlassenwerden geschlagen hat. ● Viele Schemata tauchen im Hexenkessel unserer engsten Beziehungen auf, ob zu Partner, Eltern, Kind oder Freund – also zu allen, an die wir eine starke emotionale Bindung haben. Beziehungen sind zweischneidig, was Schemata angeht. Einerseits können sie jede Beziehung zu einem emotionalen Schlachtfeld machen, andererseits geben sie uns eine besonders umfassende Möglichkeit für die innere, von Schemata befreiende Arbeit.

Ein weiterer Nutzeffekt des Durchbrechens der Gewohnheitskette in uns liegt darin, dass dies auf unsere Beziehungen ausstrahlt. Jede Beziehung ist ein System, ein Gewebe aus wechselseitigen ursächlichen Beeinflussungen – die Handlungen des einen rufen beim anderen eine bestimmte Reaktion hervor und umgekehrt. Eine Möglichkeit zur Änderung eines Systems besteht nach Ansicht von Systemtheoretikern und Familientherapeuten darin, dass man die Verhaltensweisen eines seiner Bestandteile verändert; damit ändern sich auch die Reaktionen anderer Bestandteile. Wenn wir also uns selbst ändern, erhalten wir die Möglichkeit, unsere Beziehungen aus destruktiven Fahrwassern herauszulenken.

Schema-Chemie ● Es ist zutiefst paradox, dass gerade unsere fehlangepasstesten Schemata die Macht haben, uns zu Partnern hinzutreiben, die sie auslösen. Diese Neigung ist besonders ausgeprägt bei Mustern wie Deprivation, Verlassenwerden, Misstrauen und Nicht-liebenswert-sein. Die »Chemie« der Liebe scheint manchmal gerade bei solchen Menschen besonders stark zu sein, die diese emotionalen Knöpfe drücken. Der Liebhaber mit der größten Anziehungskraft weist sehr häufig einen emotionalen Fingerabdruck auf, der dem des Elternteils ähnelt, der die Grundlagen des Schemas gelegt hat.

Die Muster sind wohl bekannt. Menschen mit dem Deprivationsschema fühlen sich oft zu ichbezogenen, nur an sich selbst interessierten, distanzierten oder gefühlskalten Partnern hingezogen. Bei Menschen mit dem Schema der Angst vor dem Verlassenwerden funkt es häufig bei nicht verfügbaren oder nicht verlässlichen Liebespartnern. Das Verlassenwerden sieht in diesen Fällen oft so aus, dass der/die Angebetete weit entfernt wohnt, häufig auf Reisen geht, bis in die Abendstunden arbeitet oder eine andere Beziehung hat.

Menschen mit dem Unterwerfungsschema nehmen in Beziehungen stets die passive Rolle ein; sie zieht es oft zu Partnern hin, die stets ihre Bedürfnisse, ihre Meinung und ihren Kopf durchsetzen. Menschen mit dem Misstrauensschema geraten nur allzu oft an einen Partner, der nicht vertrauenswürdig ist, sie manipuliert oder sie seelisch, körperlich oder sexuell misshandelt.

Menschen mit dem Schema des Nicht-liebenswert-Seins schließlich gehen oft eine Beziehung zu einem distanzierten oder nicht verfügbaren Partner ein; dies verhindert die Intimität, in der ihre vermeintlichen Schwächen an den Tag treten könnten. Auch die Beziehung zu einem kritischen und abweisenden Partner ist ihnen vertraut, sie hat fast etwas Tröstliches.

Woher kommt diese merkwürdige Chemie? Schemata funktionieren so ähnlich wie der von Freud so genannte Wiederholungszwang: In den Beziehungen im Erwachsenenalter müssen stets die Kindheitsmuster wiedererschaffen werden, die das Schema ursprünglich erzeugten. Dieses Paradox hat mehrere Gründe. Zum einen sind diese Beziehungen für die Betroffenen trotz ihres Leidens daran etwas Vertrautes, Bekanntes; sie hoffen immer, dass die Geschichte diesmal anders ausgeht. Zum andern wiederholen sie in der Kindheit gelernte Beziehungsformen, um überhaupt mit jemand verbunden zu bleiben; deshalb scheinen sie Geborgenheit zu vermitteln.

Schließlich hegen alle die Hoffnung, dass es diesmal anders sein wird und die Beziehung alles wieder gutmacht. Die zu kurz gekommene Person wird endlich die ersehnte Fürsorge und Aufmerksamkeit erhalten; die missbrauchte Frau wird einen vertrauenswürdigen Mann finden. Zumindest ist das die nie erlöschende Hoffnung.

Wie Paartherapeuten betonen, geschieht genau das in einer gesunden Beziehung. Jeder Partner zeigt ein Verhalten, das die Schemata des jeweils anderen in gewissem Maß auffängt und neutralisiert. Wenn diese elementaren Bedürfnisse gestillt werden, kann die Leidenschaft der ursprünglichen Schema-Chemie in dem Maße verlöschen, wie das Band der Liebe und des Verständnisses stärker wird. In einer solchen Beziehung steckt für beide Partner die Chance, dass die emotionalen Wunden aus ihrer Vergangenheit heilen.

Es ist daher kein Wunder, dass Schemata gerade im Lebensbereich unserer intimen Beziehungen am aktivsten sind. Da so viele von uns ihre Schemata in Beziehungen einbringen – sich sogar gerade deshalb zu bestimmten Personen hingezogen fühlen, weil diese ihre Schemata auslösen –, sind Beziehungen ein besonders ergiebiger Schauplatz für das Erkennen und Ändern unserer Schema-Reaktionen.

Wann Probleme zu lösen sind – und wann nicht • Wenn Schemata aktiviert werden, dann ist es, als kämen sie aus einem Versteck und zeigten sich in allen Einzelheiten. Wenn die Partner willens und bereit sind, daran zu arbeiten, können sie solche Momente als Möglichkeiten sehen; sie bieten ihnen Zugang zu den inneren Mechanismen der Schemata – die den Beteiligten verschlossen sind, wenn sie nicht ausgelöst und sicher verborgen bleiben.

So gesehen kann ein gewisses Maß der Schema-Aktivierung in engen Beziehungen etwas Positives haben. Doch alles hängt davon ab, wie wir mit den Schema-Auslösern umgehen: Wir können das Schema untersuchen und ändern, oder wir verstärken es, indem wir die Augen vor ihm verschließen und uns unsere Reaktionen von seinen verzerrten Überzeugungen vorschreiben lassen. Im ersten Fall öffnet sich eine Tür zur Freiheit, im zweiten setzt sich das destruktive Muster nur umso fester in den Sattel.

Bestimmte Beziehungsmuster erhalten Schemata tendenziell am Leben. Wenn etwa beide Partner dasselbe Schema haben und keiner daran gearbeitet hat, ist es sehr schwer für sie, überhaupt zu erkennen, dass ein Schema am Werk ist. Beide Partner fallen demselben verzerrten Denken zum Opfer.

Nehmen wir einmal an, beide sind anfällig für das Muster der emotionalen Deprivation. Wenn nun einer ein Verhalten des anderen als gedankenloses Missachten seiner Bedürfnisse missdeutet, zieht sich der (oder die) andere verletzt oder wütend zurück, womit er (oder sie) das gleiche Deprivationsschema beim Partner auslöst, der nun ebenfalls verletzt oder wütend reagiert. Der eine schmollt vielleicht, und der andere stellt Forderungen. Sie teilen den gleichen blinden Fleck – die Optik des Schemas –, und deshalb sieht wahrscheinlich keiner eine andere Reaktions- oder Interpretationsmöglichkeit.

Ein anderes verbreitetes Hindernis für die Befreiung der Beziehungen von Schema-Gefechten liegt vor, wenn keiner der beiden Partner bereit ist, sich Klarheit zu verschaffen oder sich zu ändern. Wenn sich die Schemata in hohem Maße ergänzen – insbesondere, wenn sich ein Partner bevorzugt und der andere unterlegen fühlt –, kann dies eine klebrige Selbstgefälligkeit erzeugen, eine Trägheit, die beide Partner davor zurückscheuen lässt, schlafende Hunde zu wecken.

Ein Sonderfall ist der tief sitzende Argwohn des Misstrauensschemas bei Menschen, die als Kinder misshandelt oder missbraucht wurden. Ein Partner mit diesem Schema ist außerstande, Sicherheit oder Geborgenheit zu empfinden. Dann hat der andere Partner meist keine Chance, die emotionale Zuflucht zu bieten, die eine gemeinsame Schema-Arbeit erst möglich machen würde. In solchen Fällen dürfte Hilfe von außen angebracht sein – entweder durch einen entsprechend ausgebildeten Therapeuten oder eine Selbsthilfegruppe. Selbstredend muss einer aktuellen Misshandlung zuerst ein Ende gesetzt werden, bevor die Arbeit an dem Schema beginnen kann.

Der Schema-Tango ● Wenn ein Paar streitet, spielt sich eine Art Schema-Tango ab: Eine Schema-Attacke beim einen setzt eine entsprechende Attacke beim anderen in Gang. Die meisten emotional geladenen Momente in einer Beziehung entstehen aus Schema-Reaktionen und Gegenreaktionen. Diese Krisenmomente bieten eine Gelegenheit, eine Tür zur Heilung der schmerzlichen Muster aufzustoßen. Es hängt alles davon ab, was die Partner mit diesem Moment anfangen.

Natürlich verschwinden Schemata niemals ganz. Wahrscheinlich haben Sie immer noch die Gedanken und Gefühle, die das aktivierte Schema auslöst. Doch mit Zeit und Mühe dürfte die Stärke der Schema-Reaktionen nachlassen. Sie können die Kette sprengen, wenn Sie neue Handlungsweisen mit dem Schema zu verknüpfen lernen.

Meine Klientin Janet beispielsweise sehnte sich nach mehr Aufmerksamkeit von ihrem Mann. Wenn sie sie besonders brauchte, stellte sie Forderungen, was ihren Mann zum Rückzug veranlasste. Das wiederum frustrierte sie, weil sie in seinem Rückzug ein Zeichen von Gleichgültigkeit sah. Allmählich gelang es Janet, hinter dieses immer wiederkehrende Muster in ihrer Beziehung zu kommen. Aus Gesprächen mit ihrem Mann schloss sie, dass er so reagierte, weil er selbst unter einem Schema litt. Als Kind war er von übermächtigen Eltern herumkommandiert worden, und er scheute nichts so sehr, wie sich wieder unter Kuratel gestellt zu fühlen. Wenn sie Aufmerksamkeit von ihm verlangte, reagierte er nicht auf ihr Bedürfnis, sondern auf ihre vermeintlichen Herrschaftsansprüche. Sie hingegen hatte seinen Rückzug als mangelnde Fürsorge fehlgedeutet.

Nachdem sie das verstanden hatte, konnte sie seine Reaktion weniger persönlich nehmen. Sie konnte ihre Aufmerksamkeit in der Situation ihren eigenen Schemata zuzuwenden. Deprivation – die

Angst, niemals genügend Liebe oder Zuwendung zu bekommen – war eines davon. Wenn diese Angst sie überwältigte, sie fordernd wurde und klammerte, ermahnte sie sich: »Ich weiß, dass ich besonders anfällig für den Eindruck bin, dass anderen meine Gefühle egal sind. Ich neige zu Überreaktionen, nehme alles zu persönlich.«

Durch diese Selbsterinnerung konnte sie sich leichter von ihrer üblichen Reaktion lösen und eine Alternative in Betracht ziehen, die ihr eine offenere Kommunikation mit ihrem Mann erlaubte. Sie konnte ihm sagen, wie ungeliebt sie sich manchmal fühlte, deshalb Forderungen stellte und dass sie wusste, dass er sich dann zurückzog. »Ich kann verstehen, warum du dich zurückziehst; wahrscheinlich hast du dann das Gefühl, dass dich jemand beherrschen will«, erklärte sie ihm. »Ich will gar keine Ansprüche an dich stellen oder dich unter die Fuchtel kriegen – mich macht bloß das Bedürfnis blind, das ich grade habe. Kannst du mir helfen, eine Möglichkeit zu finden, wie ich dir sagen kann, was ich empfinde, ohne dass ich dich wegstoße oder in die Flucht schlage?«

Als sie ihm das sagte, verstand er, was sich zwischen ihnen abspielte. Er zeigte mehr Einfühlungsvermögen und erinnerte sich daran, wie gut ihm das Gefühl ihrer Nähe immer getan hatte. Er wollte sich künftig wie sie bemühen, seine eigenen Reaktionen zu beobachten – mit anderen Worten, sie schlossen einen beiderseitigen Achtsamkeitspakt.

Zwischenmenschliche Achtsamkeit ● Wenn die Partner wollen, können sie zusammenarbeiten, um die Schemata, die eine Beziehung trüben können, zu erkennen und abzubauen. Achtsamkeit kann auch auf der zwischenmenschlichen Ebene wirksam werden: Wir können der Schema-Reaktionen eines anderen achtsam gewahr sein. Wenn Sie einen Partner haben, dem Sie Achtsamkeit nahe bringen können, verdoppelt sich die mögliche Gesamtmenge des Gewahrseins für Ihre beider Schemata.

Einige meiner Klienten praktizieren dies in ihren Beziehungen. Wie mir eine Frau berichtete, sprach sie mit ihrem Mann über eine gute Freundin, zu der sich der Kontakt verschlechtert hatte. Dabei sagte sie: »Obwohl ich mich tief mit ihr verbunden fühle, glaube ich, dass unsere Freundschaft jeden Moment beendet sein könnte.«

Ihr Mann blickte sie erstaunt an und dachte nach. »Sie ist eine alte Freundin, und eure Verbindung reicht tief. Es ist unwahrscheinlich, dass eure Beziehung so leicht auseinander geht«, sagte er und stellte damit ihre Angst infrage.

Da meine Klientin wusste, dass sie sich in Schema-Sprache verständigen konnten, platzte sie schelmisch lächelnd heraus: »Ja, aber das verlassene kleine Mädchen in mir muss wissen, dass es mir auch ohne sie gut ginge!«

Er ging auf ihre Schema-Sprache ein: »Das stimmt – genau das muss das verlassene kleine Mädchen wissen, damit es diese Ängste nicht mehr hat.«

Wenn Ihnen Schema-Realität ein Begriff ist, können Sie leichter nachfühlen, was ein anderer emotional durchmacht, selbst wenn Sie vom Verstand her nicht damit einverstanden sind. Sie sehen, wie die Schema-Überzeugungen wirken; zugleich erkennen Sie, was nötig ist, um das Schema zu ändern. Damit vertieft sich nicht nur Ihr Verständnis, sondern auch Ihr Mitgefühl – und zuweilen Ihr Humor.

Wissen beide Partner in einer Beziehung, wie Schemata entstehen und ihre Reaktionen aufeinander färben, kann die Beziehung zu einem einflussreichen Schauplatz für emotionale Alchemie werden. Wenn der Cortex für das klare Gewahrsein und der Mandelkern für die Reaktionsbereitschaft des Schemas steht, dann kann jeder Partner sozusagen den Momenten der »Mandelkern«-Gedankenlosigkeit des anderen mit achtsamem »cortikalen« Gewahrsein begegnen.

Aus einer Region des Gehirns, die nichtsprachlich arbeitet, steigen immer in gewissem Ausmaß elementare Emotionen auf. Lernen wir jedoch durch Gespräche mit einer Person unseres Vertrauens, diese Emotionen in Worte zu fassen, kann uns das Klarheit bringen. Es ist, als würde der Cortex der anderen Person unseren Mandelkern beschwichtigen. Wenn eine chaotische emotionale Reaktion einen Partner verwirrt, kann darüber reden mehr Klarheit schaffen. Verliert ein Partner den Überblick, kann der andere ihm helfen, eine einsetzende Schema-Reaktion zu erkennen und sie so leichter überwinden.

Diese Vorgehensweise ist wahrscheinlich in den Augenblicken, in dem *beide* Partner gleichzeitig einer Schema-Attacke zum Opfer fallen – das heißt, wenn sie streiten –, am schwierigsten zu realisieren. In diesem Fall muss zumindest einer den ersten Schritt tun und sich beruhigen oder einen Vermittlungsversuch machen. Das kann heißen, dass sich beide eine Zeit lang in getrennte Räume zurückziehen, bis sie sich so weit gefangen haben, dass sie wieder miteinander reden können. Wenn die Hitze des Gefechts verflogen ist, kann ein Partner den Übergang zu einer anderen Ebene einleiten: von der Schema-Realität – der Stufe des Streits – auf die Ebene des reflektierenden Gewahrseins. Das beginnt mit der Frage: »Was ist gerade wirklich passiert?«

Achten Sie jedoch sorgsam darauf, den Ebenenwechsel nicht als weitere Runde im Schlagabtausch zu missbrauchen und die Reaktionen Ihres Partners als bloßes Durchbrechen seines Schemas zu denunzieren. Wenn Sie etwas sagen wie »Du bist schon wieder in deinem Deprivationsschema gefangen« – insbesondere wenn diese Äußerung Ihrer *eigenen* Schema-Attacke entspringt –, dann löst dies nur weitere Schema-Reaktionen aus.

Die effektivste Deeskalationsmethode dagegen ist, sich selbst zu beruhigen und sich in den Partner einzufühlen, selbst wenn Sie rational nicht mit seinem Standpunkt übereinstimmen. Wenn Sie sich dann beide beruhigt haben, können Sie den Streit als Material verwenden und gemeinsam daraufhin untersuchen, welche Schemata ausgelöst wurden und warum.

Müssen Sie sich mit jemandem auseinander setzen, der mitten in einer Schema-Attacke steckt, empfiehlt sich im Allgemeinen zuerst Empathie mit dem Schema – und mit der Person. Empathie entmachtet Schemata. Erkennen Sie an, wie das Schema die Dinge sieht und welche Gefühle mit dieser Realität verbunden sind. Dann kann die andere Person sich allmählich von dem Schema lösen und objektiver denken.

Empathie kann in einer Beziehung eine heilsame Wirkung entfalten. Wenn ein Partner einem Schema zum Opfer fällt, gerät er in die Realität, die das kleine Kind im Kern des Schemas erzeugt. Hat er jedoch das Empfinden, dass man ihm zuhört, auf ihn eingeht und ihn akzeptiert, kann dieses Wissen das Schema quasi nacherziehen. Verhalten sich beide Partner in solchen Augenblicken entsprechend, kann dies ihre Bindung sehr vertiefen – und sie können sich beide wechselseitig zum Positiven beeinflussen.

Einen Schema-Streit analysieren • Wenn ein Mann und eine Frau einen Paartherapeuten aufsuchen, schildert jeder der beiden die Lage anders. Ein versierter Therapeut glaubt keine der beiden Darstellungen ganz. Ein Großteil davon ist gewöhnlich den Verzerrungen der jeweiligen Schema-Brille geschuldet. Die Wahrheit liegt wahrscheinlich irgendwo dazwischen, in einer Beschreibung, die die Wahrheit in beiden Sichtweisen erfasst.

Die Sache ähnelt den physikalischen Experimenten, mit denen man nachweist, was Licht ist: Die eine Versuchsanordnung ergibt, dass Licht eine Welle ist.[31] Die andere zeigt, dass Licht aus Teilchen besteht. Die Wahrheit liegt irgendwo dazwischen, in einer Beschreibung, die die Wahrheit in beiden Sichtweisen erfasst.

Im Lauf der Jahre, die ich jetzt mit diesem therapeutischen Ansatz arbeite, haben mein Mann und ich häufig Auseinandersetzungen durch diese wechselseitige Beobachtung analysiert – nachdem wir uns beruhigt hatten natürlich. Zu Beginn unserer Beziehung haben wir uns recht häufig gestritten, gewöhnlich immer über dasselbe. Mit der Zeit begriffen wir durch wechselseitige Achtsamkeit, dass dabei Schemata aktiviert wurden.

Als wir beide Bekanntschaft mit dem Schema-Modell gemacht hatten, konnten wir jeden Streit zergliedern. Wenn wir ihn durch die Schema-Optik betrachteten, fiel uns auf, dass – gleichgültig, worum es konkret ging – auf der Schema-Ebene meistens eine Abwandlung der immer gleichen Schemata im Spiel war!

Einmal bereiteten mein Mann und ich zusammen einen gemeinsamen Workshop vor. Ich konzentrierte mich gerade auf meine Notizen, als mein Mann hereinplatzte, mich unterbrach, ausrief: »Machen wir es doch so!« und mir zu erklären begann, wie wir seiner Meinung nach den Workshop gestalten sollten.

Ich erwiderte etwas kühl: »Ich bin noch nicht so weit.«

Er sagte keinen Ton – und verließ den Raum.

Oberflächlich gesehen konnte man das kaum als Streit bezeichnen. Unterschwellig jedoch tat sich der Mikrokosmos eines Schema-Tangos auf, den wir, ausgelöst durch alle möglichen Scheinursachen, immer wieder durchexerziert hatten. Später besprachen wir den Zwischenfall und dröselten das kurze Gespräch auf der Schema-Ebene wie folgt auf:

Sein Satz »Machen wir es doch so!« löste bei mir Ärger aus – aufgrund meines Unterwerfungsschemas. Ich hatte das Gefühl, er wolle mich bevormunden und missachte mein Bedürfnis, mich gründlich und auf meine Art vorzubereiten.

Meine Erwiderung »Ich bin noch nicht so weit!« weckte bei ihm das Gefühl, nicht liebenswert zu sein. Aufgrund dieses Schemas interpretierte er meine eisige Bemerkung als Zurückweisung und Ablehnung seiner Person. In seinem Verstummen und seinem Rückzug drückte sich aus, dass er verletzt war.

Je mehr Zeit verstrich und je klarer uns die Schemata hinter diesen Reaktionen wurden, desto mehr gingen Anzahl, Heftigkeit und Dauer unserer Auseinandersetzungen zurück. Wir kommen nun mit unseren Empfindlichkeiten viel besser zurecht, spüren schneller, wann unsere emotionalen Gewohnheiten sich breit machen, statt uns von ihnen in einen Streit treiben zu lassen. Wir können Auseinandersetzungen mittlerweile anders begreifen: nicht mehr als unangenehme Zwischenfälle, die es zu vermeiden gilt, sondern als faszinierende Gelegenheiten, gemeinsam zu entdecken, wie verzerrte Denkmuster ineinander greifen. Und wir haben erkannt, dass die Wahrheit irgendwo dazwischen liegt, in einer Beschreibung, die die Wahrheit in beiden Sichtweisen erfasst.

Mit Schemata spielen ● Meine beiden Pferde Yeshe und Bodhi sind den ganzen Tag zusammen. Obwohl sie sich heiß und innig lieben, ist – wie unter Pferden üblich – eines, und zwar Yeshe, der dominante Partner in ihrer Zwei-Pferde-Herde und Bodhi der nachgiebige. Yeshe schubst Bodhi den lieben langen Tag herum, treibt ihn mit drohend angelegten Ohren dahin, wo er ihn haben will. Manchmal erinnern sie mich an ein Paar, dessen einer Partner sich bevorzugt und der andere unterlegen fühlt.
Doch wenn Pferde überhaupt so etwas Ähnliches wie Schemata haben, dann verfügen Yeshe und Bodhi auch über eine Methode, damit fertig zu werden: Sie fechten spielerische Schaukämpfe aus, bäumen sich auf, blecken die Zähne, schnappen nacheinander. Und bei diesen Scheingefechten wird Bodhi sehr kühn, sogar aggressiv gegen Yeshe, dem es offenbar nichts ausmacht, im Spiel für eine Weile seinen Platz als dominantes Pferd aufzugeben.
Dieses Element des Spielerischen kann auch unsere Beziehungen voranbringen, wenn auch nicht gerade in der Hitze einer Schema-Attacke. Doch es kann seine positive Wirkung besonders dann entfalten, wenn Sie sich bereits etwas von Ihren schematischen Umgangsmustern gelöst haben. Wenn Sie schon Erfahrung mit gemeinsamer Schema-Arbeit haben und Ihrer wechselseitigen Muster deutlicher gewahr werden, kann sich eine unbeschwerte Einstellung als wirksames Gegengewicht zu den Schemata erweisen.
Dies zeigt ein Beispiel aus meiner eigenen Ehe. Zu Beginn unserer Beziehung war mein Mann von einem Perfektionismus beherrscht, der ihn viele Stunden länger als eigentlich nötig in seinem häuslichen Arbeitszimmer gefangen hielt. Infolgedessen

fühlte ich mich manchmal vernachlässigt. Mein Schema des Verlassenwerdens sorgte dafür, dass die verschlossene Tür mir besonders aufs Gemüt schlug.
Als wir darüber nachdachten, welche Schemata diese Situation bei uns beiden auslöste, hatte mein Mann eine Offenbarung. Er erkannte, dass er diese unnötigen Arbeitsstunden im Grunde selbst nicht wollte. Die Arbeit war ihm so aus dem Ruder gelaufen, dass er sich selbst um die Freuden des Lebens brachte.
Nach jahrelanger Arbeit an diesem Muster ging er eines Tages wieder einmal dessen Ursprüngen nach. Dabei erzählte er mir eine Geschichte: Wie er sich erinnerte, hatte er im Alter von etwa vier Jahren mit einem Nachbarsmädchen Mann und Frau gespielt. Sie würde zu Hause bleiben und Hausarbeiten wie Kochen machen, und er würde zur Arbeit gehen (das war in den 50er Jahren).
Doch weil er erst vier Jahre alt war, hatte er nicht die geringste Vorstellung, was arbeiten gehen bedeutete. Also ging er in eine Ecke des Spielzimmers, hockte sich hin und sagte immerzu: »Arbeiten, arbeiten, arbeiten.«
Zu dieser Zeit hatten wir nach Jahren gemeinsamer Arbeit an unseren Schema-Mustern einen Punkt erreicht, an dem unsere Gespräche spontan ins Spielerische umschlugen. Das muss natürlich mit Einfühlungsvermögen und Gespür für den richtigen Zeitpunkt geschehen, damit sich keiner über die Gefühle des anderen lustig macht.
Wenn mein Mann jetzt lange arbeitet, statt etwas Schönes zu unternehmen, strecke ich meinen Kopf in sein Arbeitszimmer und sehe ich ihn dann ernsthaft über seiner Arbeit brüten, sage ich leichthin: »Arbeiten, arbeiten, arbeiten.«
Funktioniert jedes Mal.

Liebevolle Härte: Schema-Arbeit mit Freunden ● Die übliche Vorstellung von Mitgefühl ist normalerweise wohlwollende, einfühlsame, gütige, liebevolle Zuwendung. Doch Mitgefühl kann viele Gesichter haben; manchmal ist eine von Liebe getragene Härte den anderen vorzuziehen. Manche spirituellen Traditionen wie der tibetische Buddhismus und der Hinduismus kennen zornvolle Verkörperungen des Mitgefühls, die für das Zerschlagen hartnäckiger Bindungen und aller Formen der Unwissenheit stehen. Ist der Geist so sehr durch Selbsttäuschung benebelt, dass er nur verzerrt wahrnehmen kann, dann ist energisches Einschreiten das Gegenmittel, das uns aus dem Schlaf der Unwissenheit reißt.

Viele Jahre lang quälten und verwirrten Eliza ihre suchtartigen Beziehungsmuster. Sie hatte eine lange Reihe gescheiterter Männerbeziehungen hinter sich, und jeder neue Schiffbruch aktivierte ihre Schemata des Verlassenwerdens und der Deprivation. Mit der Zeit drehten sich ihre Gespräche mit Freunden und Familienangehörigen fast nur noch um die gemeinen Männer, die sie immer wieder im Stich ließen.

Jahrelang hatten ihre Lieben sich das gefallen lassen, weil sie sie gern hatten und sich um sie sorgten und weil Eliza sie eindeutig zum Zuhören brauchte. Doch nach vielen Jahren hatten zwei ihrer engsten Freundinnen genug: Sie besprachen die Situation miteinander und erklärten Eliza dann, sie könnten ihre endlosen Klagen nicht mehr hören. Es sei nicht gesund, sich in dieser Hysterie aufzureiben, sagten sie. Es bestärke sie nur in ihrer von tief verwurzelten emotionalen Gewohnheiten gespeisten Überzeugung, dass sie ein hilfloses Opfer sei.

Die beiden Freundinnen ermutigten sie, ihre Klagen und die damit verbundenen Gefühle genauer zu untersuchen und sich der Neigung, sich hineinfallen zu lassen, zu widersetzen. Dann schlossen sie einen Pakt mit Eliza: In ihren Gesprächen würden sie sie darauf aufmerksam machen, wenn sie wieder in die alte Litanei zurückfiel. Eliza hatte sich bereits einer Therapiegruppe angeschlossen und war daher offen für diese Vereinbarung – obwohl sie gestand, dass sie sich trotzdem im Stich gelassen und nicht beachtet fühlte, wenn ihre Freundinnen sich weigerten, ihrem Bedürfnis zu jammern nachzugeben.

Diese Zurückweisung von Elizas Gewohnheit stellte zugleich ihre unterschwelligen Muster der emotionalen Deprivation und des Verlassenwerdens infrage. Wenn wir der schemabedingten Gewohnheit eines anderen nachgeben, machen wir uns in gewissem Sinn zu Komplizen dieses Schemas. Wir können anderen aber helfen, ihre Schemata anzugehen, indem wir selbst dies auch tun. Dieser Ansatz der liebevollen Härte erfordert jedoch Behutsamkeit und Einfühlungsvermögen. Auch wenn wir zu wissen glauben, was mit der anderen Person los ist, sollten wir unbedingt neutral bleiben und ihr unsere Ansicht in einer Wortwahl nahe bringen, die die Vorläufigkeit unserer Sichtweise betont und den anderen nicht bevormundet – mit »möglicherweise«, »vielleicht« und »es könnte sein«.

Spürt die andere Person unser Eigeninteresse oder hat das Gefühl, wir wollten ihr etwas aufzwingen, was wir für das Beste für sie halten, schaltet sie unter Umständen auf Abwehr, fühlt sich verurteilt und verletzt oder ist sauer. Gehen wir jedoch mit den besten Absichten auf sie zu – geben aber nicht vor, die Lösung für ihre Probleme zu kennen –, ist sie wahrscheinlich zugänglicher. Und im günstigsten Fall finden wir einen Verbündeten in ihrem Kampfgeist – und Dankbarkeit, dass wir ehrlich zu ihr waren.

Empathie für Ihren Partner ● Genau wie für sich selbst können Sie auch für Ihren Partner ein Schema-Profil erstellen. Notieren Sie zu diesem Zweck, wann Ihr Partner an die Decke geht oder eine andere extreme und kontraproduktive emotionale Reaktion zeigt. Versuchen Sie auch, die möglichen Auslöser der Schema-Attacken Ihres Partners herauszufinden, ein Gespür dafür zu entwickeln, was er oder sie während der Attacke üblicherweise denkt und fühlt, und beobachten Sie typische Verhaltensweisen.

Wenn Ihnen die Schemata Ihres Partners auf diese Weise vertrauter geworden sind, können Sie sich auch besser in sie einfühlen.

Diese Empathie bedeutet nicht, dem Schema Vorschub zu leisten und sich zum Komplizen seiner Sicht der Dinge zu machen, sondern im Gegenteil, seine schematischen Annahmen über die Menschen und die Welt zu erschüttern. Empathie macht Sie überdies sensibler für die schemabedingten Empfindlichkeiten der anderen Person, sodass Sie die wunden Punkte seltener treffen.

Mitgefühl setzt Empathie in die Tat um. Wenn Sie die für die Schemata eines anderen typischen Gedanken und Gefühle kennen, können Sie sich in Ihrem Verhalten von diesem empathischen Verständnis leiten lassen. Dies gilt natürlich nicht nur für Paare, sondern für alle Beziehungen, in denen Sie zu solchen Einsichten gelangen. Verstehen Sie die Schema-Muster einer anderen Person, können Sie es leichter vermeiden, in schemaauslösender Weise zu handeln.

Hat der andere zum Beispiel unerbittliche Maßstäbe, gibt ihm Ihr – berechtigtes – Lob und Ihre Anerkennung etwas, das er sich selbst nicht oder nicht oft genug gibt. Dies fordert seine selbstkritische innere Stimme heraus, die ihn ständig dazu treibt, sich noch mehr anzustrengen. Sie können ihn aber auch drängen, ein ausgeglicheneres Leben zu führen, sich gegen den Perfektionismus, der ihm im Nacken sitzt, zu wehren. Und Sie können ihm vermitteln, dass Sie ihn um seiner selbst willen akzeptieren und schätzen, nicht nur wegen seiner Leistungen.

Wenn jemand Opfer des Deprivationsschemas ist, kann Ihr Verhalten sich ebenfalls bessernd auswirken: Zeigen Sie ihm (oder ihr), dass Ihnen seine (ihre) Bedürfnisse wichtig sind, dass Sie sich bemühen, Rücksicht auf seine (ihre) Gefühle zu nehmen. Ist das Unterwerfungsschema im Spiel, dann achten Sie darauf, keine Anweisungen zu geben, und vermeiden Sie eine Sprache, die der anderen Person das Gefühl gibt, Sie wollten sie bevormunden. Formulieren Sie Bitten und Vorschläge umsichtig. Das gesteht ihr die volle Entscheidungsfreiheit zu. Statt zu sagen: »Schauen wir uns doch heute Abend den neuen Film an«, könnten Sie es so ausdrücken: »Der neue Film ist angelaufen. Hast du Lust, ihn dir anzuschauen?«

Das mögen geringfügige Gesten sein, doch gemessen an ihrem Einfluss auf die Schemata sind sie heilsame Momente. Sie geben der anderen Person eine Gelegenheit, die Welt und ihre Mitmenschen anders zu erleben, als es ihr die Erwartungen ihrer Schemata vorschreiben. Jeder dieser Momente stellt eine Erfahrung dar, die eine alternative Sicht der Dinge bestärkt, und diese wiederum wirkt gegen die Zerrbrille des Schemas.

Mitgefühl mit Schemata ● Sich mit den Schemata des Partners genauso vertraut zu machen wie mit den eigenen hat mehrere weitere Nutzeffekte. Wenn Sie wissen, dass der wütende Angriff Ihres Partners die Aktivierung eines bestimmten Schemas signalisiert, gelingt es Ihnen eher, die Reaktion nicht persönlich zu nehmen – nicht Sie sind schuld, sondern das Schema. Diese Erkenntnis hilft Ihnen zudem, als Reaktion auf das Aufbrausen Ihres Partners die Aktivierung Ihrer eigenen Schemata zu verhindern.

Einem buddhistischen Prinzip zufolge führt Gewahrsein zu Empathie; Mitgefühl ist der natürliche Ausdruck eines klaren Gewahrseins. In Bezug auf die Arbeit an Schemata bedeutet dies, dass Ihre eigene Achtsamkeit für die Schemata Ihres Partners Ihre Empathie für ihn stärkt. Wenn Ihnen beispielsweise klar wird, dass das, was gerade passiert, auf das Schema Ihres Partners zurückzuführen ist, können Sie ihn als verwundbar sehen, als verletztes kleines Kind statt als Idioten. Gehen Sie auf Abstand zum äußeren Anschein der Dinge und versuchen Sie herauszufinden, wie das Schema sie sieht. Auf diese Weise nehmen Sie die Reaktion Ihres Partners nicht so persönlich, und Sie sind nicht nur zu Verständnis, sondern zu Mitgefühl in der Lage.

Nehmen wir an, er zieht sich beleidigt und abweisend in die Schmollecke zurück. Wenn Sie das Unzulänglichkeitsschema haben, löst sein Rückzug in Ihnen vielleicht das Gefühl aus, dass er kein Interesse an Ihnen hat. Wenn Sie jedoch in diesem Augenblick mittels Achtsamkeit erkennen können, was vor sich geht, dann brauchen Sie nicht mehr Ihrem eigenen Schema zum Opfer zu fallen, sondern können sich Ihre Klarheit bewahren und Ihrem Partner gegenüber einfühlsamer zeigen.

Empathie kann Ihnen in einem solchen Augenblick helfen, ein vertrautes Muster zu erkennen und eine gesündere Reaktion zu finden. Ihnen wird zum Beispiel klar, dass er im Grunde ein Zeichen Ihrer Zuneigung braucht. Eine fürsorgliche Geste Ihrerseits holt ihn sehr wahrscheinlich wieder aus seinem Schneckenhaus heraus.

Diese Strategie – verstehen, was in Wahrheit hinter dem Handeln eines anderen steckt – kann in allen Beziehungen, in denen die Schema-Attacken des anderen Probleme hervorrufen, von Nutzen sein: bei engen Verwandten, erwachsenen Kindern, Freunden oder anderen Menschen. Besonders wirksam ist sie jedoch innerhalb einer Paarbeziehung, wie viele Beziehungstherapeuten bestätigen.

Einer der natürlichen Rhythmen einer Paarbeziehung beispielsweise beruht auf der Spannung zwischen dem Bedürfnis nach Intimität und dem Wunsch nach Autonomie. Wie wir schon wissen, haben viele Kernprobleme bestimmter Schemata – insbesondere Deprivation, Verlassenwerden und Nicht-liebenswertsein – mit dieser Dimension von Bindung zu tun. Beide Partner gehen zeitweise ihre eigenen Wege, entfernen sich voneinander, brauchen mehr Eigenständigkeit und kommen dann wieder zusammen, um sich zu vereinigen; dabei können sie einander ermutigen, sich ihre individuellen Bedürfnisse zu erfüllen und so die Beziehung zu bereichern – oder sie lassen zu, dass dieser natürliche Kreislauf ein Trennungsgefühl erzeugt.

Es ist wichtig, Verständnis dafür zu entwickeln, dass Ihr Partner manchmal eine gewisse Entfernung von Ihnen braucht, insbesondere wenn eines der Beziehungsschemata bei Ihnen im Spiel ist. Denken Sie immer an das, was der Familientherapeut Carl

Whitaker einmal gesagt hat: »Je besser Sie getrennt sein können, desto besser können Sie zusammen sein.« Nicht weniger wichtig ist, dass eine Person mit dem Schema des Nicht-liebenswert-Seins lernt, dass ihr Partner böse auf sie sein und sie trotzdem noch lieben kann; eine Person mit dem Schema des Verlassenwerdens muss begreifen, dass eine zeitweise Trennung kein Verlust sein muss.

Wenn beide erkennen, dass jeder Schemata in die Beziehung einbringt, ist das Tor zu gemeinsamem Wachstum aufgestoßen. »Wenn Sie Ihren Partner als verletzten Menschen sehen«, sagt der Paartherapeut Harville Hendrix, »beginnen Sie den Prozess einer bewussten Beziehung.« Dieser Prozess erfordert allerdings, dass Sie gemeinsam Ihre Beziehung zu einem Ort der Geborgenheit machen, an dem Sie Ihre Schemata erkunden, statt Munition für das nächste Gefecht zu sammeln.

Als ein äußerst nützliches Instrument der zwischenmenschlichen Achtsamkeit erfordert dieser Prozess das, was Hendrix »Spiegeln« nennt. Durch Spiegeln vergewissern Sie sich, ob Sie Ihrem Partner wirklich zugehört und seinen Standpunkt verstanden haben, bevor Sie Ihren eigenen darlegen. Das kann so aussehen: Sie hören zu und beginnen dann mit den Worten: »Wenn ich dich richtig verstanden habe, dann ...« Mit anderen Worten, Sie geben Ihrem Partner mit Ihren eigenen Worten Rückmeldung über das, was Sie verstanden haben. Sie geben Ihrer Empathie eine Stimme und Ihrem Partner die Chance, Ihnen zu bestätigen, dass Sie sich tatsächlich richtig eingefühlt haben.

Wenn Ihr Partner das Schema des Verlassenwerdens hat und explodiert, wenn Sie spät von der Arbeit nach Hause kommen, ginge Spiegeln etwa so: »Weil ich nicht anrief, hast du dich aufgeregt und dir Sorgen gemacht, ich hätte einen Unfall gehabt oder wäre umgekommen, und deshalb hattest du Angst.« Diese Aussage konstatiert die Tatsachen – Sie haben nicht angerufen, und Ihr Partner hat sich Sorgen gemacht –, ebenso die damit verbundenen Gefühle und Gedanken. Diese Empathie würdigt die symbolische Realität des Schemas und macht es leichter, den tatsächlichen Verlauf klarzustellen.

Die Kette in Beziehungen sprengen ● Am ersten Weihnachtsfeiertag spülte meine Klientin Whitney gerade das Geschirr, während ihr Mann und ihre Kinder mit ihren Weihnachtsgeschenken spielten. Whitney hatte Frühstück gemacht, aufgeräumt, Mittagessen gekocht und räumte jetzt danach wieder auf. Sie war an Heiligabend sehr lange aufgeblieben, um alles vorzubereiten, und stand am Rande der Erschöpfung, sodass ihr die Arbeit noch schwerer fiel.

Während sie am Spülbecken rackerte, fühlte sie Groll in sich aufsteigen. Sie verfiel ins Grübeln: Auch *sie* wollte schließlich Freizeit haben. »Warum hilft mir mein Mann nicht? Ich fühle mich ausgenutzt ...« Die Gedanken jagten sich. Dann hielt sie inne und fragte sich: »Du hast doch ein Problem damit, nicht wahr?«

Eine andere innere Stimme antwortete: »Ja.«

So begann der innere Dialog, durch den sie ihre Reaktionen untersuchte. Als sie über ihre ärgerlichen Gedanken und Gefühle nachsann, sah sie ein, dass sie selbst das Problem verschlimmerte, indem sie auf ihren eigenen Groll mit noch gereizteren Gedanken reagierte und dadurch wiederum mit noch heftigerem Groll.

Sie merkte, dass dahinter das Gefühl stand, immer zu kurz zu kommen – eine nur allzu vertraute Empfindung, für die sie sich sehr anfällig wusste. Ihr war zudem klar, dass ihr Mann keine Ahnung hatte, was in ihr vorging, und er sofort mit anpacken würde, wenn sie ihn darum bat.

Mit dieser Einsicht schmolz ihr Groll dahin und verschwand. Danach spürte sie die Welle der Erschöpfung über sich zusammenschlagen. Sie unterbrach ihre Tätigkeit und gestattete sich, was sie in diesem Augenblick am meisten brauchte: Sie erklärte ihrem Mann, sie sei fix und fertig, und ließ sich dann auf die Couch fallen und döste ein.

Als sie erwachte, war die Küche sauber und das Weihnachtsmorgen-Durcheinander im Haus aufgeräumt. Ihr Mann war selbst draufgekommen (wahrscheinlich ist er damit einer unter einer Million!).

Dieser einfache Vorfall markierte für Whitney einen Wendepunkt in ihrem Kampf mit den Beziehungsmustern, in die sie ihr Deprivationsschema so oft getrieben hatte: Weil sie sich überfordert, getäuscht und ausgenutzt fühlte, wurde sie wütend und grollte oder schmollte, und ihr Mann reagierte darauf selbst mit Verärgert- oder Gekränktsein.

Durch ihre Arbeit an ihren Schema-Reaktionen war sie allmählich imstande, dieser achtsam gewahr zu werden und ihr übliches Verhalten zu ändern: Sie teilte ihrem Mann nun mit, was sie nötig hatte. In aller Regel reagierte er positiv, wenn sie ihm sagen konnte, was sie brauchte, ohne ihn anzufahren.

Doch jetzt hatte Whitney ihre Schema-Arbeit auf ein neues Niveau gehoben. Als sie ihren Groll sich anstauen spürte und die Reaktionen und Gedanken dahinter entdeckte, konnte sie einfühlsam mit sich umgehen, ihre Annahmen infrage stellen und den Groll sich auflösen lassen. Und ihr Mann hatte zu diesem Zeitpunkt ein besseres Gespür für die Situationen entwickelt, die ihre Reaktionen auslösten, und konnte öfter spontan Pflichten übernehmen, ohne dass sie auch nur ein Wort zu sagen brauchte.

Natürlich treten in jeder Beziehung unausweichlich reale – nicht schemabedingte – Probleme auf. Doch wenn wir unsere Gewohnheitsreaktionen ändern, kann sich der eingefahrene Umgang miteinander auflösen und einem neuen, positiveren Platz machen. Und wir können die unvermeidlichen Probleme weniger hitzig und dafür klarer sehen.

Manchmal geht das unmittelbar gemeinsam mit Ihrem Partner. Dann wieder kann es genügen, sich innerlich mit Ihren emotionalen Reaktionen zu beschäftigen. Oder Sie verknüpfen innere und Partnerarbeit miteinander: Sie gehen erst alles im Geist durch und sprechen dann mit Ihrem Partner. Bis dahin dürften

die Reaktionen sich so weit gelegt haben, dass Sie klarer denken und reagieren können.
Natürlich ist nicht jeder Partner zur Zusammenarbeit bereit, und nur wenige sind motiviert oder mit der Dynamik in einer Partnerschaft vertraut. Wenn Ihr Partner so engstirnig ist, dass er diesen Prozessen wenig Beachtung oder Interesse schenkt, werden die frustrierenden Muster immer wieder ablaufen. Wenn Ihr Partner nicht mit Ihnen zusammenarbeiten will, können Sie immer noch an sich selbst arbeiten und Ihren eigenen Umgang mit ihm ändern; schon das allein wird die Lage verbessern.
Sofern die Beziehung nicht destruktiv ist, ermutige ich meine Klienten gewöhnlich, den Konflikt durchzustehen und die Schema-Arbeit selbständig fortzuführen. Dann besteht eine gute Chance, dass entweder die Beziehung davon profitiert oder – wenn sie selbst nach diesen Bemühungen nicht funktioniert – dass es Ihnen in einer zukünftigen Beziehung nützt.

Heilsame Beziehungen ● Im Grundschulalter war Mary mehrmals Opfer der sexuellen Gewalt eines Verwandten geworden. Als sie schließlich ihrer Mutter von dem Missbrauch erzählte, tat diese ihn ab. Es ist nur zu verständlich, dass Mary ihre Beziehungen zu Männern durch die Zerrbrille des Misstrauensschemas sah. Trotzdem fühlte sie sich als Erwachsene zu gewalttätigen Männern hingezogen.
Spezialisten, die mit Missbrauchsopfern arbeiten, weisen schon lange auf dieses tragische Kindheitserbe hin. So hegt beispielsweise ein Gewaltopfer, das sich immer wieder gewaltbereite Liebespartner sucht, insgeheim die Hoffnung auf eine heilende Erfahrung: »Wenigstens dieses eine Mal«, so das Wunschdenken, »wird es ein Happy End haben.« Diese Menschen suchen grundsätzlich an den falschen Orten nach Liebe. Wenn in einer Beziehung Gewalt vorkommt – oder damit gedroht wird –, liegt das Heil manchmal in einer Trennung.
Die inbrünstige Hoffnung, dass »es diesmal anders wird«, steckt

hinter dem Teufelskreis aller schemagesteuerten Beziehungen. Irgendwo ahnen die Betroffenen, dass ihre Beziehungen als Erwachsene eine heilsame emotionale Erfahrung in sich bergen können, dass sie das Gegenmittel zu genau dem Schema enthalten können, das sie anfänglich in die Beziehung treibt.

Kurzum, manchmal *können* wir dazu beitragen, die emotionalen Wunden unserer Lieben zu heilen – *wenn* wir unsere Beziehung zu ihnen zu einer heilsamen machen. Und umgekehrt können sie dazu beitragen, unsere Wunden zu heilen.

Um eine potenziell heilsame Beziehung aufzubauen, ist es nicht nötig, dass Sie einen Menschen finden, der das perfekte Gegenmittel verkörpert. Sofern jedoch Ihr Partner bereit dazu ist, können Sie Ihre Beziehung zum Schauplatz einer wechselseitig sich steigernden Achtsamkeit machen und dieses Gewahrsein auf die Schemata anwenden, die bei Ihnen beiden am Werk sind.

Wenn Sie und Ihr Partner der Schema-Bedürfnisse hinter Ihrer Beziehung gewahr werden, können Sie die Anzeichen einer erneuten Schema-Aktivierung erkennen und nutzen, um ein Gegenmittel zu entwickeln. Kleine Gesten des Verständnisses und des Mitgefühls können das Fundament des Vertrauens und der Nähe in einer Beziehung stärken.

Wenn Sie gemeinsam mit Ihrem Partner Achtsamkeit anwenden wollen

Versuchen Sie, die Schemata ans Licht zu holen, die sich hinter Ihren Auseinandersetzungen verbergen.

Die meisten Kämpfe stehen zumindest teilweise symbolisch für ein größeres Problem. Es ist nicht bloß Zuspätkommen oder mangelnde Beteiligung an der Hausarbeit, was Schema-Wut auslöst – es ist das unterschwellige Gefühl, dass wir übergangen oder unterdrückt werden. Es kann aber auch ein anderes Schema sein, das uns emotional heftig reagieren lässt.
Gelingt es Ihnen und Ihrem Partner, mit Achtsamkeit aufeinander einzugehen und ein Schema ausfindig zu machen, können Sie Ihre Auseinandersetzungen als Gelegenheit nutzen, es dingfest zu machen und zu entwaffnen. Wenn Sie das mehr oder weniger regelmäßig machen, werden Ihre Schemata allmählich ihre Konflikt stiftende Macht verlieren. Das nächste Mal können Sie besser mit Ihrem Partner über das schmutzige Geschirr oder die Finanzen verhandeln.
Beim nächsten Streit sollten Sie warten, bis der Staub sich etwas gelegt hat und die Wut verraucht ist und Sie wieder klarer über das, was abgelaufen ist, nachdenken können. Sie können diesen Prozess beschleunigen, wenn Sie sich eine Zeit lang zurückziehen und die beruhigende Atemmeditation machen.
Wenn Sie dann ruhiger sind, wenden Sie die weise Versenkung an: Wechseln Sie die Achtsamkeitsübung mit Phasen ab, in denen Sie die Gedanken und Gefühle des Streits wieder aufsteigen lassen. Begegnen Sie ihnen diesmal jedoch mit weiser Versenkung: Statt sich von ihnen überwältigen zu lassen und in die von ihnen erschaffene Realität einzutauchen, beobachten Sie sie mit Achtsamkeit. Wenn Sie noch zu aufgeregt sind, nehmen Sie sich noch ein paar Minuten länger Zeit, um mit der beruhigenden

Atemübung mehr Ruhe und Klarheit in Ihrem Geist zu schaffen. Wenn Sie sich beruhigt haben, richten Sie Ihre Aufmerksamkeit auf Ihre mit dem Streit zusammenhängenden Gefühle und Gedanken. Beobachten Sie auf drei Ebenen:

1. Was fühlen Sie? Registrieren Sie, an welcher Körperstelle Sie Ihre Emotionen am stärksten empfinden. Haben Sie einen Klumpen im Magen? Ein Zittern in Armen und Beinen? Spannung in Nacken und Schultern? Ist eine emotionale Kettenreaktion abgelaufen – löste beispielsweise Verletztsein Wut aus? Haben Sie gemischte Gefühle – vielleicht nicht nur Wut, sondern auch Traurigkeit? Erinnern Sie diese Gefühle an Situationen, in denen Sie sich genauso aufgeregt haben? Weisen sie auf ein emotionales Muster hin, in das dieser Streit sich einfügt?
2. Was denken Sie? Nicht nur die vordergründigsten Gedanken – die Stimme Ihrer Wut –, sondern auch die untergründigeren, die diese Wut nähren. Reden Sie sich vielleicht ein: »Er nimmt nie Rücksicht auf meine Gefühle«? Warum löste dieses bestimmte Ereignis diese Gedanken aus?
3. Was tun Sie? Welche Impulse lösen Ihre Gedanken und Gefühle in Ihnen aus – oder welchen Impulsen haben Sie nachgegeben?

Wenn Sie schließlich all das zusammennehmen: Liefert Ihnen das einen Hinweis auf die Schemata, die den Streit ausgelöst haben? In diesem Fall können Sie zu den nächsten Schritten übergehen:

1. Setzen Sie sich wieder mit Ihrem Partner zusammen, und untersuchen Sie diesmal den Streit auf Schemata. Erklären Sie Ihrem Partner, warum sein Verhalten das Schema auslöste. Falls möglich, vermitteln Sie ihm eine Vorstellung von den Ursprüngen des Musters in Ihrem Leben und warum Sie gelernt haben, in einer bestimmten Weise auf den Auslöser zu reagieren. Mit anderen Worten, machen Sie Ihrem Partner verständlich, warum Sie vor dem Hintergrund Ihrer Schema-Realität so heftig reagiert haben. Tun Sie dies jedoch mit Empathie für Ihren Partner und Ihr Schema.

2. Greifen Sie die Einzelheiten des Problems wieder auf – allerdings ohne den Schema-Anteil an Ihrer Reaktion – und regeln Sie es klarer. Vielleicht entwickeln Sie auch ein Gefühl dafür, wie Sie es künftig vermeiden können, das Schema Ihres Partners auszulösen, und was Ihr Partner in solchen Augenblicken wirklich braucht – beispielsweise Fürsorglichkeit – und was Sie fortan tun können, wenn Ihr eigenes Schema aktiviert wird.
3. Wenn Sie beide einander widersprechende Bedürfnisse haben, dann bemühen Sie sich darum, Kompromisse zu finden und sensibler und offener für die Bedürfnisse des jeweils anderen zu werden; arbeiten Sie beide allmählich auf die Veränderung Ihrer Reaktionsweisen hin.
4. Wenn wieder dieselben Muster ausgelöst werden, versuchen Sie, geduldig zu sein. Es dauert eine Weile, diese Muster zu ändern, und Sie werden wahrscheinlich wiederholt Gelegenheit haben, neue Beziehungs- und Verhaltensmuster auszuprobieren. Dieses Neulernen braucht Zeit.

14
Der Kreislauf des Lebens

Das Restaurant war voll besetzt, und die Leute am Nebentisch redeten so laut, dass ich gar nicht anders konnte, als das sich anbahnende Drama mitanzuhören. Die handelnden Personen waren ein Elternpaar und dessen Sohn. Er war im Collegealter und offenbar gerade auf Besuch zu Hause. Er erzählte, dass er sich sehr für die Schauspielerei interessiere und ganz begeistert sei, etwas so Faszinierendes für sich entdeckt zu haben. ● Der Vater unterbrach ihn: »Und was ist mit deinen Noten? Ich habe gerade gehört, dass der Sohn der Williamsens auf der Kandidatenliste für Yale steht. Bei dir sieht es nicht so gut aus.« ● »Ich werde mich schon noch dahinter klemmen«, erwiderte der Sohn. »Ich interessiere mich jetzt nur so sehr für diese neue Richtung. Ich möchte mich näher damit beschäftigen.« »Ist das alles, was du mit deinem Leben anfangen willst? Faxen machen?« Die Verachtung in der Stimme des Vaters war nicht zu überhören. ● Die Stimme des Sohnes fiel um eine Oktave. »Ich mache keine Faxen, und ich habe tolle Freunde, die sich auch fürs Theater interessieren. Es macht uns Spaß, uns gemeinsam mit Stücken zu beschäftigen.« ● »Aus deinen Freunden wird garantiert nichts werden«, sagte der Vater mit vor Abscheu triefender Stimme. ● Da schaltete sich zum ersten Mal die Mutter in das Gespräch ein: »Fred ...« Der Vater war zu weit gegangen, doch sie sagte nichts weiter, verhielt sich wieder passiv. ● Aber es war zu spät. Der Sohn erhob sich abrupt, warf seine Serviette auf seinen halb geleerten Teller und verließ das Restaurant. Ich hörte den Vater entgeistert zur Mutter sagen: »Was ist bloß in ihn gefahren?« ● Wir hatten gerade bezahlt, und ich stand schweren Herzens auf. Auf dem Weg zum Ausgang gingen wir an dem Sohn vorüber. Er saß da, den Kopf in die Hände gestützt, mit sehr traurigem und frustriertem Blick, und wippte nervös mit dem Fuß. ● Ich hätte ihm im Vorbeigehen gerne etwas Hilfreiches gesagt: »Wahrscheinlich glauben sie, dass sie dich auf diese Weise unterstützen. Sie merken gar nicht, dass sie einen Keil zwischen euch treiben. Vielleicht kannst du ihnen erklären, dass du weißt, dass sie dir nur helfen wollen, dass sie dich aber zu hart kritisieren und dass sie ihre Einwände anders ausdrücken sollten.« Doch hatte ich das Recht, mich einzumischen? Ich zögerte kurz, aber ich sagte nichts. Der Augenblick war vorüber. Noch heute frage ich mich, was wohl aus dem jungen Mann geworden ist.

Wenn dieses zufällig mitangehörte Gespräch typisch war für den Umgang zwischen Eltern und Sohn, hatte ich gerade miterlebt, wie das Versagensschema bei ihm entstand.

Die Kette zwischen den Generationen ● Als der Dalai Lama einmal an einer Psychotherapeutentagung teilnahm, zeigte er sich bestürzt und fasziniert zugleich, dass westliche Menschen so häufig unter geringem Selbstwertgefühl und Groll gegen ihre Eltern litten. So etwas war für ihn völlig neu; er konnte sich nicht vorstellen, dass Menschen sich selbst und ihre Eltern nicht liebten. Eine neuartige Idee war für ihn auch, dass es möglicherweise zumindest in bestimmten Therapiephasen nützlich war, im Rahmen eines umfassenderen Heilungsprozesses, der letztendlich zu Mitgefühl führen sollte, den Ausdruck von Zorn zuzulassen und sogar zu fördern.

Doch er begriff schnell. Später erklärte er in einem Vortrag, dass Zorn aus buddhistischer Sicht schädlich ist. Er räumte jedoch auch ein, dass es zuweilen von therapeutischem Nutzen sein könnte, sich auf Gefühle wie Zorn und Wut einzulassen, um sie dann loslassen zu können – beispielsweise wenn der oder die Betroffene aufgrund eines Missbrauchs ein geringes Selbstwertgefühl hat. In der Therapie »kann ein wenig Zorn für eine kleine Weile vielleicht nützlich sein«.

Dennoch ist dies im Allgemeinen ein Punkt, an dem Buddhismus und westliche Psychotherapie nicht übereinstimmen. Aber auch dann, wenn wir ausnahmsweise einem therapeutischen Zorn einen gewissen Stellenwert zuschreiben, reicht es nicht aus, einfach nur Groll über kindliche Kränkungen zu empfinden und den Eltern die Schuld zuzuschieben. Das mag sinnvoll sein, solange wir den Lernerfahrungen nachgehen, die unsere emotionalen Gewohnheiten geformt haben. Wir können uns aber auch in Eltern, Geschwister oder andere Beteiligte einfühlen und einsehen, dass auch sie aufgrund ihrer eigenen Lerngeschichte handelten.

Schließlich kann diese Erkenntnis – wenn die Zeit reif ist – Mitgefühl mit unseren Eltern oder anderen wecken, während der Zorn verheilt. Vor dem Hintergrund der Kette zwischen den Generationen fragen Sie sich nun vielleicht, ob es überhaupt eine Instanz gibt, die Sie verantwortlich machen können.

Wenn wir jedoch erkennen, welche Rolle unsere Eltern in unserer eigenen Kindheitsgeschichte gespielt haben, können wir unsere Reaktionen als gelernte Gewohnheiten aus der Vergangenheit begreifen und nicht als unser wahres Selbst. Ein Schema ist ein überholtes Überbleibsel früherer Lernprozesse. Mit anderen Worten, Sie sollten sich vor Augen halten: »Ich reagiere so, weil ich es damals so gelernt habe, und nicht auf das, was jetzt gerade wirklich geschieht.«

Die Kette zu den Eltern sprengen ● In einem Workshop klagte eine Frau über die Beziehung zu ihrer erwachsenen Tochter. »Meine Tochter ist so aggressiv mir gegenüber, sie behauptet, ich würde sie ignorieren und ihr nicht zuhören. Das kränkt mich zu Tränen. Ich fürchte mich jetzt davor, sie zu treffen.«

Wir sprachen über die Sache, gingen möglichen Schemata nach. Die Frau kam zu der Einsicht, dass ihre Tränen in einem untergründigen Muster des Nicht-liebenswert-Seins wurzeln könnten und die Ablehnung der Tochter eine Schema-Attacke auslöste. Dann wandten wir uns den Vorwürfen der Tochter zu. Auf meine Vermutung, dass ihre Worte auf ein Schema der emotionalen Deprivation hindeuten könnten, nickte die Frau zustimmend. Und dann, nach einem nachdenklichen Schweigen, brach es erstaunt aus ihr heraus: »Mein Gott – meine Tochter hat ein Schema!«

Es war eine Offenbarung für sie. Ihr war nie bewusst gewesen, dass ihre eigene Gewohnheit, abzuschalten und weiterzureden, ohne den Gefühlen oder Bedürfnissen ihrer Tochter groß Aufmerksamkeit zu schenken, möglicherweise die emotionalen Muster hervorgerufen hatten, die sich jetzt zum Streit zuspitzten. Sie war erschüttert.

Ihre Reaktion macht eine wichtige Wahrheit deutlich: Eltern und alle anderen Personen, deren Verhalten unsere Schemata begründet haben mag, haben im Allgemeinen nicht die Absicht, uns Schaden zuzufügen. Vielmehr setzen sie meistens blind die Muster um, die sie selbst in ihrer Kindheit gelernt haben.

Schemata können in einer Familie über Generationen weitergegeben werden; die Eltern »vererben« sie unbewusst jeder neuen Generation wie ein soziales Gen. Das Bevorzugungsschema eines Elternteils kann selbstbezogenes Verhalten auslösen, welches emotionale Deprivation bei dem Kind hervorruft. Wenn dieses dann selbst Kinder bekommt, praktiziert der nun Erwachsene vielleicht einen zu nachgiebigen, zu großzügigen Erziehungsstil, der wiederum ein Vorrechtsgefühl bei der nächsten Generation begünstigt. Welche konkrete Form das Schema annimmt, hängt teilweise von der Art der gewählten Bewältigungsstrategie ab – Vermeiden oder Überkompensieren.

Haben Sie erkannt, dass Ihre eigenen Eltern Schemata zum Opfer gefallen sind, können Sie vielleicht einsehen, dass sie in gewissem Sinn keine Schuld daran tragen. Das ist aber keine Entschuldigung, wenn Eltern ihren Kindern absichtlich Schaden zufügen. Doch wie der Dalai Lama sagt, sind die leidigen Emotionen der Person problematisch, nicht die Person selbst.

Die Befreiung von Schemata, die mit unseren Eltern zu tun haben, machen einen Großteil des Prozesses aus, den Psychologen als »Individuation« bezeichnen – das Heranwachsen zu einem selbstbestimmten, reifen Menschen. Sind wir als Erwachsene auf der Schema-Ebene noch mit unseren Eltern verstrickt, dem Diktat unserer früh verinnerlichten Schemata unterworfen, haben wir noch nicht die volle Selbständigkeit erreicht, insbesondere nicht auf emotionaler Ebene. Psychodynamisch gesehen sind wir auf einer bestimmten Entwicklungsstufe stehen geblieben und müssen emotional »nachreifen«, um den Entwicklungsrückstand aufzuholen. Manche Klienten müssen den Kontakt zu einer Schlüsselperson – gewöhnlich einem Elternteil – eine Zeit lang so weit wie möglich einschränken, während sie innerlich daran arbeiten, sich von immer noch verhaltensprägenden Schema-Mustern zu lösen. Wenn Sie Abstand zu einer Person gewinnen, mit der Sie emotional verstrickt sind, gewinnen Sie damit auch Zeit für die Heilung; so können Sie die Beziehung später mit gestärktem Selbstbewusstsein und größerer Unabhängigkeit von diesen Mustern wieder aufnehmen.

Von Schemata gefesselten Beziehungen wohnt eine Art Trägheit inne, die Veränderungsversuchen Widerstand entgegensetzt. Verhält sich einer der Beziehungspartner anders, kann dies eine Gegenreaktion bei der anderen Person auslösen. Doch es muss nicht unbedingt die andere Person sein, die sich nicht ändern will; es sind ihre Schemata. Es gibt die Redensart, dass man Menschen nicht ändern könne. Das mag stimmen, doch Sie können Muster ändern.

Schemata führen in gewissem Sinn ein Eigenleben; sie aufzulösen erfordert, sie ihrer Lebenskraft zu berauben. Wie bei der Veränderung unserer eigenen Schema-Muster bedarf es auch in einer Beziehung einer Anpassungsphase, um sich an neue, schemafreie

Formen des Umgangs miteinander zu gewöhnen. Wenn wir unsere eigenen Schema-Reaktionen ändern, weckt dies ganz von selbst den Wunsch in uns, auch die gestörten Muster in unseren engen Beziehungen zu ändern. Hier stoßen wir aber auf Widerstand: Die anderen haben oft etwas dagegen, insbesondere wenn die Nähe in der Beziehung teilweise neurotische Züge hat, wenn also die beiden Personen von den wechselseitigen Schema-Bedürfnissen profitieren. In solchen Fällen machen die Schemata sogar einen Eckpfeiler der Beziehung aus, der die Bindung stützt und trägt.
Indem wir uns verändern, verliert eine solche Beziehung oft an Bedeutung und Stärke. Je höher unser eigenes Schema die Basis der emotionalen Bindung darstellte, desto stärker kann die Beziehung nun gefährdet scheinen. Auf jeden Fall jedoch dürfte uns die enge Verbindung, die wir als Nähe interpretierten, Unbehagen bereiten, weil wir jetzt klarer sehen, dass sie auf einem Schema beruht.

Wann Psychotherapie heilsam sein kann ● Die Beziehung des Klienten zu seinem Psychotherapeuten kann die Mängel der Elternbeziehung teilweise ausgleichen. Der Therapeut (oder die Therapeutin) dient als Ersatz für die »guten« oder zumindest »hinlänglich guten« Eltern und schafft ein Übungsfeld, um alte Schema-Reaktionen zu verlernen.
Ein Therapeut oder häufig auch ein guter spiritueller Lehrer kann eine Quelle der Stärke, Klarheit, emotionalen Bindung und Leitung sein, insbesondere wenn wir selbst nicht klar zu sehen vermögen. Es ist sehr wichtig, dass die Betroffenen dieser Bindung vertrauen, insbesondere wenn sie kein Vertrauen in ihre frühesten Beziehungen setzen konnten. Ein Therapeut muss eine verlässliche, sichere Bindung bieten und aufmerksam auf den Klienten eingehen. Das allein kann schon die emotionalen Wunden der Kindheit heilen.
Sind diese Elemente vorhanden, kann der Therapeut eine Quelle von Verbundenheitsgefühl und Anteilnahme sein. Diese Basis

macht es möglich, neue, heilsame Erwartungen an eine enge Beziehung zu erlernen. Gleichermaßen heilsam kann es sein, wenn ein Therapeut oder ein angesehener Lehrer bestätigt, dass unser Selbstbild Bedeutung hat und ernst genommen werden muss. Dasselbe gilt, wenn diese Personen uns nicht in der negativen Weise sehen wie möglicherweise wir uns selbst.

Schemata mit Eltern klären ● Als die Teilnehmerin meines Workshops erkannte, dass ihr gewohnheitsmäßiges Weghören zum Deprivationsschema ihrer Tochter beigetragen hatte, konnte sie verstehen, warum ihre Tochter ihr gegenüber so oft aggressiv wurde. Daraufhin beschäftigte sie sich näher mit der Art und Weise ihres Umgangs miteinander und kam zu der Einsicht: »Meine Tochter glaubt, dass ich ihr nicht zuhöre oder sie nicht verstehe. Kein Wunder, dass sie so sauer auf mich ist.«

Ich fragte sie, ob es zutreffe, dass sie nicht zuhöre. »Ja«, gestand sie, »ich sehe es jetzt klarer. Und um die verfahrene Situation zwischen uns noch komplizierter zu machen, wehre ich es oft zu sehr ab, wenn sie ihrem Ärger auf mich Luft macht. Meine eigenen Reaktionen erschweren es mir, das, was sich zwischen uns abspielt, zu verstehen. Ich werde mich stärker bemühen, jetzt wo ich weiß, was los ist.«

Ob sie noch etwas tun könne, um das Muster zwischen ihnen zu verändern, fragte ich. Sie dachte eine Weile nach und sagte dann: »Es wäre einfacher, wenn sie nicht so wütend werden würde. Wenn sie so feindselig ist, erstarre ich förmlich zu Eis.«

Ich schlug ihr vor, ihre Tochter zu fragen, ob sie ihr sagen könnte, was sie brauche, ohne sie wütend zu attackieren. Schon dieses Verhalten, falls die Mutter es fertig brächte, wäre als solches teilweise heilsam, sofern die Tochter tatsächlich das Gefühl hätte, ihre Mutter enthalte ihr Anteilnahme und Zuwendung vor. Nur allzu oft glauben Menschen, die sich ihrer Schemata entledigen wollen, dass ihre Eltern sie früher absichtlich verletzt haben oder es jetzt immer noch tun.

Während dies in Fällen von Missbrauch und extremer Vernachlässigung oftmals zutrifft, sind sich die meisten Eltern nicht einmal bewusst, dass ihr Verhalten ein Schema bei ihrem Kind hervorgerufen hat. Wenn und falls sie es doch merken, wissen sie in aller Regel nicht, was sie dagegen tun sollen. Außer in einigen schweren Fällen bedeutet das aber nicht, dass sie es nicht wollten, auch wenn manche es gar nicht erst versuchen, es lieber unter den Teppich kehren würden oder zu sehr mit sich selbst beschäftigt sind.

Wenn unsere Eltern noch eine Rolle in unserem Leben spielen und wenn diese Schema-Muster den Umgang mit ihnen immer noch zu stark beherrschen, kann es sinnvoll sein, gemeinsam mit einem Elternteil – oder beiden – daran zu arbeiten. Inwieweit das möglich ist, hängt sehr von den Umständen ab, zunächst einmal vom guten Willen und der Offenheit der Eltern. Es gibt keine Patentlösungen, wenn es um die Beziehung zu den Eltern geht. Jede Situation ist einzigartig und birgt ihre speziellen Möglichkeiten oder Grenzen.

Doch auch wenn eine gemeinsame Arbeit nicht möglich ist oder der Versuch dazu verfrüht wäre, kann trotzdem ein Heilungsprozess einsetzen. Die Arbeit mit den Eltern ist kein unbedingt erforderlicher Schritt zur Veränderung unserer Schemata. Die eigentliche Arbeit geschieht im Innern, durch das Sprengen der Kette der emotionalen Gewohnheit.

Und wie bei Paaren gilt: Verändert sich nur eine Person in der Beziehung, dann ändert dies unausweichlich auch den Umgang miteinander. Alle unsere Beziehungen, auch die zu unseren Eltern, sind Systeme, in denen ein Element alle anderen beeinflusst.

Ein emotionaler Schutzanzug ● Es gibt allerdings Elternbeziehungen, in denen praktisch unaufhörlich Schema-Muster ausgelöst werden. Meine Klientin Miriam war als Kind von ihrer Mutter seelisch misshandelt worden; überdies setzte die Mutter diese Misshandlung bis in die Gegenwart hinein fort. Sie hatte schon früher immer etwas an Miriam auszusetzen gehabt, und wenn sie sie jetzt besuchte, kritisierte sie auch an ihrem Mann und ihren Kindern herum. Ihre Besuche waren das reinste emotionale Gift. Als Miriam ängstlich die Frage anschnitt, ob ihre Mutter bereit sei, mit ihr über ihre emotionalen Muster zu reden, erhielt sie eine barsche Abfuhr: »Ich habe selber genug Probleme. Ich kann mich nicht auch noch mit deinen beschäftigen.«

»Diese Bemerkung war wie Salz in eine offene Wunde«, seufzte Miriam.

Nach Lage der Dinge musste der erste Schritt zur Befreiung von ihren Schemata darin bestehen, eine Mauer, eine feste Grenze zwischen sich und ihrer Mutter zu errichten. »Sie brauchen einen emotionalen Schutzanzug«, erklärte ich ihr, »eine lückenlose Barriere, die Sie schützt.«

Also schränkte Miriam den Kontakt zu ihrer Mutter monatelang ein, erlaubte ihr keine Besuche, führte pro Monat nur eine bestimmte Anzahl Telefongespräche mit ihr und beendete entschlossen das Gespräch, sobald ihre Mutter ihr wieder zu nahe trat. Und Miriam leistete ihre Schema-Arbeit im Innern, im sicheren Bereich hinter diesen Grenzen.

Erst als sie sich etwas von ihren Schema-Reaktionen frei gemacht hatte und ihre Grenzen dicht geschlossen waren, fühlte sich Miriam sicher genug, den Umgang mit ihrer Mutter in gewohntem Umfang wieder aufzunehmen.

Haben sich Menschen von ihren Schema-Beziehungen zu den Eltern gelöst und werden allmählich gesund, können sich solche Barrieren von selbst auflösen, weil sie nicht mehr gebraucht werden. Bei Eltern jedoch, die an den Schema-Mustern in der Beziehung festhalten, kann es von Nutzen sein, eine geistige Grenze aufrechtzuerhalten. Dazu ist es unabdingbar, dass Sie sich selbst über diese Grenze im Klaren sind und sich stets vor Augen halten, dass Sie sich nicht mehr so behandeln lassen wollen.

Einen inneren Dialog mit der elterlichen Stimme führen

Es kommt vor, dass mein Klient Jesse in seiner üblichen munteren Weise eine Geschichte erzählt, und plötzlich ändern sich wie aus heiterem Himmel sein Benehmen und sein Tonfall; er verfällt minutenlang in eine gehässige Tirade über eine andere Person. Dann kehrt er genauso plötzlich wieder zu seiner üblichen, einnehmenden Art zurück.

Ein Gedanke schießt mir durch den Kopf: Gerade hat seine Mutter aus ihm gesprochen!

Sie war sehr streng gewesen und hatte überaus hohe Maßstäbe angelegt, und Jesse war zu diesem Zeitpunkt schon bewusst, wie tief sie sein Perfektionismusschema in ihm verankert hatte. Noch nicht bewusst waren ihm allerdings diese vorübergehenden Trancezustände, in denen er zum Sprachrohr seiner Mutter wurde.

Nach und nach jedoch gelang es Jesse, einen Zusammenhang zwischen diesen Momenten der »Besessenheit« von der Stimme seiner Mutter und seiner eigenen inneren Stimme der Selbstkritik hinter seinem Perfektionismus herzustellen.

Jesse ließ die Stimmen laut werden, die normalerweise nur in seinem Geist widerhallten. In gewissem Sinn ist der Elternteil, der in unserer Schema-Realität wohnt, nicht derselbe, den wir heute als Erwachsene kennen, sondern der aus unseren Kindheitserinnerungen. Dies traf auch auf Jesse zu.

Daraus ergibt sich eine therapeutische Gelegenheit: Wenn es nicht möglich ist, mit unseren realen Eltern über die Kränkungen und Gefühle eines von ihnen begründeten Schemas zu sprechen, können wir immer noch einen Dialog mit jenem verinnerlichten Elternteil führen. Genau wie wir dem kindlichen Teil von uns, der die Realität und die Einflüsterungen des Schemas glaubt, eine Stimme gegeben haben, können wir auch dem in unseren Geist gebannten Elternteil Ausdruck verleihen.

Nehmen wir Miriam als Beispiel. Eines Tages rief sie mich verzweifelt an. Sie hatte geschlagene zwei Stunden lang mit einer inneren Stimme gekämpft, die sie verurteilte, peinigte und herabsetzte.

Ich empfahl ihr, die Leidenschaft hinter ihren quälenden, verurteilenden Gedanken in Sehnsucht nach Freiheit von diesem Leiden umzuwandeln. Sie hatte mehrere Aufenthalte in Meditationszentren hinter sich, weshalb ich ihr vorschlug, über die Natur des Leidens und den Pfad zur Freiheit von Leiden – eine grundlegende buddhistische Vorstellung – zu meditieren, aber in Bezug auf ihr eigenes Leiden an ihren Schemata. »Sie wissen, dass es möglich ist, frei von diesem Leiden zu sein. Ersehnen Sie diese Freiheit für Sie selbst. Wünschen Sie sich das wie in der Meditation über Liebe und Mitgefühl, die Sie geübt haben«, ermutigte ich sie.

»Aber wenn ich das mache, höre ich eine Stimme dazwischen sagen: ›Ich will nicht, dass du frei bist. Ich will, dass es dir dreckig geht.‹«

Ihr Tonfall bei diesen Worten erschütterte mich: »In dem Augenblick, in dem ich Sie das sagen hörte – ›Ich will, dass es dir dreckig geht‹ –, haben Sie sich genauso angehört, als würden Sie die Stimme Ihrer Mutter nachahmen. Sie hat immer noch große Macht über Sie, und Sie lassen sich immer noch einfangen. Sie lassen zu, dass Sie sich in ihrem Elend verstricken.«

»Sie hält ihr Elend in mir am Leben«, antwortete Miriam, »als würde sie es säen und begießen. Und ich habe das zugelassen. Ich habe mich abgefunden mit ihren perfektionistischen, übertriebenen Maßstäben, ihrer Missbilligung. Ich muss sehr aufpassen, dass ich die Welt nicht durch ihre Schema-Brille sehe, die alle abschätzig, negativ und lieblos betrachtet.«

Im weiteren Gespräch nahm sich Miriam vor, in sich einen Tonfall zu finden, in dem sie ihrer verinnerlichten kritischen Mutter scharf zu widersprechen vermochte – vielleicht einen, den sie in einer wirklichen Auseinandersetzung mit ihr benutzt hatte. Sie wollte verschiedene Stimmen ausprobieren, bis sie eine gefunden hätte, die wirkte, die ihr das Gefühl gab, die innere Stimme ihrer Mutter besiegen zu können.

Sie übte diesen inneren Dialog mit einer achtsamen Einstellung, blieb offen für alles, was in ihr aufstieg, ohne es zu beurteilen und ohne sich schuldig zu fühlen, wenn sie, was sie manchmal als nötig empfand, wütend wurde. Sie wappnete sich mit Gelassenheit, versuchte sich nicht in die Schuldgefühlfalle ihrer Mutter locken zu lassen. Mit dieser Entschlossenheit begann sich Miriam gegen die Stimme ihrer Mutter zur Wehr zu setzen. Sie hielt ihr mit Nachdruck entgegen: »Du kannst nicht so mit mir umspringen. Du kommst mit dieser seelischen Misshandlung nicht durch.« Wenn sie es brauchte, machte sie einen einsamen Spaziergang und schrie ihre Gefühle ihrer Mutter gegenüber heraus. Sie fand, dass ihr dies half, sich stark zu fühlen und ihrer Mutter die Stirn zu bieten.

Mit der Zeit wurde dieser innere Dialog fast automatisch. Immer wenn Miriam die herabsetzende Stimme ihrer Mutter vernahm, konterte sie sofort im Geist.

Schließlich wurde die Reaktion positiver. »Als ich von der Arbeit nach Hause fuhr«, berichtete sie eines Tages, »sagte die alte Stimme: ›Du hast deine Sache miserabel gemacht.‹ Doch dann mischte sich aus dem Nichts eine andere Stimme ein und sagte: ›Du hast deine Sache prima gemacht!‹«

Diese mächtigen Stimmen, die sich aus der Wut über emotionale Misshandlung speisen, können den Betroffenen helfen, sich stärker zu fühlen als die Stimme des Schemas – für Miriam hieß dies, stärker als die seelische Misshandlung durch ihre Mutter.

Die Veränderung dieser inneren Dialoge kann ganz unterschiedlich vor sich gehen. Der übermäßig kritische Vater einer anderen Klientin hatte bei ihr ein Perfektionismusschema hervorgerufen. Ich fragte sie, ob sie sich immer noch nach der Anerkennung ihres Vaters sehne, innerlich oder äußerlich. »Eigentlich«, sagte sie, »sehe ich ihn selten, und ich kenne jetzt auch seine Schwächen. Aber in mir drin wünsche ich mir wohl immer noch, dass er mich lobt.« Diese innere Stimme herauszufordern, so erklärte ich ihr, sei der nächste Schritt.

Es gibt viele Botschaften, viele heilende Drehbücher im Umgang mit der inneren Stimme der Eltern. Diese Art des Kampfes oder der Auseinandersetzung mit dem Schema ist nur ein Beispiel. Viele Menschen, die eine Schema-Therapie machen, schreiben irgendwann einen Brief an ihre Eltern (schicken ihn aber selten ab), in dem sie ihrem Herzen einmal Luft machen; sie schreiben, wie sie sich behandelt fühlten und was sie ihren Eltern gerne in Wirklichkeit sagen würden, aber nicht zu sagen wagen.

Verzeihen: Alles zu seiner Zeit ● Mehrere meiner Klienten erreichten ein Stadium der Arbeit an ihrem Schema, in dem sie es bei dem Elternteil, dessen Verhalten maßgeblich zur Entstehung des Musters beigetragen hatte, zur Sprache bringen konnten. Dies ist zwar kein notwendiger oder auch immer möglicher Schritt, doch er kann helfen, über das Vorwürfemachen hinaus und zum Verzeihen zu kommen.

Die Mutter einer Klientin, die sich ihrer Tochter gegenüber immer sehr abwertend verhalten hatte, gestand freimütig: »Ich gehe so mit anderen um, weil ich selber so unglücklich bin.«

Eine andere Klientin hatte eine Mutter, die sich ihr gegenüber oft kindisch, selbstsüchtig und überempfindlich verhielt. Wie meine Klientin herausfand, entsprang dieses Verhalten dem Bevorzugungsgefühl, das in Deprivation wurzelt. Als sie ihre Mutter schließlich zur Rede stellte, gestand diese: »Meine unverschämten Bemerkungen prallen doch an den Leuten einfach ab. Sie ignorieren mich; ich glaube, sie hören sie nicht einmal. Ich glaube, dass ich die Leute mit einer abfälligen Bemerkung schocken müsste, um ihre Aufmerksamkeit zu erregen.«

Als die beiden endlich darüber reden konnten und die Tochter ihrer Mutter erklärt hatte, wie schlimm diese Behandlung für sie gewesen war, entschuldigte sich die Mutter: »Ich kann verstehen, warum du dich so gefühlt hast – du bist nämlich sehr sensibel, mehr als die meisten anderen in unserer Familie. Ich bin es gewohnt, dass die anderen über mich hinwegsehen. Ich habe nicht gemerkt, dass ich dir wehgetan habe.«

Wenn Sie einsehen, dass hinter einem derartigen Verhalten ebenfalls ein Schema steckt, können Sie mehr Verständnis, sogar Mitgefühl für die andere Person aufbringen. Andererseits folgen Schemata keiner rationalen Logik. In der emotionalen Realität des Schemas sind die Menschen, deren Verhalten bei uns ein Schema hervorruft, »schuld« – zumindest kommt es dem Schema so vor.

Wie erwähnt müssen wir uns in diese Schema-Empfindungen einfühlen, damit wir unsere emotionalen Reaktionen nicht übereilt zu ändern versuchen. Das bedeutet, dass das Verzeihen zwar mit der Zeit kommt, dass es aber am besten erst dann kommt, wenn wir die Wahrheit und die Gefühle der Schema-Realität anerkannt haben – und sei es nur uns selbst gegenüber.

Es gibt einen natürlichen Zeitablauf bis zur Vergebung. Der Prozess verläuft über mehrere Stadien der Bereitschaft: Zuerst erkennen wir das Schema an und empfinden Empathie für die in ihm verkörperte Empfindungs- und Sichtweise. Wenn wir später mehr Distanz gewinnen, können wir unseren Zorn auf das Schema selbst lenken. Und mit der Zeit löst sich allmählich die emotionale Spannung des Schemas.

Wir müssen an unsere Schema-Gefühle herankommen, dürfen aber nicht daran haften bleiben. Was das Verzeihen anbelangt, stimmen Buddhismus und Psychotherapie an einem Punkt nicht miteinander überein: Aus buddhistischer Sicht können Mitgefühl und Verzeihung sofort einsetzen. Aus psychotherapeutischer dagegen können wir erst dann verzeihen, wenn wir die symbolische Bedeutung unserer Emotionen anerkannt haben. Überdies ist zu berücksichtigen, dass bei manchen Schemata, insbesondere solchen, die auf schwere Vernachlässigung oder Missbrauch zurückgehen, das Verzeihen nicht leicht ist.

Anhand Ihres eigenen inneren Zeitplans können Sie prüfen, wo Sie stehen. Da jeder Mensch und jede Beziehung anders ist, gibt es in Bezug auf das Verzeihen nicht *die* eine richtige Reaktion.

Empathie mit einem elterlichen Schema ● Bei der inneren Arbeit an der Befreiung von unseren emotionalen Schablonen verlieren unsere automatischen Reaktionen allmählich ihre Macht über uns, sodass wir anders reagieren können.

Lauren empfand immer rasende Wut, wenn ihre Mutter wieder einmal über sie hinwegging. Nachdem sie sich jedoch gründlich mit ihrem Deprivationsschema, das sie teilweise auf die Selbstbezogenheit ihrer Mutter zurückführte, beschäftigt hatte, begann sich diese Reaktion abzuschwächen.

Nach der Rückkehr aus einem Meditationszentrum rief Lauren ihre Mutter an. »Ich begann ihr von dem Aufenthalt zu erzählen«, berichtete Lauren. »Dann schnitt sie mir wie gehabt nach einem Satz das Wort ab und begann langatmig über sich selbst zu reden.« Doch Lauren bemerkte, dass etwas anders war. Statt die Traurigkeit hinter ihrer Deprivation zu spüren und dann wie üblich von zornigen Gedanken überflutet zu werden, beobachtete sie »die Sache mit einer neuartigen Faszination. Dass ich gerade intensiv meditiert hatte, half mir. Ich sagte mir: ›Also daher kommt mein Gefühl, zu kurz gekommen zu sein.‹

Weil ihr mein Schweigen wohl auffiel, wollte meine Mutter dann einiges über mich wissen, brachte jedoch das Gespräch im nächstbesten Moment wieder auf sich. Ich sagte mir: ›Ich muss das nicht mitmachen. Ich muss nicht traurig oder wütend sein. Ich muss nicht zulassen, dass sie das tut, aber ich habe keine Lust, groß mit ihr darüber zu diskutieren.‹«

Also ging Lauren anders mit diesem Augenblick um. »Ich sagte zu meiner Mutter: ›Ich werde jetzt auflegen‹ und erklärte ihr warum – nicht im Zorn, sondern einfach ganz direkt. Nur eine Erklärung, wie ich mich fühlte, was mich an ihrem Verhalten störte und warum ich das Bedürfnis hatte, das Gespräch zu beenden. Und dann legte ich auf. Kein Streit diesmal.«

Als Lauren das Telefonat Revue passieren ließ, waren ihre Gedanken einmal nicht beherrscht von Wut auf ihre Mutter. Jetzt, wo ihr klar war, dass sie sich nicht mehr mit der Selbstsucht ihrer

Mutter abzufinden brauchte, konnte sie über die Gründe dieser Selbstsucht nachdenken. Sie erinnerte sich, dass sie gehört hatte, ihre Mutter sei Waise gewesen und von einem Alkoholikerpaar adoptiert worden, das die emotionalen und alltäglichen Bedürfnisse ihrer Tochter nur sehr nachlässig erfüllte. Ihre Mutter, so vermutete Lauren, litt selbst unter einem massiven Deprivationsschema. »Kein Wunder, dass sie so mit sich selbst beschäftigt ist«, sagte Lauren.

Wenn wir uns näher auf unsere Gefühle im Zusammenhang mit unseren Eltern und ihrem Verhalten einlassen, sind wir allmählich auch fähig, uns in sie einzufühlen – das heißt zu verstehen, welche Einflüsse in ihrem Leben sie zu diesem Verhalten gebracht haben. Und schließlich können wir mit der Zeit aus diesem Verständnis heraus zu mehr Mitgefühl gelangen – für den Kreislauf der Schema-Existenz, in dem diese Muster von Generation zu Generation weitergegeben werden.

Formen des Verzeihens ● Verzeihen kann ganz alltägliche Formen annehmen. Statt sich hinzustellen und zu verkünden: »Ich verzeihe dir«, können Sie es durch eine Veränderung Ihres Verhaltens gegenüber der betreffenden Person ausdrücken. Auch Verständnis kann eine Form des Verzeihens sein.

Manche Menschen vermitteln die Botschaft in sehr erfinderischer Weise. Lilly hatte eine quälende Beziehung zu ihrer Mutter und litt unter emotionalen Entbehrungen. Doch durch die Arbeit an ihrem Deprivationsschema schwand ihre seit langem angestaute Wut auf ihre Mutter, und sie fand allmählich ein besseres Verhältnis zu ihr.

Sie benutzte einen Schneebesen, den ihr ihre Mutter vor 15 Jahren geschenkt hatte. Eines Tages kam ihr der Gedanke, ob sie sich je für diesen Schneebesen bedankt habe. Also griff Lilly zum Telefon. »Das hört sich jetzt vielleicht seltsam an«, sagte sie zu ihrer Mutter, »aber habe ich dir je für diesen Schneebesen gedankt, den du mir vor langer Zeit geschenkt hast?«

Wie ihre Mutter glaubte, hatte Lilly sich bedankt.

Doch Lilly hakte nach: »Ich wollte dir nur für alles danken, das du mir im Laufe der Jahre gegeben hast. Und ich möchte dir sagen, dass ich dich liebe.«

Solche Augenblicke der Zärtlichkeit zwischen ihnen waren selten geworden.

Als Lilly mir davon erzählte, fragte ich sie, ob sie glaube, dass sich durch dieses Verheilen von Wunden etwas in der Beziehung für sie verändert habe, ob sie etwas daran anders sehe. Sie bejahte das: »Es gibt keinen Kampf mehr. Ich spüre nur dieses spontane Verzeihen.«

Wie ich anfangs erwähnte, wird in vielen Zentren für Achtsamkeitsmeditation die Liebe-und-Mitgefühl- sowie die Gelassenheitsmeditation gelehrt. Diese Übungen beschließen in der Regel eine Sitzung, um anderen das Wohlergehen zu wünschen, das man selbst erlebt hat. Für eine meiner Klientinnen erwies sich diese Übung als besonders wirkungsvoll. »Ich stamme aus einer schwer gestörten Familie, in der alle überreagierten«, berichtete sie mir. »Jeder attackierte jeden, machte ihm Vorwürfe oder kritisierte ihn. Dieses Verhalten wurde in meiner Familie akzeptiert und weitergegeben. Ich glaubte, so ginge es eben zwischen Menschen zu; so machte jedenfalls ich es.

Als ich mit der Therapie anfing, sah ich ein, dass dies nur meinen Schemata, vor allem Deprivation und Verlassenwerden, Vorschub leistete. Ich neige zu Überreaktionen; ich werde rasend, wenn diese Schemata ausgelöst werden. Weil ich glaubte, ich müsste meine Gefühle rauslassen, schrie ich die anderen entweder an oder zog mich beleidigt in den Schmollwinkel zurück. Diese Reaktionen haben oft meine Männerbeziehungen kaputtgemacht.

Ich will gar nicht so sein; ich will nicht rumschreien und toben und alles kaputtmachen. Ich möchte innehalten, bis zehn zählen, freundlich mit mir umgehen und diese Freundlichkeit nach außen zeigen können. Ich habe jahrelang mit mehreren verschiedenen Methoden versucht, daran zu arbeiten, aber nichts half. Ich

glaubte schließlich, ich bräuchte Medikamente, um meine Reaktionen unter Kontrolle zu kriegen.
Erst als ich in einem Meditationszentrum Achtsamkeit übte, habe ich diese Fähigkeit in mir selbst gefunden. Und nur daher konnte sie kommen. Die Liebe-und-Mitgefühl-Meditation hat mir besonders gut geholfen. Zum einen konnte ich mich damit in die anderen hineinversetzen und sie mit Gelassenheit sehen. Und ich erkannte, wie wirksam es ist, anderen Menschen Wohlergehen zu wünschen. Sie mit Gelassenheit zu betrachten, aus mir heraus das innere Gleichgewicht zu finden, das hat mir letztendlich geholfen, meine Reaktionen zu mäßigen.«

Eine Familiensaga ● Kurz vor dem Ersten Weltkrieg reiste ein kleines Mädchen mit seinem Vater per Schiff von Italien in die Vereinigten Staaten. Der Vater wollte einen Streit um das Sorgerecht vermeiden und hatte das Mädchen entführt; nun brachte er es so weit weg, dass seine Mutter es niemals finden sollte.
Mit traurigen grünen Augen starrte die Kleine hinaus auf das endlose Meer. Vielleicht ahnte sie, dass sie ihre Mutter nie wiedersehen würde. Dann schleuderte sie in einer jähen, wütenden Anwandlung des Protests ihre Lieblingspuppe ins Wasser.
Dieses Mädchen heiratete später, als es noch keine 20 war, und bekam drei Kinder. Obwohl sie selbst noch so jung war, bemühte sie sich, ihren Kindern eine gute Mutter zu sein, ihnen so etwas wie ein geregeltes Leben zu bieten. Dazu leitete sie noch die Tanzschule ihres Mannes in New York. Doch weil sie so jung war und ihr alles über den Kopf wuchs, lief sie davon und ließ ihren Mann und ihre drei kleinen Mädchen im Stich. Sie nahm zwar später wieder Kontakt zu ihren Töchtern auf, aber trotz ihrer Zuneigung waren die Beziehungen oft sehr stürmisch.
Eine ihrer Töchter wiederum bekam ebenfalls in sehr jungen Jahren zwei Kinder. Sie bemühte sich, ihnen eine gute Mutter zu sein, ihnen so etwas wie ein geregeltes Leben zu bieten. Doch als junge allein erziehende Mutter fühlte sie sich von der Last der

Verantwortung überfordert. Deshalb ließ sie ihre Kinder über Jahre hinweg wochenlang in der Obhut von Kinderfrauen oder Verwandten, während sie wegging und ihr eigenes Leben auf die Reihe zu bringen versuchte. Sie kam jedoch immer zurück und stellte sich schließlich der Aufgabe, für die Kinder, die sie liebte, als Mutter da zu sein.

Dies ist die Geschichte meiner Mutter und meiner Großmutter. Erst bei dem Begräbnis meiner Großmutter erfuhr ich die Geschichte von dem kleinen Mädchen auf dem Schiff aus Italien.

Bei der Beerdigung lauschte ich den aufrichtigen Lobreden der Vertreter meiner Generation, ihrer Enkel. Wir schilderten jeder auf seine eigene Weise unsere tief empfundene Liebe zu unserer Großmutter. Angesichts der Generationen übergreifenden Familientradition des Verlassenwerdens berührte es mich tief, dass wir offenbar keinen Zorn auf sie empfanden.

Dennoch spürte ich in mir emotionale Vorbehalte ans Licht kommen, als ich die Wahrheit über das Leben meiner Großmutter hörte. Eine Frage ging mir ständig im Kopf herum: Wenn meine Großmutter so sehr zu den in meiner Familie tradierten Schema-Mustern beigetragen hatte, warum hegte ich dann keinen Groll gegen sie?

Ich erkannte, dass ich das emotionale Erbe meiner Großmutter klar verstand. In Bezug auf meine Mutter jedoch fielen mir Verständnis und Verzeihen schwerer. Nach mehreren Jahren intensiver innerer Arbeit – und manchmal auch äußerlicher mit meiner Mutter – hatte ich viele meiner schemabedingten Beziehungsmuster zu ihr losgelassen. Sie begannen sich allmählich zu verändern, sogar zu verheilen. Selbstredend war das nicht leicht.

Ich spürte eine neu gewachsene Bereitschaft in mir, insbesondere als ich merkte, dass auch meine Mutter sich bemühte, unsere Beziehungsmuster zu ändern. Ich empfand die wahrhaftige Bereitwilligkeit, meine Mutter anzunehmen und ihr zu verzeihen. Es griff mir ans Herz, sie ihre Mutter verlieren zu sehen. Als sie meine Großmutter vor deren Tod zum ersten Mal im Krankenhaus besuchte, lagen sie sich weinend in den Armen. Es war, als ob ein Leben lang angestaute Verstimmungen in diesen wenigen Augenblicken dahinschmolzen und Jahrzehnte verletzter Gefühle heilten. Es war ihre letzte Umarmung.

Als meine Großmutter gestorben war, sagte meine Mutter zu mir: »Meine Mutter konnte so viel Liebe geben. Am Ende habe ich das wirklich eingesehen. Ich wünschte nur, ich hätte das erkannt, als sie noch lebte.«

Ich schätze mich glücklich, dass ich zu dieser Erkenntnis gekommen bin, während meine Mutter noch lebt. Und auch wenn ich mir immer noch klarmachen muss, dass die alten Muster wieder an die Oberfläche kommen können, fühle ich mich doch frei, eine Liebe zu geben und zu empfangen, die immer da gewesen ist.

Wenn wir uns von unseren Schemata befreien, reißen wir die trennenden Mauern zwischen den Familienmitgliedern ein; so können wir die im Hintergrund vorhandene Liebe und Bindung unverzerrt von der Optik unserer emotionalen Gewohnheiten erfahren. Es ist zwar, als ob diese durch die Generationen weitergegeben würden wie ein Virus, das sich an wechselnde Umweltbedingungen anpasst; doch wenn die Schemata heilen, können wir den unpersönlichen Charakter unserer emotionalen Lernerfahrungen leichter erkennen – vieles wird eben unbewusst weitergegeben.

Wenn Sie Gefühle im Zusammenhang mit Ihrer Kindheit bearbeiten wollen

Machen Sie einen Versuch mit der folgenden geführten Meditation. Lesen Sie die Anweisungen durch und versuchen Sie es dann mit geschlossenen Augen aus dem Gedächtnis:

Bleiben Sie zuerst einige Minuten lang achtsam bei Ihrem Atem; lassen Sie Ihren Geist und sich ruhig werden.

Denken Sie jetzt an einen Ort, an dem Sie sich vollständig sicher fühlen – vielleicht bei einem Menschen, dem Sie Vertrauen und Liebe entgegenbringen, oder in einem warmen, bequemen Bett unter einer kuscheligen Decke oder auch an einem schönen Strand, wo Sie sich in der warmen Sonne aalen – an irgendeinen Ort, an dem Sie sich geborgen, beschützt und zufrieden fühlen, wo Sie sich sicher genug fühlen, um ganz Sie selbst zu sein.

Nehmen Sie die akzeptierende Haltung der Achtsamkeit ein, lassen Sie Gedanken und Gefühle aufsteigen, ohne sie zu beurteilen, und halten Sie sich immer vor Augen, dass Sie jederzeit an Ihren Zufluchtsort zurückkehren und im natürlichen Rhythmus Ihres Atems Trost finden können.

Vielleicht haben Sie etwas aus Ihrer Kindheit gespürt, einen Zusammenhang zwischen einem emotionalen Muster und seiner Entstehung hergestellt. Wählen Sie etwas aus, zu dessen achtsamer Bearbeitung Sie bereit sind. Wenn Ihnen etwas in den Sinn kommt, das Sie zu sehr beunruhigt, dem Sie sich noch nicht zu stellen vermögen, dann heben Sie es sich für ein anderes Mal auf und nehmen Sie sich ein einfacheres Problem vor, bei dem Sie leichter verweilen können.

Wenn Ihnen eine mit diesem Muster verbundene Person in den Sinn kommt, von der Sie nicht bekommen zu haben glauben, was Sie gebraucht hätten, dann laden Sie diese Person in Ihre achtsame Präsenz ein. Wenn das beispielsweise Ihre Mutter ist, dann sehen Sie sie als offene und aufmerksame Zuhörerin.

Erlauben Sie sich absolute Ehrlichkeit; sagen Sie diesem Menschen, was Sie ihm schon immer einmal sagen wollten. Nehmen Sie sich die Zeit, in sein Herz zu blicken und darüber nachzudenken, was Sie ihm sagen müssen, und sagen Sie es jetzt. Sagen Sie ihm offen, ehrlich und achtsam, was Sie sich von ihm wünschen – vielleicht dass er verfügbarer, sensibler oder fürsorglicher wäre oder was sonst auf Sie zutrifft. Formulieren Sie es so, wie Sie es brauchen.

Lassen Sie zu, dass Sie sich beim Sprechen geschützt und sicher fühlen, und lassen Sie zu, dass dieser Mensch Ihnen sein Ohr leiht und auf Sie eingeht. Er hört Ihnen wirklich zu und schätzt es, dass Sie so ehrlich auf ihn zugehen. Er nimmt das, was Sie ihm zu verstehen geben, mit Offenheit an.

Lassen Sie ihn dann sagen, was Sie von ihm hören möchten: »Ich werde liebevoll und einfühlsam mit dir umgehen« oder was immer Sie brauchen.

Erlauben Sie sich jetzt die Einsicht, dass er auch nur ein Mensch ist. Halten Sie sich vor Augen, dass sein Verhalten vorwiegend auf seine eigenen Schemata oder zu wenig klare Einsicht zurückzuführen ist und nicht auf böse Absicht. Kehren Sie wieder zu Ihrem Ort zurück, wo Sie sich getröstet und sicher gefühlt haben.

Machen Sie sich am Ende nochmals klar, dass Sie diesen Ort der achtsamen Ehrlichkeit in Ihnen selbst jederzeit wieder aufsuchen können; dort können Sie sich völlig sicher fühlen, geschützt durch Ihr eigenes achtsames Gewahrsein.

Vertrauen Sie darauf, dass Sie irgendwo wirklich gehört und als Person angenommen worden sind. Auch wenn Sie nicht in Wirklichkeit einen solchen Dialog mit der betreffenden Person führen, hat innerlich ein Heilungsprozess eingesetzt.

Sie können sich auf Ihre eigene Wahrheit einlassen, und Sie können dieser Wahrheit Ausdruck verleihen. Dieses achtsame Gegenwärtigsein macht unser eigentliches Wesen aus – unsere Individualität jenseits unserer Gedanken, Reaktionen oder Schemata. Hinter den unbeständigen Wolken wird der klare Himmel sichtbar.

15 Stadien der Heilung

Nach drei oder vier Wochen Therapie beklagte sich eine Klientin bei mir über mangelnde Fortschritte. »Ich sehe ein, dass meine Ängste vor dem Verlassenwerden mich an einer Beziehung zu einem Mann hindern, wie ich sie mir wünsche, und es ist mir ganz klar, dass mich mein Unterwerfungsmuster zu selbstsüchtigen Männern hinzieht. Aber ich reagiere auf meinen Freund immer noch in derselben destruktiven Art. Sollte es mir jetzt nicht schon viel besser gehen?« • Die Frage spricht für sich. Unsere Kultur erwartet Schnellreparaturen und Instantlösungen. Doch die Arbeit, um die es hier geht, hat ihr eigenes, organisches Tempo der Veränderung; sie lässt sich nicht beschleunigen. Vor allem bewirkt das bloße Wissen um unsere destruktiven emotionalen Muster und um die Macht der Achtsamkeit über sie nicht wie durch Zauberhand eine Verbesserung. Dazu ist ein tiefer reichender Lernprozess erforderlich – man muss nicht bloß die Theorie verstehen, sondern die Gewohnheiten selbst ändern. • Diese beiden Arten des Lernens vollziehen sich in unterschiedlichen Arealen des Gehirns, die wiederum auf unterschiedliche Weise lernen. Das intellektuelle Verstehen geschieht vorwiegend im Cortex, in den für das Denken zuständigen Zentren in der äußeren Rinde des Gehirns. Dieser Teil des Gehirns lernt sehr schnell, flicht neue Ideen und Informationen in das bereits bestehende Netz des Wissens ein. Zum intellektuellen Lernen genügt es manchmal schon, etwas zu lesen. • Doch wenn man emotionale Gewohnheiten ändern will, sind auch die entwicklungsgeschichtlich älteren Teile des Gehirns betroffen – etwa das für Gefühle zuständige limbische System, das tief im Innern des Gehirns sitzt. Dieser Teil des Gehirns lernt anders. Das emotionale Gehirn hat sein Gewohnheitenrepertoire über viele Jahre, von Kindheit an, erworben. Schemata wie Perfektionismus und Deprivation schleifen sich durch unzählige Male wiederholte Episoden ein. Deshalb braucht es natürlich Zeit, diese emotionalen Gewohnheiten abzulegen und gesündere Reaktionen zu erlernen.

Ein organisches Tempo der Veränderung ● Wie erläutert, hat das Unterfangen, ein Schema zu ändern, zwei Seiten: Wir müssen zunächst die kontraproduktive alte Gewohnheit verlernen und sie dann durch eine neue, zuträglichere ersetzen. Diese Veränderung unterscheidet sich grundlegend von einem bloß intellektuellen Verstehen, weil sie auch das emotionale Gehirn betrifft. Es erfordert daher konsequentes Üben, Kultivieren der Fähigkeit, sich einem zuvor unbewussten Verhalten mit Achtsamkeit zu nähern, und das anhaltende Bemühen, die neue Denk- und Verhaltensweise umzusetzen, auch wenn sie einem anfangs ungewohnt vorkommt und man oft in das alte Verhalten zurückfällt.

Die Heilung tief eingeschliffener Schemata kann Jahre in Anspruch nehmen. Sie werden dieses Buch zweifellos in viel kürzerer Zeit lesen, als ein Schema sich verändern lässt. Es ist aber sehr wichtig, dass Sie nicht versuchen, den Heilungsprozess zu beschleunigen, auch wenn Sie Ihr Ziel genau vor Augen haben. Lassen Sie sich Zeit.

Dieser Prozess verläuft in aller Regel in mehreren Phasen und Stufen. In der ersten geht es darum, emotionalen Gewohnheiten, denen Sie schon lange anhaften, ohne dass Sie es wissen, Achtsamkeit zuzuwenden. Dies setzt jedoch nur eine Reihe organischer Veränderungen in Gang, die ihrem eigenen, natürlichen Verlauf und Zeitplan folgen.

Einige dieser Phasen können emotional belasten. Ich erinnere mich noch an einen Rat, den einer meiner Meditationslehrer,

U Pandita, einer Gruppe von Meditierenden erteilte. Er spornte uns an durchzuhalten, insbesondere in den Augenblicken inneren Aufruhrs. Er verglich die Yogis, wie er uns Meditierende nannte, mit Babys, die bestimmte Entwicklungsstadien durchmachen, etwa das Zahnen: »Sie schreien und weinen alle Nase lang«, sagte er. »Eine unerfahrene Mutter macht sich während solcher Phasen vielleicht Sorgen um ihr Kind. Doch wenn kleine Kinder nicht solche Phasen des Leidens durchmachen, werden sie nie reif und erwachsen werden.« Für einen Yogi, so betonte er, sind solche belastenden Phasen Zeichen eines Entwicklungsfortschritts.

Das gilt auch für die Arbeit an Schemata. Wenn wir Phasen intensiver emotionaler Läuterung durchmachen, müssen wir bei der Emotion bleiben, anstatt einen Rückzieher zu machen. Vor uns liegt das Ziel der größeren Ruhe und Klarheit. Gelegentliche Rückfälle in unsere alte, fehlangepasste Gewohnheit müssen wir als Chancen begreifen, das nächste Mal besser mit denselben Auslösern umzugehen.

Ein klassischer buddhistischer Text in der *Vipassanā*-Tradition über die Stufen der Einsicht auf dem Weg zur Befreiung führt eine Phase auf, in der die Menschen Abscheu vor den geistigen Gewohnheiten empfinden, die sie am Freisein hindern. Wenn ein Klient einen ähnlichen Abscheu vor seinen Schemata zum Ausdruck bringt – wenn er zum Beispiel äußert: »Ich habe dieses Schema satt, ich kann es nicht mehr ausstehen« –, juble ich innerlich. Ein Meilenstein auf dem Weg zur Freiheit ist erreicht.

Ein Ziel der Schema-Arbeit besteht darin, die Muster, die uns an einer authentischen Beziehung zu uns selbst und anderen hindern, zu erkennen und sich allmählich davon zu lösen. Dies geschieht in Stufen, von denen manche in einem Zyklus kontinuierlichen Umlernens mehrmals durchlaufen werden.

Wenn wir uns weiter von unseren Schemata lösen, sie anders sehen, fragen wir uns vielleicht irgendwann, warum wir diese Last so lange getragen haben. Unsere schematischen Motive verändern sich, fallen weg oder haben einfach nicht mehr die alte, überragende Bedeutung. Wir merken vielleicht, dass wir nicht mehr denselben Wunsch nach einer bestimmten Beziehung oder Behandlung seitens unserer Eltern verspüren, je mehr wir diese Bedürfnisse in dem emotionalen Trauerprozess der Schema-Arbeit loslassen. Heilsame Erfahrungen können die Wunden aus unserer Kindheit schließen. Ein Autoaufkleber formuliert das sarkastisch gewendet: »Es ist nie zu spät für eine glückliche Kindheit.«

Wir merken vielleicht – wie es vielen Menschen geht –, dass die allmählich verheilenden Schemata uns emotional nicht mehr so zusetzen. Die emotionale Alchemie schnürt jedoch unsere leidigen Gefühle nicht zu einem sauberen, kleinen Bündel zusammen und beseitigt sie ein für alle Mal. Diese Arbeit ist ein fortlaufender Prozess, der unsere Einsichten, Entdeckungen und Anpassungen immer weiter vertieft. Doch wenn Schemata ihre Herrschaftsposition im Geist verlieren, werden wir frei, unsere Aufmerksamkeit anderen Dimensionen des Lebens zu widmen, seien es Arbeit und schöpferische Betätigung, Familie und Beziehungen, soziales Engagement oder spirituelle Praxis. Diese Erweiterung unserer Möglichkeiten geschieht erst allmählich, belohnt uns jedoch in wachsendem Maße dafür, dass wir diesen Pfad eingeschlagen haben.

Letztes Aufbäumen ● Rätselhaft an der Schema-Arbeit ist für viele anfangs, dass sie so ungleichmäßig voranzukommen scheint: Wir machen kleine Fortschritte und erleben dann wieder herbe Rückschläge; die Schemata scheinen um ihre Macht zu kämpfen. Betrachten wir die einschlägigen Gehirnfunktionen, so zeigt sich eine faszinierende Parallele zwischen emotionalen Gewohnheiten und Süchten. Wissenschaftlich erwiesen ist, dass jede Sucht in den Lustzentren des Hirns dasselbe Ungleichgewicht erzeugt. Diese Lustzentren kommunizieren mittels eines Botenstoffs namens Dopamin; je mehr Dopamin, desto mehr Lust empfinden wir.

Jedes Suchtmittel enthält chemische Moleküle, deren Form dem Dopamin im Gehirn ähnelt. Im natürlichen Zustand des Gehirns sind in den Dopamin empfindlichen Schaltkreisen nur sehr kleine Mengen Dopamin vorhanden. Doch Suchtmittel, ob Nikotin oder Heroin, überfluten das Gehirn mit riesigen Mengen, hundert oder tausend Mal mehr, als von Natur aus vorhanden sind. Der intensive Glücksrausch, den die Betroffenen erleben, beruht auf dieser Überflutung der Dopamin empfindlichen Schaltkreise.
Nachdem jedoch der Rausch verflogen ist, wird das Gehirn getäuscht: Es ist jetzt auf viel höhere Dopaminmengen eingestellt und registriert ein Ungleichgewicht. Um das Gleichgewicht wieder herzustellen, reduziert es drastisch die Anzahl der Dopaminrezeptoren, also die Stellen an den Gehirnzellen, an denen diese chemische Substanz andockt und neuronale Reaktionen auslöst.
Dies wiederum bedeutet, dass die Nervenzellen jetzt zu wenig Dopamin aufnehmen und somit das Hirn einen Großteil seiner Fähigkeit, Lust zu empfinden, verliert. Das Ergebnis: die Unruhe und die quälenden Symptome eines Menschen, der auf Entzug ist – und wieder das verzweifelte Verlangen nach einem Schuss hat. Wenn der Süchtige aber dieses Stadium durch- und dem Verlangen widerstehen kann, normalisiert sich schließlich wieder die Zahl der Dopaminrezeptoren, und er fühlt sich wieder wie er selbst.
Genauso verhält es sich mit emotionalen Gewohnheiten. Jedem Schema liegen besondere Verschaltungen im Gehirn zugrunde, die durch die zahllosen Wiederholungen des Musters im Laufe unseres Lebens fixiert wurden. Jedes Mal, wenn das Schema ausgelöst wird, spulen wir erneut die vertraute Abfolge von Gedanke, Gefühl und Reaktion ab.
Wenn wir jedoch das Muster ändern, enthalten wir dem Schema die gewohnte Abfolge vor. Wenn der Mensch, statt in Panik zu verfallen, ruhig bleiben und sich vor Augen halten kann, dass sein Schema am Werk ist, dann braucht er seine angstvollen Gedanken an Verlust und Einsamkeit nicht zu glauben und muss auch

nicht aus dieser Angst heraus handeln. Das Schema wird dieser Veränderung jedoch Widerstand entgegensetzen und die vertrauten Muster aufrechtzuerhalten suchen.

Das erleben wir als Durchbrüche des Schemas. Es übt dann durch seine typischen Gedanken und Gefühle gesteigerten Druck auf uns aus, genau wie die Dopamin empfindlichen Schaltkreise ihre verzweifelten Botschaften aussenden – gehetzte Gedanken, wo man die Droge herbekommen könnte und wie gut man sich dann fühlen würde – und uns auf die Suche nach dem nächsten Schuss treiben. Wenn wir also die Gewohnheiten eines Schemas ablegen wollen, dringen die tief sitzenden Ängste und aufwühlenden Gefühle, die das Schema normalerweise in Schach hält, in einer Art letztem Aufbäumen an die Oberfläche. Lockert sich jedoch der Griff des Schemas und verhindern wir schemagemäßes Handeln durch unsere Willenskraft, wird es noch hektischer: Wir machen fast unvermeidlich eine Phase durch, in der wahre Flutwellen der altvertrauten Gefühle über uns zusammenschlagen. Wenn wir jedoch durchhalten und nicht nachgeben, weichen die Wogen zurück, genau wie das Gehirn eines Süchtigen zu seinem natürlichen Gleichgewicht zurückkehrt, wenn er sich von seiner Sucht befreit.

Je geübter wir die Kette sprengen können, desto seltener zwingen uns die vertrauten Gefühlswogen, die alte Abfolge abzuspulen. So wird auch unser auf diese Empfindungen folgendes Verhalten allmählich angepasster. Die Schema-Gedanken mögen in unserem Geist aufsteigen – vielleicht nur noch als leises Flüstern –, doch wir brauchen ihnen nicht mehr Folge zu leisten.

Den Griff lockern ● Je deutlicher wir gewahr werden, wie unsere Schemata uns herumschubsen, desto besser vermögen wir dagegenzuhalten.

So setzte sich Caroline gegen ihr Deprivationsschema zur Wehr: »Meine Freundin überließ immer mir den aktiven Part in unserer Beziehung. Immer war ich diejenige, die anrief, die sich Unternehmungen ausdachte, die alles organisierte. Ich glaubte, wenn ich die Freundschaft nicht pflegte, würde sie kaputtgehen. In dieser Zeit war meine Freundin gerade Ärztin im Praktikum und musste wirklich viel arbeiten, deshalb machte ich weiter so. Doch nachdem sie damit fertig war und mehr Zeit hatte, änderte sich nichts. Wir entfernten uns innerlich schon voneinander. Da hatte ich die Nase voll und erklärte ihr, dass ich diese Rolle nicht mehr spielen wolle – ich wollte eine ausgeglichenere Beziehung.

Ich habe das Deprivationsmuster, deshalb fiel es mir sehr schwer, so offen mit ihr zu reden. Doch ich glaube, das war ein wichtiger Schritt zur Veränderung meiner Muster.

Nach diesem Gespräch jedoch habe ich nie wieder etwas von ihr gehört. Wenn das vor ein paar Jahren passiert wäre, wäre ich am Boden zerstört gewesen. Doch ich kam mit dem Ende dieser Freundschaft gut zurecht. Ich war einfach nicht mehr dazu bereit, sie noch länger in der alten Form aufrechtzuerhalten. Ich fand es *wirklich* gut, dass ich meinen eigenen Bedürfnissen so klar Ausdruck gegeben habe.«

Erlebnisse wie die von Caroline kennzeichnen Meilensteine, an denen sich unsere Fortschritte auf dem Weg zur Befreiung von alten emotionalen Gewohnheiten messen lassen. Je weiter wir auf diesem Weg vorankommen, desto mehr schwächt sich die Macht des Schemas über uns ab. Schließlich taucht das Muster nur noch als bloßer Gedanke auf, der kaum noch oder gar keine Macht mehr über uns hat – oder er taucht überhaupt nicht mehr auf.

Miriam sieht nach der Arbeit an einem Muster in der Beziehung zu ihrer Mutter die verzerrte Realität des Schemas jetzt sehr viel klarer: Ihr Wissen um die Wahrheit wird allmählich stärker als das, was das Schema ihr als Wahrheit einreden will. Nach großen Mühen hat sie ein Stadium der Heilung erreicht, in dem die Schemata ihre Macht zu verlieren beginnen. Ihr eiserner Griff wird schwächer, obwohl sie sich immer noch erheben und Miriam ihrer Tyrannei zu unterwerfen suchen. Doch da ihr Opfer nicht mehr so fest von ihrer Version der Wirklichkeit überzeugt ist, sind sie durchschaubarer geworden.

Ein Anzeichen dieses Fortschritts ist, dass die Menschen in Miriams Leben, die einmal so große, weil schemaauslösende Macht über sie besaßen – insbesondere ihre Mutter –, diese Befehlsgewalt nicht mehr besitzen. Heute erlebt Miriam die Telefongespräche mit ihrer Mutter ganz anders: »Es ist richtig komisch – sie verkörpert geradezu die Karikatur der nörgelnden Mutter.«

Sie erwartet nicht mehr, dass sich ihre Mutter in die Mama verwandelt, die sie sich immer gewünscht hatte. Das war für Miriam befreiend; sie hat erkannt, dass sie diese Liebe mit ihrem Kind und ihrem Mann sowie mit ihren Schülern erleben kann.

Allerdings empfindet sie jetzt mehr Zorn über die kleinen, alltäglichen Ungerechtigkeiten – ein weiteres Zeichen für die Verwandlung von Schemata. Während sie zuvor nach außen freundlich und nett geblieben wäre und ihre Gefühle unterdrückt oder verborgen hätte, begehrt sie jetzt öfter auf. Sie kann ihrem Missfallen nun Ausdruck geben – über ihre rücksichtslosen Nachbarn, über die abweisende Art der Telefonistin, über den jugendlichen Rowdy, der sie mit seinem Auto schneidet.

Bisweilen wird sie dabei sogar ein wenig aggressiv. Sie ruft damit aller Welt – und sich selbst – zu, dass sie sich nicht mehr ungerecht behandeln lässt.

Die Kraft des Loslassens ● Als Isabel mich anrief, war sie in einer akuten Krise. Sie brach am Telefon in Tränen aus, schluchzte verzweifelt, sie wisse nicht, an wen sie sich sonst wenden sollte. Als Architekturstudentin hatte sie gemeinsam mit zwei Kommilitonen in einem Seminar einen Entwurf vorgestellt. Ihr Dozent hatte die Entwürfe der beiden anderen gelobt, sich aber sehr kritisch über den ihren geäußert.

Nach dem Seminar wurde Isabel für Stunden von so heftiger Selbstverachtung und Selbstkritik gequält, dass nichts ihr das Vertrauen in ihre Fähigkeiten wiedergeben konnte. Sie war hilflos der Qual unbarmherziger Maßstäbe ausgeliefert. Nichts schien ihr zu helfen. Achtsamkeit versagte; sie konnte keinen einzigen Gedanken fassen, der die in ihrem Kopf wirbelnden Vorwürfe entkräftet hätte.

Ich fragte sie zunächst, wie es ihr vor der Präsentation gegangen sei. Hatte sie ihre selbstkritischen Gedanken achtsam beobachten, deren Aufsteigens gewahr sein können? Sie bejahte, sie habe sich in letzter Zeit eher akzeptiert. Doch jetzt, so sagte sie mehrmals, habe sie eine Heidenangst. Was war das für eine Angst? Dass sie nicht mehr wüsste, wer sie war, wenn ihre Entwürfe nicht perfekt waren. Ohne Perfektion sei sie nichts, ein Niemand.

In dem Wissen, dass Isabel in den letzten Monaten große Fortschritte in der Arbeit an ihrem Schema gemacht hatte, schien es mir, dass sie nach all dieser Mühe zu einer tieferen Schicht vorgedrungen war: zu den elementaren Ängsten und intensiven Gefühlen, die das Perfektionismusschema fixieren. Sie musste um diese Gefühle und die persönliche Geschichte dahinter trauern – und sie dann loslassen.

Ich bat sie, ihrer Gefühle voll und ganz gewahr zu bleiben, zu lauschen und zu beobachten, ob es dahinter etwas gebe, das sich Gehör verschaffen wollte.

Sie erwiderte, dass sie nicht wisse, ob sie akzeptiert würde, wenn sie nicht perfekte Arbeit ablieferte. Sie hatte das Gefühl, auf der ganzen Linie versagt zu haben.

Ich fragte sie, ob sie dieses Gefühl zulassen könne, ohne davor davonzulaufen. Was wäre, wenn sie tatsächlich nicht perfekt wäre – wäre das in Ordnung?

Überraschend ruhig angesichts ihrer Qual nur Augenblicke zuvor sagte sie leise: »Ich würde nicht geliebt oder akzeptiert werden, wenn ich nicht perfekt wäre.«

Dann bat ich Isabel, einfach bei dem Gefühl zu bleiben, dieser Angst ins Gesicht zu blicken. Wir saßen einige Minuten lang schweigend da.

»Es ist so etwas wie Erleichterung«, flüsterte sie schließlich kaum hörbar. »Ich glaube, ich käme zurecht, wenn ich nicht perfekt wäre.«

»Sie würden es wahrscheinlich ungeheuer befreiend finden«, sagte ich.

»Ich bin erstaunt, wie viel Macht diese Gefühle über mich haben.«

»Diese Ängste sind es, woraus sich das Schema speist«, warf ich ein. »Das Schema hat nicht viel Macht, wenn diese Ängste nicht in Ihnen lebendig sind.«

»Ich spüre diese Erleichterung, aber da gähnt auch ein Loch: Wer bin ich, wenn ich nicht der perfekte Mensch bin, der zu sein das Schema von mir verlangt?«

»Genau so funktionieren Schemata«, erklärte ich. »Sie nehmen viel Raum in Ihrem Geist ein, deshalb scheint es, als entstünde ein Loch, wenn sie schrumpfen. Wenn Sie sie ändern, kommen Sie sich fremd in Ihrer eigenen Haut vor; Sie kennen sich sozusagen nicht mehr. Natürlich sind Sie unsicher, wer Sie sind, wenn Sie nicht dem Schema entsprechen – Sie sind es nicht gewohnt, sich frei davon zu fühlen. Aber denken Sie daran – jetzt werden Sie entdecken, wer Sie wirklich sind, ohne dass dieses Schema Ihre Selbstsicht verzerrt.«

Isabel wurde ganz aufgeregt: »Ja! Es ist verblüffend, wie viel Macht dieses Schema über mich hatte, und es tut gut zu wissen, dass ich nicht mehr mit dieser Angst leben muss.«

»Schemata sterben nur langsam. Es ist fast, als ob das Schema spüren würde, dass Sie sich freistrampeln, und sich dagegen wehrt. Sogar Schemata haben Angst vorm Sterben. Deshalb hat es sich mit aller Kraft dagegen gestemmt und Sie eine Zeit lang überwältigt.«

»Ich bin so froh, dass ich mit Ihnen reden konnte. Was soll ich tun, wenn es wieder so heftig zurückkommt?«, fragte Isabel.

»Versuchen Sie, sich nicht in Ihrem Verstand zu verschanzen – das behindert, was von selbst geschehen würde. Lassen Sie die Schema-Gedanken einfach in achtsamem Gegenwärtigsein los.

Halten Sie Verbindung zum Gewahrsein und versuchen Sie, achtsam zu bleiben, wenn das Schema auftaucht. Versuchen Sie, sich keine Sorgen darum zu machen, was geschehen muss; der Heilungsprozess geschieht ganz von selbst, wenn Sie ihn lassen, durch die beruhigende, tröstende Wirkung der Achtsamkeit.«

Dann gab ich ihr eine Hilfestellung, damit sie das Schema loslassen konnte: »Probieren Sie aus, ob es nützt, wenn Sie ein inneres Zwiegespräch zwischen dem fürsorglichen, mitfühlenden Teil Ihrer selbst und dem traurigen, kleinen, verletzten Schema, das im Sterben liegt, führen. Sie betrauern nämlich den Verlust dieses Teils von Ihnen.«

»Mir tut das kleine Mädchen in mir Leid, das sich *so* sehr angestrengt hat, um geliebt zu werden«, sagte Isabel.

»Das ist auch sehr traurig. Lassen Sie es ruhig zu, dass es Ihnen Leid tut – aber mit Mitgefühl. Sagen Sie dem anderen Teil Ihrer selbst mitfühlend und fürsorglich, dass er nicht mehr perfekt sein muss, um geliebt zu werden. Geben Sie ihm Bestätigung. Seien Sie freundlich zu sich selbst, und lassen Sie sich viel Raum und Zeit, um sich anzupassen und an einem neuen Ort niederzulassen. Dies war eine bedeutsame Veränderung.«

Wenn wir bei unserer Traurigkeit, unserem Verlustgefühl, unserem Bedauern bleiben können, ohne es uns auszureden oder davor davonzulaufen, indem wir uns ablenken, dann wird etwas anderes möglich: Trauern um die Ursache der schmerzlichen Emotion.

Achtsam trauern heißt zulassen, dass das Gefühl gefühlt wird, entsteht oder sich verändert und sich schließlich von selbst auflöst. Kein Festhalten, Widerstand leisten, Vermeiden oder Wegschieben. Nur bei den aufsteigenden Empfindungen bleiben – und sie ihr natürliches Ende finden lassen.

Sich freier fühlen ● Es würde in die Irre führen, in der emotionalen Alchemie nach einem endgültigen Heilmittel zu suchen; sie ist ein fortdauernder Prozess, und Besserung sieht für jeden Menschen anders aus. Für Sara erwies sich die so überaus gefürchtete Scheidung als befreiend. Ihre schlimmste Angst war die vor Verlassenwerden und Einsamkeit gewesen, und sie hatte sich jahrelang ihrem Mann untergeordnet, weil sie fürchtete, er werde sie verlassen, wenn nicht alles seinen Wünschen entsprach. Doch als er sie dann wirklich verließ – und sie intensiv an ihrer Angst vor dem Verlassenwerden gearbeitet hatte –, kam Sara sehr gut allein zurecht. Sie führt nun ein Leben nach ihren Vorstellungen und hat einen Mann kennen gelernt, der sich fürsorglich und liebevoll gibt und sie auf Händen trägt. Sie lässt es langsam angehen, glaubt jedoch, jemanden gefunden zu haben, bei dem sie ganz sie selbst sein kann.

Für Miriam bedeutete Fortschritt, sich so weit aus dem Griff ihres Perfektionismus zu befreien, dass sie feste Grenzen ziehen konnte, um sich vor ihrer überkritischen Mutter zu schützen. Und Miriam vermochte in einer liebevollen Ehe und Familie die Zuneigung und Bestätigung zu finden, nach der sie sich immer gesehnt hatte.

Bei Jake bestand die Besserung darin, dass er aufhörte, den Launen seiner Kinder aus Angst vor dem Verlust ihrer Liebe nachzugeben.

Jeder Mensch ist einzigartig; dennoch wächst die Freiheit immer allmählich. Das kann man auch an meinem Klienten Julian sehen. Er trat nach einem Workshop an mich heran und fragte, ob er seine Arbeit als Klient fortsetzen könnte. Er hatte gerade ein weiteres Mal dasselbe belastende Muster durchexerziert.

Und das ging so: Er – ein allein stehender Mann in den Vierzigern – lernte eine interessante Frau kennen und begann mit ihr auszugehen. Alles lief eine Weile gut. Dann hatte er an einem bestimmten Punkt den Eindruck, sie würde abweisend und zöge sich von ihm zurück. Er kam sich abgelehnt vor, und die Beziehung endete damit, dass er sich verlassen fühlte.

Ein Vorfall war kennzeichnend: Er hatte sich mit einer Frau getroffen, die seine Anrufe bald nicht mehr erwiderte. Als sie sich kennen lernten, war er nur mäßig an ihr interessiert gewesen. Doch als sie nicht mehr zurückrief, verliebte er sich plötzlich bis über beide Ohren, dachte sogar an Heirat – obwohl er sie kaum kannte. Es lag auf der Hand, dass seine Schema-Chemie ihn zu Frauen hinzog, die seine Verlassenheitsgefühle aktivierten.

In der Zeit, in der wir zusammenarbeiteten, sah ich Julian diesen Zyklus mehrmals durchlaufen: Er fühlte sich zu einer Frau hingezogen, die außerhalb seiner Reichweite lag oder emotional ihre letzte Beziehung noch nicht verarbeitet hatte oder im Begriff war, in eine andere Stadt zu ziehen. Die Beziehungen hielten meist nur ein paar Monate und gingen dann zu seinem Kummer in die Brüche.

Das Schema, das dieses Muster speist, kreist bei Julian um eine Heilungsphantasie. Das Verlockende an der Frau beruht auf ihrer Unerreichbarkeit und der Hoffnung, dass es diesmal anders ausgehen werde, dass »der einsame kleine Junge in mir«, wie er sich ausdrückt, von einer dieser emotional nicht erreichbaren Frauen errettet wird. Er weiß, dass sie seiner kalten und distanzierten Mutter sehr ähneln; er hatte ihre Liebe immer so sehr entbehrt, als ob sie ihn verlassen hätte.

Dieser Zusammenhang trat am deutlichsten bei der Frau hervor, die seine Anrufe nicht erwiderte. Er wartete darauf, dass sie anrief. Dann wandte er sein Gewahrsein den Gefühlen zu, die das Warten in ihm aufrührte. Dies führte bald zu einer einschneidenden Erinnerung: »Ich liege in meinem Bettchen, vielleicht zwei Jahre alt, und schreie nach meiner Mutter. Sie antwortet nicht einmal. Es ist, als ob das 40 Jahre lang so weitergegangen wäre. Das liegt nicht nur in meiner Vergangenheit; dieser zweijährige Junge schreit noch jetzt, aus Leibeskräften, so sehr, dass er fürchtet, keine Luft mehr zu bekommen. Er weiß, warum er schreit – all diese Jahre der Vernachlässigung, all diese einsamen Momente in seinem Bettchen, in meinem Leben.«

Damit setzte ein Betrauern seines Leids ein. Er stellte den Zusammenhang zu seiner Vorliebe für abweisende Frauen her, die so stark ist, dass er felsenfest glaubt, nicht ohne sie leben zu können. Wenn er sich also wie irgendwann üblich zurückgewiesen fühlt, ist er völlig verzweifelt. Manchmal leidet er tagelang im Griff seiner Ängste vor dem Verlassenwerden, weint und trauert um den Verlust der Liebe, die er nie wirklich bekam – jetzt oder damals in seiner Kindheit.

Julian hat diesen Teufelskreis schon oft durchlaufen. Das Muster ist ihm nur allzu vertraut. Er hat monatelang über seinen Verlust getrauert, einen Läuterungsprozess durchgemacht. Dies, so sagt er, hat offenbar etwas in ihm befreit, sodass er jetzt eine achtsamere Haltung einnehmen und sich den alten Gedanken bewusst entgegenstellen kann, wenn sie wieder aufsteigen; er braucht sich nicht mehr gegen die dahinter stehenden Gefühle der Entbehrung zu wehren oder ihnen nachzugeben.

Statt sich auf diese Ängste zu konzentrieren, setzt er seine Aufmerksamkeit wie ein neutraler Beobachter ein, der die Gedanken und Gewohnheiten hinter den Ängsten sehen kann. Da er intensiv um seine entbehrungsvolle Kindheit getrauert hat, haben die Gefühle einen Großteil ihrer Intensität verloren. Er kann geistig klarer bleiben und sich achtsamer auf aufsteigende Schema-Gedanken und -Gefühle konzentrieren.

Die alte Chemie ist noch vorhanden, doch er sieht sich jetzt besser vor. Wenn nun die alten Gefühle aufsteigen, ruft er sich die Bedürfnisse des einsamen kleinen Jungen ins Gedächtnis und nimmt die Gefühle als Warnzeichen. Er empfindet mehr Freiheit gegenüber der Anziehungskaft des alten, kontraproduktiven Musters.

Er hat seine Situation neu bewertet und festgestellt, dass Alleinsein nicht unerträglich ist: Er genießt es sogar, ebenso die vielen Aspekte seines Lebens, die ihm Wohlbefinden vermitteln. Ob er eine Beziehung hat oder nicht, er liebt Wandern, seine Arbeit im Krankenhaus und Lesen.

Wenn er wieder das alte Gefühl empfindet, dass sein Leben ohne die Liebe einer Frau, die ihn unterschwellig ablehnt, wertlos sei, ermahnt er sich selbst: »Sie ist eine tolle Frau – aber eben nicht toll für mich.«

Von der emotionalen zur spirituellen Alchemie ● Es gibt eine alte Geschichte über einen Krieger auf der Suche nach einem Zauberschwert, das ihn unbesiegbar macht. Unterwegs begegnet er zufällig einem weisen alten Meister, der ihm eine Reihe spiritueller Übungen beibringt. Der Krieger praktiziert sie jahrelang gewissenhaft. Dann erscheint ihm eines Tages, wie prophezeit, das Zauberschwert. Doch als er das Heft ergreift, erkennt er, dass die spirituellen Übungen gewirkt haben: Ihm liegt nichts mehr an den Kräften, die das Schwert ihm verleihen würde.

Genauso verhält es sich mit der Schema-Arbeit. Wenn wir uns aus dem Bann der Schemata befreien, verschwinden die alten Sehnsüchte, die jene erzeugt haben. Wir brauchen nicht mehr, was wir erstrebt haben. Unsere Alternativenpalette erweitert sich.

Für diejenigen, die emotionale Gewohnheiten ändern möchten, mag die Reise an dieser Stelle beendet oder zumindest unterbrochen sein – dieses Kapitel schließt den Überblick über die Schema-Arbeit ab. Für andere jedoch, die sich zu deren spirituellen Dimensionen hingezogen fühlen, ist diese Reise Teil einer längeren Odyssee.

Wie uns der Buddhismus sagt, kann manchmal eine tiefe Einsicht in das Wesen der Dinge aus einem direkten, achtsamen Blick auf unser Leid erwachsen. In diesem Sinn markiert die Arbeit an Schemata den Beginn einer tieferen Reise.

Die Arbeit der emotionalen Alchemie nimmt die Dinge so in den Blick, wie sie in der relativen Dimension unseres persönlichen Lebens erscheinen; die spirituelle Alchemie nähert sich den Dingen, wie sie sind. Diese umfassendere Dimension hängt mit Sichtweisen zusammen, die über unser Alltagsverständnis der Dinge hinausreichen.

Diese beiden Ebenen sind natürlich in jedem Augenblick gegenwärtig. Man kann die transzendente Perspektive in jedem Stadium dieser Arbeit im Auge behalten, beispielsweise indem wir uns auf mitfühlende Einsichten stützen, wenn wir die persönlichen Mythen, die uns beherrschen und unser wahres Wesen verdunkeln, infrage stellen.

Wenn das Licht der Klarheit die Wolken unserer Verblendung durchdringt, wenn wir unseren emotionalen Mustern achtsames Gewahrsein entgegensetzen, können wir auch die Verwirrung in unserem Geist durchdringen. Diese emotionale Arbeit bereitet den Boden für das Eintauchen in die umfassendere Dimension.

Eine Klientin sandte mir von ihrem dreimonatigen Aufenthalt in einem Meditationszentrum eine Nachricht: »Ich merke, dass die psychologische Arbeit, die ich geleistet habe, mich in die Meditation, in die innere Einkehr hineingleiten lässt. Es stimmt, dass die Wolken dünner werden, sodass ich durch sie hindurch in den klaren Himmel der Meditation vorstoßen kann.«

Die Alchemisten wollten Blei in Gold – Engstirnigkeit in klares Bewusstsein – verwandeln, und diese Arbeit schlägt unter Umständen denselben Weg ein. Emotionale Alchemie kann ein Stadium der Reise zur spirituellen Alchemie darstellen.

Wie wir im nächsten Teil dieses Buches sehen werden, weist der bislang beschrittene Pfad bemerkenswerte Parallelen zum spirituellen Gebiet auf. Emotionen bieten eine Gelegenheit zur inneren Verwandlung – auf jeder Ebene eines einzigen, einheitlichen Weges des allmählichen Erwachens.

Die Verschmelzung ● Wenn wir unserer emotionalen Muster gewahr werden, gibt uns das eine Vorstellung davon, wo wir besonders stark fixiert sind – wo wir also besonders heftig festhalten und besonders verzerrt wahrnehmen. Auf dem Weg zum wichtigsten Ziel der spirituellen Arbeit – frei zu werden – kann es daher hilfreich sein, der Muster unserer emotionalen Motive genauer gewahr zu werden.

Emotionales Leiden kann die Triebfeder werden, den spirituellen Pfad zu beschreiten. Unsere spirituellen Übungen können unsere Wahrnehmung von und unsere Einstellung zu psychologischen Zusammenhängen tief greifend beeinflussen; sie machen unsere Lerngeschichte viel klarer und objektiver durchschaubar, weil wir unsere emotionalen Muster nicht mehr als Wirklichkeit begreifen oder uns entlang ihrer einschränkenden Vorgaben definieren, sondern tiefer in eine erweiterte Individualität hineinwachsen.

Selbst in der Meditation und bei längeren Phasen der inneren Einkehr drängen emotionale Muster als ständig wiederholte Reaktionen an die Oberfläche – als hätten sie ein Eigenleben. Ich habe über lange Zeiträume intensiv meditiert. In solchen Perioden innerer Einkehr vertieft sich die Meditation zu ganz differenzierten Zuständen des Gewahrseins; die Lehre wird erfahrbare, lebendige Wirklichkeit. Diese Erfahrung beflügelt oft zu dem Versuch, dieses Gewahrsein in den Alltag zu übertragen – aus ihm heraus leben zu können, befreit von emotionalen Gewohnheiten.

Dennoch: Kehrte ich von einem solchen Meditationstraining in den Alltag zurück, warteten da wieder meine gewohnten Gefühlsmuster auf mich. Ich rutschte sofort erneut in diese Realitäten hinein. Sie wirkten vielleicht etwas durchschaubarer, aber sie waren immer noch da.

Ich unterhielt mich einmal mit meinem Freund, dem Achtsamkeitslehrer Joseph Goldstein, nachdem er von einem zweimonatigen Meditationstraining zurückgekommen war. Wir sprachen über diese emotionale Arbeit. Er sagte, ein bisschen wehmütig: »Diese emotionalen Muster sind tief verwurzelt, sogar wenn man intensiv meditiert.«

Für mich war die Verschmelzung von Meditation und emotionaler Arbeit – ob im Alltag oder in einem Meditationszentrum – eine sehr wirksame Methode, um meine eigenen fehlangepassten Muster durchzuarbeiten. Manche einstmals übermächtigen Muster sind jetzt kaum noch wahrnehmbar. Ich weiß, dass diese Verschmelzung funktioniert, weil ich es selbst erlebt habe.

Es ist ein und dieselbe Arbeit ● Theoretiker wie Ken Wilber weisen darauf hin, dass wir uns im Leben entlang vieler getrennter Entwicklungslinien bewegen: spirituell, emotional, moralisch, kognitiv und so weiter. Jede Entwicklung folgt ihrer eigenen Gesetzmäßigkeit und ihrem Wachstumstempo, sodass wir zu einem bestimmten Zeitpunkt in den verschiedenen Dimensionen ganz unterschiedlich weit gekommen sein können.

Jemand kann etwa intellektuell, spirituell und moralisch weit fortgeschritten sein, emotional jedoch eher hinterherhinken. Menschen, die annehmen, ihre spirituelle Entwicklung schlösse alle anderen Wachstumsbereiche quasi automatisch ein, übersehen das häufig.

Ich unterhielt mich einmal mit meinem Freund Erik Pema Kunsang, einem hoch angesehenen Übersetzer aus dem Tibetischen, der manchmal Zweifel daran äußert, dass spirituell Übende auch emotional an sich arbeiten müssen. Ich wies ihn darauf hin, dass bei den Entscheidungen, die wir im Leben fällen, oft unbewusste Filter im Spiel sind und dass uns emotionale Automatismen sogar im Meditationstraining unvermittelt mit Wut oder Angst erfüllen können.

Dann fragte ich ihn: »Glaubst du, dass geübte Meditierende Probleme mit emotionalen Gewohnheiten haben, die ihre Fähigkeit zur spirituellen Arbeit beeinträchtigen können?«

»Mit Sicherheit«, erwiderte er, offen für das Infragestellen seiner eigenen Behauptung.

»Warum sollten sie dann nicht direkt an den emotionalen Hindernissen arbeiten, um diese leichter aufzulösen? Würde das nicht dazu beitragen, die Aufmerksamkeit für die spirituelle Arbeit frei zu machen?«

Nach einer nachdenklichen Pause meinte er: »Es ist ein und dieselbe Arbeit.« Dann fügte er hinzu: »Die Übersetzung von *cho*, dem tibetischen Wort für das indische *Dharma* oder ›spirituelle Lehre‹, bedeutet eigentlich ›das, was ändert, wiederherstellt und heilt‹. Es hat dieselbe Bedeutung wie ›Therapie‹, das von dem griechischen Wort für ›heilen‹ kommt. In diesem Sinne haben Buddhismus und psychologische Arbeit dasselbe Ziel, nämlich uns aus dem Griff störender Emotionen zu befreien.«

Die emotionale und die spirituelle Ebene dieser inneren Alchemie gehen ineinander über; wir arbeiten auf beiden Ebenen an denselben Emotionen. Ein wichtiger Unterschied zwischen diesen beiden Ebenen aber liegt im Grad der Differenziertheit der jeweiligen Arbeit. Anfangs konzentrieren wir uns auf unsere ganz offensichtlich beunruhigenden Gefühle. Auf der spirituellen Ebene wird unsere innere Arbeit subtiler, ebenso wie die Emotionen und Annahmen, mit denen wir uns beschäftigen.

Entscheiden wir uns für intensive Achtsamkeitsmeditation, kann unser Gewahrsein allmählich differenzierter werden, mehr Feinheiten unseres Bewusstseins und abgestuftere Nuancen unseres Erlebens entdecken. Genauigkeit und Klarheit erhellen unser Erleben, je weiter wir in innere Tiefen vorstoßen. Das »Halten« unserer Aufmerksamkeit verfeinert unser Gewahrsein bis zu dem Punkt, wo wir nicht mehr mit den anfänglichen inneren Kämpfen und auch nicht mehr mit Einzelheiten unserer Gedanken oder Gefühle beschäftigt sind, sondern nur noch mit der Natur des Geistes selbst – eine Veränderung des Gewahrseins, die dem Schmelzen von Eis in warmem Wasser ähnelt. Unsere verfestigten geistigen Gewohnheiten lösen sich auf in ein umfassenderes Gewahrsein unserer wahren Natur.

Beide Perspektiven im Auge behalten ● Meiner Ansicht nach besitzt jeder der beiden Wege, der psychologische und der spirituelle, seine besondere, einzigartige Kraft zur Befreiung des Geistes, sei es relative oder absolute Freiheit. Die ersten drei Teile dieses Buches stellten einen durch Achtsamkeit erweiterten psychologischen Ansatz der Arbeit an Emotionen dar, der letzte Teil betrachtet diese Arbeit noch einmal aus spiritueller Perspektive.

Durch die Verschmelzung dieser Ansätze finde ich beide Betrachtungsweisen des scheinbar Realen und des Eigentlichen enorm erhellend. Relativ gesehen unterliegt unser Leben den Gezeiten hunderter konkurrierender Emotionen, die alle scheinbar die Wahrheit des Augenblicks für uns definieren. Doch hinter all dem liegt unsere wahre Natur: ein Geist, frei von verdunkelnden Gedanken und beunruhigenden Gefühlen – und erreichbar für jeden von uns.

Bei genauerer Untersuchung unserer Geistnatur sehen wir, dass sie ein Kontinuum des Bewusstseins ist: Es reicht von den relativen Realitäten unserer Vorstellungen über die differenzierten Dimensionen eines subtilen Wissens und intuitiver Einsicht bis zu einer Weisheit jenseits aller Vorstellungen, unserem natürlichen Wesen.

Wenn wir beide Perspektiven im Geist behalten, können wir unser Menschsein akzeptieren, ohne allzu sehr in unserer emotionalen Schwerkraft gefangen zu bleiben – ein besonders wichtiges Gleichgewicht, wenn wir dabei sind, unsere gewohnheitsmäßigen Gefühlsmuster aufzuklären und uns von ihnen zu befreien.

Diese beiden Sichtweisen haben mir geholfen, die spirituelle und die psychologische Richtung miteinander zu verknüpfen und sie füreinander nutzbar zu machen. Ich denke in diesem Zusammenhang immer an den alten Song von Judy Collins »Both sides now«: Auch wir können »die Wolken jetzt von beiden Seiten« sehen – wir sehen die Wolken des Geistes aus dem Blickwinkel der subjektiven Wahrheit, bleiben dabei jedoch einer umfassenderen Perspektive gewahr, einer Perspektive, die über unsere momentane begrenzte Sichtweise hinausreicht.

Es mag zwar radikale Unterschiede zwischen spirituellen und psychologischen Sichtweisen geben, doch beide können sich auch wechselseitig befruchten und stärken. Beide Wege sind in sich vollständig, haben ihre besonderen Ziele und ihre besondere Dignität. Doch wenn wir beide Traditionen in ihrer vollen Tiefe und Breite nutzen, eröffnen wir uns einen neuen Weg zu innerer Freiheit.

Verwirrung lässt sich in Weisheit verwandeln. Aber was ist Weisheit? Erhellende Einsichten liegen auf der relativen wie auf der absoluten, grundlegenden Ebene. Wenn wir die Dinge aus beiden Perspektiven – des Scheinbaren und des Wirklichen – wahrnehmen, können wir unsere Alltagserfahrungen als Chancen nutzen, Weisheit zu erlangen.

Neue Bedeutungen, neue Wirklichkeiten erfordern ihre jeweils besondere Alchemie. Wenn wir unsere inneren Kämpfe und unsere Verwirrung mit Weisheit betrachten, können wir das natürliche Tempo emotionaler Veränderungen besser akzeptieren.

Bevor wir uns problematischen Emotionen, insbesondere unseren tief verwurzelten Mustern stellen, sollten wir unbedingt verstehen, wie wir unsere Gefühle erleben und interpretieren, und wir sollten ihrer symbolischen Bedeutung einfühlsam nachspüren. Versteht dieser sensible Teil von uns die verborgenen Bedeutungen hinter diesen Mustern, können wir offen für andere Blickwinkel werden und genauer erkennen, wann unsere Interpretationen unsere Wahrnehmung und unsere Reaktionen verzerren.

Wenn wir uns darauf einstimmen, dass unsere Emotionen oft einer ganz eigenen, irrationalen Logik folgen, können wir sie – und uns – besser verstehen und akzeptieren. Diese Sensibilität kann im Umgang mit den Verletzlichkeiten anderer überaus nützlich sein; sie hilft uns, die anderen zu verstehen, statt auf unsere Reaktionen fixiert zu bleiben. Unser Mitgefühl kann sich entfalten, wenn wir innehalten, um unsere emotionalen fixen Ideen zu betrachten, und wenn uns das Mitgefühl aus deren Griff befreit, können wir besser auf die Bedürfnisse anderer eingehen.

Wenn Sie Ihre spirituelle Praxis mit emotionaler Arbeit verschmelzen wollen

Sie können Ihre tägliche Meditationssitzung als Gelegenheit für heilende Arbeit an Ihrem gravierendsten Schema nutzen. Widmen Sie gegen Ende der Sitzung, wenn Sie Ruhe und geistige Klarheit empfinden, einige Minuten der expliziten Bekräftigung eines heilsamen Wunsches und sinnen Sie über seine Bedeutung nach. Vorbild für dieses Gebet ist die klassische buddhistische Meditation über Liebe und Mitgefühl, wie in Kapitel 2 beschrieben: »Möge ich sicher, glücklich, gesund und frei von Leiden sein. Möge ich befreit sein.« Sie wiederholen das Gebet in verschiedenen Fassungen; Sie denken zuerst an die freundlichen Menschen, die Ihnen im Leben weitergeholfen haben, dann an sich selbst, dann an bestimmte, Ihnen liebe Menschen, dann an für Sie problematische und schließlich an alle Wesen.

Sie wiederholen das Gebet still für sich und formulieren den Wunsch zuerst für alle genannten Menschen. Ihre Liebsten beispielsweise stellen Sie sich bildlich vor, während Sie im Geist sprechen: »Mögen alle meine Lieben sicher sein« und so weiter. Dann wiederholen Sie das Gebet für die Menschen, mit denen Sie die größten Schwierigkeiten haben. Schließlich senden Sie es in alle Richtungen, als tief empfundenen Wunsch für alle Lebewesen: »Mögen alle Lebewesen sicher, glücklich ...«

Eine Frau, die als Kind sexuell missbraucht worden war und unter anhaltendem Misstrauen und tiefer Unsicherheit litt, übte in einem Meditationszentrum Liebe-und-Mitgefühl-Meditation; dies war, wie sie sagte, »das erste Mal, dass ich mich in meiner Haut sicher fühlte«. Sie meditiert jetzt täglich.

Sie können einen Schritt weitergehen und den Wortlaut der an Sie selbst gerichteten Sätze so abwandeln, dass sie heilsam für Ihre Schemata werden. Sie wünschen sich und anderen die emotionalen Gegenmittel zu dem Schema. Beim Schema des sozialen

Ausschlusses ist das beispielsweise der Wunsch dazuzugehören, beim Verletzlichkeitsschema der nach Sicherheit, bei Deprivation der nach Zuwendung oder Fürsorge. Beim Schema des Verlassenwerdens kann er lauten: »Möge ich mich sicher fühlen, wenn ich allein bin.«

Eine Klientin beispielsweise hat ein Gegenmittel gegen ihren Perfektionismus in die Übung eingebaut. Am Ende ihrer morgendlichen Achtsamkeitsmeditation konzentriert sie sich einige Minuten auf den folgenden Wunsch:

Möge ich akzeptiert werden, wie ich bin.
Möge ich frei von Verurteilungen und Selbstkritik sein.
Möge ich sicher, glücklich, gesund, frei von Leiden sein.
Möge ich befreit sein.

Und natürlich wünscht sie dasselbe für ihre Wohltäter, ihre Lieben, ihre Problemleute und alle Wesen allüberall.

So kann man mit jedem Schema verfahren. Bei dem des Nichtliebenswert-Seins beispielsweise lautet der Wunsch vielleicht, »so wahrgenommen und geliebt zu werden, wie ich bin«; bei Deprivation, »umsorgt und verstanden zu werden«. Beim Unterwerfungsschema können Sie sich wünschen, sich »sicher und geborgen zu fühlen«; beim Verlassenwerden, sich »stark und sicher zu fühlen, wenn ich allein bin«.

Traditionell ist die Liebe-und-Mitgefühl-Meditation ein Weg, um das eigene Mitgefühl zu wecken. Ein dritter Schritt ist die Abwandlung der Wünsche für die Schema-Bedürfnisse anderer, ihnen zu wünschen, dass sie frei sein mögen von ihren Schema-Nöten. Wenn Sie der Schemata von anderen gewahr sind, können Sie diese Übung dahingehend abwandeln, dass Sie ihnen das wünschen, was für sie heilsam wäre. Sie halten sich ihre emotionalen wunden Punkte vor Augen und wünschen ihnen aus ganzem Herzen, dass sie frei sein mögen von dem Leiden an ihrem jeweiligen Schema.

IV
Spirituelle Alchemie

16
Veränderungen der Wahrnehmung

Wenn Sie die Wasserstrudel eines Bachs, die rasenden Wolkenfetzen eines Sturms oder den scharfen Zickzack eines Blitzes sehen, wirkt die Natur, als sei sie das reine Chaos. Dennoch weisen Chaos-Theoretiker in der Komplexität der natürlichen Welt eine verborgene Ordnung nach – unsichtbare Regelmäßigkeiten und Symmetrien hinter scheinbar zufälligen, regellosen Phänomenen. ● Diese unsichtbaren Muster wiederholen sich vom Kleinsten bis ins Größte stets aufs Neue – von Atomen über Zellen und Organismen bis hin zu Gesellschaften. Der Verlauf eines verzweigten Flusssystems mag zufällig erscheinen, doch seine Linien kommen in der Natur immer wieder vor: in den Verzweigungen eines Baumes oder denen der Nerven im Körper. ● Die Geologie befasst sich mit den Faktoren, die eine Landschaft formen – der Zusammensetzung von Erde und Fels, den formenden Kräften von Wind und Wasser, den Kollisionszonen tektonischer Platten, welche Spalten und Vulkane entstehen lassen. Doch solche Nahaufnahmen lassen uns ratlos, wenn es um die Erklärung größerer Muster geht, etwa der Verzweigungsmuster von Flusssystemen, die sich auf jeder Ebene immer zu wiederholen scheinen, vom kleinsten Bach bis zum größten Strom. Antworten auf solche Fragen erfordern eine neue Perspektive, wie sie etwa hochauflösende Laseroptiken möglich machen, mit denen sich die Erde von Satelliten aus genau kartieren lässt. Diese Perspektive enthüllt die großen Muster, die in dem Labyrinth eines Flusstals oder den Falten eines Gebirges verborgen sind. ● Ein einziges Leitprinzip bestimmt, wie Elektrizität durch komplizierte Leitungssysteme fließt und wie Wasserläufe sich im Lauf der Äonen in eine Landschaft graben: Die Natur geht den Pfad des geringsten Widerstands. Die Wege des winzigen Rinnsals eines Wiesenbächleins und der Mäander eines gigantischen Stroms folgen diesem Gesetz. Die verborgene Ordnung formt ein ganzes Flusssystem und bestimmt den Verlauf jeder Falte eines Gebirgsrückens. Dennoch war diese gesetzmäßige Ordnung unsichtbar, bis die Satellitenbilder sie sichtbar machten. ● Was nun unseren inneren, seelischen und geistigen Aufruhr angeht, so kann ein Pfad zu innerer Freiheit eine breitere Perspektive kultivieren – wobei Achtsamkeit der Laseroptik entspricht. Sie hilft uns, unsere Wahrnehmung der scheinbar chaotischen Kräfte unserer eigenen Natur schärfer einzustellen. Diese Wahrnehmungsveränderung erlaubt uns, größere Zusammenhänge zu erkennen – verborgene Muster, fein verflochtene Kausalbeziehungen –, die sonst inmitten der Verwirrung unentdeckt blieben. Und wir können erkennen, dass ein starres Festhalten an emotionalen Gewohnheiten zu Leiden führt und das Spektrum unserer Wahlmöglichkeiten im Leben verengt.

Ein plötzlicher Blick auf die verborgenen Muster in unserem inneren Chaos verwandelt das ehemals Verwirrende in unerwartete Ordnung. Wenn Sie solche verborgenen Muster wahrzunehmen vermögen, »riskieren Sie«, wie der Mathematiker und Chaos-Theoretiker Michael Barnsley schreibt, »den Verlust Ihres Kindheitsverständnisses von Wolken, Wäldern, Galaxien, Blumen und Wasserstrudeln. Niemals wieder wird Ihre Interpretation dieser Dinge dieselbe sein.«[32]

Das Universum ordnet sich selbst zu seinen eigenen Zwecken, nicht zu den unsrigen. Die verborgenen Strukturen der Natur stellen mit ihren ständigen Veränderungen von einem Augenblick zum nächsten eine in gesunder Weise desorientierende Erfahrung dar; dasselbe gilt für die Änderung unseres Blickwinkels oder unserer Wahrnehmungsweise. Die Wahrnehmung verborgener Wirklichkeiten kann uns helfen, die Einschränkungen abzuschütteln, denen uns unser übliches Verständnis der Naturordnung und unserer selbst unterwirft.

Die Natur formt endlose Muster; dennoch kann ein Element der Überraschung in diesen natürlichen Strukturen stecken, wenn sie zusammenbrechen, sich umwandeln, sich verändern. Dasselbe gilt für unsere eigene Natur: Wir haben wahrscheinlich vorgefasste Meinungen und Vorannahmen darüber, doch wenn sich Achtsamkeit zu einer sorgfältigen, reinen Aufmerksamkeit vertieft, können wir uns auf eine andere Ebene des Geistes einstimmen.

Die Quanten-Metapher ● Unser Wahrnehmungsapparat – beispielsweise unser Sehvermögen – ist nur auf eine bestimmte Größenordnung ausgerichtet. Wenn wir uns das Leben im Meer vorstellen, gehen wir von den in unseren Wahrnehmungsbereich eingebauten Annahmen aus und denken an Fische oder Seehunde; dabei übersehen wir, dass 90 Prozent aller Lebewesen in den Ozeanen zu klein für das menschliche Auge sind. Betrachten wir unser Gesicht im Spiegel, wissen wir nichts von den Millionen Mikroben, die in unseren Haaren hängen oder über die riesige Weite unserer Haut schweifen – sehr wahrscheinlich zum Glück!

Was wir erblicken, hängt davon ab, wie wir hinschauen. »Wenn man den Zoom auf eine Größenordnung einstellt, die kleiner ist als alle Lebewesen, dann werden aus massiven Tischen luftige Räume, in denen sich hier und da in der Mitte ein Atomkern verliert, der von wilden Elektronenwolken umschwirrt wird«, schreibt K. C. Cole. »Wenn man so zoomt (egal in welche Richtung), sieht die Welt erst einfach aus, dann kompliziert, dann wieder einfach. Aus genügend großer Entfernung wäre die Erde nur ein kleiner blauer Punkt. Wenn man dann noch näher kommt, erkennt man Wettermuster und Meere; noch näher, und alles verschwindet wieder, und Sie befinden sich wieder in der Landschaft der Materie – die sich hauptsächlich aus leerem Raum zusammensetzt.«[33]

Der Achtsamkeitslehrer Jack Kornfield beschreibt analoge Einsichten in Bezug auf unseren Geist: »Wenn Sie den Geist ganz stark konzentrieren können, wie in der Meditation, sehen Sie, dass die ganze Welt auseinander fällt: in kleine Sehereignisse und das Wissen darum, Geräusche und das Wissen darum, Denken und das Wissen darum. Das sind keine Häuser, Autos, Körper mehr, nicht einmal mehr das eigene Ich. Sie sehen nur Partikel des Bewusstseins in Form von Erfahrungen.«[34]

Wenn man jedoch, so fährt er fort, noch tiefer geht, ist das »Bewusstsein … wie eine Welle, wie ein Meer, ein Ozean. Jetzt besteht es nicht mehr aus Partikeln, sondern jeder Anblick und jedes Geräusch ist von diesem Ozean des Bewusstseins umschlossen. Aus dieser Perspektive gibt es nicht einmal ein Empfinden von Partikeln.«

Überlegen Sie einmal, ob möglicherweise in unserer eigenen Natur eine Ordnung, ein verborgenes Muster existiert und ob es vielleicht gerade unsere Wahrnehmungsweise ist, die diese verborgene Ordnung verhüllt. Bei weiterer Beobachtung unserer emotionalen Reaktionen entdecken wir, dass hinter unserer Verwirrung bestimmte Schema-Muster am Werk sind. Wie wir das Chaos *wahrnehmen*, macht den ganzen Unterschied.

Hier nun, im spirituellen Bereich, erkunden wir noch tiefer verborgene Muster und Regelmäßigkeiten in unserem Geist. Nach buddhistischer Ansicht verändert sich unser Selbstverständnis, wenn wir feinere Nuancen erspüren. Alles ist in stetem Wandel begriffen; wir sehen Muster sich rasch auflösen und verändern. Wir finden kein festes Muster, das wir als Selbst bezeichnen können; allerdings finden wir eine fortlaufende Abfolge von Mustern, die entstehen, sich wandeln und vergehen.

Ich behaupte nicht, Buddhismus lehren zu können; ich befasse mich seit Mitte der 70er Jahre mit seinen Lehren, und ich lerne und übe weiter. Doch so wie ich die buddhistische Lehre und Praxis verstehe, können sie uns im Leben enorm helfen – wenn wir Achtsamkeit nicht nur auf unsere emotionalen Gewohnheiten anwenden, sondern auch, um die Natur des Geistes selbst zu verstehen.

Emotionale Alchemie wirkt auf der psychologischen Ebene, doch spirituelle Alchemie führt uns zu einer geistigen Tiefe, in der wir uns von weitaus grundlegenderen Leiden zu befreien vermögen. Ich möchte also hier die Einsichten weitergeben, die ich im Verlauf meiner eigenen Studien und durch Diskussionen mit buddhistischen Lehrern, aus den Schriften buddhistischer Gelehrter und durch die Lehren des Dalai Lama und anderer gewonnen habe. Alle diese Quellen haben mein eigenes Denken mitgeformt.

Wenn Sie diese Lehren in die Praxis umsetzen wollen, müssen Sie über dieses Buch hinaus auf andere Quellen zurückgreifen, damit Sie den traditionellen Kontext dieser Lehren verstehen können. Um Ihnen jedoch Anregungen zu geben, werde ich diese Lehren hier kurz umreißen.

Eine Lücke im Strom des Denkens ● Ich erinnere mich noch an einen Tag vor vielen Jahren, als ich reiten lernte. Ich ritt so vor mich hin, als mein Pferd jäh scheute, buckelte und mich abwarf. Die Zeit lief plötzlich langsamer. Seltsam entspannt, fast körperlos, beobachtete ich ganz ruhig, wie sich mein Körper aus dem Sattel hob und in hohem Bogen durch die Luft flog; als er sich dem Boden näherte, drehte er sich auf die Seite. Meine rechte Hüfte schlug zuerst auf, dann mein Kopf. Ich schaute zu, wie sich mein Körper danach ohne Zögern vom kalten, harten Boden erhob und wieder aufs Pferd sprang.

In diesen kurzen Augenblicken setzte mein Geist aus. Er schien frei von Gedanken *über* das, was ich wahrnahm – da war ausschließlich die Wahrnehmung selbst. Erst als meine Reitlehrerin sehr besorgt fragte: »Ist alles in Ordnung mit dir?«, kam ich auf den Gedanken, dass ich mich ja verletzt haben könnte. Danach setzte eine wahre Flut von Gedanken ein: Meine Hüfte tut weh. Wenn ich nicht meine Reitkappe getragen hätte, wäre ich jetzt vielleicht nicht mehr da. Das ist also gemeint, wenn es heißt, dass man gleich wieder aufs Pferd steigen soll …

Mein ursprünglich gedankenfreier Geisteszustand hatte Anklänge an einen Zustand hoch konzentrierter, jedoch ruhiger und nichtreagierender Klarheit, wie ihn manche Menschen schildern, die einen plötzlichen Schock erlitten haben – einen Autounfall etwa oder ein Erlebnis wie das eines Abenteurers, der von einem Löwen angefallen wurde. Den Biologen zufolge ist dies die automatische Reaktion des Gehirns auf eine extreme Überraschung; diese Reaktion gehört zu der Fähigkeit des Organismus, sich an lebensbedrohliche Umstände anzupassen. Diese Reaktion ist: die Lücke im Strom des Denkens.

Solche Lücken haben nicht nur auf psychologischer Ebene Sinn, sondern nützen uns auch im spirituellen Leben. Aus buddhistischer Sicht beschreibt das Tibetanische Totenbuch eine solche Lücke als Teil des *Bardo*, des »Zwischenzustandes«, das heißt vor allem der Übergangsstadien nach dem Sterben. Der *Bardo* bietet eine großartige Gelegenheit zu spirituellem Erwachen, wie der Text sagt, weil die Intensität der Erfahrung unsere üblichen Gewohnheiten, Wahrnehmungs- und Reaktionsmuster überwältigt und aufbricht. Uns wird der Boden unter den Füßen weggezogen.

Wenn wir uns jedoch dem Unbekannten ohne Widerstand öffnen können, wenn wir unsere Vorstellungen als solche sehen können, statt auf sie zu reagieren, als wären sie real, haben wir eine Chance, ein klares Gewahrsein zu erkennen, das sich von den Schichten der geistigen Gewohnheit und der Lerngeschichte unterscheidet. Viele Meditationsübungen des tibetischen Buddhismus sollen uns auf den Augenblick des Übergangs vorbereiten und uns lehren, wie man diesen Augenblick des reinen Gewahrseins stabilisiert oder aufrechterhält. Manche tibetischen Praktiken zielen ganz bewusst darauf ab, Gewohnheitsmuster und Bindungen zu lockern, um uns empfänglicher für dieses natürliche, offene Gewahrsein zu machen.

Eine Interpretation des *Bardo* fasst ihn als Metapher für die Lebenschancen auf, die verwirrenden Augenblicken wie Schock, plötzlicher Veränderung, Verlust innewohnen – Zeiten, in denen wir die Orientierung verlieren. Solche Chancen, wie mein Sturz vom Pferd, rütteln uns aus dem Bann der Gewohnheit auf; für einen Augenblick sind wir frei vom Gewicht der Identitäten, denen wir anhaften.

Der Autor James Gleick hat einmal im Hinblick auf die physikalische Welt gesagt: »Auch das Ungleichgewicht hat einen Sinn.« Wenn es uns gelingt, aus geistigen Gewohnheiten auszubrechen, können wir Zugang zu einem Gewahrsein finden, das frei ist von unserem geistigen Trott – zumindest einen Wimpernschlag lang. Dann kommen wir im gegenwärtigen Augenblick an, allerdings in einem Augenblick, der nicht von unseren geistigen Gewohnheiten definiert wird. In einem solchen Moment, wenn unser normales Bezugssystem verschwindet, können wir Gewohnheiten als das sehen, was sie sind. Wie aufgeblasene Ballons haben sie in sich keine Festigkeit; ohne unseren Beitrag zu ihrer Wirklichkeit erschlaffen sie.

Diese alten Gewohnheiten werden sich unausweichlich wieder breit machen; sie haben große Beharrlichkeit im Geist. Wenn wir jedoch in diesem Augenblick der Offenheit achtsam bleiben können, wenn wir uns entspannt hineingeben – sogar unseren Geist ein wenig dort ruhen lassen können –, dann fehlt den geistigen Gewohnheiten währenddessen die Festigkeit und Anziehungskraft, die sie normalerweise besitzen, wenn wir ganz und gar in ihrem Bann stehen. Wir können sehen, zumindest für einen Moment, wie sie kommen und gehen, wie Staubwolken des Geistes verweht vom »karmischen Wind«, vom Wechselspiel von Ursache und Wirkung.

Aus dem Üblichen hinausgeschockt werden ● Bestimmte spirituelle Übungen erleichtern es, die Lücke im Strom des Denkens zu erkennen. Die Zen-Literatur beispielsweise ist erfüllt von solchen Momenten des Erwachens. Manche Methoden, etwa die *Koans* des Zen [logisch sinnlose Fragen, Aufgaben oder kurze Geschichten als Gegenstände der Meditation, Anm. d. Übers.], schleudern den Geist förmlich in diese Lücke hinein, weil sie ihn mit Problemen kämpfen lassen, die keine logische Lösung haben. Wenn wir diese *Koans* immer wieder und wieder in Angriff nehmen, erschöpfen sich unsere gewohnten Denkweisen. Plötzlich stürzt die Sinnlosigkeit der vergeblichen Versuche, die übliche Logik anzuwenden, den Geist in *Satori* [Erleuchtungserlebnis, Anm. d. Übers.], das momentweise Erfahren der Lücke.

Ein solches Erwachen tritt nicht immer dann ein, wenn der Betreffende gerade meditiert. Der buddhistische Mönch Nyanaponika bemerkt dazu: »Es geschieht oft bei ganz verschiedenen Gelegenheiten – beim Anblick eines Waldbrandes, beim Stolpern und Stürzen, einem Schock hinaus aus dem Üblichen.«

Eine solche Freiheit von geistiger Trägheit kann sich aber auch unter positiven Umständen einstellen – durch eine beglückende Begegnung mit der Schönheit der Natur oder durch wahre Liebe und echtes Mitgefühl. Sie kann eintreten, wenn man einfach dem Augenblick mit voller Aufmerksamkeit begegnet, wie es beispielsweise in Momenten höchster Kreativität geschieht. Der fast 90-jährige Maler William Segal bringt in seinen Bilder etwas von dem Leuchten zum Vorschein, das allen Dingen innewohnt. In den hervorragendsten Werken großer Maler, Komponisten und Dichter, so Segal, schimmern solche Momente der Wahrnehmung dieses Glanzes hindurch. Doch diese Erleuchtung zu erlangen erfordert es, die Wahrnehmung zu verändern – der Macht unserer gewöhnlichen Sichtweise zu entfliehen.

»Üblicherweise schlafen wir und schwimmen im mechanischen Fluss der Dinge mit, und wir können außerhalb des Üblichen nicht viel wahrnehmen«, erklärt Segal. Doch so zu malen, wie er es tut, erfordert es, neu zu sehen, die gegenwärtige Erfahrung in den Brennpunkt zu rücken. »Die Anforderung, hier zu sein, die Aufmerksamkeit über einen längeren Zeitraum aufrechtzuerhalten, zerstreut die Wolken, die den Glanz verdunkeln.« Mit anderen Worten, das Geheimnis liegt in »rückhaltloser Hingabe an den Augenblick«. Und, wie Segal hinzufügt: »Anhäufungen von Momenten des Erwachens enthüllen Ihnen nach und nach eine andere Welt ... Sie kennen den Weg. Es ist eine Frage des Praktizierens.«[35]

Den Affengeist zähmen ● Die klassische buddhistische Metapher für den gewöhnlichen Zustand unseres Geistes ist ein Affe, der dahin und dorthin springt, ständig abgelenkt, rastlos in Bewegung. Dieser Affengeist eilt immer weiter zum nächsten Gegenstand, bevor er in vollem Umfang erfährt, was jetzt gerade geschieht. Der unstete Geist schließt unaufhörlich die Lücke, füllt sie mit einem zufälligen Wirrwarr aus Gedankenfetzen, Erinnerungen, Träumereien, Tagträumen – mit irgendetwas. In gewissem Sinn ist der einfache Akt, dieses Murmeln im Geist zu unterbrechen und eine Lücke entstehen zu lassen, ein Anfangserwachen, eine »kleine Befreiung«.

Manche Methoden des Achtsamkeitstrainings in der buddhistischen Meditation stützen dieses Anfangserwachen, kultivieren allmählich die Fähigkeit, dieses offene, nicht festhaltende Gewahrsein aufrechtzuerhalten. Wenn wir praktizieren, brauchen wir, um dieses offene Gewahrsein zu erfahren, nicht mehr darauf zu vertrauen, dass uns zufällige Momente aus unserem eingefahrenen Gleis herausschocken.

Ein solches geistiges Training kann uns – sofern es konsequent betrieben wird – empfänglicher für solche Momente des Achtsamseins machen, in denen der Geist nicht im Bann der üblichen Ablenkungen steht. Wenn wir den Bann der geistigen Gewohnheit brechen, wird ein unmittelbarerer Kontakt zur Wirklichkeit möglich.

Diese Einsicht bringt mich auf die Psychologie des Buddhismus zurück. Es ist nicht nur ein Schock hinaus aus dem Üblichen, der uns zu klarer Einsicht wachrütteln kann. Der Buddhismus bietet einen systematischen Weg, durch geistiges Training die Wahrheiten in unserer eigenen Erfahrung zu entdecken. Der von einem Schock herbeigeführte plötzliche Sturz in die Lücke kann den Einsichten, die in tieferen Stadien der Meditation von selbst kommen, bemerkenswert ähneln.

Der buddhistische Gelehrte Steven Goodman sagt über die Verwirklichung von Achtsamkeit: »Man hat in wachsendem Maße Momente – Lücken in der eigenen Sucht nach Verwirrung und Faszination durch das Erfahrungsmaterial –, in denen eine offene, nichtgedankliche Freude herrscht, in denen man eine Art inneres Leuchten erfährt, das immer da zu sein scheint, jenseits von Verwirrung und Herumwerkeln.«[36]

Es ist ein Unterschied, eine Ahnung von den Dingen zu haben, wie sie sind, bevor der Geist mit seinen verwickelten Konstruktionen beginnt – also augenblicksweise die Lücke zu erfahren –, oder diese Erfahrung so zu stabilisieren, dass sie zu einem dauerhaften Bestandteil unserer Existenz wird. Durch gewissenhaftes Praktizieren jedoch kann sich diese Stabilisierung des klaren Gewahrseins von kurzen Geistesblitzen der Erkenntnis hin zu den verschiedenen Stufen der Erleuchtung entwickeln. Ist das Gewahrsein voll und ganz stabil, kann es wahre Befreiung bringen; die Momente der Ahnung zeigen uns nur, was möglich ist, wenn wir den Weg fortsetzen.

Die Dinge konstruieren, wie sie scheinen ● Der Buddhismus stellt unsere übliche Vorstellung der Realität radikal infrage. Nach buddhistischer Sicht ist das, was wir für real halten, so etwas wie eine Illusion. Die Dinge, wie sie uns erscheinen, existieren nur relativ, aber nicht wirklich, nicht in einem absoluten Sinn. Was normalerweise in unserem Geist aufsteigt – Gedanken und Wahrnehmungen, Hoffnungen und Ängste, Tagträume und Erinnerungen – sind nur zusammenhanglose Bruchstücke, ein fließendes Mosaik begrifflicher Konstruktionen, die durch den Geist strömen.

Da der Geist dem Scheinbaren statt dem Wirklichen anhaftet, entsteht nach Ansicht des Buddhismus eine Art unbewusstes Geschwätz, das um unsere Gedanken und Gefühle kreist, ob dies nun tiefsinnige Gedanken, häuslicher Kleinkram oder zufällige Tagträume und Erinnerungen sind. Dieses geistige Hintergrundgemurmel schafft die Bausteine der Dinge, wie sie scheinen, und lenkt uns ab von dem, was wirklich ist – jenes offene, klare Gewahrsein.

Um zu verstehen, wie unser Geist die Scheindinge konstruiert, müssen wir zu der schon besprochenen Kette des abhängigen Entstehens zurückgehen. Diese beschreibt die grundlegendsten Verbindungen von Ursache und Wirkung im Geist. Sie setzt in dem Augenblick ein, in dem die Sinne von einem Reiz – einem Anblick oder einem Geräusch – erregt werden. Grob gesagt, laufen die Verbindungen vom Berühren zum Empfinden, vom Denken und Fühlen zum Begehren und Ergreifen und von da zum Handeln.

Als wir Achtsamkeit auf Schemata anwandten, zielten wir darauf, die Kette an ihrem Ende, zwischen Fühlen und Handeln, zu sprengen. Das Durchtrennen dieser Verbindungen verschaffte uns mehr Freiheit von der Tyrannei emotionaler Gewohnheiten. Der Buddhismus jedoch glaubt, dass die Durchtrennung der Bindeglieder an einer früheren Stelle eine noch größere Befreiung bringen kann.

Diesen tieferen Schnitt zu führen erfordert eine feinere Analyse der Kette. Diese Analyse zielt auf eines ihrer ersten Bindeglieder, nämlich dasjenige zwischen den Sinnesrohdaten und den unmittelbar danach einsetzenden Prozessen des Klassifizierens, Benennens und Reagierens. Die buddhistische Psychologie begreift die Wahrnehmung als aufnehmende, empfangende Funktion; sie nimmt die Dinge auf, wie sie sind. Das Begreifen ist reaktiv: Es fügt unserer Wahrnehmung die Verzerrung durch Erinnerungen, Assoziationen und Emotionen hinzu – allesamt Produkte unserer früheren Lerngeschichte.

Die Kognitionswissenschaften sagen uns etwas Ähnliches. Registriert das Gehirn sinnliche Information – etwa den Anblick eines bunten Papageis –, setzt das entsprechende Sinnesorgan die physikalischen Daten in elektrochemische Impulse um und speist sie in das zentrale Nervensystem ein. Die erste Zwischenstation dieser Impulse im Gehirn ist der Hippocampus. Er übersetzt sie in die Sprache der Gehirnnervenzellen. Die Signale für den Papagei breiten sich in einem Netz verschiedener Areale im ganzen Gehirn aus, wo sie auf Muster, Farbe, Form, räumlichen Ort, Bewegung und so weiter analysiert werden.

Innerhalb weniger Millisekunden werden diese getrennten Elemente zu einer einheitlichen Wahrnehmung zusammengesetzt; dann durchsucht das Gehirn unser Gedächtnis und verpasst der Wahrnehmung ein begriffliches Etikett: »ein bunter Papagei«. So zieht das Objekt, wenn wir es erblicken, unsere alten Assoziationen und emotionalen Reaktionen darauf hinter sich her wie eine Lokomotive ihre Waggons, und der Zug der Gefühle und Gedanken rollt munter auf seinem Gleis dahin. Wir sind erfreut und nähern uns, um einen besseren, schöneren Blick auf den Papagei zu erhaschen. Alles ist gut.

Der Buddhismus jedoch betrachtet diese Abfolge geistiger Ereignisse ganz anders als die Wissenschaft. Nach buddhistischer Ansicht führt uns der übliche Zug des Denkens und Fühlens in die Irre – weg von den Dingen, wie sie wirklich sind, hinein in ein Universum der Dinge, wie sie scheinen. Begriffliche Vorstellungen sind Schöpfungen des Geistes, geistige Verallgemeinerungen, die auf vorgefassten Meinungen beruhen und denen die reiche Detailfülle der ursprünglichen Wahrnehmung abgeht.

Dieser Ansicht nach verlieren wir in dem Augenblick, in dem wir eine Wahrnehmung mit einem Begriff versehen – den flatternden, grellen Farbfleck als Papagei bezeichnen –, den Kontakt zu dem, was wirklich da ist. Stattdessen lassen wir uns in die oberflächliche Welt unserer Gedanken *über* das, was da ist, hineinlocken: in die Welt unserer Vorstellungen und Gefühle, unserer Phantasien und Illusionen über diese Dinge.

»Ob wir dafür oder dagegen oder uninteressiert reagieren sollen, wird automatisch von [einer] Bürokratie von Gefühl und Wahrnehmung bestimmt«, sagt der tibetische Lehrer Chögyam Trungpa und meint damit nichts anderes als unsere eingeschliffenen Assoziationen und geistigen Gewohnheiten.[37] Diese Bürokratie des Geistes spuckt automatisch ein Etikett für jede unserer Wahrnehmungen aus: »schön« oder »hässlich«, »fremd« oder »vertraut«, »langweilig« oder »interessant« und so weiter. Dieser Prozess läuft auf eine Konstruktion der Realität hinaus, die von da an immer unübersichtlicher und komplizierter wird; der Geist spekuliert und interpretiert, zieht Schlüsse aus vorgefassten Meinungen und beruft sich auf Etikettierungen anstelle der eigentlichen, unmittelbaren Erfahrung.

Diese geistigen Gewohnheiten sind aus Sicht der buddhistischen Psychologie Ursachen für die verblendete Welt unserer beunruhigenden Gedanken und Gefühle, die unsere Leiden und Freuden hervorbringt. Der Buddhismus äußert sich in diesem Punkt schonungslos: »Meistens ist unsere Wahrnehmung illusorisch; wir nehmen nicht die Wirklichkeit wahr«, sagt Lama Yeshe. »Sicher, wir sehen die sinnliche Welt – entzückende Formen, schöne Farben, angenehme Geschmacksreize und so weiter – doch wir nehmen nicht die reale, wahre Natur dieser Formen, Farben, Geschmacksreize wahr … So verarbeitet unsere irregeführte Wahrnehmung die von unseren fünf Sinnen gelieferte Information und leitet falsche Informationen an unseren Geist weiter, der unter ihrem Einfluss reagiert.« Das Ergebnis: »Meistens halluzinieren wir, sehen nicht die wahre Natur der Dinge.«[38]

Der buddhistische Gelehrte Geshe Rabten beschreibt die tiefere Perspektive der buddhistischen Psychologie so: »Im Geist gewöhnlicher Menschen sind die einzigen wahren geistigen Wahrnehmungen jene, die für einen extrem kurzen Moment unmittelbar nach einer wirklichen sinnlichen Wahrnehmung und unmittelbar vor einer begrifflichen Vorstellung auftreten«[39] – in der Lücke des Gewahrseins.

Einen Raum im Geist öffnen • In dem Film *Matrix* werden die Menschen in eine Welt hineingeboren, in denen ihr eigentlicher Körper unbewegt in einer kokonartigen Hülle liegt, während in ihr Gehirn Computerdaten eingespeist werden. Sie erblicken eine ganze Welt, eine virtuelle Realität von zwingender Stimmigkeit, die jedoch ganz und gar Illusion ist. Obwohl die handelnden Personen in ihren Kokons gefangen sind, erleben sie diesen kollektiven Traum als ihre alltägliche Realität. Aus buddhistischer Sicht könnte dies eine faszinierende Metapher sein; sie bietet Stoff für ein Nachdenken über unsere eigene Situation: nämlich in einer traumartigen Realität zu leben, ohne es zu erkennen.

Der Buddhismus vertritt einen radikalen Weg zur Befreiung von dieser illusionären, durch unsere Gewohnheitsgedanken und -gefühle geschaffenen Welt, einen Weg, der unsere übliche Auffassungsweise der Welt verändert. Um klar zu sehen – die Dinge wahrzunehmen, wie sie sind –, sprengen wir die Kette zwischen dem Wahrgenommenen und der begrifflichen Vorstellung. Dieser Bruch findet statt, nachdem die Sinne mit dem Wahrnehmungsobjekt Kontakt aufgenommen haben, aber bevor das große Schwungrad der geistigen Gewohnheit diese Wahrnehmung in die alten, abgenutzten Gedanken- und Gefühlsschubladen schiebt.

Wenn wir an diesem entscheidenden Punkt einen Freiraum im Geist schaffen können, schieben wir einen Hebel zwischen unsere elementaren Wahrnehmungen und die unerbittliche Schwere unserer gewohnheitsmäßigen Gedanken und Gefühle. Können wir diese geistigen und emotionalen Gewohnheiten auch nur für einen Augenblick aushebeln, erlaubt uns diese Lücke einen klaren Blick auf den Geist auf einer neuen Ebene. Werden wir gewahr, dass unsere geistigen Gewohnheitsreaktionen diese Lücke eilends ausfüllen und ein weiteres Mal ihr magisches Bild erzeugen wollen, bietet sich uns eine Gelegenheit, in neuer, verfeinerter Qualität zu beobachten, wie der Geist funktioniert.

Die meist unsichtbaren Mechanismen des Geistes zur Realitätswahrnehmung rücken ins Licht des Gewahrseins: Statt uns von der dröhnenden Stimme des großen Zauberers Oz Angst einjagen zu lassen, sehen wir plötzlich das Männchen hinter der Abschirmung in ein Mikrofon bellen. Diese Enthüllung legt die magischen Hände bloß, die sonst unsere Welt für uns formen. Und dies gibt uns die Chance, unsere emotionalen Reaktionen und ebenso die Grundelemente unserer Gedanken mit anderen, neuen Augen zu erkunden.

Meist nehmen wir gewohnheitsmäßige Gedanken und Gefühlsreaktionen als gegebenen und unvermeidlichen Teil unserer Erfahrung hin. Doch wenn wir den Geist bis in seine feinsten Verästelungen hinein beobachten, sehen wir schon in unserer allerersten Reaktion auf das, was wir wahrnehmen, Emotionen und Gedanken einsetzen.

Wenn wir während der Lücke in der Wahrnehmung – dem Mikromoment zwischen Wahrgenommenem und Vorgestelltem – achtsam sind, wird diese Lücke zu einem Scheideweg: Wir können die Dinge auf die alte, gewohnheitsmäßige, verzerrte (»verblendete«) Weise sehen – oder wir können sie lassen, wie sie sind, frei von darüber gestülpten Vorstellungen und Reaktionen. Das, was der Buddhismus grundlegende oder absolute Wahrheit nennt, bezieht sich in einem entscheidenden Sinn auf die unmittelbare, nicht von begrifflichen Vorstellungen verdunkelte Wahrnehmung, die uns Zugang zum direkten Erleben verschafft.

Die Kette auf dieser grundlegenderen Ebene zu brechen setzt einen radikalen Wechsel unserer Auffassung des Geistes voraus. Diese Neubewertung gilt für *alle* gewohnten Vorstellungen, Gefühle und Reaktionen, in derselben Weise wie zuvor für fehlangepasste Schemata. In diesem Sinn sind sogar unsere unschädlichen Denk- und Reaktionsweisen geistige Gefängnisse, wenn wir uns blind und unbekümmert in ihren Bann schlagen lassen – nur eben Gefängnisse mit offenen Türen. Immer gibt es die Möglichkeit, die Dinge zu sehen, wie sie wirklich sind.

Einer meiner Lehrer, Chökyi Nyima Rinpoche, erklärt diese feinen Fesseln des Geistes so: »In jedem Augenblick des Denkens gibt es sowohl Gewohnheit als auch Gefühl: Gefallen oder Neigung und Nichtgefallen oder Abneigung. Selbst bei unseren neutralen Gedanken bedeutet nicht beobachten wollen Ignoranz oder Dummheit. In jedem Augenblick des Denkens gibt es daher subtile Formen dieser drei Grundgefühle. Karma entsteht aufgrund dieser drei subtilen Gewohnheiten der Neigung, der Abneigung und der Ignoranz. Sie sind die Saat der gröberen störenden Emotionen.«

Die grundlegende Ursache unseres Leidens liegt dieser Ansicht zufolge in diesen unseren geistigen Gewohnheiten. In einem alltäglichen Sinn wurzelt Karma – das Gesetz von Ursache und Wirkung – laut einem tibetischen Text in »verfestigten Mustern des Ergreifens und Festhaltens«. Diese verfestigten Muster oder geistigen Gewohnheiten werden auch als »emotionale und geistige Verdunkelungen« bezeichnet – die Neigung des Geistes, immer wieder dieselben Gedanken- und Gefühlsmuster zu wiederholen. Je öfter wir ein geistiges Muster wiederholen, desto wahrscheinlicher tun wir das auch zukünftig; in diesem Sinn sind diese Muster die Saat unseres Karmas. Der Weg zur Befreiung, zur Überwindung unseres Karmas, beginnt demnach damit, aus den ausgetretensten Pfaden – den am tiefsten eingefahrenen Gleisen – unseres Geistes auszubrechen.

Das Selbst dekonstruieren ● Eine Wolke ist ein Paradebeispiel für das, was der Buddhismus als »illusorische Erscheinung« bezeichnet. Wolken wirken fest und undurchsichtig. Doch in Wirklichkeit bestehen sie zu 99,9 Prozent aus Leere. Fein verteilte Wassertröpfchen, die wie winzige, kugelförmige Spiegel wirken, streuen das Licht so, dass unsere Augen etwas sehen, das wie eine dichte Masse, eine »undurchdringliche« Wolke erscheint.

Genauso muss man nach Ansicht des Buddhismus das Netz von Ursachen und Wirkungen im Geist betrachten, das zu der Erscheinung des Selbst geknüpft ist. Das Selbst, das Ich oder Ego nimmt einen festen Platz im Zentrum der westlichen Psychologie ein, nicht aber im Buddhismus.

Der Psychoanalytiker Mark Epstein bemerkt: »In der buddhistischen Theorie gelangt man also nicht zu einem höheren Selbst; statt dessen nur zum Aufdecken dessen, was schon immer wahr war, was man sich aber bisher nicht eingestanden hat – daß das Selbst eine Fiktion ist.« Unter dem prüfenden Blick der buddhistischen Meditation, so Epstein, löst sich das Selbst auf; an seiner Statt existieren nur »Gedanken ohne den Denker«.[40]

Nach buddhistischer Ansicht ist das vermeintliche »Selbst« – wie alles andere auch – in Wirklichkeit eine Konstruktion, die sich bei näherem Hinsehen auflöst. »Es läuft alles darauf hinaus, dass es eine *scheinbare* Kombination von Faktoren ist, die die Erfahrung erzeugt«, sagt Chökyi Nyima. Die Kette der Wahrnehmung, die in den Etikettierungen gipfelt, die wir dem Wahrgenommenen anheften, *scheint* substanziell und real – solange wir die Kettenglieder, die uns dorthin geführt haben, nicht allzu genau betrachten. Dies gilt insbesondere für das Selbstgefühl. Was wir für das »Selbst« halten, stellt eine Anhäufung wechselseitig voneinander abhängiger Teile dar; keines davon kann ohne die anderen funktionieren. Das Ganze ähnelt einer wachsenden Pflanze: Nötig sind ein Samen mit einem intakten genetischen Plan, Wasser, Nährstoffe, Sonnenlicht – und wenn all diese Faktoren zusammenwirken, bekommen wir, was wir eine Pflanze nennen. Diese jedoch lässt sich auf all die Elemente zurückführen – dekonstruieren –, die sie haben entstehen lassen.

Genauso verhält es sich mit dem Selbst; der buddhistischen Psychologie zufolge wurde es konstruiert: durch die Wechselwirkungen des Geistes mit der Welt beim Wahrnehmen und Reagieren. Unsere automatischen Wahrnehmungs-, Fühl- und Denkgewohnheiten sind die Bausteine des so grundlegenden – aber illusorischen – Selbstgefühls.

Auch unser Begriff der Identität unterliegt dieser Illusion. Wenn wir beispielsweise ein Stück Rasen betrachten, sehen wir in Wahrheit kleine, einzelne Grashalme, die wir in ihrer Gesamtheit als Rasen bezeichnen. Es erfordert viele einzelne Grashalme, bis wir sie gemeinsam als »Rasen« erkennen. In derselben Weise ist das »Selbst« eine Identität, die wir einer Ansammlung geistiger Bausteine zuschreiben, von denen keiner als solcher ein »Selbst« ist. Wie Jon Kabat-Zinn bemerkt, läuft das Selbstgefühl auf etwas hinaus, »was man in der Chaostheorie als *strange attractor* [seltsamer Attraktor, Anm. d. Übers.] bezeichnet, ein Muster, das einerseits Ordnung verkörpert, andererseits auch ungeordnet ist. Es wiederholt sich nie. Jedesmal, wenn Sie hinschauen, ist es ein wenig anders.«[41]

Kein Selbst, kein Problem ● Die Konstruktion des Selbst setzt nach buddhistischer Auffassung in dem Augenblick ein, in dem wir über die Lücke und ihr offenes Gewahrsein hinwegsehen und eine bloße Wahrnehmung benennen und auf sie reagieren. Was wir aus einer Wahrnehmung machen, läuft auf eine Konstruktion im Geist hinaus; das bestätigen uns auch die Kognititonswissenschaften. Doch diese geistige Schöpfung fasziniert uns. Wir erkennen weder, dass wir selbst sie erschaffen haben, noch, dass unsere konstruierten Vorstellungen uns weiter mit sich ziehen, hinein in vorherbestimmte Reaktionen auf unsere eigene Schöpfung. Der Geist reagiert auf unsere Erfindungen und Konstruktionen, sieht sie aber nicht als solche, sondern so, als ob sie etwas Substanzielles wären.

Als Krönung dieses so entstehenden geistigen Bauwerks konstruiert der Geist seine raffinierteste Schöpfung: den Begriff »Ich« – das Gefühl eines Selbst. In dieser Konstruktion verknüpft der Geist viele Fäden miteinander: Er leugnet Schwächen, wählt manche Erinnerungen mit Selbstbezug aus und verwirft andere, stellt uns selbst mitten in das Zentrum der Ereignisse und knüpft ein Netz von Gedanken, die uns und unsere Annahmen über die Welt bestätigen.

Schließlich begehen wir einen Irrtum hinsichtlich der Identität: Der Geist hält das Selbst für eine feste Größe und übersieht, dass er selbst dieses Selbst zuvor aufgebaut hat. Der buddhistischen Analyse zufolge ist dieses konstruierte Selbst jedoch nur eine Ansammlung von Gewohnheiten und Neigungen ohne eine eigene Identität. Wie eine Pflanze erwächst das Selbst aus voneinander abhängigen Teilen; wie eine Wolke entpuppt sich das Selbst als eine weitere illusorische Erscheinung.

Ohne den komplizierten Apparat der Sinne, der Wahrnehmung, der Erinnerung und des Denkens, der die Interpretation und Bedeutung hervorbringt, würde das Gebäude des Selbst in sich zusammenfallen. Obwohl unser Geist sich selbst als festen und kontinuierlichen Faden in der Erfahrung sieht, enthüllt ein genauerer Blick – durch die Optik einer Achtsamkeit, die in feinste Verästelungen vorstößt –, dass der Geist ein ziemlich zusammenhangloses Sammelsurium von Neigungen und Ereignissen ist. Dennoch erliegen wir ständig der Magie dieser Illusion, als zwänge uns eine Art Hypnose, die Brüchigkeit und Zufälligkeit des Stoffes zu übersehen, aus dem unser Selbst ist.

Da die Ursache des Leidens, wie der Buddhismus sagt, im Festhalten an diesem Selbstgefühl liegt, lohnt es sich, unsere übliche Art und Weise der Selbstwahrnehmung näher zu betrachten. »Das Ich«, sagt Lama Yeshe, ist »die falsche Vorstellung, dass Ihr Selbst unabhängig, dauerhaft und als solches existent sei. In Wirklichkeit existiert das, was Sie für ›Ich‹ halten, nicht. Das Ego ist eine geistige Vorstellung, eine Konstruktion.«[42]

Diese Einsicht ist die Folge, wenn wir unsere Erfahrung mit reiner, differenzierter Achtsamkeit beobachten. Eine solche präzise Beobachtung macht klar, dass die vorüberziehenden Gedanken, Bilder, Erinnerungen, Phantasien, Gefühle, Empfindungen und Wahrnehmungen *autonom* sind. Es ist, als folgten diese Erlebensbruchstücke einem eigenen Plan: Das empfundene Selbst oder »Ich« hat wenig oder gar keine Macht über sie, sondern entsteht selbst aus den unzähligen vorüberjagenden Gedanken.

Wenn die Ursache des Leidens im Festhalten am Ego wurzelt, so hat ein Meditationsmeister einen hilfreichen Merksatz geprägt: »Kein Selbst, kein Problem.«

Eine Klientin, die sich für drei Monate zur Meditation zurückgezogen hatte, schrieb mir: »Jetzt kommen die tief sitzenden, hartnäckigen Prägungen nach oben – dieser ganze Selbsthass-Kram, und manchmal kleben mir dicke Brocken davon den Geist zu. Doch es gibt auch diese Momente des Loslassens, und jedes Mal, wenn das geschieht, wird mein Wunsch, frei zu sein, stärker. Es ist ein wunderbares Geschenk, Raum im Geist frei machen zu können, damit all die Gedanken ihre wahre Natur offenbaren können. Dann kommt es darauf an, immer weiter loszulassen, zu akzeptieren, weicher zu werden.«

Wir brauchen diese Muster nicht zu verwirklichen und ihnen die Definitionsmacht über uns zu überlassen; wir brauchen uns nicht so mit ihnen zu identifizieren, dass sich das Gefühl von »Ich« und die Muster »real« werden und sich verfestigen. Zugleich kann es nützlich sein, diese geistigen Gewohnheiten als etwas Gelerntes zu begreifen: Wir haben gelernt, die Welt in bestimmten Weisen zu sehen und darauf zu reagieren.

Der positive Nutzen des Selbst ● Dennoch betont der Dalai Lama, dass auf der relativen Ebene sehr wohl ein Selbst im üblichen Sinne existiert; zudem können manche seiner Aspekte in der spirituellen Praxis als Grundlage für Selbstvertrauen und Motivation nützlich sein. Er empfiehlt denjenigen, die den buddhistischen Weg gehen, sich auf der absoluten, grundlegenden Ebene die Leere des Selbst vor Augen zu halten, parallel dazu aber einen Begriff seiner Existenz auf der relativen Ebene.

In der westlichen Psychologie wird oft gesagt, man brauche ein starkes Ich. Nach buddhistischer Ansicht jedoch brauchen wir starkes Vertrauen. Der Dalai Lama warnt vor einem »negativen Ego, dem Selbstgefühl, das nur um die Erfüllung der eigenen, egoistischen Wünsche kreist«. Dieses negative Ich wurzelt in dem

Glauben an ein Ich als einer unabhängigen, verfestigten Identität. Selbst-Vertrauen jedoch kann als spirituelles Werkzeug konstruktiv sein – beispielsweise in Verbindung mit dem altruistischen Antrieb, anderen Menschen zu helfen.

Auf einer tieferen Ebene wirkt die Erfahrung der Leere oder Selbst-Losigkeit unserem selbstsüchtigen Festhalten, unserer Neigung, alles nur in Bezug auf uns selbst zu sehen, entgegen. Je mehr wir die Wahrnehmungen im Zusammenhang mit unseren eigenen Angelegenheiten loslassen, desto mehr Aufmerksamkeit können wir anderen Menschen zuwenden; den Griff des Selbst zu lockern setzt spontan mehr Empathie frei.

Der kleine Sohn eines Freundes fiel einmal beim Spielen aus großer Höhe und erlitt eine schwere Kopfverletzung. Der Junge wurde in komatösem Zustand ins Krankenhaus eingeliefert. Die Verletzung war so schwer, dass mein Freund nicht wusste, ob sein Sohn durchkommen oder eine Behinderung davontragen würde. Nach einer Computertomographie versicherte ihm der Arzt, dass der Junge eine Chance hätte, seine geistigen Fähigkeiten wiederzuerlangen. Nach dieser Mitteilung war mein Freund zutiefst erleichtert.

Doch als er seinem Sohn kurz danach ein Buch vorzulesen versuchte, erschrak er, weil der Junge kaum reagierte, insbesondere im Vergleich mit seinem Interesse und seiner Begeisterung vor dem Unfall. »Verglichen mit früher wirkte er auf mich jetzt stark beeinträchtigt«, sagte mein Freund. »Mein Geist raste in die Zukunft – dass er es vielleicht für immer sein würde. Ich war starr vor Angst und dann todtraurig.«

Mein Freund berichtete, dass ihm war, als würde sich sein Geist auf Sorgen um das zukünftige Schicksal seines Sohnes verengen. Für etwa zehn Minuten »wurde alles tiefschwarz. Es war, als ginge ich im Geist in einen Tunnel hinein. Ich war völlig ohne Hoffnung. Ganz und gar am Ende – ich war noch nie so verzweifelt gewesen.«

Als erfahrener Meditierender wurde mein Freund gewahr, wie

die Verzweiflung seinen Geist überwältigte, und das »schockte mich in die Meditation«. Er entschloss sich zu einer Liebe-und-Mitgefühl-Meditation und begann im Geist den Wunsch zu wiederholen, dass jedes Kind im Krankenhaus, nicht nur sein eigener Sohn, gesund, glücklich, frei von Leiden sein möge. Und nicht nur die Kinder, sondern alle im Krankenhaus, und nicht nur im Krankenhaus, sondern in der ganzen Stadt, auf der ganzen Welt.

Je länger er meditierte, desto mehr lichtete sich das Dunkel, und an seine Stelle trat ein Gefühl der Leichtigkeit und eines ausstrahlenden Mitgefühls, nicht nur mit seinem Sohn, sondern mit allen Leidenden. Wie er mir später erzählte, wusste er immer noch nicht, wie die Sache ausgehen würde, empfand jedoch jetzt eine tief greifende Veränderungen seiner geistigen Verfassung.

Als ich fragte: »Was hatte sich deiner Meinung nach verändert?«, antwortete er wie aus der Pistole geschossen: »Mein Selbst hatte sich davongemacht. Es war nicht mehr ›mein‹ Schmerz, ›mein‹ Sohn, ›meine‹ Erfahrung. Natürlich wollte ich, dass mit meinem Sohn alles gut ging. Aber von da an fühlte ich mich imstande, mit allem fertig zu werden, was auch kommen würde.«

Wenn das Selbst der Leere weicht, kommt Mitgefühl zum Vorschein. Dies bedeutet nicht, dass wir unsere persönlichen Ansichten, Bedürfnisse oder Gefühle nicht mehr haben – aber wir brauchen uns nicht von ihnen *unter Druck setzen* zu lassen. Wir können das Leben gelassener betrachten. Kurzum, wir haben die Leichtigkeit des Seins – wir sind leer hinter unseren persönlichen Gefühlen, Ansichten und Wünschen.

Kurz nachdem der Dalai Lama den Friedensnobelpreis erhalten hatte, bot er während einer Pressekonferenz ein Beispiel für diese Leichtigkeit des Seins. Ein riesiger Pulk von Fotografen rangelte um den besten Platz zum Fotografieren, überall waren Fernsehteams, und Journalisten überschrien einander mit ihren Fragen. Für jeden anderen wäre dies wohl ein erhebender Augenblick der persönlichen Anerkennung gewesen. Die allererste

Frage lautete: »Was empfinden Sie jetzt, wo Sie den Nobelpreis bekommen haben?«

Und der Dalai Lama antwortete: »Ich freue mich«, und fügte nach einer nachdenklichen Pause hinzu, »für meine Freunde, die wollten, dass ich ihn bekomme.«

17
Den Geist beobachten

In der Karibik sieht man ein blendendes Farbenspiel auf der Wasseroberfläche: türkisblau und sattgrün, gesprenkelt mit glitzerndem silber. Taucht man jedoch ins Wasser ein, erwartet einen noch größeres Entzücken: die regenbogenfarbigen, vor Leben pulsierenden Korallenbänke, sensationell gefärbte Papageienfische und ihre in Neonfarben leuchtenden Brüder flitzen umher. Und wenn man noch tiefer geht, wartet dort eine riesige, leere Stille, die das wuselnde Treiben darüber und auf der Oberfläche Lügen straft. ● Genauso verhält es sich mit unserem Geist und dem Reich der Gefühle. Wenn wir mit beobachtendem Gewahrsein hineintauchen, durchbrechen wir die Annahmen und Gewohnheiten an der Oberfläche unseres Geistes und finden darunter ein brodelndes Gemisch von Emotionen. Die Tiefen des emotionalen Geistes können uns mit großer Gewalt hinunterziehen wie die gefährlichen Unterströmungen im Meer. Wenn wir jedoch noch tiefer tauchen, erwarten uns Stille und eine weite, offene Klarheit. ● Achtsamkeit in Form eines rein beobachtenden Gewahrseins wappnet uns für diesen Tauchgang in unsere inneren Welten. In der emotionalen Alchemie hat sich diese beobachtende Achtsamkeit als sehr nützlich gegenüber unseren emotionalen Gewohnheitsmustern erwiesen. Beim gewöhnlichen Beobachten denken wir in der Regel über das Vorgefundene nach und analysieren es. Doch selbst wenn sich diese eher rationale Anstrengung als relativ hilfreich erweist, vermittelt sie uns nach buddhistischer Ansicht doch nur einen Teil des Gesamtbildes. • Die buddhistische Meditationspraxis bietet eine andere Form der Beobachtung jenseits einer Analyse, die noch an Begriffe gebunden ist und von unseren Gedanken eingeschränkt wird. Diese nicht-denkende Analyse – ein Gewahrsein, das einfach weiß – erlaubt uns, noch tiefer in uns selbst einzutauchen, unsere wahre Natur zu erkennen. • Die spirituelle Alchemie beginnt damit, dass sie diese achtsame Form der Beobachtung auf unsere geistigen Gewohnheitsmuster anwendet. Wir können noch grundlegendere Annahmen als das verzerrte Denken hinter unseren Schemata infrage stellen: Unser Selbstgefühl selbst wird fragwürdig, wenn wir die Ursprünge unserer störenden Emotionen betrachten. Die emotionale Alchemie befähigte uns, die offensichtlicheren, gröberen emotionalen Verdunkelungen in unserem Geist zu lichten – sie durchschaubarer zu machen und ihnen Macht zu nehmen. Mit der spirituellen Alchemie tun wir jetzt den nächsten Schritt und richten unseren Blick auf den Geist selbst.

Das scheinbar Wirkliche und das Wirkliche • Als der Buddha im Sterben lag, trug er seinen Schülern auf: »Jeder von euch sei sich selbst ein Licht.« Diese Anweisung enthält ein Leitprinzip: Wir sollen die Wahrheit selbst herausfinden, statt das zu übernehmen, was eine Autorität darüber äußert. Statt nur blind zu glauben, sollen wir durch Beobachten unsere wahre Natur erkennen: unsere Identität ohne das konstruierte Selbst und die Erfindungen unserer gewöhnlichen Wahrnehmung.

Diese Analyse führt uns über das Scheinbare hinaus und in das Wirkliche hinein. Eine alte Metapher fasst den Gegensatz zwischen dem Scheinbaren und dem Realen in das Bild eines Menschen, der vor einer Schlange zurückweicht, sie dann aber näher betrachtet und entdeckt, dass da nur ein zusammengerolltes Seil liegt. Eine moderne Metapher: Wir sehen einen Film, gehen völlig auf in der Handlung, wie ein Schläfer im Traum. Eine genaue Beobachtung würde die Wirklichkeit des Films auflösen in Licht, das durch eine Linse gebrochen wird und 24 Standbilder pro Sekunde auf eine Leinwand projiziert.

Der Buddhismus unterscheidet zwei Ebenen der relativen Wahrheit: die Dinge, wie sie scheinen, wenn wir unter dem Einfluss einer verzerrten Wahrnehmung stehen – beispielsweise wenn wir im Griff eines Schemas sind –, und die Dinge, wenn wir sie etwas korrekter sehen, etwa wenn wir uns von den Verzerrungen des Schemas befreien. Doch auch diese »richtigere« Wahrnehmung ist aus buddhistischer Sicht immer noch nur eine relative Wahrheit. Die Erkenntnis der wahren Natur der Dinge in grundlegendem, absoluten Sinn erfordert, wie der Buddhismus sagt, ein subtileres Wissen darüber, wie der Geist unsere Wirklichkeit erschafft.

Im Bereich des Relativen kann eine genau beobachtende Haltung den Unterschied zwischen Irrtum – Schlange, Film, Schema – und einem zutreffenderen Bild der Dinge ausmachen. Doch andere Methoden der Beobachtung führen über dieses relative Wissen hinaus; sie lassen uns Verbindung mit der wahren Natur der Dinge in grundlegendem Sinn aufnehmen. Auf dieser Ebene erweitert Achtsamkeit ihren Gegenstandsbereich über verzerrte Wahrnehmungen und fehlangepasste Gewohnheiten hinaus und erkundet die Funktionsweise des Bewusstseins selbst.

Der Buddhismus bietet viele Methoden der Beobachtung und Analyse, die bei dieser breiter angelegten Erkundung helfen. Beispielsweise kann diese in Form einer tibetischen Methode geschehen, deren Bezeichnung häufig mit »Logik« übersetzt wird, aber eigentlich eher »Wissenschaft der Wahrheit« oder einfach »fortgeschrittener gesunder Menschenverstand« bedeutet, wie Tai Situpa Rinpoche erklärt.[43] In gewissem Sinn ähnelt dieser Ansatz dem logischen Hinterfragen, das wir verzerrten Schema-Überzeugungen gegenüber angewandt haben; er wendet es aber auf unsere grundlegendsten Annahmen an, um Verzerrungen zu beseitigen, die aufgrund unseres mangelhaften Wissens und Gewahrseins entstehen.

Auf einer anderen Ebene liegt die »klar blickende« Eigenschaft des Gewahrseins, wie die tibetische Tradition der Geisteslehre sagt: die Fähigkeit des Geistes, einfach zu wissen. Diese wissende Eigenschaft erfasst das gesamte Kontinuum des Bewusstseins vom rationalen Denken über eine subtilere Art der Erforschung ohne vorgefasste Meinungen – bis hin zu der leeren, klaren Geistesnatur jenseits aller begrifflichen Vorstellungen. Diese Ebene des Wissens um die Essenz des Geistes kann uns über den Aufruhr unserer Gedanken und Gefühle hinaustragen in jene weiten, stillen Tiefen im Innern.

Die zerbrochene Schale ● Eine meiner Freundinnen vertraute einmal dem Dalai Lama an, dass sie ständig von angstvollen Gedanken an den Tod gepeinigt würde – insbesondere dem, dass einer ihrer Lieben sterben könnte. Es war mehr als ein flüchtiger Gedanke; sie war von der Angst vorm Tod förmlich besessen.
Der Dalai Lama hörte ihr gewissenhaft zu und nickte verständnisvoll; ich konnte die Verbindung zwischen den beiden und seine große Empathie für meine Freundin spüren. Seine fürsorgliche Wärme schien sie zu trösten.
Dann, nachdem er den Schilderungen meiner Freundin so aufmerksam zugehört hatte, sagte er: »Es ist gut, darüber viel nachzudenken.«
Seine Entgegnung mag überraschend klingen, da normalerweise – zumindest in der amerikanischen Kultur – der soziale Impuls dahin geht, den Leuten zu versichern, dass sie sich nicht so viele Sorgen machen sollten. Der Dalai Lama jedoch bezog sich auf einen Kernpunkt des Buddhismus: dass wir über die Vergänglichkeit der Dinge, die Flüchtigkeit und Zerbrechlichkeit des Lebens nachdenken *sollten*. Solche Betrachtungen können unser spirituelles Wachstum fördern. Wenn wir beispielsweise unsere unhinterfragten Annahmen über die Dauerhaftigkeit der Dinge einer genauen Prüfung unterziehen, kann uns das helfen, besser für die unvermeidlichen Veränderungen in unserem Leben gewappnet

zu sein. Wir wollen uns nicht von dem trennen, woran uns am meisten liegt – lieben Menschen, persönlichem Besitz, hoch geschätzten Überzeugungen oder dem Leben selbst.

Veränderungen und Verluste sind schwierig, sogar schmerzlich für uns alle. Sie zwingen uns dazu, unsere persönlichen Bedürfnisse anzupassen und unsere Verluste zu betrauern. Doch da sich die Dinge im Leben unausweichlich ändern, erfahren wir alle irgendwann das Leid, das mit Veränderung und Verlust einhergeht. Aus buddhistischer Sicht hilft uns das Nachsinnen darüber, uns unbequemen Wahrheiten zu stellen und Kummer gelassener zu ertragen, weil wir uns dann innerlich besser vorbereitet fühlen.

Natürlich kann eine Veränderung manches sogar leichter machen. Vergänglichkeit bedeutet nicht immer Kummer und Verlust; in der Erkenntnis, dass beispielsweise Krankheit und Leiden ebenfalls vergänglich sind, können wir Trost finden. Wir können uns vor Augen halten, dass auch dies vorübergehen wird.

Es gibt ein altes Zen-Sprichwort: »Diese Schale ist bereits zerbrochen.« Das ist ein hilfreicher, beherzigenswerter Standpunkt: Die Dinge ändern sich, sie überdauern nicht. Die Schale ist jetzt ganz, doch eines Tages wird sie zerbrechen. Diese Haltung können wir auch auf uns selbst beziehen; eines Tages wird dies bei jedem von uns auf seinen Körper zutreffen. Wir mögen ein langes, erfülltes Leben leben, doch wenn wir uns an den Gedanken gewöhnt haben, dass Veränderungen unumgänglich sind, sind wir besser vorbereitet, wenn es endet; wir haben uns bereits an das unausweichliche Ende des Lebens angepasst. Wenn wir dies stets bedenken, kann uns das ein Ansporn sein, unser Leben sinnvoll zu nutzen.

Dieses Nachsinnen über unsere eigene Vergänglichkeit ist eine der vier »Veränderungen des Geistes« im tibetischen Buddhismus. Genau wie wir bei der Arbeit an unseren Schemata die vorgefassten Meinungen, die diese Muster stabilisieren, infrage gestellt haben, setzen wir auf dem buddhistischen Weg einige unserer heiligsten und am wenigsten hinterfragten Annahmen einer ähnlich zweifelnden Haltung aus.

Genau dies sollen die Veränderungen des Geistes bewirken: einen Umsturz der gewohnheitsmäßigen Annahmen, die uns in unserer üblichen Lebensweise bestätigen. Geben wir alte Sichtweisen auf, öffnen wir uns für eine neue Perspektive. Dieses radikale Infragestellen kann uns zu einer gleichermaßen radikalen Neubewertung unserer Realitätswahrnehmung und der Funktionsweise unseres Geistes veranlassen.

Die Einstellung »Ich bin gut so, wie ich bin«, stößt in sich selbst an eine Grenze: die Annahme nämlich, dass wir alles ausgeschöpft hätten, was uns möglich ist. Daher betrachtet die erste der vier geistigen Veränderungen den menschlichen Körper als kostbar. Es ist schwierig, als Mensch (wieder)geboren zu werden; das Menschsein aber bietet die Möglichkeit einer spirituellen Entdeckungsreise, die das Leben mit erneuertem Sinn und Gehalt erfüllen kann.

Die angenehme Vorstellung, vielleicht 80 oder 90 Jahre alt zu werden und viel Zeit zur Verwirklichung der eigenen Pläne zu haben, kann sich bewahrheiten, muss aber nicht. Die zweite Veränderung des Geistes stellt diese falsche Vorstellung von Dauerhaftigkeit – die Überzeugung, dass die Dinge überdauern – infrage.

Die Meinung »Es spielt keine Rolle, was ich tue«, ist eine weitere Annahme, die uns aus einem spirituellen Blickwinkel in den Schlaf lullt. Doch wie wir gesehen haben, werden stets aufs Neue wiederholte Handlungen oder Haltungen zu fixierten Gewohnheiten, schränken unsere Freiheit ein, zwingen uns, sie immer wieder zu wiederholen.

Die dritte Geistesveränderung erkennt an, dass die Gesetze von Ursache und Wirkung Macht über unser Leben haben. Wir müssen die Verantwortung für unsere Gedanken und Taten übernehmen: Sie haben reale Konsequenzen.

Schließlich gibt es eine weit verbreitete Einstellung: die Weigerung zu glauben, dass eines Tages unausweichlich Leiden auf uns zukommen wird, auch wenn heute alles ganz wunderbar ist. Die vierte Veränderung des Geistes erkennt den Schmerz an, den das Leben irgendwann mit sich bringt.

Durch diese Überlegungen sehen wir einige allgemein gültige Tatsachen der Existenz klarer: Alles, was kommt, geht; was fest und dauerhaft scheint, kommt bei näherem Hinsehen ins Fließen. Im Festhalten irgendwelcher sinnlichen Erfahrungen lässt sich keine dauerhafte Befriedigung finden; sie gehen alle vorüber. Tiefere Befriedigung als in jeglichem Festhalten liegt darin, unsere Hoffnungen und Ängste loszulassen. Diese Reflexionen über die für uns geltenden natürlichen Gesetze können uns Zuflucht in der spirituellen Praxis suchen lassen.

Die normale Ordnung der Dinge umstoßen ● Diese radikalen Veränderungen können uns offen machen für eine bessere Wahrnehmung der Natur der Dinge. Eine solche Erfahrung machte ich in einer Ausstellung von Landschaftsbildern des Impressionisten Claude Monet; viele seiner Werke waren nun an einem Ort vereint. Ich hatte bisher immer nur einzelne Gemälde eines Heuschobers auf einer Wiese oder eines Seerosenteichs gesehen – eine Art Stilllebenschnappschuss. Doch hier waren alle seine Bilder von einem bestimmten Objekt versammelt, sodass das Auge jede Serie wie einen Film betrachten konnte.

Monet hatte dieselbe Landschaft zu verschiedenen Tages- oder Jahreszeiten gemalt. Und während jedes Bild einer Serie auf den ersten Blick wie die anderen wirkte, enthüllte das Hin- und Herschauen eine subtile Veränderung des Lichts, das durch verschwimmende Formen von sich verändernder Farbe hindurchschimmerte; zwischen Sonnenaufgang und -untergang wurden unterschiedliche Nuancen betont. Mit dem sich ändernden Licht verschwammen scharf begrenzte Linien, und Kanten wurden weicher. Monet hat die durchdringende Ästhetik der Wahrheit der Vergänglichkeit erfasst. Seine Bilder sind Kontemplationen der Veränderung.

Der Buddhismus betont, dass unser Geist ständig im Fluss ist.

Was auch immer in unserem Bewusstsein erscheint – Gedanken und Gefühle, Gesehenes, Gehörtes, Gerochenes, Gespürtes –, ist das Ergebnis komplexer Gesetze von Ursache und Wirkung in einem Zustand stetiger Veränderung.

Dieses Wissen um die Vergänglichkeit kann eine Gelegenheit zur Einsicht in die »leere« Natur aller Phänomene eröffnen. Alles, was wir wahrnehmen, ist leer in dem Sinn, dass es keine feste, individuelle Identität hat; unser Geist schreibt ihm nur eine solche zu.

So gesehen bildet die Zuschreibung von Beständigkeit, gleich welchem Ding, eine unbegründete Annahme hinsichtlich unserer Wahrnehmung: Wir heften irrtümlich ein Etikett an, wo doch nur eine sich ständig ändernde Ansammlung von Ursache-/Wirkungsabfolgen entsteht und wieder vergeht. Ein Grund, weshalb dies unserem Bewusstsein entgeht, liegt darin, dass wir uns selbst, andere Menschen und Dinge während einer begrenzten Zeitspanne sehen: Wir glauben, der Schnappschuss, den wir jetzt in Händen halten, zeige uns, wie sie immer sein werden und wie sie immer waren. Wenn Sie einen Blick auf die Form einer Wolke werfen, scheint sie sich nicht zu ändern. Schauen Sie aber nur Augenblicke später nochmals hin, sehen Sie, dass ihre Form sich geändert hat. Dasselbe gilt für eine Heumiete – wie uns Monet gezeigt hat – und für alles andere ebenfalls, auch wenn die Veränderung so langsam vonstatten gehen mag, dass unsere Augen und unser Geist sie nicht wahrzunehmen vermögen.

Die Biologie sagt uns Ähnliches über unseren eigenen Körper. Die typische Körperzelle stirbt nach etwa hundert Tagen. Jede Sekunde werden zweieinhalb Millionen rote Blutkörperchen geboren, und in derselben Sekunde stirbt eine entsprechende Anzahl. In jedem Augenblick vollzieht sich der Kreislauf von Geburt und Tod im menschlichen Körper.

Das Entstehen jeder Art von Form kann als Ereignis gesehen werden, als Zyklus von Geburt und Tod, der nur einen Augenblick dauert. Natürlich schwankt die Zeitspanne dieses »Augenblicks«

beträchtlich. Ein geologischer Augenblick, etwa die Geburt und der Tod eines Gebirges, kann Millionen Jahre dauern. Bei einem Mammutbaum dauert dieser Moment vielleicht ein- oder zweitausend Jahre. Doch wenn wir die richtige Zeitskala wählen, erweisen sich alle physikalischen Gebilde als vergänglich. Die Veränderung geschieht unaufhörlich.

Eine ähnliche Einsicht in die Vergänglichkeit ergibt sich ganz natürlich aus der Beobachtung des aktiven Geistes mit reinem Gewahrsein. Achtsame klare Einsicht lässt uns in jedem Augenblick eine Art Geburt und Tod erkennen. Joseph Goldstein formuliert das so: »Wir können sehen, dass alle Gedanken, Gefühle, Emotionen und Empfindungen in Körper und Geist vorübergehend, ständig im Fluss sind … [Wir] können die sich verändernde Natur all der verschiedenen Teile sehen. Wir können ohne Identifikation bei ihnen bleiben und sehen, dass sie zu niemandem gehören, dass sie einfach vorübergehende Phänomene sind, die werden und vergehen.«

Dinge existieren als Verben ● Physiker wissen, dass sich jedes Objekt in seine Bestandteile zerlegen lässt – in Moleküle, diese in Atome, und diese wiederum in noch kleinere Partikel. Doch das ritzt gerade an der Oberfläche der Komplexität von Ursache und Wirkung.

»Theoretisch bedeutet Chaos aus Sicht der Physik Unvorhersehbarkeit – die Beinahe-Unmöglichkeit, alle Wirkungen einer Ursache vorherzusagen oder alle Ursachen hinter einer Wirkung abzuleiten«, erklärt mir ein Physiker.

»Jede Wirkung hat trotzdem eine Ursache«, fügt er hinzu, »doch die Kausalbeziehungen sind so fein verzweigt und kompliziert, dass es selbst für den leistungsstärksten Computer nahezu unmöglich ist, sie so erschöpfend miteinander in Beziehung zu setzen, dass Vorhersagen möglich werden. Die Chaos-Theorie jedoch gewinnt vorhersagbare (und häufig universelle) Muster aus einem physikalischen System, das sich normalerweise unvorhersagbar verhält. Sie erlaubt dem Physiker damit ein begrenztes Verständnis von Ursache und Wirkung in der physikalischen Welt ohne den enormen Aufwand, der für ein vollständiges Verstehen nötig wäre.«

In der Wissenschaft geht es darum, die Gesetze von Ursache und Wirkung in der physikalischen Welt zu verstehen. Der Buddhismus lenkt diese Analyse sowohl im physischen als auch im geistigen Bereich in eine andere Richtung; er erkennt an, dass alles aus diesem komplexen Gewebe entsteht und keine davon getrennte Existenz hat.

»Wenn man die Dinge analysiert und sie geistig in ihre Bestandteile zerlegt«, erklärt der Dalai Lama, »versteht man, dass die Dinge nur in Abhängigkeit von anderen ins Dasein kommen. Deshalb hat nichts eine eigene, unabhängige oder wesenhafte Identität.«

Wenn wir unser Leben nur als kleinen Teil eines größeren Gewebes sehen, ändert sich unsere Perspektive dramatisch. Mein Bruder hat einmal ein treffendes Bild dafür geprägt: »ein paar Sandkörner, die im Staubsturm der Zeit herumwirbeln«.

Wenn alles, was als unabhängige Größe zu existieren scheint, sich als Teil eines großen Gewebes aus Ursache und Wirkung erweist, dann ist es, wie der Buddhismus sagt, »leer« von jeder unabhängigen Existenz. Es ist wie das Bild eines Gesichts im Spiegel: Es *scheint* zu existieren, jedoch nur, weil unsere Augen das Spiel des Lichts auf dem Glas so wahrnehmen.

Natürlich existieren Dinge – relativ gesprochen, vom gewöhnlichen Standpunkt aus. Doch Dinge existieren als Verben, als Prozess – nicht als Substantive, nicht als fixierte Größen.

Eine Blase auf dem Wasser ● Im tibetischen Wort für »Vergänglichkeit« schwingt laut Chökyi Nyima Rinpoche mit, dass etwas »verfällt, flüchtig, kurzlebig, wie eine Blase auf dem Wasser [ist]. Der Buddha sagte, dass eine Blase im Wasser für unsere Augen so aussieht, als sei sie da, als existiere sie, doch im nächsten Moment ist sie fort. Alles ist so; jeder einzelne Augenblick verändert sich.«[44]

Auf eine sehr subtile Ebene bezieht sich Chökyi Nyimas Beispiel einer Vase: »Einem Menschen, der nicht wirklich darüber nachdenkt, scheint es, als sei die Vase vom Augenblick ihrer Fertigstellung bis zu dem ihres Zerbrechens dauerhaft. Doch ein Mensch, der diese Vase wirklich genau betrachtet, stellt fest, dass sie sich in jedem einzelnen Augenblick verändert. Die Vase verblasst; sie wird alt – nicht plötzlich, sondern Augenblick für Augenblick.«

Buddhistische Lehrer drängen darauf, dass jeder Praktizierende dies selbst beobachtet. Eine intellektuelle Betrachtung ist ein Anfang, doch wenn diese Betrachtung nur auf der intellektuellen Ebene bleibt, ist damit kaum etwas gewonnen. Aus diesem Grund sagt der Dalai Lama, dass die Wahrheit der Vergänglichkeit ihre Überzeugungskraft nur in der unmittelbaren Einsicht in unsere eigene Erfahrung entfalten könne; von dieser Wahrheit nur zu hören genüge nicht. Das unmittelbare, intuitive Verstehen, so fährt er fort, »muss weiter vervollkommnet werden, weil unser Festhalten der Vergänglichkeit so tief in unserem Bewusstsein verankert ist«. Eine derart starke Gewohnheit des Geistes »ist nicht durch eine einzige Einsicht aufzulösen. Das erfordert einen langen Prozess der Vertiefung unserer Einsicht.«

Manche tibetischen Rituale symbolisieren die Wahrheit der Vergänglichkeit sehr eindrucksvoll: Aus farbigem Sand wird ein erlesenes, überaus kompliziertes Mandala erschaffen. Nach Tagen oder Wochen, während das Mandala im Mittelpunkt ausgedehnter Rituale steht, findet eine Abschlusszeremonie statt. Dabei wird der farbige Sand einfach zu einem schmutzigbraunen Haufen zusammengefegt, zu einem Fluss getragen und hineingeschüttet. Das Wegwerfen von etwas zuvor so Schönem soll daran erinnern, dass jede Erfahrung vergeht und dass wir deshalb unweigerlich eine Enttäuschung erleben, wenn wir uns daran klammern.

Vom relativen zum absoluten Mitgefühl • Diese grundlegenden Veränderungen des Geistes führen uns zu größerer Offenheit: Wir können die durch unsere übliche geistige Verwirrung erzeugten geistigen Gewohnheiten leichter infrage stellen. Im tibetischen Buddhismus erfolgt dieses Hinterfragen durch ein besonderes geistiges Training.

Die tibetische Tradition der Geistesschulung kennt zwei sich ergänzende Formen des Praktizierens: Methode und Weisheit. In diesem Zusammenhang bezieht sich Methode auf eine ganze Palette von Übungen, die uns helfen sollen, offener, ehrlicher, zuversichtlicher und mitfühlender zu werden. In einer großzügigen Auslegung fällt jede Übung, die uns der Wahrnehmung der Dinge, wie sie sind, näher bringt – ob Therapie oder spirituelles Praktizieren –, unter die Rubrik Methode.

Ähnlich bezieht sich »relatives Mitleid« auf Übungen, die störende Emotionen dämpfen und unsere Orientierung auf uns selbst durch das Bestreben, anderen zu helfen, ersetzen. Die in Kapitel 2 dargestellte Liebe-und-Mitgefühl-Meditation entspricht einer solchen Übung in relativem Mitgefühl. Konzentrationsübungen wie die Atemmeditation fallen ebenfalls in diese Kategorie, da sie den Geist beruhigen und so störende Emotionen unterdrücken; wir werden offener, neigen weniger zum Reagieren und gehen mehr auf die Bedürfnisse anderer ein.

Viele Praktiken des tibetischen Buddhismus kultivieren das relative Mitleid. Dazu gehört das bewusste Kultivieren des Wunsches, anderen Gutes zu tun, unsere Übungen dem Wohlergehen anderer zu widmen, jede Gelegenheit zu nutzen, um sich in Tugenden wie praktischem Mitleid zu üben und sich über das Glück anderer Mensch zu freuen – um nur einige wenige zu nennen.

Diese Übungen bilden eine wichtige Grundlage für die Erforschung tieferer Wahrheiten. Auf dieser Ebene liegt das Kultivieren des absoluten Mitgefühls, und die Methode macht den Weisheitsübungen Platz. Meditation zur Sammlung des Geistes oder zur Kultivierung einer mitfühlenden Einstellung sind gut und schön, doch innere Ruhe und Nächstenliebe reichen nicht aus, wenn im Geist immer noch dieselben Gewohnheitsmuster ablaufen. Solange diese Gewohnheiten vorherrschen, bleiben wir der Sicht der Dinge, wie sie scheinen, verhaftet und sehen sie nicht, wie sie sind.

Die Dinge mit der größtmöglichen Klarheit zu sehen erfordert, den Geist von allem zu reinigen, was unseren Blick verdunkelt. Das Hauptziel der Geistesschulung besteht darin, die beiden wichtigsten Verdunkelungen zu beseitigen: geistige Verdunkelungen – unterschwellige Gedanken und die ihnen zugrunde liegenden Annahmen – und emotionale Verdunkelungen – unsere automatischen Reaktionen für oder gegen die Dinge, die uns in den Sinn kommen. Während das Praktizieren von Methode und Mitgefühl, etwa Konzentration und Liebe-und-Mitgefühl-Meditation, emotionale Verdunkelungen beseitigt, leisten die Weisheitspraktiken dasselbe bei den subtileren geistigen Verdunkelungen.

Jedes Training, das emotionale und geistige Verdunkelungen auflöst, so sagt Chökyi Nyima, »ist wahre Geistesschulung«.

Wenn aus Verwirrung Weisheit erwächst ● Ein berühmtes Gedicht des großen tibetischen Weisen Gampopa fasst diesen Weg des geistigen Trainings zusammen:

Möge mein Geist sich dem Dharma zuwenden.
Möge meine Dharma-Praxis zum Pfad werden.
Möge der Pfad die Verwirrung klären.
Möge aus Verwirrung Weisheit erwachsen.[45]

Die erste Zeile bezieht sich auf die oben erwähnten geistigen Veränderungen und ihre Macht, unsere persönlichen Prioritäten zu ändern, sodass unsere Praxis – der Dharma oder die spirituelle Lehre – zu einer Quelle der Inspiration und zur Leitlinie unseres

Lebens wird. Die zweite Zeile drückt aus, dass bloße Einsichten in das, was zählt, nicht genügen; wir müssen den Pfad des spirituellen Praktizierens gehen. Und die dritte Zeile formuliert den Wunsch, dass unser Praktizieren frei sein möge von weiter bestehenden geistigen und emotionalen Gewohnheiten, von denen wir Befreiung zu erlangen suchen.

Praktisch gesehen beziehen sich diese Zeilen auf Übungen, die emotionale Verdunkelungen auflösen sollen. Unsere störenden Emotionen – zumindest die offensichtlichen, die wir sofort als solche erkennen – werden durch Methoden wie beruhigende Meditation gedämpft oder gebändigt. Diese Übungen lassen Ruhe im Geist einkehren und orientieren uns mit einer positiven Einstellung nach außen, weg von unseren persönlichen Angelegenheiten. Zu den Wirkungen dieser Methoden gehören mehr emotionale Stabilität, Zuversicht und Mitgefühl.

Der entscheidende Schritt im Geistestraining geschieht jedoch mit der in der vierten Zeile angesprochenen Veränderung, wenn »aus Verwirrung Weisheit erwächst«. Diese Worte beziehen sich auf Praktiken, die die weniger leicht zu fassenden geistigen Verdunkelungen beseitigen. In diesen Verdunkelungen wurzelt die Verblendung des Geistes selbst. Dazu zählen alle unbegründeten Vorstellungen oder Annahmen über die Realität sowie verzerrte Wahrnehmungsweisen. Wenn wir diese Verdunkelungen auflösen, können wir die Dinge klar wahrnehmen und die Geistnatur selbst erkennen.

Die Praktiken mit dieser Wirkung fallen in die Kategorie Weisheit und enthalten insbesondere klare Einsicht oder *Vipassanā*, ein Pali-Wort, das im Westen weithin benutzt wird (das tibetische Wort lautet *vipashyana*). Die Einzelheiten dieser Einsichtspraktiken variieren zwischen den verschiedenen Schulen des Buddhismus. Generell aber bedeutet Geistestraining in diesem Sinne, uns aus dem Griff unserer gewöhnlichen geistigen und emotionalen Gewohnheiten zu befreien, um uns schließlich in der Weisheit eines wachen Gewahrseins zu festigen.

Die beiden Ebenen der Geistesschulung spiegeln sich in den Motiven, die ihnen zugrunde liegen. Das Bestreben, relatives Mitgefühl zu kultivieren, drückt sich in dem Wunsch aus, das eigene Leiden und das anderer zu lindern. Das Bestreben, absolutes Mitgefühl zu kultivieren, äußert sich in dem Wunsch, die Wirklichkeit klar zu sehen und anderen dazu zu verhelfen, ebenfalls diese Fähigkeit in sich zu wecken.
Manche Texte verwenden die Metapher von Eis und Wasser, wenn sie von diesem Wechsel vom Relativen zum Absoluten sprechen, dem der Wechsel in der Qualität des Mitgefühls entspricht. Der gewöhnliche Geist wird mit dem Eis verglichen: Eis ist die Starrheit unserer Gedanken und Annahmen, die um unser Festhalten am Selbst, dem »Ich«, kreisen. Wenn die spirituelle Alchemie ihre Wirkungen entfaltet, schmilzt das Eis, bis schließlich nichts mehr von der Härte der Denkgewohnheiten übrig bleibt – nur noch kristallklares Wasser. Einerseits verwandelt sich das Eis in Wasser, doch andererseits ist es immer noch derselbe Geist-Fluss. Er taut nur auf, wenn er immer weniger fest und in sich selbst eingeschlossen wird.
Die Wärme des relativen Mitgefühls vermag das Eis der geistigen Starre zu schmelzen. Je selbstloser wir sind – entweder durch mitfühlendes Handeln zum Nutzen anderer oder durch mitfühlende Wünsche und Gedanken in unserem Geist –, desto besser können wir die leere Geistnatur verwirklichen. Wenn sich die Vorstellung einer getrennten Existenz auflöst, löst sich auch das Festhalten am Ich auf.

Verwirrung beseitigen ● Der Buddhismus sieht einen direkten Zusammenhang zwischen unserer Fähigkeit zu Mitgefühl und der Klarheit unseres Geistes. Ist unser Geist unruhig, dann sind wir viel weniger imstande, das Leiden eines anderen zu lindern. Aus diesem Grund führt dieser Wunsch zu dem Wunsch, unsere Weisheit zu kultivieren und Verwirrung durch Klarheit zu ersetzen.

Die Wolken der Verwirrung in unserem Geist lösen sich in dem Augenblick auf, indem wir mit unseren gewohnten Wahrnehmungsweisen brechen. Das tibetische Wort *sherab* bezeichnet die klar blickende Intelligenz, die diese Verwirrung beseitigt.

Dieses Geistesvermögen könnte man als einen inneren Lehrer bezeichnen, als Fähigkeit, die Lebenserfahrungen zu nutzen, um zur Wahrheit der Dinge zu erwachen. Diese klar blickende Intelligenz nutzt den Verstand – den Geist, der denkt, benennt und überlegt –, um sich selbst zu überschreiten. Die Erfahrung unserer wahren Natur, so lehrt der Buddhismus, liegt jenseits des Reiches des gewöhnlichen Denkens und Fühlens. Der Sprung vom Verstandesmäßigen zum Nicht-Verstandesmäßigen markiert einen zentralen Übergang in der Achtsamkeitspraxis.

Diese klar blickende Intelligenz gibt sich nicht damit zufrieden, unsere Wahrnehmungen aus den Verzerrungen durch Gedanken und Gefühle herauszufiltern, und sie lässt auch nicht zu, dass die in unserer Zerrbrille steckenden Annahmen unsere Realität definieren. Sie will vielmehr die Natur dessen, *was denkt, was fühlt*, erkennen, statt sich damit zu begnügen, das Leben durch den Nebel des gewohnheitsmäßigen Denkens und Fühlens zu sehen.

Die achtsame Beobachtung als solche bietet eine direkte Möglichkeit, unsere am tiefsten verwurzelten Gewohnheiten und Neigungen des Denkens und Fühlens zu durchbrechen. Zu diesen Gewohnheiten gehört auch die falsche Sicherheit, in der uns die Annahme wiegt, die Dinge seien in Wirklichkeit so, wie sie uns scheinen. Das reine Beobachten wirkt der Gewohnheit unmittelbar entgegen. Wenn wir die Dinge unhinterfragt hinnehmen, leben wir automatisch, geben den Gewohnheiten freie Hand, lassen unsere Lernerfahrung uns vorschreiben, wie wir sehen, interpretieren, fühlen und reagieren. Die rein beobachtende Einstellung des Geistes jedoch lässt uns erwachen und mit neuen Augen sehen, weil sie uns aus den eingefahrenen Gleisen hinauswirft.

Genau wie uns prüfende Beobachtung auf der Ebene des Augenfälligen Einsicht in unsere emotionalen Gewohnheiten verschaffen kann, erlaubt die klar blickende Intelligenz auf einer feineren Ebene eine Wissensklarheit, die die subtileren geistigen und emotionalen Verdunkelungen überwindet. Diese natürliche Wissensklarheit des Geistes ist wie ein Scheinwerfer, der unsere Wahrnehmungen erhellt, dem Geist die Kraft zu wissen und zu verstehen gibt. Sie verleiht uns die Fähigkeit, sowohl einer Landkarte zu unserem Ziel zu folgen als auch die innere Landkarte des Bewusstseins zu erhellen, die Natur des Geistes selbst zu erkennen. *Yeshe* oder Weisheit – die Dinge sehen, wie sie sind – ist die Wahrheit, die zurückbleibt, nachdem die Flut der Gedanken und Gefühle und irrtümlichen Annahmen sich verlaufen hat. *Yeshe* ist wie der weite, offene Himmel; *sherab* oder klar blickende Intelligenz ist wie der Wind, der die verdunkelnden geistigen Wolken davonbläst.

Die dichtesten Wolken ● Die dichtesten unserer geistigen Wolken ballen sich um unsere Emotionen; in der Nähe unserer Schemata werden sie zu Sturmwolken. Der tibetische Buddhismus sagt uns, dass diese leidvollen Emotionen uns manchmal eine Gelegenheit bieten, spirituelle Einsicht zu gewinnen. Dies erfordert natürlich die Anwendung der richtigen Methoden.

Der Prozess kann mit einer psychologischen Beobachtung beginnen. »Wenn Ihr negativer Geist sich erhebt«, rät Lama Yeshe, »sollten Sie ihn genauer untersuchen«, und zwar mit einer kritischen, Ihre Annahmen infrage stellenden Haltung. Die Methode, die er empfiehlt, ähnelt der Anwendung von Achtsamkeit auf eine Schema-Attacke: »Statt eilends etwas zu tun, um sich abzulenken, entspannen Sie sich und versuchen Sie, dessen gewahr zu werden, was Sie tun. Fragen Sie sich selbst: Warum tue ich das? Wie tue ich es? Was ist die Ursache?«[46]

Seine Antworten auf diese Fragen liegen allerdings auf einer subtileren Ebene als der unserer Arbeit an Schemata. Wenn unser Verständnis an der Oberfläche, beim Schein der Dinge bleibt, dringen wir nicht bis zur Wirklichkeit der Dinge vor. Unseren Zustand, wenn wir in geistigen Gewohnheiten befangen sind, analysiert Lama Yeshe so: Wenn wir verstehen, wie unser Geist die Welt wahrnimmt, erkennen wir vielleicht, dass wir an der Welt der Sinne festhalten. Mit seinen eigenen Worten sind wir »zu sehr mit dem beschäftigt, was in einer nichtexistenten Zukunft passieren wird, und des gegenwärtigen Augenblicks überhaupt nicht bewusst«. Kurzum, wir »leben für bloße Phantasiegebilde«.[47]

Eine achtsame Haltung dagegen wirkt einer Verstärkung emotionaler Gewohnheiten entgegen, indem sie jedes Mal, wenn eine negative Emotion in unserem Geist aufsteigt, rein beobachtendes Gewahrsein anwendet. Aus buddhistischer Perspektive ist diese Strategie unserer normalen Gewohnheit, blind aus unseren Gefühlen heraus zu handeln, bei weitem vorzuziehen.

Chökyi Nyima Rinpoche vergleicht diese feine Spur einer gewohnheitsbedingten Neigung mit dem anhaltenden Duft eines leeren Parfümflakons. »Gewohnheitsbedingte Neigung«, sagt er, »bedeutet eine Art automatische Macht oder Energie. Reizbarkeit und Zorn erfordern oft kaum eine Anstrengung unsererseits. Aufgrund der gewohnheitsbedingten Neigung scheinen sie sich ganz von selbst einzustellen, und wenn sich das richtige Objekt darbietet, können sie sich zu ausgewachsener Wut steigern.«[48]

Von der Warte des Grundlegenden aus gesehen bergen sowohl positive als auch negative Emotionen die »Saat des Karma« – die Neigung, emotionale Gleise zu vertiefen und damit eine Gewohnheit zu verstärken. Dieser Sicht der Dinge zufolge können *alle* Dinge zum Gegenstand des prüfenden Blicks der Achtsamkeit werden, genau wie alle unsere Gedanken und sonstigen Reaktionen. Somit erweitert sich die Untersuchung auf die Funktionsweise des Geistes selbst.

Beobachtung auf subtiler Ebene: Die Drei Gifte ● Um diese Ebene der Geisteserforschung zu verstehen, ist es hilfreich, Emotionen bis zu ihrem Ursprung zurückzuverfolgen. Nachdem die

Sinne mit einem Objekt in Berührung gekommen sind und diesen Kontakt als Wahrnehmung registriert haben, enthält der nächste Schritt eine Reaktion: nämlich wie wir das Objekt empfinden. Gefällt es uns, gefällt es uns nicht, oder stehen wir ihm indifferent gegenüber?

Aus diesem Urteil erwächst das voll ausgeprägte Gefühl, vom Verlangen und Festhalten über Ablehnung oder Aggression bis zu Gleichgültigkeit oder Desinteresse. Da diese drei Reaktionen letztlich der Ursprung unserer destruktiven Emotionen sind, bezeichnet sie der Buddhismus als die Drei Gifte.

Streng genommen steigen Gefühle im Geist nicht aufgrund der Dinge auf, die wir wahrnehmen. Was auch immer erscheint, »es ist das Gefallen oder Nichtgefallen dieser Erscheinungen, das die Emotion schafft«, sagt Chökyi Nyima. Der sagenhafte indische König und Weise Tilopa hat gesagt: »Was bindet, ist nicht das wahrgenommene Ding, sondern das Festhalten. Neigung ist Bindung in subtiler Form; wenn es zunimmt, wird es zum Ergreifen oder Verlangen. Abneigung ist Aggression in subtiler Form, die zu Zorn werden kann« – immer noch eine Form des Festhaltens.

Wir sind uns in der Regel ausgeprägterer Gefühle weitaus deutlicher bewusst als der schwerer zu fassenden, subtileren wie Neigung, Abneigung oder Indifferenz, die jene entstehen lassen. Dennoch kann sich eine geringfügige Störung im Geist zu handfester Wut auswachsen, wenn man ihr freien Lauf lässt. Die Beobachtungskraft der Achtsamkeit jedoch kann zu dieser subtileren Ebene vordringen, kann die Wurzeln einer starken Emotion wie Wut zu ihrer geistigen Quelle zurückverfolgen. Dann kommen wir zu diesem kritischen Moment, in dem der Geist auf die ursprüngliche Wahrnehmung mit Ablehnung reagiert hat. Eine Schema-Reaktion beispielsweise können wir mit dem rechten, beobachtenden Gewahrsein auf eine »Initialzündung« zurückführen, bei der der Geist »Nichtgefallen« des auslösenden Objekts registriert hat.

Der Kette des abhängigen Entstehens zufolge setzt Bindung im

Augenblick des Kontakts ein, also wenn Auge oder Ohr das gespürte Ding registriert; dies wiederum führt zu Gefühl oder Wahrnehmung. Dem buddhistischen Denken zufolge steckt in dieser Abfolge eine Analyse sowohl der zweiten als auch der dritten Edlen Wahrheit: der Ursache des Leidens und dem Schlüssel zu seiner Aufhebung.

Wenn man dieses Augenblicks des Kontakts nicht achtsam gewahr ist, geht die Kette über einige weitere Stadien rasch weiter zum Verlangen oder zur Bindung an das wahrgenommene Ding. Das klassische buddhistische Denken schlägt jedoch eine Alternative dazu vor: Statt sofort durch irgendeine emotionale Reaktion eine Bindung an das Wahrgenommene herzustellen, können wir seiner mit Gelassenheit gewahr sein. Dann entsteht keine Bindung; die Kette der Lernerfahrungen – der »Gestaltungen« oder »Daseinsgebilde«, wie der Buddhismus sagt – ist gesprengt.

Wenn die Kette bricht, sind wir frei von der automatischen Neigung, Abneigung oder Indifferenz, die für gewöhnlich die Saat leidiger Gefühle legt. Dies erlaubt es uns, die Dinge gelassen hinzunehmen, wie sie eben sind, und sie uns nicht anders zu wünschen – kurzum, nicht an unserem Gefallen oder Nichtgefallen festzuhalten.

Wenn Sie sich für reines Gewahrsein als spirituelle Praxis interessieren

Sie können Achtsamkeit auf das Kettenglied des Festhaltens anwenden. Diese subtilere Ebene von Achtsamkeit lässt sich besser in einem intensiven Meditationstraining üben. Dort haben Sie die Gelegenheit, die Beständigkeit Ihrer Achtsamkeit zu steigern und Qualitäten wie genaues Beobachten zu verfeinern. Damit stärken Sie Ihre Achtsamkeit und entwickeln zugleich die Gelassenheit, die Ihnen größere Freiheit vom Festhalten verschafft.

Versuchen Sie, beim Üben von Achtsamkeit einfach bei den Abläufen zu bleiben, wenn Sie etwas spüren, und sie genau zu verfolgen. Wenn Sie sehen, hören oder körperlich empfinden, was geschieht dann unmittelbar danach in Ihrem Geist? Können Sie die Neigung zum Festhalten entdecken – eine Vorliebe, ein Gefallen oder Nichtgefallen dessen, was Sie spüren?

Dieser Augenblick ist ein entscheidendes Glied in der Kette des abhängigen Entstehens: der Augenblick der Entscheidung zwischen Gewohnheitsreaktion und Nichtfesthalten. Dies zu beobachten erlaubt die unmittelbare Einsicht, wie das Festhalten von Hoffnung oder Angst, von angenehmer oder unangenehmer Empfindung den Geist verdunkelt.

18
Leiden neu begreifen

In den dunkelsten Tagen des Nazi-Regimes wurde der Lehrer Viktor Frankl in ein Konzentrationslager deportiert. Die Lagerinsassen hatten praktisch keine Kontrolle über ihr Schicksal – allerdings noch über ihre geistige Verfassung. In seinem Buch über diese schlimme Zeit *Trotzdem ja zum Leben sagen* schreibt Frankl, dass die meisten Häftlinge schließlich jede Hoffnung verloren, einige wenige, darunter auch er selbst, jedoch nicht. Er beschäftigte seinen Geist und dachte daran, eines Tages in Vorträgen und Büchern von seinen albtraumhaften Erfahrungen zu berichten. ● Dass Frankl einen Sinn in der entsetzlichen Situation finden konnte, hatte mehrere Auswirkungen: Sein Lebenswille blieb erhalten, sein Geist lebendig und seine psychische Grundverfassung intakt. Nach seiner Befreiung beschrieb er fast 40 Jahre lang in Büchern und Vorträgen seine Erfahrungen. Und er begründete eine psychotherapeutische Schule, die Logotherapie, die von der Grundvoraussetzung ausgeht, dass sich Leiden verwandeln lässt, wenn man einen Sinn darin findet. ● Im Neubegreifen seines eigenen Leidens eröffnet uns Frankl eine ermutigende Perspektive: Wir können mit unserem Leiden aus einem umfassenderen Gewahrsein heraus umgehen. Jeder von uns hat seine eigene Art und Weise, auf die Herausforderungen des Lebens zu reagieren, und wir müssen unsere eigenen Bedürfnisse, Wesenszüge und persönlichen Rhythmen respektieren. Meine Überlegungen stellen daher eher Anregungen denn ein Rezept für den Umgang mit Leiden dar. Ich maße mir nicht an zu wissen, was für andere in den Nöten des Lebens richtig ist. ● Bei meinen Recherchen fand ich faszinierend, mit welch ungebrochenem Mut sich manche Menschen Widrigkeiten stellen und selbst unter größter Belastung Zugang zu inneren Quellen der Einsicht und des Mitgefühls gewinnen. Diese Menschen stützen sich offenbar auf bestimmte wesensbedingte menschliche Qualitäten, um schwierige Zeiten durchzustehen. Dies setzt jedoch Vertrauen in unsere natürliche Intelligenz voraus; sie ist der innere Kompass, der uns den Weg durch Schmerz und Trauer finden lässt. ● Damit soll die harte Realität, die manche erdulden müssen, keinesfalls geleugnet oder verharmlost werden. Manche Situationen sind so schwer zu ertragen, dass wir nichts anders wollen als ihr Ende. Doch die vorliegende Perspektive erlaubt – ermutigt uns sogar –, unserer Fähigkeit zur Intuition zu vertrauen: darauf, dass wir wissen, wann es zu handeln gilt und wann nicht, dass wir unsere eigene, einzigartige Realität verstehen und möglichst weise, feinfühlig und fundiert reagieren.

Manchmal brauchen wir Zeit für uns allein, manchmal die Unterstützung und liebevolle Zuwendung derer, denen wir vertrauen. Manchmal brauchen wir Zeit, um unseren Schmerz anderen oder uns selbst einzugestehen; manchmal müssen wir zu Perspektiven und Praktiken greifen, die uns helfen können, darüber hinwegzukommen. Wir alle haben unsere eigenen, individuellen Reaktionsweisen auf die Schwierigkeiten im Leben.

Zuweilen erfordert dies Offenheit dafür, *nicht* zu wissen, wie wir reagieren sollen, und die selbst erteilte Erlaubnis, das Rätsel, warum dies oder das jetzt geschieht, einfach hinzunehmen. Wenn wir diese Erfordernisse akzeptieren, auf sie eingehen und uns dabei um uns selbst kümmern – uns unsere Erfahrung vergewärtigen, wie sie ist, ohne sie sofort ändern zu wollen –, kann sich das Verstehen in seinem eigenen Zeitmaß entwickeln.

Ob ein Mensch regelmäßig meditiert oder nicht, die Eigenschaften Mut, Durchhaltevermögen und Geduld – um nur einige zu nennen – sind dieselben, die durch Achtsamkeit gefördert werden. Das Praktizieren von Achtsamkeit kultiviert und vertieft diese natürlichen Eigenschaften. Der tibetische Lehrer Tulku Thondup hat einmal gesagt: »Die größte Quelle von Stärke und Hilfe liegt in unserem eigenen Geist – wenn wir unseren Geist öffnen, sind wir vielleicht überrascht über unsere innere Stärke.«

Was uns auf den spirituellen Pfad führt ● Vor einigen Jahren ging ich eine Zeit lang zu einer wunderbaren Therapeutin. Sie wusste nicht viel vom Buddhismus, doch sie respektierte es, dass ich mit Interesse und Engagement praktizierte, um mir Klarheit über emotionale Probleme zu verschaffen. Eines Tages erzählte ich ihr von den Verlusterlebnissen in meiner Kindheit und wie ich damit fertig wurde. Sie schaute mich an und sagte mit ihrer natürlichen klaren Einsicht: »Das klingt, als hätten Sie die Vergänglichkeit schon begriffen.«

Diese Worte trafen mich mitten ins Herz. Sie hatte verstanden, dass diese frühen Verluste für mich mehr als nur ein Grund für Trauer und Leiden waren, dass sie mir auch tiefere Einsichten vermittelt und mich auf den spirituellen Pfad geführt hatten.

Ähnliches habe ich von vielen Menschen gehört, die sich von der buddhistischen Praxis angezogen fühlen. In gewissem Sinn kann ein spiritueller Weg eine angepasste Reaktion auf Leiden sein, ob hinter diesem Leiden nun emotionale Verwirrung, körperlicher Schmerz oder Verlust steht.

Ich erinnere mich an meine Angst vor dem Verlassenwerden, als es mit meiner Katze, an der ich sehr hing und die ich 20 Jahre gehabt hatte, zu Ende ging. Es ist erstaunlich, welche Bindung wir an ein Tier entwickeln können. Ich war darauf gefasst, dass es schwierig werden würde, sie loszulassen – angesichts meines Musters von Ängsten kann sich ein persönlicher Verlust noch stärker auswirken.

Zu jener Zeit kämpfte ich mit meiner Angst, ein geliebtes Wesen zu verlieren, und manchmal verschärfte sich die Situation noch durch mein beunruhigendes Muster. Nachdem also meine Katze von ihrer Geburt an 20 Jahre lang um mich gewesen war, ging ich von der Annahme aus, dass ihr Tod unerträglich für mich sein würde. Der Teil von mir, der distanziert und gleichgültig werden kann, wenn ich ein Anzeichen von Verlassenwerden entdecke, stand in den Startlöchern, als der Tierarzt sagte: »Sie hat nur noch ein paar Wochen zu leben.« Ich spürte einen übermächtigen Drang, mich emotional von ihr zu distanzieren – eine der klassischen Strategien, mit denen Menschen mit dem Muster des Verlassenwerdens den Schmerz eines erwarteten Verlustes zu vermeiden suchen.

Ich weiß noch, dass ich dann bewusst beschloss, diesen Ängsten nicht nachzugeben und mich nicht innerlich zurückzuziehen. Ich wollte vielmehr meiner Katze ganz nahe sein, während sie starb. Wochenlang verbrachte ich jeden freien Augenblick an ihrer Seite. Diese Nähe, obwohl ich Angst hatte, sie zu verlieren, veränderte etwas. Sie stellte meine Annahme infrage, dass ein Verlust immer unerträglich wäre, dass das Gefühl des Verlassenwerdens über meine Kräfte ginge.

Schließlich wurde sie so schwach, dass sie kaum mehr als ihren Kopf bewegen konnte. In diesen unseren letzten gemeinsamen Stunden sagte ich ihr, wie viel sie mir bedeutete, wie sehr ich sie vermissen würde und wie sehr ich sie liebte. Zu diesem Zeitpunkt hatte sie sich seit zwei Tagen überhaupt nicht mehr gerührt, schien jedoch ihre Liebe durch einen stetigen, lebendigen Blick auszudrücken.

Dann war es spät geworden, und ich erhob mich, um mich bettfertig zu machen. Danach kam ich zu ihr zurück, um ihr gute Nacht zu sagen. Sie blickte von mir weg, als ich ihr den Rücken streichelte. Zum ersten Mal seit Tagen bewegte sie sich; sie drehte sich mir zu. Dann miaute sie ein paar Mal, und ich wusste sofort, dass sie mich bat, sie zu halten.

Ich hob sie mitsamt der Decke, auf der sie lag, hoch und drückte sie ganz dicht an mich. Sofort atmete sie dreimal nacheinander aus – und war tot.

Es war, als hätte ich ihr Bewusstsein sich wellenförmig durch ihren Körper bewegen und ihn bei diesem letzten Atemstoß verlassen sehen. Ehrfurcht und Scheu erfüllten mich angesichts dieses Übergangs von der knuddeligen, flauschigen Katze, die ich in all diesen Jahren gehalten hatte, zu der leeren Hülle ihres Körpers, aus dem alles Leben gewichen war.

Ich verharrte schweigend bei diesem Wunder. Vergänglichkeit war kein hohler, abstrakter Begriff, sondern eine reale Erfahrung. Die Lehren des Buddhismus wurden in diesem Augenblick lebendig für mich. Es gibt kein fixiertes, festes, dauerhaftes Selbst – nur eine Aneinanderreihung sich ändernder Erfahrungsmuster. Weil ich mich meiner Katze so tief verbunden fühlte, während ich sie verlor, konnte ich einen Kontakt spüren, der über die physische Ebene hinausreichte. Selbst als ich Furcht und Trauer empfand, fühlte ich mich mit der Liebe selbst verbunden.

Widrigkeiten verwandeln ● Dem Dalai Lama zufolge gibt es grundsätzlich zwei Wege, auf Leiden zu reagieren: »Einer ist, es zu ignorieren, und der andere, direkt hineinzuschauen und es zu durchdringen«, und zwar mit Achtsamkeit. Dem spirituell Praktizierenden empfiehlt er »hineinzugehen, es nicht einfach zu vermeiden«. Wenn wir unser Verhältnis zu unseren unangenehmen Erfahrungen verändern können, wenn wir ihnen weniger Widerstand entgegenzusetzen und sie klarer zu beobachten vermögen, kann es uns gelingen, die zusätzliche, durch unseren Widerstand und unser Reagieren hervorgerufene Schicht des Leidens zu verringern.

Das ist natürlich nicht immer ganz einfach. Ich erinnere mich, dass der Dalai Lama einmal gefragt wurde, ob das Durchleiden eines tiefen Kummers nützlich sein und dazu beitragen könne, selbst mitfühlender zu werden.

Seine Antwort: »Ja, das geschieht sicherlich.« Doch dann fügte er warnend hinzu, dass Leiden auch einfach zu Verzweiflung oder Depression führen könne: »Wenn wir uns nur noch mit unserem Leiden beschäftigen und deprimiert werden und uns von ihm überwältigen lassen, dann vergrößert dies das Leiden noch.«[49] Wenn jedoch das Leiden auf »fähige Mittel« – hilfreiche innere Bedingungen – treffe, könne es zu größerem Mut führen.

Der Begriff »hilfreiche innere Bedingungen« verdient unsere Aufmerksamkeit. Mit diesem Ausdruck sind geistige Fähigkeiten gemeint, die wir kultivieren können. Eine davon ist die Kraft der gesammelten Aufmerksamkeit selbst – eine geschärfte Konzentration, die den Geist beruhigt und seine Tendenz zu reagieren dämpft. Eine andere ist Anpassungsfähigkeit – geistige Elastizität, die uns mit mehr Offenheit und Kreativität reagieren lässt, damit wir nicht auf die Grenzen eines engstirnigen Denkens beschränkt bleiben. Weitere sind Geduld und Vertrauen – die Fähigkeit, die Dinge hinzunehmen, über die wir keine Macht haben. Und schließlich gehört noch Gelassenheit dazu, was nicht dasselbe meint wie Gefühllosigkeit oder Gleichgültigkeit, sondern vielmehr einen ausgeglichenen Geist, der sich nicht von Vorlieben und Abneigungen steuern lässt.

Ein alter tibetischer Lama, der nach der Besetzung seines Landes durch die Chinesen 17 schreckliche Jahre in einem chinesischen Gefangenenlager erduldete, berichtete einmal über seine Gefangenschaft. Er erzählte, wie schwer es war, manchmal kaum zu ertragen. Doch obwohl er ein Gefangener war, so sagte er, habe er immer noch seine innere Freiheit gehabt. Seine Wärter hatten Macht über seinen Körper, nicht aber über seinen Geist – genau wie bei Frankl.

Wir entscheiden darüber, wie wir mit widrigen Bedingungen umgehen. Niemand sonst hat diese Macht über uns. Diese geistige Widerstandskraft ist auch beim Entwirren der Lernerfahrungen hinter unseren Schemata ein wirksames Werkzeug. Das Verhalten anderer Menschen ist eine andere Sache, doch zu ändern, wie *wir* reagieren und uns von diesem Verhalten beeinflussen lassen, das liegt in unserer Macht. Diese flexible, elastische Eigenschaft des Geistes – all die »hilfreichen inneren Bedingungen« – lässt sich durch Achtsamkeitsmeditation kultivieren.

Eine der großen Gaben des menschlichen Geistes ist die Fähigkeit, Leiden so zu verwandeln, dass Unglück zu einer Kraft wird, die uns aufweckt. Statt uns von den Kräften der Verwirrung oder Verzweiflung überwältigen zu lassen, können wir erkennen, dass wir die Wahl haben, wie wir uns beeinflussen lassen, dass wir somit dem Unglück nicht völlig hilflos ausgesetzt sind.

Natürlich heißt das nicht, dass es leicht wäre – wenn wir mitten drin stecken im Leiden, wissen wir wahrscheinlich nicht, wie wir es als Gelegenheit zur Verwandlung nutzen sollen. Es kann von Weisheit zeugen, eine Zeit lang *nicht* zu wissen und nur zuzulassen, dass sich unsere gewohnten Zugangsweisen zu unseren Problemen und unsere eingeschränkte Selbstsicht lockern. Nicht immer können wir unsere verwirrenden Lebensumstände ändern – doch wir können ändern, wie wir uns geistig dazu stellen.

Dann gibt es noch die inneren Herausforderungen durch unsere Schemata und leidigen Gefühle, wenn das Chaos unseres Geistes außer Kontrolle und kaum zu durchschauen scheint. Doch wenn es uns gelingt, daran zu denken, dass wir selbst in tiefster Verwirrung Ruhe in der Achtsamkeit finden können, dann ist das wie unter aufgewühlten Wellen auf ruhige See zu stoßen. Wir mögen immer noch nicht wissen, was zu tun ist, aber zumindest haben wir diesen sicheren Hafen im Innern.

Eine befreundete Therapeutin erzählte mir von einer Klientin, die Zuflucht in der Meditation findet. Ihr äußeres Leben ist so chaotisch – voller Probleme mit ihrer Gesundheit, ihrer Beziehung, ihren Kindern –, dass sie in der inneren Einkehr einen sicheren, von dem äußeren Durcheinander nicht beeinträchtigten Hafen hat. Der Gedanke, dass dieser sichere Hafen in ihrem eigenen Geist existiert, gibt ihr Trost und Kraft.

Manchmal zwingt uns das Leben zu derart einschneidenden Erfahrungen, dass es lange dauern kann, bis wir darüber hinwegkommen. Nicht immer können wir Schwierigkeiten in der erwähnten Weise nutzen. Wir müssen unsere Gefühle annehmen, ohne vorschnell damit abzuschließen – wir müssen unser Unglück durchstehen, unserer Trauer Ausdruck verleihen. Wenn wir innerlich bereit sind, ergibt sich zur rechten Zeit eine Möglichkeit, öffnet sich ein Tor zu mehr Freiheit. Wenn wir beschließen, Achtsamkeit in dieser Weise zu nutzen, können wir bei unserem Leiden bleiben und uns schmerzlichen Erfahrungen mit Gelassenheit und mutigem Herzen öffnen.

Der entscheidende Unterschied liegt in unserer *Beziehung* zum Leiden. Wenn wir uns nur dagegen wehren und zu fliehen versuchen, können wir uns nicht hineingeben, es aus einer neuen Perspektive sehen und vielleicht eine Möglichkeit finden, uns einen Reim auf das Chaos zu machen. Für jedes Durcheinander und jedes Problem gilt der schon zitierte Satz von Tulku Thondup: »Die größte Quelle von Stärke und Hilfe liegt in unserem eigenen Geist.«

Ein Blick auf das, was möglich ist ● Das Leben selbst kann uns ein Lehrer sein. Es kann uns Chancen bieten, die in uns aufgewühlten Emotionen umzuwandeln. Wenn wir Enttäuschungen erleben, bietet sich uns eine Gelegenheit, über die üblichen Konventionen und Anschauungen hinaus und zu einer höheren Warte vorzustoßen – indem wir bedenken, dass mehr dahinter stecken muss, als es den Anschein hat.

Manchmal öffnen schmerzliche Erfahrungen eine verborgene Tür zur Selbstbefreiung von der eingeschränkten Wahrnehmung unseres Leidens. Das chinesische Schriftzeichen für »Krise« besteht aus zwei Teilen: Das eine bedeutet »Bedrohung« und das andere »Gelegenheit«. Wenn wir einen tieferen Sinn in unserem Leiden suchen können, statt uns bloß dagegen zu wehren, hat schon dieses Bestreben die Kraft, uns unser Leiden anders begreifen zu lassen, und sei es nur ein wenig.

Mein Freund Ram Dass, überaus erfahren in der Erforschung des eigenen Inneren, erlitt vor einiger Zeit einen Schlaganfall. Während ich an diesem Buch arbeitete, erholte er sich allmählich. Zu seiner spirituellen Orientierung gehört es, die Nöte des Lebens als Lehren zu begreifen und daher als Gelegenheit zu spirituellem Lernen. Ram Dass scheint sogar imstande zu sein, seinen Schlaganfall zu spirituellem Wachstum zu nutzen – »Schlaganfall-Yoga«, wie er es nennt –, statt sich einfach durch die neuen, starken Einschränkungen an Körper und Geist definieren zu lassen.

Kurz nach seinem Schlaganfall, als er allmählich die Fähigkeit zu sprechen wiedergewann, sagte er unter einigen Mühen zu mir: »Ich glaube, dass diese Krankheit ein Segen ist, weil sie meine Oberflächlichkeit weggefegt hat – meinen Sportwagen, Golf, all das.« Später schrieb er: »Aus der Sicht des Ich ist der Schlaganfall kein Spaß – doch aus der Sicht der Seele ist er eine großartige Gelegenheit zu lernen.«

Dass die Befreiung vom Leiden letztlich vom geistigen und nicht vom physischen Bereich ausgeht, machte eine stockende Bemerkung von Ram Dass glasklar. Während seines ein- oder zweimonatigen Krankenhausaufenthalts nach dem Schlaganfall fragte ich ihn, ob er leide. Die Worte mühsam suchend antwortete er: »Wenn ich daran denke, wer ich war, kann Leiden da sein. Oder wenn ich an die Zukunft denke. Doch wenn ich in der Gegenwart bin, gibt es kein Leiden.«

Er ergänzte: »Die Ärzte glauben, dass das Bewusstsein im Gehirn sitzt – doch mein Bewusstsein wird von dieser Krankheit nicht beeinflusst.«

Ram Dass erzählte gerne eine alte Geschichte über einen armen Bauern, der nur einen Sohn und ein Pferd besaß. Eines Tages lief das Pferd davon, und ein Nachbar bedauerte ihn, wie schlimm das sei. »Wir werden sehen«, sagte der Bauer. Am nächsten Tag kam das Pferd zurück, mit einer wilden Stute. Nun konnte der Bauer Pferde züchten – eine beträchtliche Vergrößerung seines Vermögens. Nun freute sich der Nachbar für ihn. Doch der sagte nur: »Wir werden sehen.« Dann versuchte der Sohn, die Stute einzureiten, wurde abgeworfen und brach sich ein Bein. Jetzt konnte er seinem Vater nicht mehr bei der Feldarbeit helfen. »Wir werden sehen«, sagte der Bauer. Die Woche darauf überfiel ein grausamer Kriegsherr das Dorf und zwang alle gesunden jungen Männer zum Dienst in seiner Truppe. Der Sohn jedoch blieb zurück. Und wieder sagte der Bauer nur: »Wir werden sehen.«

Natürlich ist es nicht immer ganz einfach, für alles offen zu bleiben, wie es kommt, insbesondere wenn es uns so vorkommt, als könnten wir keine Möglichkeit finden, unser Verhältnis zu unserem Leiden zu ändern. Dennoch kann ein solcher Wandel eintreten, wenn Umstände und Ansatz stimmen.

»Starke positive Energie kann Leiden verhindern oder lindern«, sagt Tulku Thondup. »Das bedeutsamste Ergebnis einer positiven Einstellung ist jedoch nicht unbedingt, Leiden zu verhindern, sondern zu verhindern, dass es zu einer negativen Kraft wird, wenn es denn eintritt.«

Zwei Perspektiven • Wie der Buddhismus lehrt, kann man jede Situation oder Erfahrung aus zwei Blickwinkeln sehen: dem der relativen Wahrheit und dem der absoluten oder grundlegenden Wahrheit. Die grundlegende Sicht der Dinge kann besonders dann wirksam sein, wenn wir Leiden neu begreifen wollen.

Das Reich von Ursache und Wirkung liegt auf der Ebene der relativen Wahrheit. Die Wahrheit der Ereignisse auf dieser Ebene ist einem Verständnis im üblichen Sinn zugänglich. Wie Schemata funktionieren – oder Gewohnheiten im Allgemeinen oder der Geist oder unser Selbstgefühl –, lässt sich auf dieser relativen Ebene verstehen. In der relativen Sicht der Dinge sind die Theorien der Psychologie oder der Kognitionswissenschaften gültig.

Doch aus dem grundlegenden Blickwinkel haben unsere Schemata, unsere Gewohnheiten, sogar unser Selbst keine unabhängige, aus sich selbst heraus existierende Wirklichkeit. Sie sind nicht realer als das Bild eines Gesichts im Spiegel.

Die grundlegende Ebene reicht über unser gewöhnliches Verständnis hinaus. Während die relative Wahrheit gewöhnlich für uns einen Sinn ergibt, beginnen Einsichten auf der grundlegenden Ebene mit dem radikalen Neudenken unserer fundamentalsten Annahmen. Dieses Neudenken geht von der Kette des abhängigen Entstehens aus.

Eine dieser von uns so hoch geschätzten Annahmen ist die, dass wir als einzelne, getrennte Wesen existieren. Aus buddhistischer Sicht jedoch schuldet alles seine scheinbare Existenz immer etwas anderem, da vielfältige Ursachen und Bedingungen wechselseitig aufeinander wirken. Mit anderen Worten, die scheinbare Existenz von *allem* – Ihnen, mir, unserer Galaxis – hängt von mannigfaltigen Faktoren ab. Wenn einer nicht die richtige Rolle zur richtigen Zeit spielte, gäbe es weder Sie, noch mich, noch die Galaxis.

»Dieses Fehlen einer unabhängigen, autonomen Realität heißt grundlegende Wahrheit«, sagt der Dalai Lama. Doch dieses Beispiel einer grundlegenden Wahrheit, so fährt er fort, »ist für uns auf der Ebene unserer gewöhnlichen Wahrnehmung und unseres Weltverständnisses nicht offensichtlich«.[50]

Um auf diese Realitätsebene vorzustoßen, muss man tief bohren. Dennoch sind relative und grundlegende Wahrheit zwei Perspektiven derselben Welt: der unserer eigenen Erfahrung. Beobachtendes Gewahrsein kann beide im Geist präsent halten. Tai Situpa erklärt: »Das relative Prinzip erlaubt einer Person, sich auf die Variablen der Situation zu beziehen, doch dabei wird es gestützt von der Perspektive der grundlegenden Wahrheit; diese erlaubt es uns zu vermeiden, dass wir von den sich verändernden Wechselbeziehungen mitgerissen werden.«[51]

Natürlich mag uns in unserem alltäglichen Leben die grundlegende Sicht der Dinge sehr vergeistigt, vielleicht sogar unerreichbar vorkommen, insbesondere in Augenblicken, in denen die Lage ernst, ja verhängnisvoll zu sein scheint und wir unter der drängenden, bedrückenden Last jede Perspektive verlieren. Doch wenn wir die Möglichkeit einräumen, dass es eine umfassendere

Perspektive gibt, kann uns das helfen, die relative Wirklichkeit unseres Lebens neu wahrzunehmen.

Nachsinnen auf der relativen Ebene hilft uns, die Auswirkungen unserer persönlichen Geschichte und die daraus folgenden Gefühls- und Wahrnehmungsgewohnheiten zu verstehen; diese Gewohnheiten aber verdunkeln unsere Wahrnehmung der grundlegenden Realität, unserer wahren Natur. Wenn wir jedoch diese beiden Perspektiven zugleich im Gedächtnis behalten, können wir mehr Mitgefühl empfinden, unsere emotionalen blinden Flecken und kontraproduktiven Gewohnheiten weniger verurteilen oder uns weniger von ihnen fesseln lassen. Wir können sogar den Sprung auf die grundlegende Ebene machen, selbst wenn wir um ein relatives Verständnis kämpfen müssen.

Gelingt es uns, diese umfassendere Perspektive zu bewahren, dann können wir unsere emotionalen Wunden mit einem erweiterten Gewahrsein betrachten. Eine Klientin, die engagiert zu meditieren begann, zeigte mir einmal einen Tagebucheintrag. Während eines Meditationstrainings hatte sie einen aufwühlenden Traum: Ein Mann, an dem ihr viel lag, teilte ihr mit, er werde sie verlassen. Sie erwachte mit einem Gefühl tiefer Traurigkeit – ihr Schema des Verlassenwerdens war von dem Traum ausgelöst worden.

»Auf persönlicher Ebene«, schrieb sie in ihr Tagebuch, »könnte man es als Einsamkeitserfahrung interpretieren, wenn jemand nicht für einen da sein will – insbesondere nach so vielen Verlusterlebnissen und wenn man sich insgeheim fragt, ob überhaupt jemals wirklich jemand für einen da gewesen ist. Doch ich stelle fest, dass es möglich ist, meine Aufmerksamkeit im persönlichen Bereich zu halten, ohne mich davon ablenken zu müssen – einfach bei der Traurigkeit zu bleiben, bei dem Gefühl dieser persönlichen Verluste, im Bewusstsein der relativen Natur dieser Realität. Die rückhaltlose Aufmerksamkeit empfinde ich wie eine fürsorgliche Gegenwart, die ich mir immer von einem Elternteil gewünscht habe. Jetzt bin ich frei, für mich selbst in einer Weise da zu sein, von der ich immer geglaubt habe, nur jemand anderes könnte sie mir geben. Die Traurigkeit löst sich auf, wenn eine neue Erkenntnis heraufdämmert: Menschen kommen und gehen. Gewahrsein ist unveränderlich.«

Die Vier Edlen Wahrheiten ● Die relative und die absolute Sichtweise unserer Erfahrung kann uns helfen, die Vier Edlen Wahrheiten grundsätzlich zu verstehen – die berühmte Darlegung des Buddha der Ursachen des menschlichen Leidens und des Pfades zur Befreiung von diesem Leiden.

Auf der relativen Ebene gibt es zahllose Ursachen und Formen des Leidens: physische, soziale, ökonomische, politische und so weiter. Wenn es auf menschliche Grausamkeit, Armut, Krankheit oder andere prinzipiell ausräumbare Gründe zurückzuführen ist, dann muss natürlich alles nur Mögliche getan werden, um die Leiden verursachenden Missstände zu beheben. Doch es gibt noch ein Leiden auf einer anderen Ebene – den Schmerz, der von unserem eigenen Geist geschaffen wird.

Diese Form des Leidens folgt aus unseren Reaktionen auf unsere Erfahrungen. Beispielsweise wissen Menschen, die chronische Schmerzpatienten behandeln, dass das mit diesen Schmerzen verbundene geistige Leiden die Angst und den Widerstand der Betroffenen gegen die Schmerzempfindungen noch zusätzlich steigert, sodass sich über die eigentlichen Empfindungen noch eine weitere Schicht emotionaler Qual legt. So verhält es sich auch mit unserem alltäglichen Leben: Unabhängig von der jeweiligen objektiven Realität fügen unsere emotionalen Reaktionen darauf dem Leiden eine zusätzliche Schicht hinzu.

Der Buddhismus sucht, wie wir gesehen haben, die Ursache des Leidens auf einer tieferen, elementareren Ebene: Was unsere beunruhigenden Emotionen auslöst, ist das Festhalten – das anfängliche Gefallen, Nichtgefallen und Indifferentbleiben. Nun gibt es eine radikale Reaktion auf Leiden: Wenn wir den Geist auf einer subtileren Ebene beobachten können, werden die Mechanismen, die das Gefühl von geistigem Leiden hervorrufen, durchschaubarer. Die Bindeglieder in der Kette von Ursache und Wirkung im Geist werden bloßgelegt.

Der Buddhismus bietet eine Feinanalyse der verschiedenen Formen des Leidens, die allesamt in unserer Geistesverfassung gründen. Das subtilste Leiden – das »Leiden an Gestaltungen« oder »Daseinsgebilden« – gründet auf den grundlegenden Mängeln der Arbeitsweise des Geistes, auf tief sitzenden Gewohnheiten und Fehlwahrnehmungen, die unsere gewöhnliche Erfahrung färben. Diesbezüglich bieten die Vier Edlen Wahrheiten eine bemerkenswerte Analyse der Hauptursachen des Leidens und seiner Aufhebung, indem sie herausstellen, welche grundlegende Rolle der Geist dabei spielt.

Die beiden ersten Wahrheiten lassen sich als Beschreibungen von Ursache und Wirkung auf der relativen Ebene verstehen: Die gelernten Festlegungen, »Gestaltungen« in unserem Geist verursachen unser Leiden. Eine Erfahrung, die von solchen Festlegungen vorgeformt wird – irgendeiner geistigen oder emotionalen Gewohnheit beispielweise –, schränkt unsere Freiheit ein. Diese Festlegung drückt sich auf einer offensichtlichen Ebene als störende Emotion aus und auf einer tieferen, subtileren als latente Anfälligkeit für solche Reaktionen, ob in unseren Gedanken und Gefühlen, Worten oder Taten.

Die dritte und die vierte Edle Wahrheit beschreiben Ursache und Wirkung auf der absoluten Ebene: Wir können dem Leiden ein Ende setzen, indem wir der Ursache ein Ende setzen – unserem ursprünglichen Ergreifen und Festhalten. Der Pfad des Praktizierens bietet die wahre Lösung des Problems, und sein Ergebnis ist Freiheit.

Innere Freiheit ● Die Befreiung vom Leiden kann also über das Relative hinaus ins Absolute fortschreiten. Bei unserer Suche nach Befreiung von unserem Leiden sind, wie der Buddhismus lehrt, die heimtückischsten Feinde solche im Inneren – unsere leidigen Geisteszustände. Das Sanskrit-Wort für diese innerlichen Saboteure bedeutet wörtlich »das, was von innen her leiden macht«. Meist wird es aber mit »leidige Gefühle« übersetzt. Seine breitere Bedeutung jedoch bezieht sich auf unsere negativen Denk- und Empfindungsmuster – und die daraus resultierenden Handlungen. Freiheit von Leiden tritt den Lehren des Buddhismus zufolge ein, wenn diese Übel aufhören.

Auf der tieferen, elementareren Ebene entsteht Leiden durch spontanes Gefallen, Abneigung oder Indifferenz, die in jeden Augenblick unserer Erfahrung eingewoben sind. Damit tritt nun ein radikaler Umschwung im Gewahrsein ein. Während wir zuvor den Ursprung unseres Leidens in unseren fehlangepassten emotionalen Mustern gesehen haben, erweitert die buddhistische Perspektive unsere Sichtweise der Grundursachen dieses Leidens. Die buddhistische Psychologie hebt gegenüber den offensichtlicheren, groben Dimensionen des Leidens die subtilen, geistigen hervor.

Der unzufriedene Geist ● Ein Paradebeispiel für eines der Übel des modernen Lebens sind Menschen in einer bevorzugten Stellung, die wohlhabend und gesund sind, eine liebe Familie und gute Freunde haben, und inmitten all diesen Überflusses dennoch Opfer einer chronischen vagen Unzufriedenheit sind. Die üppigste Tafel, die exotischste Reise, der oder die interessanteste, attraktivste Geliebte, das prächtigste Domizil – solche Erfahrungen können irgendwie unbefriedigend und leer scheinen, wenn wir nicht wirklich mit ganzer Seele dabei sind – das heißt dann, wenn unser Geist anderswo ist, beschäftigt mit störenden Emotionen.

Umgekehrt kann die einfachste Freude des Lebens – ein Stück frisch gebackenes Brot essen, ein Kunstwerk betrachten, gemeinsame Momente mit einem geliebten Menschen – uns erfüllen und bereichern, wenn wir sie mit voller Aufmerksamkeit erleben. Das Heilmittel für die Unzufriedenheit liegt in uns, in unserem Geist;

ständiges Suchen nach immer neuen, äußerlichen Quellen der Befriedigung führt zu nichts.

Wenn wir einen Apfel essen und dabei an etwas anderes denken, bemerken wir den Apfel im Grunde gar nicht. Deshalb verschafft er uns auch keine Befriedigung. Die Meditationslehrerin Sharon Salzberg bemerkte in einem Vortrag, es sei in solchen Augenblicken »sehr selten, dass wir sagen, ich hätte aufmerksamer sein sollen … Meistens denken wir, dass der Fehler beim Apfel liege. Deshalb sagen wir: ›Wenn ich eine Orange hätte, wäre ich glücklich.‹ Also holen wir uns eine Orange. Doch wenn wir sie genauso essen, machen wir immer noch keine befriedigende Erfahrung. Also sagen wir: ›Das Schlimme in meinen Leben ist, dass es so gewöhnlich ist – ich brauche was Außergewöhnliches.‹ Also besorgen wir uns eine exotische Frucht, etwa eine Mango. Und wenn wir diese wieder in derselben gedankenlosen Weise essen, machen wir wieder dieselbe Erfahrung, suchen wieder einen noch intensiveren Reiz, um ein Gefühl von Lebendigkeit oder Erfüllung zu spüren.«

Doch was wäre, wenn wir die Dinge so ließen, wie sie sind, und stattdessen unsere Reaktionen auf sie änderten? Was wäre, wenn wir unsere Aufmerksamkeit auf den unbefriedigten Geist selbst lenkten?

Achtsamkeit kann diese Wirkung haben, wenn wir das Üben dazu nutzen, mit einem durchdringenden, genau beobachtenden Gewahrsein in schmerzliche Gefühle hineinzuschauen und den Geist zu erfahren, wie er ist.

Der Buddhismus verweist auf eine Zufriedenheit jenseits unseres üblichen Schwankens zwischen dem Streben nach Wunscherfüllung und dem Meiden von Unglück: Grundlegende, absolute Gelassenheit entspringt einem Geist, der gänzlich frei ist von Verlangen. Wahre Freiheit reicht über das übliche Verständnis von Glück hinaus; eine solche Befreiung geht einher mit der Fähigkeit, die Dinge so zu lassen, wie sie sind, ohne sie sich anders zu wünschen. Dennoch sagte der Buddha stets, dass die Menschen die Wahrheit dieser Gedanken selbst herausfinden müssten, durch ihre eigene Erfahrung. Seine letzten Worte auf dem Totenbett an seinen Lieblingsschüler lauteten: »Sei dir selbst ein Licht.«

Die Wirklichkeit des Relativen ● In einem Großteil dieses Buches geht es um tiefe emotionale Wunden: darum, sie anzuerkennen, sich in sie einzufühlen und auf ihre Heilung hinzuarbeiten – vorwiegend aus einer psychologischen Sicht. Diese persönliche Arbeit an unserer emotionalen Heilung ist eingebettet in eine innere Arbeit, in der psychologische und spirituelle Fäden zusammenlaufen. Dabei spielen beide Dimensionen eine Rolle und verlangen unsere Aufmerksamkeit. Emotionen sind Chancen, einen klaren Blick zu gewinnen, auf jeder Ebene.

Manchmal kann sich diese klare Einsicht spontan einstellen, wenn wir mit achtsamem Gewahrsein einer schmerzlichen Erfahrung gewärtig bleiben. Regelmäßige Achtsamkeitsmeditation kultiviert eine Einstellung, mit der wir alle Lebenssituationen, auch leidvolle, als Gelegenheit nutzen können, diese Situationen anders zu sehen, sie anders und neu zu verstehen.

Eine Warnung muss ich jedoch aussprechen: Wenn wir uns den tieferen, grundlegenderen Dimensionen unsers Daseins öffnen, dürfen wir keinesfalls unsere persönlichen Bedürfnisse, die Wirklichkeit des Relativen, ignorieren. Wenn wir die Perspektive ändern, Unglück daraufhin untersuchen, ob es uns eine erweiterte Sicht der Dinge erschließen kann, müssen wir dabei auch unsere eigenen emotionalen Bedürfnisse und die anderer berücksichtigen.

Aus dem relativen Blickwinkel unserer Persönlichkeit, unseres Egos oder unserer persönlichen Geschichte sind wir auf liebevolle Empathie angewiesen, wenn wir schmerzliche Gefühle erleben. Die Sicht aus einer absoluten Perspektive jedoch erlaubt eine umfassendere Definition unserer selbst. Ich erlebe manchmal, wie Menschen, die mir von ihren Schwierigkeiten berichten, ständig zwischen diesen beiden Ebenen hin und her wechseln. Ihre persönliche Geschichte und ihr Schmerz stehen im Vordergrund, und ich empfinde mit ihnen, fühle mich dort mit ihnen verbunden, wo das Leiden anderer uns alle anrührt. Dann wird mit einem Mal ihre Stimme tiefer, ihre Augen werden klarer, und ich sehe, wie sie eine Veränderung erleben; ihr übliches Selbstgefühl scheint sich in einer größeren Dimension ihres Seins aufzulösen. Sie beginnen über etwas zu sprechen, das sie zuvor nicht erkannt hatten, oder sie erzählen, dass ihr Leiden ihnen eine bessere Einschätzung ihrer selbst oder ihres Durchhalte- und Handlungsvermögens vermittelt habe. Eine meiner Klientinnen rang mit dem Ende ihrer Ehe. So kurz vor der Scheidung, mit der Verantwortung für drei kleine Kinder wusste sie nicht, ob und wie sie ihre Familie allein durchbringen konnte. Ihr Leben würde sich drastisch ändern, und diese Aussicht löste viele ihrer Schema-Ängste aus.

Eines Tages saß sie völlig durcheinander im Flugzeug; ihr ging der Gedanke durch den Kopf, dass es in ihrem Geist genauso aussah wie draußen: Das Flugzeug suchte sich einen Weg durch einen Sturm und flog durch dicke Wolken. Erschöpft nickte sie für einige Minuten ein und träumte, dass ihr eine Freundin erschien und sagte: »Mach dir keine Sorgen; der Himmel über diesen Wolken ist klar.« In diesem Traum empfand sie eine große Erleichterung, als sie daran erinnert wurde, dass über den wirbelnden Wolken ihres Geistes eine andere Perspektive wartete. Als sie erwachte, sah sie, dass das Flugzeug ruhig über einer dicken Wolkenschicht dahinflog.

Nun war ihr leichter ums Herz. Sie dachte, dass vielleicht etwas Positives aus dieser aufwühlenden Zeit hervorgehen würde – etwas, das sie jetzt noch nicht zu sehen vermochte.

Mehrere Monate später, als sie sich diesen Traum in Erinnerung rief, erkannte sie, dass sich ihr Leben definitiv verbessert hatte. Nunmehr geschieden, sah sie sich unerwartet zufrieden statt ängstlich und verzweifelt, wie sie befürchtet hatte. Natürlich fiel ihr die Umstellung nicht leicht, doch bald merkte sie, dass sie imstande war, allein für ihre Kinder zu sorgen. Und nun war es ihr auch möglich, ein in ihren Augen sinnvolleres Leben zu führen. Es ist schwer, klar zu sehen, wenn Sie inmitten von Wolken stecken. Diese Metapher kann jedoch eine hilfreiche Gedächtnisstütze sein: Über der vorübergehenden Verwirrung glänzt ein klarer Himmel.

Wenn Sie mit dieser erweiterten Sicht der Dinge arbeiten möchten

Versuchen Sie, die Metapher von Wolken und Himmel als Visualisierungsübung zu verwenden. Stellen Sie sich düstere, sturmgepeitschte Wolken vor, die für Ihre eigenen stürmischen Gefühle stehen und die klare Offenheit des Himmels – Ihr eigenes klares Gewahrsein – verdunkeln.

Wenn Sie in einen emotionalen Sturm geraten, können Sie sich das Bild von Wolken und Himmel vorstellen, damit Sie die Perspektive wechseln können. Diese Übung erinnert Sie an Ihre eigene Fähigkeit, mit Achtsamkeit durch Ihre umwölkten Momente zu gehen. Dies wiederum kann Ihnen helfen, Ihre eigenen Gefühle weniger ernst zu nehmen, und dann merken Sie vielleicht, dass sie wie Wolken vorüberziehen.

Genau wie wärmendes Sonnenlicht und frischer Wind die Wolken auflösen, gehen auch unsere heftigen Reaktionen vorüber – sie bestimmen nicht, wer wir sind.

Die Gewissheit, dass sich über den Wolken ein klarer, offener Himmel spannt – unsere wahre Natur –, hilft uns, uns vertrauensvoll auf eine umfassendere Perspektive einzulassen, und schenkt uns die Geduld, zu warten, bis die Wolken sich in ihrem eigenen Zeitmaß aufgelöst haben.

19
Möge aus Verwirrung Weisheit erwachsen

Während der vielen Jahre, in denen ich immer wieder in einem Meditationszentrum übte, habe ich mich in die niedlichen Streifenhörnchen verliebt, die dort zu Hause sind. Diese Tierchen sind so zutraulich, dass sie einem Sonnenblumenkerne aus der Hand fressen. Manchmal hüpft ein Streifenhörnchen vor einem hoch, legt sein zartes Pfötchen wie bittend auf sein Herz und schaut einem unschuldig in die Augen. Ich habe mir angewöhnt, immer Sonnenblumenkerne in der Tasche zu haben, falls einer meiner lieben Freunde meinen Weg kreuzen sollte. • Eines Tages hatte ich draußen Meditation im Gehen geübt. Ich schätze die Übung, Achtsamkeit auf eine einfache Tätigkeit anzuwenden, denn wenn das Gewahrsein sehr genau und stark wird, kann man viel aus der sich entfaltenden Erfahrung lernen. Außerdem macht man mehr und reichere Erfahrungen, wenn man draußen geht, statt drinnen auf dem Meditationskissen zu sitzen. • An diesem speziellen Tag hatte ich eine unerwartete Begegnung mit der Natur des Leidens. Als ich die sich ändernden Erfahrungsmuster während der Bewegungen des Gehens in mich aufnahm, sah ich plötzlich eine Katze vorüberrennen; sie trug eines der Streifenhörnchen im Maul. Ich war tief bestürzt. • Ich machte einen fruchtlosen Versuch, die Katze zum Loslassen ihrer Beute zu bewegen, doch sie flitzte blitzartig davon. Ich war verzweifelt und blieb mit dem Gefühl der Hilflosigkeit zurück.

Eine achtsame Beobachtung ● Normalerweise wäre ich sehr, sehr traurig über die gerade gesehene Tragödie gewesen. Wenn man ein anderes Wesen – insbesondere eines, das man liebt – leiden sieht, ist man natürlich traurig. Doch an diesem Tag, nach mehrwöchigem Praktizieren, führte mich die Intensität des Gewahrseins in eine andere Richtung. Ich merkte, dass mein Geist tiefer eindrang, die wahre Natur des Leidens beobachtete.

»Da ist nichts zu machen – *das* ist Leiden«, sagte mein Geist. Ich erkannte, dass ich mich hilflos fühlte, weil ich das Leiden des Streifenhörnchens nicht hatte lindern können.

Ich sah, dass mein Geist wütend auf die Katze war, ihr Vorwürfe machen wollte, weil sie diesem hilflosen Geschöpf Schmerzen zufügte. Doch als ich diesen Wunsch und den Zorn auf die Katze weiter beobachtete, erkannte ich, dass sie in gewissem Sinn ihrem natürlichen Impuls folgte, aus ihren Katzeninstinkten heraus handelte. Ob mir das gefiel oder nicht, Katzen können offenbar nicht anders, als sich so zu verhalten.

Meine Unfähigkeit, das Streifenhörnchen zu retten, trug keine Schuld. Es schien zwecklos, die Schuld der Katze oder sogar der »fehlerhaften« Konstruktion von Katzen zuzuschreiben. Was in Betracht gezogen werden musste, war die Natur des Leidens selbst und meine Reaktionen darauf. Meine starken Gefühle, während mein Geist sich mühte, diesen Schmerz irgendwie zu verstehen, trieben mein Gewahrsein voran in neue Tiefen. Die Worte des Dalai Lama bestätigten sich: »In dem Augenblick, in dem Sie an das Wohlergehen anderer denken, erweitert sich Ihr Geist.«

Ich spürte ein überaus starkes Verlangen, frei von Leiden zu sein; dieses Verlangen schien das Leiden des Streifenhörnchens, das Leiden der Katze und das Leiden aller Wesen einschließlich meines eigenen miteinzubeziehen. Unsichtbare Kräfte legen uns meist darauf fest, im Leiden nur Schmerz zu sehen und darauf zu reagieren. Doch jetzt erkannte ich, dass die Art und Weise, *wie* ich dieses Leiden sah, einen entscheidenden Unterschied machte. War es die Situation, die mich leiden machte, oder war es vielmehr meine *Wahrnehmung* des Leidens?

Ein Teil von mir war trotzdem überzeugt, dass ein Streifenhörnchen, das im Maul einer Katze starb, ganz bestimmt litt. Es gab aber auch eine übergreifendere Sicht des Leidens und seiner Natur. Auf der relativen Ebene war das natürlich eindeutig ein Leiden. Doch ich begann mich einem umfassenderen Verständnis auf der grundlegenden Ebene zu öffnen.

Wie ich erkannte, wurzelte mein Konflikt teilweise darin, dass ich mir wünschte, die Dinge wären anders: dass die Katze ihren Jagdtrieb ignorieren würde oder ihn gar nicht hätte, dass sie Angst vor mir gehabt und das Streifenhörnchen fallen gelassen hätte, dass sie lieber Katzenfutter fressen als Streifenhörnchen jagen würde … oder dass ich woanders gewesen wäre, damit ich solches Elend und Leid nicht hätte mitansehen müssen.

Es war eine demütigende Einsicht, dass ich nicht unbedingt Macht über das Leiden in meiner Welt habe. Natürlich kommt es durchaus vor, dass wir das Leiden eines anderen verhindern können, und wir sollten das auch ohne Zögern tun. Doch in diesem Fall hatte ich keine Wahl, als das Leiden als Teil des Lebens in seiner Vergänglichkeit zu akzeptieren oder mich dagegen zu wehren. Eine andere Wahl aber bleibt uns – wie wir uns auf das Leiden beziehen: Wir können ihm mit Abneigung oder mit Gelassenheit und Mitgefühl begegnen.

Frei von Leiden zu sein bedeutete in dem Augenblick mit dem Streifenhörnchen nicht, dem unvermeidlichen Schmerz Widerstand entgegenzusetzen, sondern sich mit mitfühlender Gelassenheit darauf zu beziehen. Wäre ich das Streifenhörnchen gewesen, hätte ich mir natürlich gewünscht, dass mich jemand beschützt. Doch wenn das nicht möglich gewesen wäre, wenn meine Zeit zu sterben gekommen wäre, hätte ich mir wohl gewünscht, dass dieser Jemand seine Traurigkeit in einen mitfühlenden Wunsch nach Frieden für mich verwandelt hätte – dass ich mich einer eigentlich schrecklichen Erfahrung mit Gelassenheit stellen konnte.

Dieser Wechsel zu Gleichmut und Mitgefühl angesichts des Unvermeidlichen kann uns helfen, Leiden mit größerem Mut zu ertragen.

Die mitfühlende Gottheit ● Tara, die tibetische Gottheit des Mitgefühls, fällt mir ein, wenn ich an solche Gelassenheit inmitten des Leidens denke. Manchmal drückt schon ihre Haltung ein weises Mitgefühl aus: Sie ist halb in einer aktiven, zugewandten Pose bereit, Lebewesen zu schützen und zu bewahren, und halb in Meditationshaltung, was die Leichtigkeit des Seins hinter ihrem Mitgefühl versinnbildlicht. Ihre Emotionen stehen im Dienste der Weisheit. Taras mitfühlender Wunsch besteht darin, Milliarden Lebewesen zu erscheinen – ihren Bedürfnissen gemäß und in einer Form, auf die sie sich beziehen können –, um sie von ihrem Leiden zu befreien.

Wie können wir diese Mischung aus Leichtigkeit, innerer Freiheit und liebevoller Wärme der Fürsorge verkörpern? Wie können wir uns unsere Sensibilität erhalten, ohne uns von den vernichtenden Kräften unserer negativen Emotionen überwältigen zu lassen?

Mein durchdringendes Mitgefühl mit dem Streifenhörnchen und meine Sehnsucht nach Freiheit von Leiden – sowohl für andere Lebewesen als auch für mich selbst – beflügelten mein Praktizieren mit neuem Elan. So verwandelte sich, wie Nyanaponika sagt, »Unglück … in die Lehrer der Vier Edlen Wahrheiten«, die die Ursache des Leidens und den Pfad zur Befreiung analysieren.

Lebenserfahrungen können zu Lehrern werden; in diesem Sinne sind die Wechselfälle des Lebens spirituelle Chancen. In meinem Fall gehörten zu diesen Lehrern aufgrund des intensiven Meditationstrainings, dem ich mich gerade unterzog, die Eigenschaften des Gewahrseins selbst: Eine davon war die klare Einsicht, die die Schichten meiner Vorstellungen über das Leiden durchbrach. Diese leidenschaftliche Betrachtung, gespeist von einer Mischung aus Traurigkeit und Mitgefühl, ermöglichte mir ein neuartiges

Wahrnehmen und Verstehen – und Infragestellen – meiner Annahmen. Eine solche Gelegenheit wäre mir normalerweise entgangen.

Ich erinnere mich, dass der Dalai Lama in einem Vortrag einmal sagte: »Bevor Sie Mitgefühl kultivieren, sollten Sie zuerst Unvoreingenommenheit kultivieren.« In diesem Meditationstraining beobachtete ich, wie die Wellen der Emotionen, gemäßigt durch die Gelassenheit des achtsamen Gewahrseins, sich verfeinerten. Und diese Emotionen halfen mir, mich für eine durchdringende klare Einsicht zu öffnen. Ich erlebte eine tiefe Sehnsucht, frei von Leiden zu sein – eine Sehnsucht, die alle Schichten meines Geistes durchbohrte: von meinen emotionalen Reaktionen über meine begrifflichen Vorstellungen bis hin zu einem intuitiven Erfahren und Verstehen jenseits allen Denkens.

Bei manchen Methoden der tibetischen Vajrayana-Tradition [auch »Diamant-Fahrzeug« genannt, Anm. d. Übers.] werden Gefühle nicht gehemmt, sondern als Teil des Pfades zur geistigen Befreiung genutzt. Emotionen, auch sehr starke, gelten als eine mögliche Triebfeder für klare Einsicht – die richtige Vorbereitung und Schulung vorausgesetzt. In diesem Sinn kann eine leidenschaftliche Betrachtung dafür sorgen, dass wir zu einem kristallklaren Verständnis unserer Erfahrung gelangen.

Das Bild der mitfühlenden Göttin Tara erinnert uns daran, dass eine ausgewogene Verbindung von Gelassenheit mit der Energie der Liebe uns zu einem Gewahrsein verhilft, das die verhüllenden Schleier und unsere hartnäckigen Gewohnheitsmuster zu durchdringen vermag. Das Bild von Tara verkörpert ein Ideal, nach dem wir streben können: Dieses Ideal besteht darin, in uns selbst ein warmes, fürsorgliches Herz mit einem Geist zu verschmelzen, der an nichts festhält. Die Göttin Tara ist für mich eine Inspiration, ein Leitbild des inneren Gleichgewichts zwischen Gefühl und Gelassenheit. Wenn diese Energie leidenschaftlich auf den Wunsch nach Befreiung gerichtet wird, springen innere Tore auf.

Spirituelle Alchemie ● Die Alchemie in ihrer klassischen Form bezieht sich auf eine verborgene Wirklichkeit, die Ordnung der Wahrheit jenseits der alltäglichen Realität. Alchemie betreffe die verborgene Wirklichkeit, die die zugrunde liegende Essenz, das Absolute ausmache, wie es eine alchemistische Schrift ausdrückt. Ihre Essenz liegt in dem Ziel einer Verwandlung des Bewusstseins: Aus unserer gewöhnlichen Wahrnehmung, die dem Blei entspricht, soll eine subtilere, dem Gold entsprechende Wahrnehmungsweise werden.

Für den Alchemisten geschieht diese Umformung sowohl spirituell als auch materiell, ist sowohl ein Ideal als auch höchst real. Das große Ziel, unserem inneren Gefängnis zu entfliehen, kann durchaus etwas sehr Konkretes erfordern: nämlich uns aus dem Griff unserer eigenen Lernerfahrungen und Gewohnheiten zu befreien. Die Frage für den Alchemisten lautet, wie das zu bewerkstelligen ist.

»Ich glaube, ›Alchemie‹ ist die perfekte Bezeichnung für diesen Prozess«, sagte kürzlich eine Klientin über unsere gemeinsame Arbeit. »Manchmal stelle ich mir das so vor, als würden alle möglichen Erfahrungen in meinem Leben – meine Wut auf meinen Exehemann, meine Freundin, meinen Exfreund, meinen Chef – in einen großen Topf geschüttet werden, und dann wird alles kräftig umgerührt und zum Kochen gebracht. Dieses emotionale Erhitzen macht es mir möglich, meine Reaktionsweise zu verwandeln. Die Hitze in diesem Gebräu bewirkt die Veränderung. Wenn alles immer nur lauwarm bliebe, ginge es unbemerkt an mir vorüber. Doch wenn ich all diese Reaktionsneigungen zusammen sehe, sie im Augenblick ihres Auftauchens zu fassen kriege, kann ich sie ändern.«

In der Intensität von Emotionen liegt also eine Chance zu emotionaler Arbeit und zu spirituellem Wachstum – wenn wir sie entsprechend zu nutzen wissen. Mein Lehrer Tulku Urgyen sagte einmal: »Weisheit kann kraftvoller entstehen, wenn die Gefühle kraftvoller sind.«

Ein entscheidender Faktor beim Übergang von der Ebene der emotionalen Alchemie zu der der spirituellen hat mit unseren Bestrebungen und den angewandten inneren Werkzeugen zu tun. Ein anderer meiner Lehrer, Nyoshul Khen, sagte: »Oft sind wir in Zwistigkeiten mit Familie, Freunden und anderen verstrickt ... doch das brauchen wir nicht als Riesenproblem zu sehen.« Der Schlüssel liege darin, positive Absichten zu kultivieren, wie er hinzufügte, denn »alles hängt von unserer Absicht ab. Wir können mit allem arbeiten und es in den Pfad, in unsere spirituelle Praxis einfügen – durch einen reinen Geist und ein gutes Herz, immer unter dem Blickwinkel, anderen zu nützen.« Und wie er sagt, verwandelt das Kultivieren eines »guten Herzens« – einer altruistischen Einstellung – Zank und Hader ganz von selbst.

Zwei Pfade im Geist ● Was geschieht, wenn wir über eine Schwierigkeit in unserem Leben meditieren – etwas, das uns, ob schemabedingt oder nicht, zutiefst beunruhigt? Wenn wir still sitzen, zieht es unser Gewahrsein von selbst zu dem Durcheinander im Geist. Wir können sehen, wie unsere Identifikationen, Ressentiments, Ängste und Hoffnungen in uns brodeln, ein Hexenkessel aufblitzender Gedanken und Reaktionen auf diese Gedanken, in dem eines unausweichlich das andere ergibt.

Ein Pfad im Geist führt zu der gewöhnlichen Art und Weise, sich mit einem Problem herumzuschlagen: Wir versuchen ihm auf den Grund zu gehen, bleiben aber innerhalb der begrenzten Sichtweise unserer gewöhnlichen Gedanken und Reaktionen. Wenn wir diesem, von unserem Geist so häufig beschrittenen Pfad folgen, sind wir so sehr mit dem Reagieren und dem Reagieren auf unsere Reaktionen beschäftigt, dass wir gar nicht merken, was tatsächlich vor sich geht: nämlich eben *dass* wir reagieren.

Der andere Pfad, der Pfad der spirituellen Praxis, führt uns zu einer umfassenderen Perspektive, heraus aus der Verstrickung ins Reagieren. Wir bleiben einfach nur mit allem sitzen, ohne die Kette der Gedanken und Reaktionen mit noch mehr Reaktionen anzuheizen – wir schieben sie weder weg, noch identifizieren wir uns länger mit ihnen. Dann können wir klar sehen, dass dies der Stoff ist, aus dem die Verwirrung ist: der verblendete Geist, verstrickt in die Dinge, wie sie scheinen. Das ist kein Urteil – nur eine klare Erkenntnis.

An der Verzweigung zwischen den beiden Pfaden wird deutlich, welchen Unterschied die spirituelle Praxis ausmacht: Wenn wir praktizieren, wissen wir, wann der Geist den ausgefahrenen Gleisen der Gewohnheit folgt und wann er in einer Klarheit ruht, die frei ist von jeglicher Gewohnheit. Und wir wissen um den Unterschied zwischen beiden Pfaden – ja sogar, dass es überhaupt einen Unterschied *gibt*.

An diesem Punkt kann der alchemistische Umwandlungsprozess einsetzen. Wenn wir dem Geist erlauben, ruhig zu werden und sich selbst zu sehen, erweitert sich unser Blickwinkel. Wir finden Zugang zu einer Sensibilität *hinter* den Reaktionen und Gedanken, einem Feingefühl für das, was in der Lücke zwischen Wahrnehmung und Vorstellung liegt. In dieser Lücke bekommen wir eine Ahnung davon, dass mehr an den Dingen ist, dass sie nicht auf die einschränkenden Definitionen begrenzt sind, die unsere geistigen Gewohnheiten ihnen aufzwingen.

In dieser tieferen Sensibilität liegt die Chance, dass sich unser eingeschränktes Selbstgefühl auflöst. Die Probleme, mit denen wir nur Augenblicke zuvor so beschäftigt waren, erscheinen uns jetzt eher zu bewältigen; sie umzingeln uns nicht mehr, wirken weniger beängstigend. Sie schienen uns nur aufgrund unserer eingeschränkten Sichtweise so bedrohlich. Doch diese verengte Einstellung ändert sich, wenn wir eine umfassendere Sicht der Dinge gewinnen.

Wenn unser Geist weiter ausholt, lässt er das eng geschnürte Bündel unseres kleinen Selbst, die eingefleischten, im Lauf des Lebens angehäuften Gewohnheiten, einfach fallen. Durch das Loslassen dieser Bürde entsteht ein Gefühl des Verbundenseins mit allen Lebewesen, das den Kern einer mitfühlenden Haltung ausmacht. Wenn wir die Fixierung auf unsere Probleme und Problemchen loslassen, wenn sich unser gewöhnliches, aus zahllosen Denk- und Fühlgewohnheiten konstruiertes Selbstgefühl auflöst, gewinnen wir größeren Weitblick.

Diese Kontaktaufnahme mit tieferen Wahrheiten öffnet uns eine Tür zur klaren Einsicht. In gewissem Sinn stehen uns jetzt mehr Möglichkeiten offen; es tun sich neue Perspektiven auf, wenn wir unsere gewohnheitsbedingten Einstellungen loslassen und die Kraft des flexiblen, kreativen Geistes unser Denken erleuchten lassen.

Lassen wir das scheinbar feste und dauerhafte, begrenzte Selbstgefühl fallen, können wir in einer Weise sehen, die frei ist von unserer üblichen, die Realität verzerrenden Optik, frei von blinden Flecken, frei von allen Verdunkelungen, welche auch immer in diese Optik eingebaut sein mögen.

Diese unverstellte Sicht des Lebens ist, wie der Buddhismus versichert, für uns alle erreichbar: Sie ist die natürliche Eigenschaft unseres von der Gewohnheit befreiten Geistes. Schon allein sich dieser Quelle des Gewahrseins zuzuwenden ist ein Praktizieren – eine »Gewohnheit« der Freiheit, die die Trägheit unserer gewöhnlichen geistigen Gepflogenheiten allmählich ersetzen kann. Natürlich erhaschen wir anfangs nur vorübergehende Momente davon; bis wir dieses freie Gewahrsein gestärkt haben, wird sich unser Geist immer wieder in unsere ausgefahrenen Gedanken- und Gefühlsgleise zurück verirren. Doch auch ein Moment kann uns daran erinnern, was möglich ist.

Jenseits des Banns der Gewohnheit • Ich hörte den Dalai Lama einmal in einem Vortrag sagen, dass wir, wenn wir keinen höheren Sinn in unser Leben bringen, immer nur ein gewöhnliches Leben leben. Diesen Gedanken haben viele Weisheitstraditionen auf ihre eigene Weise formuliert. Mein Lehrer Tulku Urgyen äußerte sich ähnlich über gewöhnliche und außergewöhnliche Existenzen. Wie ich es verstand, hat der Unterschied mit einem Verwandlungsprozess hin zu einem Wendepunkt zu tun. Dieser ist erreicht, wenn ein Mensch seine eigene wahre Natur erkennt und darin ruht, befreit von der Anziehungskraft geistiger Gewohnheiten. An diesem Punkt weiß er nicht nur etwas über Weisheit; er *ist* Weisheit – und daher auch fähiger, zum Wohlergehen anderer beizutragen. Mitgefühl ist ein natürlicher Ausdruck von Weisheit, der aus ihrer selbstlosen Natur erwächst.

Natürlich sind unsere gewöhnlichen Gedanken und Wahrnehmungen, unsere geistigen Gewohnheiten, auf der relativen Ebene unabdingbar; wir brauchen sie, um das Leben zu bewältigen. Doch der Buddhismus weist darauf hin, dass uns unsere Gewohnheitsgedanken und -gefühle in gewissem Sinn auch einschränken und gefangen halten, uns von einer umfassenderen – und freieren – Sichtweise abschneiden. Wir brauchen diese Gedanken nicht völlig über Bord zu werfen, sondern nur einen Schritt aus ihrem Bannkreis herauszutreten.

Nyoshul Khen benutzte zuweilen die Metapher des Steins der Weisen, der alles, was er berührt, in ein edleres Element verwandelt. Der Stein der Weisen, den er meint, ist unser eigenes Gewahrsein. Wenn das Gewahrsein beunruhigende Emotionen durchdringt, beginnt die Alchemie.

In der buddhistischen Tradition bedeutet Verwandlung – innere Alchemie – nicht, unsere geistigen Gewohnheiten zu unterdrücken oder abzulehnen, sondern uns von ihrer Anziehungskraft zu befreien. Die metaphorische Alchemie weist die metallischen Eigenschaften des Bleis nicht zurück, sondern sieht sie in Gold verwandelt. Genauso verhält es sich mit unseren Ich-bezogenen Gefühlen. Gold kann Jahrtausende lang von Schlamm bedeckt sein und trotzdem seine natürliche Essenz behalten – genau wie das Gewahrsein, wenn die Sedimente der Gewohnheit weggeräumt sind.

Allerdings ist klar, dass es dazu eines Lehrers bedarf, der den Verlauf dieses weniger begangenen Pfades kennt: Wir können diese Arbeit nicht ohne einen qualifizierten Lehrer bewältigen. Die

Gefahren der Selbsttäuschung sind zu groß; man glaubt vielleicht, vom Festhalten befreit zu sein, ist es aber in Wahrheit nicht. Wenn man in dieser Hinsicht in die Irre geht, so eine Warnung, können die Energien von Hass, Leidenschaft und Stolz Amok laufen.

Der tibetische Buddhismus benutzt die Energie von Emotionen zur spirituellen Arbeit. Eine der Vajrayana-Schriften bezeichnet die elementare Energie als »treibende Kraft von Gefühl und Denken im Zustand der Verwirrung und von Mitgefühl und Weisheit im erleuchteten Zustand«.

Negative Emotionen zu positiven Zwecken einspannen

Die Essenz der Achtsamkeitspraxis liegt darin, »alle Erfahrungen als Hilfen auf dem Pfad« zu benutzen, wie der Mönch Nyanaponika sagt. »Auf diese Weise verwandeln sich Feinde in Freunde, weil aus all diesen Störungen und Gegenkräften für uns Lehrer geworden sind.«

Ich dachte an diesen Satz, als ich einem jungen Schwarzen aus einem städtischen Ghetto zuhörte, der an einer Konferenz mit dem Dalai Lama über praktische Friedensarbeit teilnahm. Der junge Mann beklagte sich, dass bei Notfällen in seinem Viertel der Rettungswagen immer sehr lange auf sich warten ließe. In hitziger Empörung berichtete er, dass er eines Tages voll Panik eine Ambulanz zur Rettung eines Freundes rief, der gerade von einem Straßenräuber niedergestochen worden war. Die Minuten verflossen, während er sich mühte, die Blutung zu stoppen, und darum betete, dass rasch Hilfe kommen möge. Nach scheinbar unendlich langem Warten war immer noch nichts von einem Rettungswagen zu hören oder zu sehen. Als dieser dann endlich eintraf, war sein Freund schon beinahe verblutet. Auf dem Weg ins Krankenhaus starb er.

»Die Rettungswagenfahrer lassen sich immer reichlich Zeit, wenn sie zu einem Notfall in unserer Gegend müssen, aber sie sind verdammt schnell, wenn der Notruf aus einer besseren Gegend kommt«, beschwerte sich der junge Mann. »Es ist empörend. Mir steigt die Galle hoch, wenn ich nur daran denke. Nachdem mein Freund gestorben war, grübelte ich über Racheaktionen nach – vielleicht die Feuerwache niederbrennen, überlegte ich.«

Obwohl ich nicht damit einverstanden war, konnte ich verstehen, dass er in seiner Empörung eine solche Aktion erwog.

»Und wissen Sie, was ich jetzt tun werde?«, fuhr er fort. Während der nun folgenden, unheilschwangeren Pause schwirrten mir Vermutungen im Kopf herum, welche Rachepläne er wohl hegte, zu welchen Verzweiflungstaten ihn seine immer noch schwelende Wut treiben mochte.

Dann sagte der junge Mann ganz ruhig, in der selbstsicheren Art, wie sie die Jungs auf der Straße lernen: »Ich habe erkannt, dass immer mehr Gewalt keine Lösung ist – das nützt doch niemandem. Deshalb habe ich mich zu einem Ausbildungskurs für Rettungswagenfahrer angemeldet. Und wenn ich den Job kriege, dann können Sie verdammt sicher sein, dass wir jedes Mal so schnell wie irgend möglich ins Ghetto kommen.«

Das Leben stellt uns im Alltag vor zahllose Herausforderungen und Schwierigkeiten, die die Energien unserer Emotionen freisetzen. Wenn wir diese Energien auf ein positives Ziel zu lenken vermögen – wie der junge Mann seine Wut –, verwandeln wir unsere Emotionen.

Der Vajrayana-Buddhismus lehrt, diese Energien nicht zu unterdrücken oder abzuwehren, sondern sie umzuwandeln, und stellt dafür ein hilfreiches Modell und System zur Verfügung. Dieses System, bekannt als die Fünf Buddha-Familien, beschreibt die Umwandlung von fünf Hauptenergien und den zugehörigen emotionalen Neigungen: Zorn, Stolz, Gier, Neid und Ignoranz.

Diese Methode benutzt die Emotionen selbst als spirituelles Vehikel: Sie überführt deren Energien aus einem verblendeten, neurotischen Zustand in einen weisen, erleuchteten. So wie das Modell der Buddha-Familien unsere emotionalen Gewohnheiten verwandelt, ähnelt es der emotionalen Alchemie; es hebt diese

Umwandlung jedoch in einer spirituellen Alchemie auf eine höhere Ebene.

Das eigentliche Praktizieren erfordert zwar die Unterweisung durch einen erfahrenen Vajrayana-Lehrer, doch es bietet ein klärendes und inspirierendes Beispiel dafür, was bei der Arbeit mit Emotionen auf einer tiefen Ebene möglich ist: nämlich diese emotionalen Energien selbst als Teil des spirituellen Pfades zu nutzen.

Die Buddha-Familien ● Jede der fünf Energien hat einen Aspekt, der sich einerseits als die bekannte negative Emotion ausdrückt und andererseits als eine Weisheit, die dieselbe Energie in ihrer befreiten Form darstellt. Die Basisenergie verändert sich nicht, nur ihre Ausdrucksform. Jeder von uns hat dem Vajrayana zufolge einen grundlegenden persönlichen Stil, eine bestimmte emotionale Energie und damit eine charakteristische Art und Weise, die Welt wahrzunehmen und sich in ihr zu bewegen. In gewissem Sinne – und mit der richtigen Alchemie – lässt sich die Energie aus ihrer neurotischen Form in Weisheit umwandeln.

Ausführlich beschrieben hat diese Energien Chögyam Trungpa.[52]

Zum Beispiel ist auf der neurotischen Ebene die Energie der Wut nur allzu vertraut: Sie äußert sich als aggressive Fixierung auf eine einzige Sicht der Dinge, Feindseligkeit und reizbare Abwehrbereitschaft. Wuterfüllte Menschen sind für andere Sichtweisen unzugänglich, widersprechen leicht und sind schnell beleidigt – kurzum, autoritär. In diesem tibetischen System ist Zorn aber auch mit Geistesschärfe verknüpft; diese blüht auf, wenn die Energie der Aggression in eine befreitere Form umgewandelt wird. Sie wird dann zu einem scharfsichtigen, »spiegelgleichen« Gewahrsein, flexibel und fähig, die Dinge aus mannigfaltigen Blickwinkeln zu betrachten, genau zu bewerten und kristallklar wahrzunehmen.

Die Energie des Stolzes entspricht auf neurotischer Ebene der narzisstischen Selbstbezogenheit. Der Narzisst kennt keine Grenzen oder Selbstdisziplin, hält sich für etwas ganz Besonderes, sonnt sich in der Bewunderung anderer, schwelgt in Prahlerei und geht die Dinge leichtfertig an. Hinter der Fassade aus Stolz aber lauert das Gefühl von Scham oder Niederlage. Wenn diese Energie umgeformt wird, verwandelt sie diese Ängste in Gelassenheit. Die daraus erwachsende Sicherheit lässt Offenheit zu, ein umfassendes Gefühl des Reichtums, das dazu ermutigt, sich großmütig für andere einzusetzen, ob physisch, emotional oder spirituell.

Gier im Sinne des neurotischen Festhaltens, Klammerns und Verlangens stellt sich oft als die oberflächliche Verführungskraft des Hysterikers oder als hypnotische Ausstrahlung eines Künstlers der Manipulation und des Betruges dar. Sie drückt sich aus als lockendes, gefälliges und immer verführerisches Verfolgen des Objekts der Begierde. Umgewandelt nimmt diese Energie die Form des unterscheidenden Gewahrseins an – ein genau ausgerichtetes Interesse und eine leidenschaftliche Aufmerksamkeit für alles, was auftaucht. Dieses stets wissbegierige Gewahrsein macht die Kommunikation offen: Andere Menschen werden in ihrer ganzen Unterschiedlichkeit gesehen und verstanden, und man geht mit Empathie und warmem Mitgefühl auf sie zu.

Bei Eifersucht und Neid geht es darum, sich mit anderen zu vergleichen und sie zu beurteilen. Im Extremfall wird daraus Missmut über die Errungenschaften anderer und eine paranoide Furcht, dass andere einen übertreffen könnten. Aus dieser verurteilenden Einstellung erwächst Herablassung, und der Betroffene setzt alles ihm Mögliche in Bewegung, um die Dinge in Ordnung – das heißt in Übereinstimmung mit seiner Sicht der Dinge – zu bringen, um also seine eigene Ordnung durchzusetzten. Dieser Eifer wird in verwandelter Form zu Kompetenz, lässt Tätigkeiten sich wirksam entfalten. Die Handlungen werden zielgerichtet, Gelegenheiten beim Schopf ergriffen und die in einem Augenblick steckenden Möglichkeiten realisiert.

Schließlich gibt es noch die Energie oder vielmehr den Mangel an Energie, der sich in geistiger Stumpfheit verkörpert. In ihrer schlimmsten Form erscheint sie als Trägheit, Ignoranz und schlichte Dummheit. Solche Menschen gehen im Leben den Weg des geringsten Widerstands; sie tun immer das Leichteste und nicht etwa das, was erforderlich, angemessen oder effektiv wäre. Verwandelt wird diese Energie zu einem weiträumigen Gewahrsein, zum Fundament einer tiefen kontemplativen Erfahrung. Diese Energie soll in ihrer erleuchteten Form die anderen Emotionen durchströmen und Leichtigkeit, eine willkommene Weite und Weisheit in ihre Ausdrucksformen hineinbringen.

Emotionen nutzen ● Das System der Buddha-Familien erkennt das positive Potenzial in unseren Gefühlen an. »Die Energie jeder Emotion hat eine positive Seite«, erklärt Tsoknyi Rinpoche. »In Bindung und Festhalten steckt eine scharf unterscheidende Weisheit – wenn man nichts will oder sich um nichts kümmert, dann unterscheidet man nicht. Ohne die Energie der Eifersucht ist nichts wichtig; dann gibt es keinen Fortschritt – sie schenkt einem die Energie, etwas zielstrebig in Angriff zu nehmen. Dasselbe gilt für Zorn – seine Energie kann dem eigenen Tun Präzision und Klarheit verleihen.«

In dem breiten Spektrum des buddhistischen Wegs, mit starken störenden Gefühlen umzugehen, gibt es drei Grundrichtungen. Welche wir wählen, hängt von unseren Fähigkeiten, unseren Neigungen und den uns ansprechenden Methoden ab.

Beim ersten Ansatz versuchen wir, störenden Gefühlen zu entsagen: sie fallen zu lassen, wann immer sie aufsteigen, oder ständig wachsam zu sein, damit sie sich erst gar nicht im Geist breit machen. Ein Ziel dieser Art von Achtsamkeitspraxis besteht darin, solche Gefühle völlig aufhören zu lassen.

Beim zweiten Ansatz versucht der Praktizierende, störende Emotionen in positivere umzuwandeln. Diese Strategie setzt jedem negativen Zustand ein Gegenmittel entgegen: beispielsweise Liebe und Mitgefühl gegen Aggression oder Gelassenheit gegen

Festhalten. Ein Ziel dieser Praxis ist, eine negative Emotion durch ihr Gegenstück zu ersetzen.

Beim dritten, dem Vajrayana-Ansatz werden die störenden Emotionen selbst zum Teil des spirituellen Pfads. Statt sie zu unterbinden, nutzt dieser Ansatz die beunruhigenden Gefühle auf einer sehr tiefen Ebene. Dieser Pfad stellt die vielleicht schwerste Herausforderung dar und heißt deshalb auch der »steile Pfad«.

Der leichteste Pfad besteht darin, »negative Handlungen und Gefühle einfach auf[zu]geben«, sagt Chökyi Nyima. »Es ist leichter, sie aufzugeben, als sie umzuwandeln, und leichter, sie umzuwandeln, als sie zu gebrauchen, sie als Pfad nutzbar zu machen.« Letzteres, so fügt er hinzu, ist »riskant, aber auch sehr vorteilhaft«.[53]

Wegen dieses Risikos ist die Hilfe und Leitung durch einen qualifizierten Yajrayana-Lehrer erforderlich, wenn wir starke Gefühle als Pfad nutzen wollen. Doch ein wenig Wissen über diesen steilen Weg kann uns helfen, unsere Emotionen eher als Freunde denn als Feinde zu betrachten. Wir können sie dann als Chancen sehen, zu Weisheit zu gelangen.

Der Vajrayana-Pfad kennt mehrere spezielle Übungen, um mit diesen Energien zu arbeiten; so sollen etwa bestimmte Mandala-Meditationen jeweils eine der fünf emotionalen Energien wecken und verwandeln. Die Methoden sind ganz auf die jeweilige Person zugeschnitten; der Vajrayana-Lehrer passt sie der Wesensart und den Neigungen des Schülers an. Es gibt jedoch einige allgemeinere Prinzipien, die für jeden, der etwas über den Pfad der inneren Alchemie wissen möchte, aufschlussreich sind.

Paradoxerweise gilt: Je stärker eine Emotion, desto nützlicher kann sie als Vehikel des Erwachens sein – doch nur, wenn man sie in dieser Weise zu nutzen weiß. Einen Grund dafür erklärt Tsoknyi Rinpoche: »Gröbere Gedanken und starke Gefühle machen sich leichter bemerkbar« als die feineren Unterströmungen der Hintergrundgedanken und -gefühle oder der Tagträume und Phantasien, die uns im Wachzustand oder in der Meditationssitzung verführen und einlullen können. Heftige Emotionen versetzen dem Gewahrsein gewissermaßen einen Stoß; sie wecken unsere Aufmerksamkeit und führen ihr Energie zu. Aus diesem Grund, so Tsoknyi weiter, gibt uns jede Emotion die Gelegenheit zu erwachen.

Wie beginnt diese Verwandlung einer Emotion? Ein alter tibetischer Text »Das Streben des Samantabhadra« gibt uns dazu Hinweise. Die Gelegenheit zur Verwandlung einer verwirrten, leidvollen Emotion in ihre erleuchtete Form tritt ein, wenn wir bei der Energie der Emotion bleiben können, ohne sie festzuhalten oder abzuwehren – mit Gelassenheit, unbeirrbar im klaren Gewahrsein ruhend.

Der springende Punkt ist das Gewahrsein *in* der Emotion. Normalerweise versuchen wir, vor einem beunruhigenden Gefühl zu fliehen, weil es unangenehm ist. Bei diesem Ansatz jedoch gehen wir auf diese Emotionen zu, nicht von ihnen weg. Wie Trungpa schreibt, geht es beim Vajrayana darum, richtig zu schauen – direkt und ohne vorgefasste Meinungen auf die Emotion und das Fühlen als solche.[54]

Tsoknyi Rinpoche erklärt: »Wenn das Ego-orientierte Festhalten beseitigt wird, kann aus starken Emotionen tiefere Weisheit erwachsen.« Er führt als Beispiel zwei Arten des Zornigseins an. »Ego-Zorn« – unsere übliche Art – ist egoistisch, schwer, starr. Die Weisheitsenergie des Zorns jedoch kommt und geht schwerelos, löst sich leicht auf.

Wenn wir zornig sind, so betont er, sind der Zorn und unser Ichbezogenes Festhalten üblicherweise miteinander vermischt. »Wenn Sie zornig sind, beobachten Sie das Festhalten«, rät Tsoknyi Rinpoche. »Das Gefühl selbst ist kein Problem – das Festhalten ist ein Problem. Wenn wir an der starren Selbstsucht festhalten, tun wir etwas, das andere verletzt. Wenn wir wütend sind, muss der Egoismus, das Festklammern am Ich losgelassen werden. Was wir tun müssen, ist das Ich loszuwerden: Energie kommt, Ich verschwindet.« Das hört sich zwar einfach an, ergänzt er, doch es bestehe die Gefahr, dass wir zu wissen glauben, wie man das »Ich auflöst«, während wir es in Wirklichkeit durch Festhalten unterschwellig stärken.

Hinter denjenigen, die diesen Pfad gemeistert haben, liegt in der Regel jahrelanges gewissenhaftes Praktizieren. Die Früchte dieses Praktizierens umschreibt Tsoknyi so: »Wenn es keinen Besitzer oder Befehlshaber der Emotion mehr gibt, bleibt nur noch ihre Stärke.« Mit anderen Worten, wenn das Festhalten schwindet, löst sich die Aggression des Zorns auf und lässt nur noch die bloße Kraft der emotionalen Energie übrig.

Der Weg zum Loslassen des Festhaltens führt über ein gesteigertes Gewahrsein. Lama Gendün sagt: »Der einzige Unterschied, der zwischen einer Emotion und der ihr entsprechenden Weisheitsform besteht, ist die Gegenwart oder die Abwesenheit von Bewußtheit. Wenn wir uns der wahren Natur der Dinge bewußt sind, werden wir die fünf Weisheiten erkennen, sonst sehen wir nur die fünf Geistesgifte und erfahren sie auch als solche. Es ist deshalb wichtig anzuerkennen, daß eine Emotion von sich aus nicht unrein ist. Wir erkennen einfach die Verblendung nicht als das, was sie wirklich ist: eine der fünf Weisheiten.«[55] Mit anderen Worten, wir können eine Emotion als eine der Fünf Weisheiten wahrnehmen – wenn wir die Methoden des Freiseins vom Ich gemeistert haben.

Selbst befreiende Emotionen ● Gewöhnlicher Zorn ähnelt Eis: eine erstarrte Einstellung, ein fixierter Zustand reizbarer Feindseligkeit. Die reine Energie vor dem Erstarren zu Zorn ähnelt dagegen Wasser. Wenn ein solches Gefühl in unserem Geist aufsteigt, rät Tsoknyi Rinpoche: »Die Energie hinter dem Zorn muss nicht zurückgewiesen werden, nur die Vorstellungen und Gedanken, die ihn speisen. Sie können losgelassen werden, während die Energie gegenwärtig bleibt. Dann verwandelt sich der Zorn in spiegelgleiche Weisheit, eine klare Präzision.«

Beim Verlangen ist es ähnlich; in dem Augenblick, »in dem die

Aufmerksamkeit sich Ich-bezogenen Wünschen zuwendet, geht es darum: Wie kriege ich es?«, sagt Tsoknyi. »Doch wenn es Ichlose Energie ist, geht es nur darum, klar zu sehen, was da eigentlich gewünscht wird.«

Aus dem Blickwinkel des Vajrayana geht es demnach nicht darum, die Emotionen abzuschaffen, sondern sie zu befreien. Hierbei besteht jedoch eine Gefahr: Wenn uns das grundlegende Werkzeug zur Befreiung unserer Emotionen fehlt – wenn wir unfähig sind, das unterschwellige Festhalten oder Ablehnen an ihrem Ursprung loszulassen –, dann, so Tsoknyi, »haben [Sie] nur eine andere Emotion – Sie sind nicht frei«.

Im Idealfall werden Emotionen in dem Augenblick, da sie im Geist auftauchen, selbst befreit oder befreit von der Schicht unserer Gewohnheitsreaktionen. »Eine Emotion erhebt sich, und dann setzt sofort der Impuls des Festhaltens ein. Wenn dieser losgelassen wird, wird die Emotion durch sich selbst befreit«, sagt Tsoknyi Rinpoche. Der Schlüssel zu dieser Selbstbefreiung ist nach seinen Worten, das Festhalten fallen zu lassen. Dann löst sich »in dem Augenblick, in dem der Gedanke losgelassen wird, … die Emotion auf« und lässt nur ihre reine Energie zurück.

Ein Text des buddhistischen Meisters Longchen Rabjam umschreibt diese weit fortgeschrittene Ebene des Praktizierens sehr schön:

Was auch erscheint und was auch aufsteigt,
Alle Dinge, die sich ausbreiten und verweilen
Als dynamische Äußerungen des Gewahrseins
So wie die fünf emotionalen Gifte
Gleich wie sie aufsteigen, selbst während sie es tun,
Gibt es Erkennen, Vollkommenheit ihrer dynamischen Energie
Und ihr natürliches Vergehen, ohne eine Spur zu hinterlassen.[56]

Im Hinblick auf den Gebrauch störender Emotionen als Pfad sagte Tulku Urgyen: »Die drei Gifte sind ihrer Essenz nach die drei Weisheiten.« Niemand würde zweifeln, so erklärt er, dass man daran sterben könnte, nähme man echtes Gift zu sich. In Tibet jedoch gab es pflanzliche Arzneien, die winzige Mengen von Gift enthielten, und diese Arzneien konnten Krankheiten heilen. Auf dieses Beispiel bezieht er sich, wenn er sagt: »Das Leiden von Lebewesen lässt sich in Weisheit verwandeln.«

Tsoknyi Rinpoche bemerkt dazu: »Es ist für die Menschen sehr wichtig zu wissen, dass es möglich ist, Gefühle zu verwandeln, zuversichtlich zu sein, dass dies möglich ist.« Eben diese Verwandlung ist emotionale Alchemie, wie Tsoknyi sagt: »Wenn Sie dem folgen, was gesagt wird, und sich ihm widmen, dann *ist* das Therapie.«

Die Ebenen der Alchemie ● Diese Alchemie – die Umformung von Emotionen – kann sich auf mehreren Ebenen vollziehen. Wenn diese Umwandlung in Form spiritueller Praktiken wie im System der Buddha-Familien geschehen soll, sind die Voraussetzungen sehr hoch: Freiheit vom Festhalten an den geistigen Gewohnheiten, die das Gebäude des Ich ausmachen – in selbst der allerkleinsten Ausprägung. Eine derartige Freiheit ist schon als solche spirituelle Befreiung.

Denjenigen jedoch, die nur ein gewisses Maß an innerer Freiheit erstreben, kann das Modell der Buddha-Familien Anregungen für das Verhältnis zu den eigenen Gefühlen geben, und wenn es nur dazu anhält, sie als Chancen statt als Bedrohungen zu sehen.

Und auch in der Arbeit mit unseren emotionalen Mustern können wir anpassungsfördernde Eigenschaften entdecken, sogar auf der relativen Ebene. Die verurteilende innere Stimme des Perfektionismusschemas stellt einen negativen Ausdruck der grundlegenden Fähigkeit zu scharfen Unterscheidungen dar. Die arrogante Selbstgefälligkeit des Bevorzugungsschemas birgt eine Zuversicht, die in positive Richtungen genutzt werden könnte. Aus der Bedürftigkeit und dem Kränkungsgefühl des Deprivationsschemas kann ein einfühlsames und fürsorgliches Gewahrsein erwachsen.

Wenn wir in diesem Sinne unseren üblichen Erfahrungen negativer Emotionen ein achtsames Gewahrsein entgegenbringen, ist dies ein schrittweises Vorgehen, ein allmähliches Fortschreiten von Starre zu Offenheit. Dieses nichtreagierende Gewahrsein, auf die Empfindungen im Körper gerichtet, kann die Energie des Gefühls spüren; so kann sich diese aus der Einschnürung lösen und freier fließen. Richten wir diesen beobachtenden Blick auf unsere Gedanken, stellt sich manchmal eine spontane Einsicht ein. Kurzum, wenn wir entspannt und in achtsamem Gegenwärtigsein bei unseren emotionalen Mustern bleiben, verwandeln sie sich alchemistisch durch die natürlichen Eigenschaften des Gewahrseins.

Auf diese Weise können selbst beunruhigende Gefühle wie Freunde sein, die zu Besuch kommen und unser Leben bereichern – wenn wir sie in dieser Weise nutzen. Aung San Suu Kyi, die mutige Oppositionsführerin gegen die birmesische Militärdiktatur, ist schon seit langem Schülerin des Achtsamkeitsmeisters Sayadaw U Pandita, der auch zu meinen Lehrern zählt. Suu Kyi sagte einmal, dass sie keine Wut auf ihre Unterdrücker empfinde, weil sie keine Angst vor ihnen habe – sie habe Gelassenheit. Sie hat die Jahre ihres Hausarrests unter anderem dazu genutzt, sich in Meditation zu üben, selbst als sie den Funken des politischen Widerstands unter ihren Landsleuten am Leben erhielt.

Ihre Gemütsruhe und Heiterkeit, selbst nach Jahren der Bedrohung und Schikanen, zeugt von einer der größten Gaben des menschlichen Geistes: der Fähigkeit, durch Wecken eines größeren inneren Potenzials Unglück zu verwandeln. Ihre Gelassenheit gibt ihr die Kraft, ein Zeichen der Hoffnung und Solidarität gegen politische Tyrannei zu setzen. Aung San Suu Kyi fand eine Möglichkeit, Angst und Zorn in mitfühlendes Handeln umzusetzen.

Der Klang der Wahrheit ● Einer der Aspekte, die ich an meiner Arbeit als Therapeutin schätze, ist die Gelegenheit mitzuerleben, wie ehrlich Menschen sich selbst gegenüber sein können, wie viel Vertrauen und Offenheit aus dieser Ehrlichkeit entspringt und wie groß die Kraft der Wahrheit ist. Die Wahrheit einer persönlichen Geschichte hallt in unserer eigenen Erfahrung wider – und das bietet eine Möglichkeit, die wechelseitige Verbundenheit aller Menschen klar zu erkennen.

»Was so zutiefst verwandelnd wirkt«, sagt die amerikanische buddhistische Nonne Pema Chödrön, »ist der Mut, sich selbst zu betrachten und sich nicht aufzugeben, wenn man negative Eigenschaften sieht. Wenn wir uns dem stellen, entwickeln wir Mitgefühl mit der menschlichen Natur, die uns allen gemeinsam ist. Wenn wir bereit sind, uns unseren Mängeln auszusetzen, zeigen wir anderen gegenüber Herz.«[57]

Sie fügt hinzu: »Erstaunlicherweise sprechen Menschen stärker darauf an, wenn wir uns aufrichtig hinsichtlich unserer Unvollkommenheiten zeigen. Es bringt etwas in ihnen zum Schwingen, wenn ein Mensch die Tapferkeit und den Mut aufbringt, seinem Schmerz Ausdruck zu geben.« Wir sind auf der relativen Ebene durch unsere gemeinsamen persönlichen Geschichten verbunden, genau wie uns auf einer absoluten Ebene unser gemeinsames menschliches Wesen verbindet.

Das wechselseitige Ansprechen unserer Aufrichtigkeit erinnert mich daran, wie unser Immunsystem arbeitet, um uns gesund zu erhalten. Mit dem Blutstrom zirkulieren Abwehrzellen im ganzen Körper; sie kontaktieren alle anderen Zellen und gehen mittels Rezeptoren zeitweise Verbindungen nach dem Schlüssel-Schloss-Prinzip ein. Dadurch stellen sie so etwas wie eine gemeinsame Identität innerhalb des großen Ganzen her, bevor sie wieder weiterziehen. Es ist, als wanderten die Immunzellen im Gemeinwesen des Körpers herum und fragten auf ihrem Weg jede Zelle, die ihnen begegnet: »Inwiefern sind wir gleich?« Und die nächste wieder: »Inwiefern sind wir gleich?«

Durch dieses wechselseitige Erkennen stellen die Immunzellen Solidarität in der riesigen, vielfältigen Masse von Zellen her, die zusammen den Körper ausmachen. Und wenn ein Virus oder

Bakterium eindringt, das ihn mit einer Krankheit bedroht, eilen die Immunzellen an diese Stelle und opfern sich selbstlos, um das Ganze zu schützen. Ähnlich geht es uns, wenn wir die Geschichte eines anderen Menschen hören: Sie ruft ganz natürlich eine mitfühlende Reaktion in uns hervor.

Eine weise Liebe • Wenn wir Achtsamkeit praktizieren und kultivieren, trainieren wir unseren Geist darauf, dieses Gewahrsein kontinuierlich fortzusetzen, es allem entgegenzubringen, was uns begegnet. In einem Großteil dieses Buches ging es darum, wie wir Achtsamkeit in unserem Leben bewusster einsetzen können. Doch das, worin uns Achtsamkeit letztendlich trainiert, ist schon von vorneherein eine natürliche Eigenschaft unseres Geistes – es ist einfach das volle Gegenwärtigsein des Gewahrseins, das normalerweise von gewohnheitsmäßiger Unaufmerksamkeit überdeckt wird.

Dieses Gewahrsein kann in unserem Leben ganz spontan eintreten – beispielsweise in der Stille der Natur, beim Betrachten eines grandiosen Sonnenuntergangs, in einem Augenblick echter Liebe oder während einer schöpferischen Tätigkeit, in der wir völlig konzentriert aufgehen. Bisweilen entfalten sich die Qualitäten des vollen Gewahrseins spontan auch in Akten des Mitgefühls oder in wirklich ehrlicher und aufrichtiger Kommunikation.

Wenn wir offen sein können für Gefühle, die wir – vielleicht seit Jahren – vermieden haben, merken wir, dass wir uns nicht länger vor ihnen zu fürchten brauchen. Der ehrliche Blick auf unseren Geist, unsere emotionalen Reaktionen und Muster braucht Mut. Es erfordert Charaktergröße, unsere Ängste und Bindungen kompromisslos zu betrachten, ohne wegzulaufen, ohne unsere Gefühle zu betäuben oder uns hinter einer Fassade zu verstecken. Eine solche Ehrlichkeit setzt Empathie mit uns selbst voraus, verlangt, bei unserer Erfahrung zu bleiben, gleich wie unangenehm, schmerzhaft oder quälend das für uns werden mag. Es ist ein Akt der Nächstenliebe für uns selbst.

Es kann aber auch ganz von selbst ein tiefes Mitgefühl für andere entstehen, wenn wir uns unserem eigenen Leiden, unseren eigenen Schwächen stellen. Aus einem solchen Eingeständnis kann ein tiefes Akzeptieren anderer – und Empathie für sie – erwachsen. In dem Verweilen bei der Wahrheit des Leidens steckt die Chance einer Vertiefung nicht nur der klaren Einsicht, sondern auch des Mitgefühls. Das Empfinden, voneinander getrennt zu sein, kann sich auflösen. Sind wir weniger mit unserem eigenen Leiden beschäftigt, dann können wir offener für das anderer sein.

Die Befreiung unseres Geistes kann zu mehr Mitgefühl mit anderen führen. Absolute Freiheit bedeutet, unsere Gewohnheitsmuster völlig loszulassen – ein Grad von Freiheit, der sich natürlich nur durch ausgiebiges spirituelles Praktizieren erreichen lässt. Dieser Pfad befreit uns schließlich so weit vom Festhalten, dass wir gar nicht mehr auf Gewohnheiten zurückgreifen müssen. Stattdessen erfahren wir eine neuartige psychische Gesundheit – die Befreiung von der Anziehungskraft der emotionalen Gewohnheit als solcher schenkt dem Geist Frische und Flexibilität, eine Leichtigkeit des Seins.

Die buddhistischen Schriften verstehen unter Befreiung das Freisein sowohl von Ängsten als auch Hoffnungen – einen Zustand, in dem man darüber hinaus ist, vor dem Leben zurückzuschrecken oder sich an ihm festzuklammern. Diese Freiheit von inneren Fixierungen erlaubt einem, der anderen deutlicher gewahr zu sein und jederzeit auch auf geringste Bedürfnisse eingehen zu können.

Diese Leichtigkeit macht echte Empathie für andere möglich. Wenn wir von der Anziehungskraft unserer Schemata – unserer üblichen Strategien zur Verteidigung, Bestätigung und Bewahrung des Selbst – befreit sind, sind wir verfügbarer für andere. Brauchen wir nichts für uns selbst von ihnen, haben wir die Freiheit, aufmerksam und entgegenkommend, großzügig und freundlich zu sein. Aus diesem Grund sagt die buddhistische Lehre, dass echtes Mitgefühl aus Ichlosigkeit entspringt.

Der Zen-Meister Ryokan gab diesem Geist des Mitgefühls in dem Wunsch Ausdruck: »Wenn doch mein Gewand weit genug wäre für all die leidenden Menschen in der Welt.«
Letzten Endes läuft die emotionale Alchemie auf Weisheit und Mitgefühl hinaus. Wenn unsere Gewohnheiten – festhalten und wegschieben und alles auf uns selbst beziehen – dahinschmelzen, tritt ein weises Mitgefühl hervor. Es erwächst ein Gefühl wechselseitiger Verbundenheit und ein tiefer Wunsch, dass jeder von uns, dass alle diese Freiheit erfahren mögen.

Zeugnis ablegen ● Bernie Glassman, ein Zen-Lehrer jüdischer Herkunft, berichtete mir von einer Meditationswoche unter seiner Leitung auf dem Gelände des Konzentrationslagers Auschwitz. Dieses Lager hatten hundertausende Juden, Sinti und Roma, polnische Widerstandskämpfer und andere »Feinde des nationalsozialistischen Staates« auf ihrer Reise in den Tod durchlaufen. Mehr als fünf Jahrzehnte später waren Menschen aus mehreren Ländern an diesem grausigen Mahnmal der Unmenschlichkeit zusammengekommen, um meditierend Zeugnis abzulegen.
Bernie bewahrte während des Meditationstrainings die Haltung der Achtsamkeit: weder sich wehren noch beurteilen, nur die Realitäten, Gefühle und Gedanken akzeptieren, wie sie kommen und gehen. Er beobachtete einfach die Reaktionen der Menschen und hörte ihnen zu. Er sah, dass angesichts dieses Monuments der menschlichen Grausamkeit die Deutschen Schuldgefühle empfanden und die Polen Hilflosigkeit, und er empfand Mitgefühl mit ihrem historischen Erbe.
»Wie war es, ihre Geschichten zu hören?«, fragte ich.
»Am Anfang bist du der Unterschiede zwischen ihnen deutlich gewahr«, antwortete Bernie. »Einige sehr rohe und schmerzhafte Worte fielen. Doch du sitzt einfach da und hörst dir alles an. Schließlich spürt jeder, dass man ihm zuhört. Ihnen wird leichter, wenn sie ein offenes Ohr und Zuwendung wahrnehmen. Dann

hast du nach einer Weile den Eindruck, dass du nur Zeugnis von all dem ablegst: dem Schmerz und dem Kummer, den Freuden und Triumphen. Als wir alle zu dieser Haltung des Zeugnisablegens übergingen, erwuchs daraus das Gefühl einer Verbundenheit zwischen uns, über alle Unterschiede hinweg.«

Genau wie Bernie den aufgewühlten Gefühlen derjenigen, die mit ihm meditierten, mit neutralem, bezeugendem Gewahrsein begegnete, können wir mit den in unserem Herzen aufsteigenden und vergehenden Gefühlen umgehen. Außer Kontrolle geratene Emotionen »sind verantwortlich für allen Streit in der Welt«, sagt Lama Yeshe, »von zwei kleinen Kindern, die sich um Süßigkeiten zanken, bis hin zu zwei großen Nationen, die sich ihre Existenz streitig machen«.

Schemata kann man ähnlich sehen: Sie operieren weltweit, auf kollektiver Ebene. Manchmal sehe ich die Welt als eine große gestörte Familie; einige Nationen verhalten sich, als seien sie bevorvorzugt und üben Macht aus, andere unterwerfen sich, zeigen sich bedürftig oder rebellisch. Doch dann gibt es diese Augenblicke, in denen sich eine transzendente Perspektive auftut, etwa als die ersten Astronauten unseren blauen Planeten aus einer Erdumlaufbahn erblickten: Sie sahen eine Einheit ohne nationale Grenzen.

Unsere emotionalen Muster können uns trennen; doch wenn wir uns von ihnen befreien, können sie auch eine verbindende Kraft sein. Es liegt an uns. Wenn wir die Differenzen anderer respektieren können, ohne mit ihnen übereinstimmen zu müssen, können wir wechselseitig unsere Standpunkte und Geschichten anhören. Wenn wir Zeugnis von unseren kollektiven Schemata ablegen, können wir einander in einen sicheren Hafen geleiten.

Nehmen wir die Arbeit auf uns, die Wolken im Geist durchschaubarer zu machen, schrumpfen diese Hindernisse. Es hängt alles davon ab, wie wir unsere emotionale Erfahrung einsetzen, ob im Leben oder in der Meditation.

Die Straße verzweigt sich. Der eine Weg führt in tiefere Verstrickung, stärkere Reaktionsneigung und immer dickeren Nebel der Verwirrung. Der andere führt in ein verfeinertes Gewahrsein und eine sich immer weiter entfaltende, mitfühlende Weisheit. Wir haben die Wahl, in jedem einzelnen Augenblick.

Wo Sie weitere Informationen bekommen

Über Achtsamkeitsmeditation: Die verschiedenen Schulen des Buddhismus lehren vielfältige Methoden der Achtsamkeitsmeditation. Jede stellt unterschiedliche Aspekte der grundsätzlichen Vorgehensweise heraus. Ich habe mehrere erlernt und festgestellt, dass jede auf ihre Weise hilfreich sein kann. Es folgen nun Informationen, wo Sie einige der Achtsamkeitsmethoden erlernen können, die ich besonders wichtig für die Arbeit an Gefühlen halte.

Wenn Sie Achtsamkeit erlernen möchten, gibt es weltweit viele ausgezeichnete Schulungszentren für Achtsamkeitsmeditation. Die Liste der Insight Meditation Society finden Sie unter: www.dharma.org. Informationen über Jon Kabat-Zinns Achtsamkeitsprogramme erhalten Sie unter: www.umass.edu/cfm.

Eine der besten Informationsquellen über die zahlreichen Kurse in und außerhalb der Vereinigten Staaten, von denen die meisten für Anfänger geeignet sind, ist der Newsletter *Inquiring Mind.* Sie bekommen ihn von Inquiring Mind, P. O. Box 9999, North Berkeley Station, Berkeley, California 94709, USA.

Wenn Sie keinen Zugang zu einem Zentrum für Achtsamkeitsmeditation haben, gibt es einen Fernkursus über www.soundstrue.com.

Umfangreiche Informationen erhalten Sie auch über www.google.de.

Wenn Sie einen Schema-Therapeuten suchen und mehr über Schema-Therapie wissen wollen: Wenn Sie sich eingehender mit

Schemata befassen möchten und spezielle Strategien für ein bestimmtes Schema kennen lernen wollen, empfehle ich Ihnen *Reinventing Your Life* von Jeffrey Young und Janet Klosko (New York, Plume, 1993).

Therapeuten, die bei Jeffrey Young und Kollegen ausgebildet wurden, verfügen über die größte Erfahrung in Schema-Therapie. Die Zahl der einschlägigen Therapeuten erweitert und internationalisiert sich ständig. Um zu erfahren, ob es in Ihrer Nähe einen Schema-Therapeuten gibt, können Sie bei www.schematherapy.com nachsehen oder am Cognitive Therapy Center von New York anrufen (+1-212-588-8880) und um Weiterleitung bitten.

Informationen über emotionale Alchemie: Mehr über meine Workshops und weitere Informationen erfahren Sie auf meiner Website unter www.emotional-insight.com.

Danksagung

Ich bin vielen Wesen zu Dank und Anerkennung für ihre Mithilfe bei diesem Buch verpflichtet:
Allen meinen Lehrern, die mir durch ihre qualifizierte und mitfühlende Anleitung einen Schatz der Weisheit vermittelt haben: Seiner Heiligkeit dem Dalai Lama, Nyoshul Khen Rinpoche, Tulku Urgyen Rinpoche und seinen vier Söhnen, die seine Meditionsschule weitertragen – Chökyi Nyima Rinpoche, Chokling Rinpoche, Tsoknyi Rinpoche und Mingyur Rinpoche – sowie Sayadaw U Pandita und Neemkaroli Baba.
Meinem Mann Daniel Goleman, der diese Arbeit mit mir gelebt und geatmet hat und das Buch in selbstloser Weise durch seine Fähigkeiten als Autor und seine Kenntnis der Kognitionswissenschaften und der Hirnforschung bereichert hat – und für seine große Liebe und treue Kameradschaft und dafür, dass sich so gut mit ihm reden und lachen lässt.
Meinen Klientinnen und Klienten sowie Workshopteilnehmerinnen und -teilnehmern für ihre mutige Ehrlichkeit, ihr Vertrauen und dafür, dass sie diesem Buch Leben einhauchten.
Meiner Familie für ihr großes Herz und ihre verlässliche Liebe: Julie Bennett-Blue, Bill Bennett, Diana Broderick, Gilda Barracano, Jack Blue, Hanuman, Gov und Hazel Goleman.
Erik Hein Schmidt – obwohl er darauf besteht, er habe nur »dogmatisch doziert« – war eine nie versiegende Quelle des Wissens, der Weisheit und erfrischend geistreicher Standpunkte. Er möchte diese Anerkennung an seine Lehrer weitergeben, an Tulku

Urgyen Rinpoche, Chökyi Nyima Rinpoche und Tulku Pema Wangyal.

Jeffrey Young für seine kluge Unterweisung in Schema-Therapie und dafür, dass er ein sensibles Wahrnehmungsvermögen mit der visionären Kraft einer Führungspersönlichkeit verbindet.

Jon Kabat-Zinn für seine inspirierende Betreuung während meines Praktikums in der Klinik für Stressreduktion durch Achtsamkeit an der Universität von Massachusetts, für seine bahnbrechende, praxisorientierte Weisheit und dafür, dass er die Achtsamkeitstradition in Reinkultur bewahrt und sie zugleich einem breiteren Publikum zugänglich macht.

Jessica Brackman für ihre aufschlussreichen redaktionellen Vorschläge und ihre Unterstützung in jedem Stadium des Buches.

Cathy Flannigan für ihre großzügige und ausgezeichnete Beratung zu Einzelheiten der Schema-Therapie, für ihre Ermutigung, mit diesem Buch Neuland zu betreten, und für ihr herrliches irisches Lachen.

Meinen Leserinnen Lynn Schroeder, Sunanda Marcus, Lila Anderson, Zuleikha und Deborah Klimburg für ihre scharfsinnigen Bemerkungen und ihre Begeisterung – und Naomi Wolf für ihre ausgezeichneten redaktionellen Vorschläge. Susan Griffin für ihre wertvolle Anleitung beim Schreiben.

Sharon Salzberg für ihre unerschütterliche Hilfsbereitschaft, ihre klaren Ratschläge und ihre Großherzigkeit in jedem Stadium dieses Buchprojekts. Diana Rogers für ihre scharfsichtigen Anmerkungen und ihre liebevolle Unterstützung. Ram Dass für die beflügelnden Gespräche über unsere Arbeit und für seine unkonventionelle Weisheit.

Richard Gere für inspirierende künstlerische Darstellung und kreativen Rat. Jonathan Cott für seine scharfsinnigen Bemerkungen und aufschlussreichen Quellen zur Alchemie.

Josh Baran für seine begeisterte Suche nach dem richtigen Untertitel und anderen, die sich daran beteiligten: Amy Gross, Mark Epstein, Helen Tworkov, Mark Matousek und Carey Lowell.

Anne Milliken und Jane Wright für ihre heilsame Weishcit. David Berman für seine Hilfe bei meinem Versuch, eine gesunde Beziehung zu meinem Computer zu entwickeln.
Joseph Goldstein und Sharon Salzberg für unsere vielen gemeinsamen Reisen in abgelegene asiatische Länder, um bei unseren Meditationsmeistern zu lernen; viele ihrer Lehren sind in dieses Buch eingeflossen. Und anderen, die Kontakte zu meinen Lehrern herstellten: Francisco Varela, Erik Pema Kunsang, Surya Das, Alan Clements und Robert Thurman. Marcia Schmidt für ihren selbstlosen Eifer, Dharma-Lehren zugänglich zu machen. Achan Amaro und Tulku Thondup für ihren weisen Rat.
John Erskine, Mads Julius Neilsen und Al Shapere für physikalische Beratung. Und meinen Freunden im dänischen Meditationszentrum für die Diskussionen über die Zusammenhänge zwischen Physik und Dharma bis spät in die Nacht im nordischen Zwielicht – Augenblicke wie diese lassen mich die Arbeit an diesem Buch vermissen.
Meiner Lektorin Linda Loewenthal für ihre präzisen, ausgezeichneten redaktionellen Empfehlungen und dafür, dass sie meine Vision teilte; dass sie dieses Buchprojekt ernst nahm, aber auch gerne lachte und mich in der Welt des Büchermachens heimisch werden ließ. Und allen Mitarbeitern von Harmony Books für ihre engagierte Unterstützung und ehrliche Begeisterung.
Meiner Agentin Eileen Cope für ihre bewunderswerte Professionalität, ihren unschätzbaren Rat, ihre begeisterte Unterstützung und dafür, dass sie es möglich machte, dass dieses Buch die richtige Heimat fand.
Für eine Unmenge unterschiedlicher Hilfestellungen: Amy Fox, Iris Marchai, Beth Ellen Rosenbaum, Rowan Foster, Buzz Bussewitz, Jami Fisher, Catherine Ingram, Kate Wheeler, Jocelyn Sylvester, Steve Armstrong, Deborah Wolf, Stephan Rechtstaffan, Gretchen Hayden, Bodhi und Yeshe.
Und den vielen Wesen, die mich inspriert haben, ohne es zu wissen: durch das Geschenk ihrer inneren Weisheit.

Anmerkungen

1 Nyanaponika Thera, *The Power of Mindfulness*. Kandy, Sri Lanka (Buddhist Publication Society) 1971.

2 ebd.

3 siehe Daniel Goleman, *Meditation*. Weinheim (Beltz) 1990.

4 Richard Davidson, Jon Kabat-Zinn u.a., »Alterations in brain and immune function produced by mindfulness meditation«, Arbeitspapier, Laboratory for Affective Neuroscience, Universität Wisconsin in Madison 1999.

5 Narayan und Michael Liebenson Grady, »Investigation«, in: *Insight*, Herbst 1996.

6 Sayadaw U Pandita, *Im Augenblick liegt alles Leben*. Bern (O. W. Barth) 1999.

7 Tulku Thondup, *Die heilende Kraft des Geistes*. München (Droemer Knaur) 1997.

8 Interview mit Ajahn Nyanadhammo, *Forest Sangha Newsletter*, Sommer 1998.

9 Ulric Neisser, *Kognition und Wirklichkeit*. Stuttgart (Klett-Cotta) 1979.

10 Lester Luborsky, Barton Blinder und Jean Schimeck, »Looking, recalling, and GSR as a function of defense«, in: *Journal of Abnormal Psychology*, 70, 1965.

11 Nyanaponika Thera, a.a.O.

12 Gerald Edelman, *Unser Gehirn: ein dynamisches System*. München (Piper) 1993.

13 Amaro Bhikku, *Silent Rain*. Redwood Valley, Kalifornien (Abhayagiri Buddhist Monastery) 1994.

14 Mardi Horowitz, *Maladaptive Interpersonal Schemas*. New York (Guilford Press) 1989.

15 Lester Luborsky u.a., *Who Will Benefit from Psychotherapy?* New York (Basic Books) 1988.

16 Jeffrey Young und Janet Klosko, *Reinventing Your Life*. New York (Plume) 1993.

17 Interview mit Janet Jackson von Steve Pond, in: *US*, Januar 1988.

18 Daniel Goleman, *Emotionale Intelligenz*. München (Hanser) 1996.

19 Richard Davidson, »Affective Neuroscience«, in: *Psychological Bulletin*, August 2000.
20 Gebet an Manjushri, Übersetzer unbekannt, unveröffentlicht.
21 Benjamin Libet, »Unconscious cerebral initiative and the role of conscious will in voluntary action«, in: *Behavioral and Brain Science*, Band 8.
22 William James, *Psychology: Briefer Course*. Cambridge (Harvard University Press) 1890/1984.
23 Peter M. Gollwitzer, »Implementation intentions: Strong effects of simple plans«, in: *American Psychologist*, Juli 1999.
24 Lester Luborsky u. a., a. a. O.
25 David Spiegel, *Living Beyond Limits*. New York (Fawcett) 1993.
26 James Pennebaker, *Opening up: The Healing Power of Expressing Emotions*. New York (Guilford Press) 1997.
27 Nyanaponika Thera, a. a. O.
28 Suzuki Roshi, *Zen-Geist, Anfänger-Geist*. Zürich (Theseus Verlag) 1988.
29 Marsha Linehan, *Trainingsmanual zur dialektisch-behavioralen Therapie der Borderline-Störung*. München (CIP-Medien) 1996.
30 John Teasdale u. a., »How does cognitive therapy prevent depressive relapse and why should attentional control (mindfulness) training help?«, in: *Behavioral Research and Therapy*, 33, 1995.
31 Robert Anton Wilson, *Quantum Psychology*. Phoenix (New Falcon) 1993.
32 Michael Barnsley, zitiert in: James Gleick und Eliot Porter, *Nature's Chaos*. New York (Viking) 1990.
33 K. C. Cole, *Das Universum in der Teetasse*. Berlin (Aufbau) 1999.
34 Jack Kornfield, zitiert in: Mu Soeng Sunim, *Heart Sutra*. Cumberland, Rhode Island (Primary Point Press) 1996.
35 Willam Segal, Interview von Tracy Cochran und Jeff Zaleski, in: *Transformations: Awakening to the Sacred in Ourselves*. New York (Bell Tower) 1995.
36 Interview mit Steven Goodman, in: *Inquiring Mind*, Winter 1999.
37 Chögyam Trungpa, *Spiritueller Materialismus*. Freiburg (Aurum) 1975.
38 Lama Yeshe, *Becoming Your Own Therapist*. Boston (Lama Yeshe Wisdom Archive) 1999.
39 Geshe Rabten, *The Mind and its Functions* (übersetzt von Stephen Batchelor), Mt. Pelerin, Schweiz (Tharpa Choeling) 1979.
40 Mark Epstein, *Gedanken ohne den Denker*. Frankfurt am Main (Fischer Taschenbuch Verlag) 1998.
41 Jon Kabat-Zinn, *Stark aus eigener Kraft*. Bern (O. W. Barth) 1995.
42 Lama Yeshe, a. a. O.
43 Tai Situpa Rinpoche, *Relative World, Ultimate Mind*. Boston (Shambala) 1992.
44 Chökyi Nyima Rinpoche, *Indisputable Truth*. Boudhanath, Nepal (Rangjung Yeshe Publications) 1996.
45 Gampopa, traditioneller tibetischer Gesang.
46 Lama Yeshe, a. a. O.

47 ders., a. a. O.
48 Chökyi Nyima Rinpoche, a. a. O.
49 Dalai Lama, *Worlds in Harmony*, Berkeley (Parallax Press) 1998.
50 ders., »Basically Good«, in: *Shambala Sun*, Mai 1999.
51 Tai Situpa Rinpoche, a. a. O.
52 Chögyam Trungpa erklärt diese in seinen Büchern *Spiritueller Materialismus* und *Feuer trinken, Erde atmen*. Köln (Diederichs) 1982.
53 Chökyi Nyima Rinpoche, a. a. O.
54 Chögyam Trungpa, a. a. O.
55 Lama Gendün, *Der große Pfau: die Umwandlung der Emotionen im Buddhismus*. Zürich (Theseus) 1993.
56 Longchen Rabjam (übersetzt unter Leitung von Chagdud Tulku von Richard Barron), *The Treasury of the Way of Abiding*. Junction City, Kalifornien (Padma Publications) 1998.
57 Pema Chödrön, »It starts with uncertainty«, in: *Shambala Sun*, November 1999.

Ausgewählte Literatur

Nyanaponika Thera, *Geistestraining durch Achtsamkeit.* Konstanz (Christiani) 1970.

Tulku Thondup, *Die heilende Kraft des Geistes.* München (Droemer Knaur) 1997.

Chögyam Trungpa, *Spiritueller Materialismus.* Freiburg (Aurum) 1975.

ders., *Feuer trinken, Erde atmen.* Köln (Diederichs) 1982.

ders., *Aktive Meditation.* Olten (Walter) 1972.

Chökyi Nyima Rinpoche, *Das Bardo-Buch.* Bern (O. W. Barth) 1998.

Sayadaw U Pandita, *Im Augenblick liegt alles Leben.* Bern (O. W. Barth) 1999.

Dalai Lama, *Das Auge der Weisheit.* Bern (O. W. Barth) 1975.

ders., *Die Vier Edlen Wahrheiten,* Frankfurt am Main (Fischer Taschenbuch Verlag) 2000.

Lama Gendün, *Der große Pfau: die Umwandlung der Emotionen im Buddhismus.* Zürich (Theseus) 1993.

Suzuki Roshi, *Zen-Geist, Anfänger-Geist.* Zürich (Theseus Verlag) 1988.

Daniel Goleman, *Meditation.* Weinheim (Beltz) 1990.

ders. (Hrsg.), *Die heilende Kraft der Gefühle: Gespräche mit dem Dalai Lama über Achtsamkeit, Emotion und Gesundheit.* München (dtv) 1998.

Joseph Goldstein, *Vipassana-Meditation.* Berlin (Schickler) 1978.

Mark Epstein, *Gedanken ohne den Denker.* Frankfurt am Main (Fischer Taschenbuch Verlag) 1998.

Ram Dass, *Sei jetzt hier.* Berlin (Sadhana) 1996.

Jon Kabat-Zinn, *Stark aus eigener Kraft.* Bern (O. W. Barth) 1995.

Sharon Salzberg, *Geborgen im Sein.* Frankfurt (Fischer Taschenbuch) 1999.

Ausgewählte Literatur

Dr. med. Hubert Stützle
Facharzt für
Chirurgie - Plastische Chirurgie
Irminfriedstr. 31
82166 Gräfelfing
Tel. 089 / 470 77 558 Fax 089 / 470 77 556